現代中国のリベラリズム思潮

一九二〇年代から二〇一五年まで

石井知章 編
子安宣邦 跋

徐友漁／栄剣／張博樹／劉擎／許紀霖／秦暉／張千帆／
周保松／及川淳子／梶谷懐／王前／水羽信男／緒形康／福本勝清
本田親史／中村達雄／李妍淑／藤井嘉章／劉春暉／徐行

藤原書店

現代中国のリベラリズム思潮　目次

第Ⅱ部　現代中国におけるリベラリズムの言説空間

「帝国論」の系譜と中国の台頭
――「旧帝国」と「国民帝国」のあいだ――

梶谷　懐 367

西洋思想と現代中国のリベラリズム
――過酷な時代を生きた思想家顧準を中心に――

王　前 393

K・A・ウィットフォーゲルと近代
──「封建的」なものと「アジア的」なものとの間──
石井知章 503

〈跋〉「公的自由」と人間的幸福──『現代中国のリベラリズム思潮』に寄せて
子安宣邦 537

現代中国のリベラリズム思潮

一九二〇年代から二〇一五年まで

凡例

一　中国語の繁体字、簡体字で日本語の常用漢字にあるものは、常用漢字に直した。また、中国語で使用されているコロンやセミコロン（：；）は、縦書きのため使用せず、ダッシュや読点に置き換えた。

一　〔　〕は訳者による注記、［　］は中国語の表記、もしくは（　）内の（　）を表す。人物説明は各論文ごとにつけたため、この本全体では重複している。

一　中国人名は日本語での漢字の読みに則り可能なかぎりルビをふった。

一　翻訳論文の初出は各論文の末尾に示した。

序論

現代中国におけるリベラリズムと「普遍的近代」

石井知章

二〇一二年十一月習近平体制の成立後、中国における言論状況は厳しさを増し、当局は市民社会に対する弾圧をますます強めている。リベラル派の代表的知識人である徐友漁《じょゆうぎょ》ら五人は二〇一四年五月、天安門事件を振り返る内輪の集会に参加したのち、騒動惹起などの容疑で当局に拘束され、このうち人権派弁護士の浦志強《ほしきょう》(1)は二〇一五年五月、起訴されるにいたっている。これ以外にも、全国各地の弁護士、活動家、作家、ジャーナリスト、新公民運動などに参加した一般市民、民族問題や台湾、香港のデモについて発言してきた人々が、次々と当局による弾圧の対象になっている。本書に寄稿しているリベラル派知識人たちの多くも、中国からの出国を余儀なくされたり(逆に禁じられたり)、国内にいても、勤務する大学での自由な発言を制限され、授業そのものをさせないといった、当局からの直接的・間接的ハラスメントを受けてきた。これらはみな、二〇一三年五月に出された指示で、党中央が普遍的価値、報道の自由、市民(公民)社会、公民の権利、中国共産党の歴史的な誤り、権貴資産階級、司法の独立について論じてはならないとする、いわゆる「七不講」(七つのタブー)と呼ばれるイデオロギー統制下でおこなわれていることである。

もちろん、こうした緊迫した現代中国の支配権力をめぐる思想状況は、一朝一夕にしてつくりだされたものではない。一九四九年以降の現代政治思想史を振り返ったとき、その流れの大きな結節点になったのが、一つは七〇年代後半の毛沢東体制(計画経済)から鄧小平体制(市場経済)への政策転換であり、もう一つは一九八九年の天安門事件による民主化運動の挫折であったことに気づく。このことは恐らく、保守派と改革派、左派と右派、新左派とリベラル派とを問わず、多くの人々が広く認める事実であろう。したがって、大きな社会的変化にともなう思想的転換が生じたのも、これらの時期以降であったということになる。

この三〇年間にわたって国家の開発戦略として採用されてきた「改革・開放」政策の下、中国では「社会主義市場経済」という名の「新自由主義」的な経済システムが拡大していった。これにともない、三〇年来の改革開放を継続し、人類普遍の価値を守り、グローバルな文明の主流へと参入するのか、あるいは独自の中国的価値を模索し、世界に近代のオルタナティブを提供するのかという、中国における経済発展の背後にある価値の正当性をめぐる「普遍価値論」と「中国特殊論」との論戦が繰り広げられた。ここでは、さまざまな「中国的価値」、「中国モデル」、「中国の主体性」といったテーマが、議論の中心を占めていった。たしかに、ポスト天安門事件期に急速に進んでいった高度経済成長とともに、党＝国家体制に収斂される強力なナショナリズムが醸成されたのは事実である。だが、この一党独裁を支えてきた中国の政治・社会思想状況は、必ずしもわれわれの目に映るほど一枚岩的なものではない。九〇年代以降の民間における思想状況について張博樹《ちょうはくじゅ》は、リベラリズム、新権威主義、新国家主義、新左派、毛沢東左派、党内民主派、憲政社会主義、儒学治国論、新民主主義回帰論という九つの政治思潮が存在してきたと指摘している。[2] さらに、もっとも新しいところでは、「雨傘（オキュパイ・セントラル）運動」[3]（二〇一四年）以降の香港における政治状況を反映した「リベラル左派（自由主義左翼）」も、これらのなかにも う一つの政治思潮として含めるべきなのかもしれない。いずれにせよ、これらのさまざまな政治的主張が、厳しい言論統制下にもかかわらず、顕在的かつ潜在的に、公然かつ水面下で、激しい思想闘争を繰り広げてきたのである。

とはいえ、一党独裁体制下で、これらはいずれも政党や社会団体などの政治勢力によって裏打ちされたものではなく、その意味で具体的運動体としての活動拠点をもたず、たんにその個別の思想・言説自体のもつ現実的影響力とその主体間の個人的繋がりを意味するにすぎない。こうしたなかでも、思想的相違がより鮮明なかたちで、しかも長期にわたって具現化していったのが、リベラル派と新左派との間での対立である。とりわけ、グローバリゼーションが急速に進展した一九九〇年代の後半以降、こうした社会的不公平さの発生原因とその是正のための方策をめぐり、その問題の根源を市場経済化の不徹底と見る「新自由主義」派と、市場経済化を資本主義化そのものととらえるいわゆる新左派とが論争してきた。この思想・学問レベルでの論争では、前者が基本的に大勢＝体制派を占めつつも、とりわけ二〇〇八年の経済危機以降、農村では農地を失ったうえ都市では不安定な職さえ失うといった農民工や、先進国並みに拡大する非正規雇用、そしてワーキングプアといった社会的現実の展開など、いわば「新自由主義」的市場経済政策の行き詰まりをめぐって対立してきたといえる(4)。

こうしたポスト天安門事件期、すなわち江沢民体制下における九〇年代の言説空間では、八〇年代までに築かれてきた中国思想文化を根本的に拒否しようとする巨大な変化が現れることとなった。八〇年代の中国では「中華民族の復興」がもてはやされたが、そこで実際に問題にされたのは民族や国家ではなく、人間そのものであった。ここで毛沢東の「文革」は、普遍的人間性に反する封建的専制であると理解されたがゆえに、啓蒙思想が追求すべきなのは、普遍的人間性に合致した「普遍的近代」であった。近代の正当性（Legitimität）は、民族、国家の特殊な利益や歴史文化の伝統ではなく、人類の普遍的な規範に由来している。たしかに、八〇年代にも愛国主義は存在したが、その背景にはコスモポリタン的意識があり、それゆえ中国の民族復興を実現するためにもっとも重要なのは、グローバルな普遍史へと向かうことであった。したがって、中国の特殊な歴史文化の伝統は、逆に負の遺産となり、普遍史の過程へと向かうために克服すべき対象となったのである。この八〇年代の啓蒙思想には、世界と中国、近代と前近代、進歩と停滞（反動）、普遍と特殊、規範と歴史など、二項対立をもたらす現実社会との一定の「緊張関係」（Spannung）が多かれ少なかれ機能していた。「中国」は閉鎖と後進とを、また近代化を阻害する特殊な伝統を象徴しており、一方「世界」は先進と未来とを、また普遍的価値と規範とを示唆しているが、この後者の普遍性概念を最終的に担保していたものこそが、西欧が生んだ近代に他ならない。

これに対して、ポスト天安門事件期の九〇年代、啓蒙主義の普遍的言説に対する挑戦は、反西洋主義の出現から始まった。中国が世界の一部となり、全面的に西洋を受け入れていた頃には、西洋はもはや理想的な「普遍的」

価値を代表することはなくなっており、むしろ中国を抑圧する側にまわっていた。西洋化から離れ、中国内部に歴史を発見し、知識や言説の中国化を目指すことが、中国知識人の新たな流行となり、自由主義者であっても、八〇年代の「伝統と近代」、「中国と西洋」といった二元論的言説に対して再考が求められたのである。

こうしたなかで、西側の「ポストモダン」の言説を中国に取り入れ、自らの思想的よりどころとする新左派が、現代化の動向、人道主義的価値観、啓蒙をめぐる社会情勢、潮流に関連して、科学、民主、理性の承認や提唱といった「五四《ごし》運動」[5]以来築かれてきた八〇年代の「新啓蒙運動」に対して、深い疑義や批判を社会に巻き起こすこととなる。彼らは八〇年代の思想文化を「全面的西洋化」であると主張し、西側の植民地主義に服従する言説であると批判していった。こうした西洋思想・文化に対して、新左派が中国独自の近代を主張する際、多かれ少なかれ、その思想的資源となってきたのが毛沢東主義である。彼らがなぜ「ポストモダン」の主張に毛沢東の思想を使ったのかといえば、それは中国社会主義による「近代の超克」にとって、この独自の非西洋型「モダニティ」への追求がもっとも有効に働くと考えたからである。それゆえに、そうした意味での「反近代性」が全面的に展開された社会運動としての「文革」の再評価が、新左派の重要課題となっていった。

その旗手的存在である汪暉《おうき》は、中国を含めた世界における二十世紀の政治が政党と国家を中心に展開しており、その危機が政党と国家という二つの政治形態の内部において生まれたものであるとしつつ、それをある種の「普遍的」現象としてとらえた。そのうえで汪は、近代政治の主体（政党、階級、国家）が「脱政治化」するという危機的状況下で、毛沢東主義への回帰という「新たな政治主体をもう一度さぐってみようとするプロセス」には、「政治領域を再規定しようとするプロセス」が随伴するとしたのである。[6]だがこれは、一党独裁体制下にある現代中国において、毛沢東時代の「前近代」的手法によって現在の人権抑圧的政治プロセスがまるごと隠蔽されてしまうほど、高度に「政治化」されているという危機そのものであることを、西側の多元的国家との同一化（近代の

ロンダリング）によって完全に覆い隠すものである。[7] それはあたかも、中国の奴隷制も封建制も、特殊な奴隷制、封建制ではなく、ヨーロッパと同じもの、あるいはそれと完全に匹敵するものとして同一化されたように、いわば擬似「普遍性」概念を駆使して行われたといえる。毛沢東思想の「歴史的遺産をもう一度持ち出して揺り動かそうとすること」は、「未来の政治発展に向けた契機」を含んでいるどころか、薄熙来《はくきらい》[8]の重慶事件[9]（二〇一二年）が如実に示しているように、「二十世紀」的なもの以前の「前近代」への後退をもたらすものである。仮に「新たな政治主体」を探るプロセスに「政治領域の再規定」が前提にされるのだとしても、その作業に不可欠なのは、六〇年代の毛沢東ではなく、むしろ八〇年代の胡耀邦《こようほう》[10]、および趙紫陽《ちょうしよう》[11]への回帰であってもよいはずなのに、これまで汪をはじめとする「新左派」の知識人、そしてそれを支えている日本の一部の知識人たちは、その可能性にすら触れようとはしない。これらはみな、「脱政治化」という価値中立性を装う言葉によって、対外的にはますます覇権的になり、対内的にはこれまで以上に抑圧的になっている現代中国の一党独裁政治をきわめて巧妙にオブラートで包み込む「超政治化」のプロセスそのものである。それは現代中国社会が抱える巨大な負の局面をまるごと隠蔽するいわば中国の現体制によって行使される強大な政治権力との親和性の強い、一党独裁政治に対する補完的な言説であるにすぎない。

　こうした新左派の動向に対して、すでに一九九〇年代から批判的立場を貫いてきたのが「リベラル派」知識人である。彼らは現代中国における「リベラルなもの」の源泉を「五四運動」の啓蒙主義にまで遡りつつ、「新自由主義」的な市場経済至上主義者らとも一線を画すという点において、古典的リベラリストとして位置づけられる。彼らの背後にある共通認識とは、大躍進[12]、人民公社運動[13]、文化大革命といった毛沢東時代の否定的側面をめぐって追究された、啓蒙としての「普遍的近代」への問いである。リベラル派にとって、新左派が好んで引用するさまざまな思想・流派とは、たんに西側からの表面的直輸入にすぎないというだけでなく、啓蒙の精神、近代

化路線、グローバリゼーションに対して大いなる疑問と不同意を投げかけているという点でも皆共通している。

このリベラル派の重鎮である徐友漁によれば、人々が市場経済の進展とともに金儲けに夢中になり、文革のもつ過去の悲惨な事実から目をそむけるようになると、もはや文革という過去の忌まわしい記憶については誰も語らなくなった。そもそも新左派が抱える問題を一言でいうならば、それは実際の中国社会の現実からはほとんど乖離しており、西側の最新思想をとりあげつつも、それらを血肉化して「封建遺制」の批判のために使うといった事柄とはまったく無縁なことである。九〇年代以降、さらに強化された一党専制独裁体制下の論壇の中心にある新左派の知識人たちに瀰漫しているのは、いわば市場経済至上主義のもたらした拝金主義的思想にそのまま対応しているだけの、一種のシニシズム[14]（犬儒主義）に他ならない[15]。そのことは、リベラル派の知識人が自らの政治的立場を「客観的に」認識しつつ、自ら進んでリベラル派に属すことを認めようとする一方、たとえば汪暉がしばしば自らを「新左派ではない」と「主観的に」弁明しつつ、その政治性を隠蔽し、「結果責任」（M・ウェーバー）を回避しようとするあいまいな姿勢にすでにして象徴されている。これはかつてマルクスが、「私はマルクス主義者ではない」とし、自らの思想の疎外体として独り歩きする共産主義運動への違和感を表明したのとは似て非なるものである。だが、ここでさらに問題にすべきなのは、こうしたシニシズムを象徴するような言説状況が、言論の自由が法的かつ実質的に保障されているリベラル・デモクラシーの日本でも、まるで中国との鏡写しのように現れているということである。

たとえば、これまで日本では、近現代中国の自由主義についての紹介は一部でおこなわれているものの[16]、現代政治・社会思想については、新左派、その中でも汪暉の思想を中心にしてのみ紹介されるという顕著な傾向があった。このことの理由の一つとしては、現代中国におけるリベラリズムが、実際にはリベラル・マルクス主義（党内改革派）からコミュニタリアニズム（共同体主義）、社会民主主義（中道左派）、民主社会主義（中道右派）、さらにはリバタリアニズム（自由至上主義）まで視野に入れているにもかかわらず、現政権に対して根源的（ラディカル）に「批判的」であるというだけの理由で、多くのリベラル派知識人たちが党＝国家側の一方的評価である「反体制派」として一括して分類されがちであったことが挙げられる。だが、「ラディカル」であるとは本来、物事を「本質」において理解するということであり、かつ人間にとって「本質的」なことが人間そのものの本性なのだから（マルクス）、もともと人としてのあらゆる思想の論証過程でそうした局面が含まれることはごく自然なことであろう。それゆえに、こうした没理性的分類は、共産党一党独裁体制という権力側の意思に自ら応じるかのように恣意的に行われたものであり、このこと自体が、唯一の政治的価値を絶対化し、それ以外を排除しようとする意思を反映したものであることを示唆している。実際、新左派はリベラル派を批判する際、現代中国リベラリズムのもっている既述のような現実的多様性をしばしば視野に入れず、リベラル派内部ですら批判の対象になっている「新自由主義」批判へと矮小化してしまっている。つまり、自らの政治性を隠蔽し、あたかもその思想が現代中国社会の支配的正当性を反映しているかのごとく描き出す新左派（あるいは日本の一部の「進歩的」知識人）の思想戦略そのものが、中国共産党によるイデオロギー戦略の意図と期せずして重なり合っているということである。

こうした流れの延長線上で、たとえば柄谷行人は、『帝国の構造』（青土社、二〇一四年）で、現在の共産党政権下の中国を「王朝」に見立てている。ここで柄谷は、その「前近代的」帝国のあり方を基本的に擁護しつつ、世界の社会主義国家が崩壊していった一九八九年以降にも同政権が維持されたことを、まさに新左派と同様に、「文化大革命の遺産」の残存ゆえであると肯定的に主張していった。つまり、毛沢東による悪しき「平等」主義の原理に基づく「上から」の大衆動員（＝扇動）としての中国的「民主主義」概念を擁護しつつ、一千万人を越える犠牲者を出した文化大革命という「前近代的」非合理性の噴出をめぐり、これをもたらした現体制の維持そのものを完全に容認しているのである。さらに柄谷は、「中国に必要なのは、近代資本主義国家に固有の自由民主主義を実現することではなく、むしろ『帝国』を再建築することです。もし中国に自由民主主義的な体制ができるなら、少数民族が独立するだけでなく、漢族も地域的な諸勢力に分解してしまうでしょう」と現政権をまるごと擁護さえしている。[17]

ここには、「特殊欧米的価値」にすぎないリベラル・デモクラシーを普遍的価値であるかのように装いつつ、非欧米世界に押しつけ、人類の倫理的指導者としての欧米の覇権的支配を合理化するものと主張する、いわば「普遍」と「覇権」とを混同するような議論が見え隠れしている。これは、劉暁波《りゅうぎょうは》（ノーベル平和賞受賞作家）の言説に対する批判の際にも、しばしば使われてきた論理である。だが、井上達夫が指摘するように、自由、民主主義、人権などを「特殊欧米的価値」とみなす言説そのものが、じつはそれを批判しているつもりのオリエンタリズムという欧米中心主義的な「知の覇権」にすでに組み込まれているというべきである。なぜなら、いわゆる「アジア的価値」論にしても、それは自己＝欧米を「正」とし、他者＝非欧米世界を「負」とするオリエンタリズムが押し付けた相関図式の「正」「負」だけを逆転ないし無差別化したアイデンティティの受容によって、実際には欧米の「自己聖化」に加担する一方、アジアにおける内的な差異と多様性を隠蔽・抑圧することで、たんに「アジア的専制」を合理化しているにすぎないからである。[18] こうした事態に無反省なまま、つねに大勢（＝体制）の言説に迎合しようとする柄谷や汪暉らによる「ポストモダン」の思想で中国社会を理解しようとするその立場は、「完成品」の輸入に明け暮れる日本の「学界」に対する反動として、他方、断片的な思い付きを過度に尊ぶ「オリジナリティー」崇拝が評論やジャーナリズムの世界で不断に再生産される（丸山眞男）という特殊「アジア的」状況を少なからず反映するものである。[19]

では、こうした現代中国リベラリズムの伝統は、社会主義中国において、いったいどのように発展あるいは停滞してきたのか。徐友漁によれば、既述のようなシニシズムが蔓延するという憂うべき社会情勢がもたらされたことの背景には、「反専制」、「反封建」を主要なテーマとしていた「五四運動」以降、その運動を支える精神の根底にあった自由主義の思想が、中国社会にきちんと根付かないまま、中断してしまったことがある。一九二〇年代から三〇年代にかけて、一部の先駆的リベラリストが社会主義を擁護するようになると、それが一定の社会主義的「修正」を受けるプロセスで、「リベラルなもの」が「社会民主主義」としてのみ現実化し、政治的民主主義と経済的社会主義を唱えるといった、大きな思想的変化を遂げることとなった。だが、一九三〇—四〇年代にかけて、ついに社会民主主義と共産主義（ボルシェビズム）とが拮抗・対立すると、最終的には「専制的」共産主義が勝利を収めることで、自由主義と社会民主主義のいずれもが、この半世紀余りの間、ことごとく「異端」としての扱いを受け、結局は中国の土壌に根付かずに立ち枯れていったのである[20]。

つまり、マルクスにすら擁護されていた社会民主主義のもつ政治理念とは、本来的には伝統的専制主義から抜け出す力すら内在させていたにもかかわらず、共産党支配下の中国では、自由主義の思想的基盤が社会に定着することは、現在にいたるまで一度もなかったということである。このため、独立自主の立場で憲政を支えるだけの力とはなりえず、逆に党＝国家側はリベラル・デモクラシーを「虚偽のイデオロギー」とみなし、「平等」という言葉の下で「専制主義」を容認しさえする脆弱さを孕んでいたのである。これはまさに、地位の平等化ゆえに民主主義の個々の内実を問わず、最大多数が中央集権化していく「多数者の専制」（トクヴィル）とも呼ぶべき状況である。もちろん、こうしたポピュリズムの問題を抱えながらも、新左派が底辺層の民意を良きにつけ悪しきにつけ現実的に汲み取っているという事実を、リベラル派は直視しなければならない。

とはいえ、こうした中国的コンテクストにおける「自由主義」と「社会民主主義」をめぐる政治力学の歴史を踏まえれば、リベラリズムを社会民主主義に先んずる地位におかなければ、リベラリズムによって牽引されつつ、社会民主主義を育成することはきわめて困難であるといわざるを得ない。なぜなら、近代ブルジョア社会におけるリベラル・デモクラシーの欺瞞性に対するマルクスの批判を、その反対概念としての「アジア的」（＝「前近代的」）社会へと形式論理としてそのままあてはめることは、むしろ期待される効果とは真逆の否定的結果をもたらし得るものだからである。いいかえれば、もし両者の順番が逆になれば、健全なる社会民主主義の発展がむしろ抑圧の対象となり、すでに悪しき伝統の一部となっている全体主義的共産主義が復活する危険性すら捨てきれない、ということである。その一方で、中国における「左派」には、西側左翼がもつ進歩的、批判的、反体制的な意味合いがまったく存在していないが、他方、リベラル派は「一党独裁社会主義」がすでに体制化している中国では、自らを「右派」と自己規定せざるを得ない複雑な状況下にある。こうしたなかで、自由で平等な市民への公正な分配による「自由人の連合体」（マルクス）としての政治共同体を追求する「リベラル左派（自由主義左翼）」が、なぜ西側基準での「左翼」として中国（とりわけ香港）において存立し得るのかについて説明するのも、まさにこうした倒錯した特殊「アジア的」事態であるといえる。

そもそも中国は古代よりつねに世界の文明大国であり、東アジア地域における「普遍的」文明を代表していた。こうした中華思想に基づく中国中心主義の地位は、十九世紀半ばに覆され、ヨーロッパ文明が世界的覇権を獲得したことによって、中国は徐々に周縁化し、グローバルな普遍史の中の特殊な一事例となった。清朝末期以降の中国は、西洋のような近代の普遍的国家になることを目指していたが、新中国を築いた毛沢東は、西洋文明に対して大きな反抗心を抱いていた。その目的の根底にあるのは、儒教、しかも道教や民間宗教を含んだ「秘教的な」儒教を共産主義化するということであった。その非西洋的「モダニティ」の追求は、欧米の資本主義文明を転覆させ、さらにソ連という社会主義の「正統」からも離反し、中国の特殊な歴史文化の伝統を継承しようとする試みであったといえる。このように、毛沢東の「モダニティ」は、ポピュリズム的運動の常態化と宗教にも似た「秘教的儒教」としての「革命精神」の全体主義的動員によって、国力の増強と国民の均質化を実現しようと企図したのである。また、九〇年代の文化保守主義は、民国期の中国思想史における新儒家への回帰を通して、中国西洋文化調和論の歴史的価値を再評価し、人類の普遍的な文明と儒教伝統との接続を試みた。彼らの思考の力点は、いかに「内聖」(儒家の理論)から「外王」(民主と科学)を切り開くかにあった。いいかえれば、ここで問われているのは、伝統的儒家思想はいかにして近代的価値に適応し、かつそれを生み出すことができるのかである。文化民族主義が追求するものも、西側社会科学の系譜を中国的独自性としての中国の言説にいかに転化させ得るのかということであった。

しかしながら、八〇年代の新啓蒙運動において、西洋が近代の世界的モデルとして、かつグローバルな普遍史における最終地点の象徴として追い求められたのだとしたら、それは必ずしも本来の「普遍的近代」であるとはいえない。この意味において、九〇年代の新左派による啓蒙に対する批判そのものは、まったく根拠がないわけでもなかった。だが、だからといって、中国独自の近代(モダニティ)的価値をここで対置することは、ややもすると、中国現代史のさまざまな負の局面を少なからず正当化してしまう危険性をともなっている。他方、西洋出自の「普遍的近代」とは、必ずしも特殊「西洋」近代的なものでもない。なぜなら、本来の「普遍的近代」とは、それを生んだ西洋近代市民社会に対してすら、場合によっては、その逸脱をただすうえでのメタレベルでの有効な規範(=最終審級)として機能すべきものだからである。[21] まさに劉暁波が述べるように、「西洋文化の最大の特徴のひとつは批判的理性の伝統であり、真の『西洋化』とは、中国文化に対する反省であるだけでなく、西洋文化に対する批判的反省であり、全人類の運命に対する関心、固体の生命の不完全さに対する関心」なのである。[22]
それゆえに、現代中国リベラリズムをめぐる最終的な問いは、いかにしてこうした実質的規範性のともなう「普遍的近代」を創造(あるいは自己の内部に発見)し、これまでのさまざまな二元論を克服しつつ、それを中国独自の個別具体的な土壌に根付かせることができるのかにある。そのうえで、さらに具体的には、社会に自由と権利が十分に保障され、憲政民主が実行可能となり、各市民が平等に尊重されつつ、公平な分配を獲得できる制度のもとで、自由で平等な市民のための政治共同体を築けるかどうかが問われているのである。だがその際、とりわけ留意すべきなのは、ここには二つの普遍性概念が並存しているということである。

西欧の市民社会が生んだ「近代」(M・ウェーバー)とは、いわば人類史的な意味において「普遍的なもの」である。たとえば、マルクスにとってすら、資本主義的「近代」とは、それを乗り越えてはじめて成立可能な協同体社会(ゲノッセンシャフト)への「跳び越え」不可能な一つの重要なプロセスであるだけでなく、それ自体が「普遍的価値」に基づくものであった。しかるに、かつての国際共産主義運動の政治過程で決定的に歪められた「史的唯物論」は、「封建制」をいわば擬似「普遍的」前近代とみなし、本来「アジア的」社会であるはずのロシアも中国も、この「封建制」のカテゴリーで均しく扱いつつ、もう一つの虚偽意識としての擬似「普遍性」概念を生み出していった。本来的にはこの「封建制」こそが、トータルな近代市民社会を開花させたにもかかわらず、「正統派」マルクス主義はそれとはまったく逆に、「五段階発展論」からアジア的生産様式を排除し、かつそのことによってスターリニズムそのものを生んだ東洋的専制主義を「背後から」、しかも「隠微に」正当化していったのである。

したがって本書は、中国国内外で活躍している主な現代中国のリベラリストを対象として、その主要な論文を紹介し、かつ日本国内の現代中国社会・思想研究者による関連テーマについての論考を交えつつ、中国における現代思想としてのリベラリズムの全体像を描くことを主な目的とする。なぜなら、ここで扱われている現代中国リベラリズムをめぐる言説空間が、中国国内ではほぼ完全に一元化された独裁的権力のコントロール下にあることはいうまでもないにせよ、これまで中国のそれとの相似形にあったリベラル・デモクラシーの日本ですら、既述のようなリベラリスト群像の多面性はまったくといっていいほど紹介されてこなかったからである。それゆえに、われわれはこのことを、同じような言説空間を共有している日中間の共同作業として行いたい。そして、この知的作業が、ますます混迷を深めつつある日中の言説空間での相互のねじれ現象を、少しでも緩和、是正する方向に働くことを願わずにはいられない。

最後に、本書での各論者による意見は、あくまでも各人の立場を表明したものであって、この総論を含めて、何ら全体としての意見を代表するものではない。そのことはリベラリズムの原則に基づいていると同時に、中国においてリベラリズムについて語ることの困難さをも示しているといえる。

注

(1) **浦志強**　中華人民共和国の著名な弁護士。北京市の華一律師事務所所属。一九六五年一月十七日、河北省唐山市の灤県生まれ。一九八二年、南開大学歴史学部入学。一九八六年に卒業後、河北省の河北物資学校の歴史教師として赴任。一九九一年中国政法大学の法学修士を取得。六四天安門事件ではハンストに参加した。二〇一四年五月三日、六四天安門事件の真相調査を求める内輪の研究会に出席したが、北京市公安局に拘束され、「騒動挑発」と「個人情報の不法取得」の両容疑で同十三日、正式に逮捕された。

(2) 張博樹『改変中国——六四以来的中国政治思潮』(溯源書社、二〇一五年)を参照。

(3) **雨傘(オキュパイ・セントラル)運動**　二〇一四年九月二十六日より、香港で行われた中華人民共和国に抗議をする香港反政府デモ活動。「雨傘革命」(Umbrella Revolution)や「雨傘運動」(Umbrella Movement)とも呼ばれる。他にも、民主団体が『ウォール街を占拠せよ』と同様に、「和平佔中」(『セントラルを占拠せよ』英語 Occupy Central)をスローガンにして運動に参加していたため、「オキュパイ・セントラル」ともいう。「一国二制度」の下、高度な自治が認められている香港では、次回二〇一七年香港特別行政区行政長官選挙から一人一票の「普通選挙」が導入される予定であった。だが、中国の全国人民代表大会(全人代、国会)常務委員会は二〇一四年八月三十一日、行政長官候補は指名委員会の過半数の支持が必要であり、候補は二—三人に限定すると決定。その後、香港の民主化団体の学民思潮などの団体は、指名委員会の多数は親中派で占められるため中央政府の意に沿わない人物の立候補を事実上排除する方針として、学生を動員して授業のボイコットを開始した。

（4）新自由主義派（あるいはリベラル派）と新左派との論争については、徐友漁他『文化大革命の遺制と闘う――徐友漁と中国のリベラリズム』（社会評論社、二〇一三年）所収、拙稿「重慶事件における新左派の役割と現代中国リベラリズムの政治思想史的位置――汪暉と徐友漁の言説を中心に」を参照。とくに、西側基準での「新左翼」側からの「新左派」批判としては、區龍宇（寺本勉他訳）『台頭する中国――その強靭性と脆弱性』（柘植書房新社、二〇一四年）を参照。

（5）**五四運動**　一九一九年のヴェルサイユ条約の結果に対する不満に端を発し、中華民国の北京から全国に広がった抗日、反帝国主義の大衆運動。五月四日に発生したことから、この名で呼ばれる。抗日・反帝国主義だけではなく、反封建（専制）主義の側面もあった。文化的には、一九一〇年代に起こった啓蒙運動、すなわち、陳独秀・李大釗・呉虞・胡適・魯迅・周作人などをオピニオンリーダーとする、全面的西欧化や儒教批判、科学や民主の重視、文字や文学改革などを主な内容とする新文化運動・白話文運動を含んでいる。

（6）汪暉『世界史のなかの中国――文革・琉球・チベット』石井剛・羽根次郎訳、青土社、二〇一一年、一一〇頁。

（7）これについては、拙書『中国革命論のパラダイム転換――K・A・ウィットフォーゲルの「アジア的復古」をめぐり』（社会評論社、二〇一二年）、第五章「中国近代のロンダリング――汪暉のレトリックに潜む『前近代』隠蔽の論理」を参照。

（8）**薄熙来**（一九四九年―）　中華人民共和国の政治家。国務院副総理などを務めた薄一波を父に持ち、いわゆる太子党に属する。保守派の旗手として第一七期中国共産党中央政治局委員兼重慶市党委員会書記を務めたが、胡錦濤、温家宝との権力闘争に敗れて失脚した。

（9）**重慶（薄熙来）事件**　重慶市共産党委員会書記であった薄熙来《はくきらい》（一九四九年―）に絡む事件。薄熙来事件とも呼ばれる。中国共産党中央政治局委員であり重慶市共産党委員会書記の薄熙来は、重慶市のトップとして外資導入による経済発展、マフィア撲滅運動、格差が少なかった過去を懐かしむ毛沢東時代の革命歌の唱和運動などで注目されていた。そのため、二〇一二年秋に開催される中国共産党第一八回全国代表大会において中国最高指導部である中国共産党中央政治局常務委員会入りが噂される重要候補と目されていた。だが、二〇一二年二月、側近のアメリカ領事館亡命未遂事件を端に発し、薄熙来にからみ、妻による英国人実業家殺害、一家の不正蓄財、マフィア撲滅運動における拷問問題、女性との不適切な交際など、数々のスキャンダルが報じられ、薄熙来は失脚した。

(10) **胡耀邦**(一九一五―八九年) 中華人民共和国の政治家。第三代中国共産党中央委員会主席・初代中国共産党中央委員会総書記。その死去は六四天安門事件の引き金となった。

(11) **趙紫陽**(一九一九―二〇〇五年) 中華人民共和国の政治家。「第二世代」の政治指導者として中国共産党中央委員会副主席、国務院総理(首相)、中国共産党中央委員会総書記などを歴任。一九八九年の天安門事件で失脚し、二〇〇五年に死去するまで軟禁生活を余儀なくされた。

(12) **大躍進**(一九五八年―六〇年) 中華人民共和国が施行した農業・工業の大増産政策。毛沢東が数年間でアメリカ・イギリスを経済的に追い越すことをスローガンにして実施した。中国経済の大混乱と推計二〇〇〇万人から五〇〇〇万人の餓死者を出す大失敗に終わり、毛沢東は生涯でただ一度の自己批判を行い、国家主席を辞任した。その後、劉少奇・鄧小平らが「修正主義」的路線による経済再建を目指すが、権力奪還を企図する毛沢東は、文化大革命を引き起こすことになる。

(13) **人民公社**(一九五八年―八三年) 中華人民共和国において農村に存在した組織。一九五八年から毛沢東の指導の下に、農業の集団化を中心に、従来の農業生産共同組合である「合作社」と工業、農業、商業、学校(文化・教育)、民兵(軍事)の各組織、地方行政機関の行政権能をも一体化して結びつけ、集団生産、集団生活を主とした自力更生・自給自足の地域コミューンを目指した。農民は、医療、教育、政治等の生活の全てを人民公社に頼らざるを得なくなり人民公社のなかでの自給自足の生活を余儀なくされた。そのため豊かな人民公社はそれなりの生活を維持することができたが、そのような恵まれた人民公社は少数であり、多くの農村は貧困に向き合わざるを得ず、人民公社間の貧富の差が拡大していった。一九七八年には生産責任制が導入され、一九八三年までには解体された。

(14) **シニシズム(犬儒主義)** 古代ギリシャ哲学、キュニコス派の主張。現世に対して逃避的・嘲笑的で、社会風習や道徳・理念などを冷笑・無視する生活態度をとることから冷笑主義とも、あるいは犬のような乞食の生活をしていたことから、犬儒主義とも呼ばれる。徳こそ唯一の善であり、幸福は欲望から自由になることによってのみ達せられると説き、学問、芸術、贅沢、快楽を軽蔑して、反文化的禁欲的生活を唱えた。だが、その原意が転じて、のちに一般的には、道徳、習慣などを無視し、万事に冷笑的にふるまう態度のことを意味するようになった。

(15) 徐友漁『中国当代政治文化与西方政治哲学』秀威資訊科技出版社、二〇〇八年、五一頁。

(16) たとえば、村田雄二郎編『リベラリズムの中国』(有志社、二〇一一年)、および水羽信男『中国近代のリベラリズム』(東方書店、二〇〇七年)などを参照。
(17) 柄谷行人『帝国の構造――中心・周辺・亜周辺』青土社、二〇一四年第一刷、一七〇―一七一頁。
(18) 井上達夫『普遍の再生』岩波書店、二〇〇三年、二五一頁。
(19) 丸山眞男『日本の思想』岩波新書、一九六一年、七頁。
(20) 徐友漁『与時代同行』復旦大学出版社、二〇一〇年、一六五―一六九頁。
(21) こうしたメタレベルで獲得される「理念型」(M・ウェーバー)としての普遍性概念については、拙稿「太平楽《ていたらく》論の体たらく――代田氏に反論する」『中国研究月報』(二〇一一年七月)、二二―二八頁を参照。
(22) 劉暁波『中国当代政治與中国知識分子』唐山出版社、一九九〇年、一五五―一五六頁。

第Ⅰ部　中国におけるポスト文革時代のリベラリズム

〈インタビュー〉

文革から天安門事件の時代を生きて

徐友漁

聞き手＝藤原良雄
通訳＝及川淳子

共産党の高級幹部だった父

――今日は徐友漁とは何者かという、徐先生ご自身についてお聞きしていきたいと思っています。全体的な大きなテーマはやはり徐先生にとっての中国の民主化とは何かということです。先生は私より二歳上だということで、一九四七年のお生まれだと。

徐　一九四七年です。

――劉暁波さんが一九五五年ですから、八歳年上であると。その年齢から見ますと、まさに中国の文化大革命が、二十歳前後ですね。

徐　十九歳です。ちょうど高校を卒業して、大学受験のときでした。文革のことを語るときに、私の家庭状況、特に父親のことを語らなければいけません。父の影響で、当時はまだ十代でしたけれども、非常に中国共産党、共産主義というものを信じ切っていた少年時代でした。

ご存じと思いますが、中国共産党は、一九二一年に成立しました。私の父は、たしか二年目か三年目、一九二二年か一九二三年に共産党に入党したかなり初期の共産党員です。入党するときには必ず誰か紹介者が必要ですけれども、私の父は、当時中国共産党設立に深くかかわったキーパーソンが紹介をしたという背景があります。その時代の共産党幹部は皆同じ経験をしていますが、フランスのパリに渡って、留学しながら共産主義活動をするという、まさに周恩来、鄧小平も同じような経験をしておりまして、私の父は周恩来、鄧小平と同じ世代で、同じ経験をしています。私の父が留学をしたのは、パリ大学です。留学をして学びながら、フランス共産党で活動していました。

これもまた鄧小平と全く同じような経験ですが、フランスから当時多くの共産主義の理想を抱いた若者たちが渡ったように、モスクワに渡って、モスクワに当時中山大学――中山というのは孫中山、つまり孫文の別名ですね――がありましたので、そこで同じように学んだわけです。

私が子供のころ、父がしょっちゅう自慢げに話していたのを覚えていますけれども、父は、ソ連の共産主義の大会で、全く通訳を必要とせずに、スターリンが話すロシア語を聞き取れたと。そういった大会に自分も代表として参加し、それを共産党員として非常に誇りに思っていました。

モスクワから戻ってから父は上海に渡り、上海の党中央機関で仕事を始めました。上海では助手として劉少《りゅうしょう》奇《き》[1]のことを手伝いながら、代表的な仕事としては『中国労働者・労働組合運動史』というような、中国における当時の労働運動の歴史を劉少奇が書くのを手伝ったことがありました。

その後、四川省の中国共産党の地下組織に派遣されて、当時は国民党と共産党でしたけれども、国民党の破壊工作といいますか、共産党の地下組織のメンバーとして活動するために共産党中央から四川に派遣されました。廖承志《りょうしょうし》[2]がやはり上海から四川省に派遣されて、共産党の組織を強化するという仕事をしたわけですけれども、私の父はその廖承志の下で働いたんですね。

その地下組織の活動の中で、父は四川省の国民党に捕まりました。親戚一同知恵を絞り、お金を集めて、当時はお金で解決して牢獄から救い出すということが可能だったので、そうやって、とりあえず投獄されていた状態からは救い出せました。ただ、捕まった経験もあるということで、国民党は私の父がどういう人物かわかっていましたし、当時はちょうど抗日戦争、日本との戦争が始まっていましたから、国民党は私の父に対して抗日戦争に参加すべく、軍校で教員を務めるよう命じました。

そういった家庭の状況があったので、父の影響で、共産主義というものに対する信念といいますか、非常に熱い思いを抱いていたということがまず一つ。ところが、共産主義に対してはそういった強い思いがあったにもかかわらず、共産党政権の方は私たちの家庭を、父が最終的には国民党の学校で教官を務めたということで、国民党の人間ではないかというふうに、私たちのことを敵視していたわけです。

やはり当時の中国は、ご存じのように毛沢東が階級闘争を始めた時期でしたので、私は幼いながらに、うちの家庭はやはり悪い階級で、改造しなければいけない、私は生まれながらにしてもう罪を背負っているのだと、子供心に思っていたわけです。当時は、ほかのクラスメイトたちよりも自分は悪い家庭に生まれた人間なので、その罪を、人間改造をするために、時間があれば毛沢東の著作を読んで、もっといい人間にならなければと真剣に思っていたのです。

ちょうど高校から大学受験のときに文化大革命が始まり、当時私は非常に興奮しました。なぜかといいますと、当時大学というのは資産階級のブルジョアが行くところだったのが、労働者階級、しかも出身の悪い、国民党に関係がある私のような人間でも大学に行くことができるのだ、革命に参加できるのだと思いまして、非常に興奮したわけです。ただ、これは残念なことですけれども、私は非常に喜んで興奮していましたが、文化大革命の初期は血統論というのが盛んに叫ばれていまして、出身が悪いのだからおまえは思想が悪いという、そういった血筋、家の出自を非常に重んじていました。おまえは非常に反動的な家庭に生まれ育ったのだから、革命に参加する資格はないと言われたのです。

——お父さんは何年のお生まれですか。

徐　一九〇一年です。

――そうしますと、徐さんはお父様が四十六歳のときにお生まれになった。ごきょうだいは何人おられますか。

徐　兄が二人と姉が一人います。ちょっと複雑な事情ですけれども、私の父と母の間のきょうだいという意味では、私は四人きょうだいで末っ子ですが、当時の時代のことで、農村では、父親にはその祖父母たちが決めた婚約者というか、元の妻がいました。一人目の妻が私の母だったというわけでは、きっとなかったと思います。ちょっとそのことはもうよくわからないですが、私の母は、父が四川省に派遣されて共産活動をしていたときの、父の助手でした。それで一緒になって、私が生まれました。

前妻との間に一人娘がいて、かなり年配でという話は聞いたことがあります。私の父と母の話をするとまたこれも長くなってしまいますが、一言で言いますと、当時のその世代の典型的な物語と言えると思います。私の母は当時両親が決めた結婚話、いいなづけに不満で、家を飛び出して共産主義活動に参加したという女性でしたので、よくある話だったと思います。

――四川省に行かれるところまでは、お父さんは、共産党の中でかなりのエリートだったのではないかと思うのです。共産党員の中で、非常に順調に進んでおられたのではないかと思います。

徐　社長のおっしゃるとおり確かに順調に上に上がっていきましたし、もう一つ確認しておくことは、やはりパリからモスクワに渡って学んで、共産主義を現地で学んだということが毛沢東とは全然違うところですね。毛沢東は農村の出身で、パリでもモスクワでも学んでいませんし、そういう意味ではモスクワで共産主義を学んで、党中央から地方に派遣されて、学歴といいますか知識もたいへん高いということで、中央から派遣された高級幹部だったと言うことができます。

父の国民党とのかかわり

――そのときに、先ほど周恩来だとか、鄧小平なんかもパリで同じころだというお話だったわけですから。特に周恩来の場合は毛沢東の片腕で、非常に巧みに立ち回っていたんでしょう。鄧小平も、いろいろありましたけれども何とか毛沢東から嫌われずにいたと思います。お父様は彼らとどこが違ったのですか。

徐　周恩来がパリにいたときは中国共産党留欧組織、ヨーロッパで活動する中国共産党のメンバーの組織の書記、つまりトップだったわけですね。周恩来がパリから離れて中国に戻った後、父はその代理をしていましたので、周恩来の後任を務めたということでした。

では何が違ったのかといいますと、私の父はその後国民党に逮捕されて、国民党の軍事訓練学校の教官を務めた、国民党とのかかわりがあったということです。その後仮に順調に進んでいて、さらに上の鄧小平のような高級幹部になったとしても、文革時代に国民党と関係があったのではないかということ。それと元々劉少奇の助手として働いていましたので、劉少奇はモスクワ派でしたから、毛沢東から見れば劉少奇、反対勢力の助手であったということで、敵対視されるということもあったでしょう。そこが、やはり彼らとは違ったことだったと思います。

――多分そうでしょうね。ただ、廖承志さんは最後まで切られなかったですね。

徐　廖承志が四川省における共産主義活動を重視して、私の父を四川省に派遣したということが先ほどありましたが、廖承志は失脚しませんでした。彼は、ずっと高級幹部としてあり続けました。やはり彼とは何かが違ったということだったと思いますね。

抗日戦争の後に教官をした後、父はずっと四川省の省都である成都で仕事をしていましたが、国民党の軍学校のほかに、一般の大学に派遣されて教員を務めたこともありました。ずっと、そういう意味では教育に携わっていたわけです。中国語と中国文学を教えていました。私たちは国語と言いますけれども。当時国民党は、政策的に国語とか文学といった人文を非常に重視しました。ところが一九四九年に、ご存じのように中国共産党が政権をとりますと、国民党の軍学校で教員を務めていたというのは何と反動的であるかという。共産党の当時は、軍というのは軍らしくあらねばならず、非常に反動的だと父は見られたわけです。

――それで戦後徐先生がお生まれになって、一九四九年に中華人民共和国が誕生しますが、お生まれになったときはお父様としても非常に苦しい状況であったかと……。

徐　そういうふうに言えるかもしれませんけれども、また別の面から考えると、父としても元々は共産主義の理想を抱いてフランス、モスクワで学んだわけですから、共産主義の中華人民共和国が成立したときは本当にうれしかったのだと思います。ただ、父がうれしくとも政権の方、権力の方としては、いかに父が昔から共産党で地下活動もしていたとなっても、国民党の仕事にかかわったということで、反動分子であるとずっと見ていたわけですから、父にとってきわめて難しい、厳しい時期だったと思いますね。自分は古い同志であると思っていたと思いますけれども。

――中華人民共和国が誕生したころは、お父様はどういうお仕事をしておられたんでしょうか。

徐　当時はやはり国民党の、ちょっと名前は正確に思い出せないですが、中央軍事関係の学校、中央軍校だったかと思いますが。

――戦後も、一九四五年以降も。

徐　私が生まれたときは、やはり教官をしておりました。教えていたのは、先ほどご紹介した内容と同じです。その後は、反動的な軍学校教官だということでいろんな取調べだとか、審査だとかが続きましたけれども、最終的には四川省で外国語の教員として、留学経験もありますし、大学の教員に落ちつきました。当時中国で大学の教員、しかも外国語を教えるというのは高級知識分子と見られていましたから、生活面では待遇も非常によくて、一般の家庭に比べれば非常にいい生活をしていたと思います。

――それで文革にまで行くわけですが、その文革で、やはりかなり糾弾されたのでしょうか。

徐　もちろんいま社長がおっしゃったように、中国にとっては非常に困難な時期になるわけですけれども、文革が始まる一九六〇年代に我が家がどうだったかといいますと、実は一九六二年、同じ年に父も母も病気で相次いで亡くなったんです。当時、一九六〇年代の中国にとっては非常に困難な時期。私たちは困難な時期という言葉を使いますけれども、中国全土でも三千万人以上がいろんなことで亡くなったという、そういった不幸な時代で、同じ年に相次いで亡くなりました。

語弊があるかもしれませんが、文革が始まったのは一九六六年で、文革の前に私の父が亡くなったのは、父にとってはたいへん幸運なことだったと思っています。文革中にもし存命であれば、紅衛兵に死に至るほどの暴力を振るわれることもあったでしょうし、恐らく紅衛兵によって死に至らしめられた。もう一つ考えられるのは、当時私はもういろんなスローガンを叫ぶ文革青年でしたから、もしかしたら私自身が父を手にかけるという非常に残酷なことがあったかもしれません。私自身がそういうことをしなかったということが、一つ幸運だったと考えています。

——一九六二年、徐先生が十五歳のときにご両親が亡くなって、生活の問題だとか、大学に行かれるまでかなり状況も厳しかったのではないでしょうか。

徐　両親は亡くなりましたが、末っ子ということもあって、当時兄や姉たちはもう仕事をしていましたので、兄や姉たちに生活の面倒を見てもらって、育ててもらいました。全く生活的に困窮したというわけではありませんでした。

文化大革命が始まって

——それで文革が始まります。

徐　当時文革が始まった初期というのは本当につらくて、つらくて。何がつらかったかというと、私には革命に参加する資格がなかったということがつらかったんです。どういう意味かといいますと、当時文化大革命に参加できる人たちというのは、両親が革命幹部で非常に家庭環境がよい、革命的な家庭に生まれたことが一つ。二つ目は労働者階級であること。三つ目は貧しい農民であること。こういった人たちが革命に参加できるので、私は両親もいませんし、両親がいたとしても国民党との関係だとかそういうこともありましたし。毛沢東バッジを胸につける資格が、私にはなかったんです。それでどんなにつらかったことか。

文革は一九六六年五月十六日から始まりました。最初の四カ月間が本当につらくて、その出身のよい同級生たちというのは同じ学校の中でも革命活動、運動に参加していくわけですね。ところが私にはその資格がないので、教室に残って毛沢東主席の著作物を読んで、自己改造をする学習をすると、教室に残っていたのです。それは非常につらい時期でした。

当時はそれが非常につらいと思っていましたが、でも今から考えれば、革命に参加する資格がなかったということは何と幸運なことだったかと思うのです。なぜかというと、革命に参加する資格があった同級生たちは、革命運動だということで街に出て、教会は破壊するわ、お寺は壊すわ、図書館は焼き払うわという、さんざんな悪事を働いたわけです。校長先生に対する暴力だとか、先生に対する非常に残酷な行為だとかはもうそこらじゅうにあったわけで、そういった悪事に自分自身が手を染めなかったということは、今から考えれば非常に幸運なことでしたし、もし、私に当時資格があって参加をしていれば、きっといま後悔することを当時たくさんやってしまっていたと思います。

——文化大革命の時、日本には情報統制が敷かれて、中国の状況がほとんど情報として入ってきませんでした。ですから日本の中国通の学者も、当時は文革支持が圧倒的に多かったんですね。終わってから、間違っていたことが分かりましたが。

徐　文化大革命が海外でどうだったかというのは、私は専門的に研究したことがありますので、日本でどうだったかもよく理解しています。なぜ私たちの世代が紅衛兵として毛沢東のスローガンをあんなにも叫んだかという、そういった批判の、文革を専門的に研究した本も書いています。香港で出しました。

なぜ当時の若者たち、私の世代ですけれども、そういった状況下で文革にあんなにも熱狂的に参加をしていったのかということが、一つ問題としてあるかと思います。

一九六六年の五月に文革が始まり、私が先ほど言いました非常につらかった時期というのは、その同じ年の年末には、もう大体落ちつきました。なぜかといいますと、一九六六年末になりますと、出自がどうだ、出生がどうだ、家庭環境がどうだという血統論を毛沢東自身が批判し始めました。こんな血統論は劉少奇がやったものではないか、出身が悪くても、家庭環境が悪くても革命に参加する資格があるんだということを毛沢東自身が言い始めたわけで、私も革命に参加できるようになったわけですね。一九六六年の年末、十二月に四川省の、当時の私のような青年たちが、毛沢東の招待を受けて北京に行き、天安門広場で毛沢東を仰ぎ見るというような、そういった大イベントに参加をしたわけです。

私が参加したそのときの代表団は、二百万人の当時の青年が北京の天安門広場に集まって、毛沢東が天安門に上ってというのを見上げて、毛沢東の謁見を受けるような経験をしたわけですね。やはりそれを経験したので、その後はもう毛沢東についていこうという思いになりまして、毛沢東が劉少奇を批判せよ、鄧小平を批判せよと言えば、劉少奇を批判し、鄧小平を批判しという文革青年になったわけです。

当時は本当に毛沢東の言葉を信じ切っていましたので、私たちは劉少奇の間違った道から毛沢東の手によって救い出されたのだと考えていたんですね。なので、毛沢東が劉少奇を批判せよと言えばもうそのようにしますし、単に批判するだけではなく、最終的には自分の命も投げ打って、そんな犠牲もいとわない、そういった思想に染まったわけです。

その北京での謁見を受けて、毛沢東のスローガンを叫んで、その後どうなったかといいますと、そういった北京で毛沢東に直接謁見を受けた人、若者たちはそれぞれの故郷に帰って文革の革命運動をせよということでしたので、私たちはすぐに四川省に帰って、造反派グループのリーダーになったわけです。当時の学生は本当に単純で、天真爛漫で純心、純粋でしたから、毛沢東語録、毛沢東の著作をどれだけ学んだかということではかられたわけです。私はもうその意味では勉強をいっぱいしましたので、リーダーに選ばれて活動をしました。

文革の経験というのは本当にいろんなことがありましたので、もちろん語りつくせませんし、当時の学生を例えば一つご紹介しますと、武器を本当に手にして、まるで軍隊のような破壊、暴力活動をしていたわけですね。それが具体的にどんな悲惨なことであったかという細かいことまでは今ここでお話ししませんけれども、ただ、一つここで強調してお話ししておきたいのは、文革が始まってから大体二年ぐらいたったところで、私たちの世代は文革に対する疑いと不満の二つの感情、私たちはだまされたという思いを文革二年目にしてもう感じ始めていました。

私たちの世代がどうして、あの文革への熱狂から文革反対にどうやって変わったのか。私たちの考え方が変わった理由は三つありました。まず一つ目は、当時の学生たちは本当に理想主義に燃えていて、純真でしたし、天真爛漫でした。ただ、そういった学生たちが政治闘争を実際に経験してみて、いかに非人間的なむごたらしいことか、そして何と薄汚いものかを経験したということです。理想から現実を見たということです。

一つ例を言いますと、毛沢東の最後の妻であった江青女史が発動しまして、劉少奇批判、劉少奇打倒というのをやったわけですけれども、私たち当時の若者たちを彼女は非常に扇動しました。君たちは小さな太陽なのだ、中国の人民は無条件に君たちを支持しているといって、私たちを劉少奇打倒に仕向けたわけです。ところが実際にそうやってみたものの、結果はどうだったかというと、私たちの、例えば何か生活面でさまざまな待遇がよくなったかというとそんなこともありませんでしたし、革命組織も発展しませんでしたし、そういった政治闘争に参加したところで結果は何も得られなかったのです。

一九六八年ぐらいになりますと、紅衛兵の学生たちや造反派といった人たちは自分の命も投げ出そうと思い、実際に犠牲を払った人もいたのに、それでも結果的に毛沢東によって君たちは反革命であると、逆に私たち自身が批判される側になってしまった。命さえ投げ出そうとしていたのに、結果的に毛沢東に批判されて反革命だなどと言われるとは、何と不公平で、何と報われないことかと私たちは感じるようになりました。

毛沢東自身が、最初は紅衛兵を支持していたわけですけれども、ただ、二年たって一九六八年になると、中国人民解放軍の軍隊を学校に派遣させて、紅衛兵がどんなことをやったのかを毛沢東が軍に調査させるようになりました。

私たちの立場や思想がどう変わったのかというお話をしていまして、先ほど一つ目はそういった全体的な背景、毛沢東が紅衛兵をどう見るか、どう変わったかをお話ししましたが、二つ目は、毛沢東が私たち紅衛兵を利用して劉少奇打倒をやったわけですけれども、劉少奇を打倒した後はもう私たちを必要としなくなったわけです。都市に一千万人以上の紅衛兵、若者が残っているというのは、これは政治のパワーとして大変な勢力で、毛沢東は危険視したわけですね。結果的に、それで私たちは農村に行って、農民から学べということで農村に下放される、派遣されるわけです。当時は農村に学べ、農民に学べという宣伝がありましたから、学生たちは、毛沢東がそう言うのであれば農村に入って学ぼうと表面的には思っていましたけれども、結果的に劉少奇打倒に利用されて、その利用価値がなくなったら、政治的には私たちの存在はもう面倒な存在になってしまったので、農村に追いやってしまえと。ある意味、毛沢東によって罰を下されたようなもので農村に追いやられた。もう都市には、おまえたちは必要ないと思われたんだと、当時私は考えました。

そういった現実に直面しつつも、政治的な立場での扱いという意味では農村に下放させられるので不満はもちろんありましたが、それでも私たちは、共産党に対する熱い思い、信頼は全く揺らぐこと、変わることはありませんでした。なぜかというと、共産党は人民を率いる党で、毛沢東は人民を率いるリーダーで、中国が共産主義を唱えるのは世界の中でも非常に優秀な、すばらしい制度、主義を、思想を採用したんだと思っていましたので、そういった意味では、共産党に対する思いは変わらなかったですね。ところが実際に農村に行ってみますと、何と農村の生活は困窮していて、原始的で、野蛮で、一体どうなっているんだという、農村の現実に今度は直面したわけです。

農村の現実を見て

当時、私たちが学校で本当に長い間受けていた教育の根本は、社会主義はいいものだということがまず一つ、そして中国が社会主義を取り入れるのは、非常に優秀な制度であるということが二つ目。そして、中国の人民は世界の中で最も幸せな人民であるということを教育の中でずっと言い聞かされ、それを信じ切っていたわけです。そして、世界の残り三分の二の人々を解放するのだということを信じ切っていました。ところが実際に農村に行ってみると何と貧しいのかと、その状況は受け入れがたいものでした。

一つ、私自身の経験で例をお話ししたいと思います。農村がいかに困窮していたか。私たちが行った農村の近所のある一軒の話ですけれども、息子がいて、その息子が年齢になったのでお嫁さんをもらうと。ところが中国の当時の結婚というのは、女性の方の家族が男性の家にやってきて、経済状況なり家庭の中を見て、どれぐらいの生活レベルか、いろんな家の家財道具を見るわけです。その隣の家の人は考えまして、私たち都市から下放された大学生のいろんな荷物を借りて、自分の家に私たちの荷物を並べて格好をつけて、それで女性の方の家族が見た後、どうもありがとうございましたということで返した。そんなことがありました。

これは私自身がかかわった調査ですけれども、私たちのグループが滞在したその農村で、一つ一つの家庭に入って詳しく、細かく聞き取り調査をしたわけです。何の調査だったかといえば、大躍進運動期の農村についてのものですが、人民公社を設立したものの、実際その農村の生活レベルがどうだったかというと、何と驚くべきことに当時の農村人口の三分の一が餓死していました。

三つ目の例として、四文字をご紹介します。「憶苦思甜」という四文字です。苦しい時代を回顧して、懐かしんで、思い出して、甘い思いに浸るという。苦しいことも甘いことも思うという。どういうことかといいますと、当時の農村での啓蒙活動、運動、教育活動ですね。その中で、一九四九年前はどんなに苦しい時代であったか、そして一九四九年を境にその後はどんなにすばらしい時代であったかを、幹部が農村で一生懸命農民たちを教育するわけです。その教育の会議というか集会の中で、いいか、おまえたちわかったか、一九四九年以前がつらくて、一九四九年以後が幸せなんだぞということを、何回もその「憶苦思甜」という四文字熟語で、農民たちを教育するわけです。でも年をとった農民だとかはその四文字がうまく言えなかったり、きちんと言おうとしなかったりというので、一生懸命一九四九年が境なんだぞ、というふうに、そういった教育は実際私が経験したことです。

その農村での経験が私の思想の変化に非常に大きな影響を与えたことは、もちろん言うまでもありません。教室の中で受けていた教育は、先ほどご紹介したとおり社会主義はいいものだ、中国はすばらしいといったものばかりでしたけれども、非常に皮肉な結果ではありますが、農村に下放されたことによって私たちを管理、監督する人たちがいなくなって、ある意味私たちは農村である一部分の自由は得られたわけです。生活のレベルは非常に原始的な農村で、そういった生活をしながら、当時「ボイス・オブ・アメリカ」のラジオを私たちは聞いていました。ですから、アメリカがもうアポロで月に行ったことも、私たちはラジオを聞いて知っていました。

もう一つは本ですね。都市にいたとき、四川省成都にいたときは本当に厳しかったので、自由にいろんな本を読むことはもちろんできませんでしたが、農村ではとにかくマルクスの本を手にして読むことができました。これは非常に皮肉なことですが、当時内部発行というので、中国共産党の高級幹部に閲覧させるために西洋のいろんな書物が実はひそかに印刷、発行されていたわけです。それが文革の混乱によって離散したり、外に出たりして、私たちの手にそういった西洋の本がめぐってくることになった。原始的な農村でそういった西洋の本を読むことができたわけです。

――それは、原書で、それとも翻訳で。

徐　もちろん中国語に翻訳したものです。かなり上の、上部機関の高級幹部に読ませるために、高級幹部が命令を下して組織的に翻訳活動を極秘にやっていたということだったんだと思います。私たちの世代というのは、もうこれは共通の体験ですけれども、内部発行の本をひそかに手にして読んで、西洋の知識に触れたというのは誰でも経験があることです。

思想が変わった背景の三つ目の理由で、決定的とも言えることは林彪《りんぴょう》〔3〕の事件でした。毛沢東自らが自分の後継者として選んだ林彪がクーデターを起こして、そして死んだ。文革という運動を起こしたのは、正統なマルクス主義を思想として持った人が劉少奇にかわって中国共産党を率いるのだと、そういう運動だったはずなのに、その林彪がクーデターを起こして、そして死んだあの事件は私たちにとってはもう受け入れがたい、理解しがたいことだったのです。

自分自身の信念といいますか、信じていたものがどのように変わったかという三つの背景、理由をいまご説明したわけですけれども、実は同世代の人たちはもうかなり早い段階で共産主義に対する信念みたいなものは変わったわけで、私は、いつまでも変わらなかった方、かなり遅かった方だと思います。なぜかというと、一生懸命マルクス主義を学んで、勉強して、その勉強の態度もよかったですし、そういった自分がマルクス主義に対して信じ切っていたものは、全然揺らがなかったのです。いろんな人が、こんな問題があるじゃないか、こんなことがあるじゃないかと言っても、いやいや、マルクス主義の本質はいいのであって、あなたたちが言う問題は一部分のごく限られた過ちにすぎない、マルクス主義の本質はいいのだということでもって、マルクス主義の、マルクスの哲学でもってある意味自分自身をだまし続けていたのだと思います。でも、最終的にはそれも続かなくなりました。

一九七六年に毛沢東夫人である江青女史と、四人組が捕まったということがありました。日本もそうだと思いますが、恐らく海外では四人組が捕まった、裁かれるということで、これは間違っていたんだという、ある意味一つの結論を得たと思います。ところが私たちは全く反対で、江青四人組が捕まったことによって、私たちの信じていたものはやはり間違っていなかったんだと、逆の結果になったわけです。四人組の彼らが間違っていたので、私たちが信じていた当初のものはやはり正しかったんだと、共産主義に対する信念というか信じる思いはまた回復されたわけで、そういう意味では、日本の皆さんとは全く逆の結果になったと思います。

その意味で、私たちの世代に共通していることだと思いますけれども、江青と四人組が捕まって文革が終わったことはもちろん支持しましたし、その後に鄧小平が改革開放政策を始めたこともちろん支持しましたし、文革は誤っていたということももちろん支持しました。しかしやはり共産党は正しいのだという、その共産党、共産主義に対する信念は揺らぐことなく、むしろ回復され、より強くなったのです。ところが、それがいつまで続いたかというと、一九八九年の六四天安門事件まででした。

共産党・共産主義への「信仰」

――それは毛沢東主義がベースにあって、その上に鄧小平なんかの修正主義的なものはあったわけだけれども、共産党が敷いたそういう路線に対しては全幅の信頼を置いたということですか。

徐 もちろんこの信念といいますか、信じ切るという意味で、中国語では「信仰」という言葉を私たちは使います。宗教の信仰とはもちろんニュアンスが違います。文革の時代は、その「信仰」はもちろん揺らぐことなく、非常に強かったわけですし、その後共産党が改革開放政策を始めたときも、もちろん支持しました。でも、改革開放政策が実際に始まると、文革当時の支持の仕方とは、またやはり違いますよね。

一九七〇年代の、私たちの党に対する、もしくは共産主義に対する思いはやはり少しずつ変わっていきました。改革開放によって生活も色々な面で変わりましたので、民主だとか自由は大事だと、当時から思っていたわけです。でも、そういった民主だとか自由を重んじるように、共産党自身が変わるだろうと一九七〇年代当時は思っていました。そういう意味では党や共産主義に対する思いは、文革時代と改革開放時代では変わりましたけれども、それでも党自身が民主、自由に向かうだろうと私たちは考えていました。それが一九七〇年代です。

一九八〇年代になりますと思いは変わってきまして、完全に信じ切ることはできなくなりました。一九八〇年代当時は、中国共産党が新たな方針なり政策なりを打ち出して、党自身が変わって民主、自由への中国の変化、変革を促進していくだろうと思っていたのです。党自身も変わるだろうと。ところが、それがやっぱり実現し得ないものなんだと徹底的に思い知らされたのが、一九八九年だったんです。

——大学を出られて、その後一九七〇年代はどういう職についておられたのか、また、共産党には入党されたのか。それで、一九八〇年代というのは研究者としても、学者としてもかなり一番力の入ったときでしょうから。そのあたりごく簡単にお願いします。

徐　一九六九年から一九七二年までは、農村に下放されていた時期です。当時は、ほかのクラスメイトたちと同じ年代の人たちと同じように下放されていましたが、ただ、私がその中でも違った状況だったのは、先ほどご紹介したように書籍を手にすることができたので、マルクス主義の本を読むことができた。ヨーロッパの、特に政治関係の本を読むことができた。それから自分で自然科学、特に数学、それから英語を学び始めました。こういった読書と自主学習は、ほかのクラスメイトとは決定的に違うことだと思います。

文革は丸一〇年続き、非常に残酷な武力闘争がありました。私が非常に運がよかったと思っているのは、この一〇年間、農村に下放されてはいましたが、武力闘争には参加せずに、学ぶことができたということです。しかも集中的に学ぶことができたので、その後大学を卒業してから順調に、中国では研究員、研究生といいますが、日本で言う大学院に合格することができた。実際には、実は大学に通ったのは一年にも満たない年月です。それでもストレートで中国で最もいい大学院に合格した。当時文革が終わった直後の大学院入試は、大学の先生まで受けるような状況だったのです。その中ですぐに入学できたというのは、非常にラッキーだったと思います。

——大学院は、いつ入学されましたか。

徐　一九七九年に入りました。

——三十二歳ですね。

徐　農村から四川省の成都に戻ってきました。成都は四川の省都です。ただ、また大学院に入って学ぶまで七年間は、臨時工員というか、労働者としていろいろな仕事をしました。それはそれは大変な七年間でした。

私は結果的に中国共産党に入党はしていません。ただ、一九八〇年代に申請したことはありました。入党しなかった理由は、ほかの人と全く違う私の特殊な状況があったからです。その一つをご紹介すると、入党申請した後はいろいろな会議があったりするわけです。その席で私の同僚が、私のことを非常に強く批判したのです。学者として非常に優秀ですばらしい成果をおさめている人が、今に至るも入党していないのはきっと何かあるはずだと、逆に疑いを持ってみられたという、何かたいへんおかしな理由でもって批判をされました。

二つ目の申請に関するお話というのは、党内のかなり上の世代の高級幹部のある人が私に入党を勧めてくれまして、中国をよりよく変革させようとするのであれば、むしろ入党して、ある一定の権力を手にして内部から変革していくのが一番よい方法なのだと勧めてくれたからです。それで入党しようと思って、申請をしました。

一九八五年に申請をして、当時私が大学院を出てから研究をずっとしていたのは中国社会科学院という、中国で最も優れた大きな学術組織ですけれども、そこの党組織があなたの入党に同意するという。ただし、当時もうオクスフォードでの留学が決まっていたので、留学を終えて帰国してから正式に入党を認めようということになりました。オクスフォードでの留学を終えて帰ってきたすぐ後に一九八九年の出来事が起こりましたので、私もかかわりましたし、当時の社会科学院の党組織の高級幹部が、このような状況下であなたが入党することはまず不可能であると言いました。私自身も、もうこんな状況で絶対入党したくないと言いました。

こういったことがあって、入党するかしないかは仮決定みたいなことになっていましたけれども、ある意味順調にこの問題は終わりを迎えたわけです。一九八九年というのは、多くの人が六四天安門事件に抗議をして、入党していた人も、党員だった人も党を出るという決断をした人がとても多かったです。例えば大学教員でも、党員をやめるという申し出をしますと、処分をもちろんされるわけです。そういった処分をされると非常に大きな代償を払うわけで、私がいた社会科学院の党組織はその意味では非常に温和なというか、私自身何か処分を下されることはありませんでした。そういう意味で入党もしなかったし、処分も受けなかったので、私と中国共産党の関係は特に何も起こらなかったと言えると思います。

公共知識人としての貢献

——そういうことで天安門事件を迎えられたということですが、先生にとって中国の民主化と、これは先生の研究とは、どういうふうに絡んでいるのでしょうか。

徐　社会科学院の大学院生だったときに、私の指導教授は当時中国ではたいへん有名だったウィーン学派の研究者でした。オクスフォードに留学をしていた時期も、イギリス、アメリカの政治制度、政治哲学を学んだわけですが、そのときの指導教授も非常に有名な人で、そういった先生たちから受けた影響も大きいです。当時勉強していたものは西洋政治哲学、それから政治言語学などの言語学と論理学。元々学部のときは数学でしたけれども、大学院ではそういったものを勉強して、その後、民主化だとか、そういった現実の政治とかというふうに変わってきたのは、一九九〇年代に入ってからのことです。

なぜ今やっているような研究テーマに変わっていったのか、ある意味論理学だとか言語学、西洋政治哲学もやっていましたけれども、どうして現実の政治によりリンクするようなテーマに変わっていったかというと、やはりそれは一九八九年の天安門事件が大きなきっかけでした。現実のそういった政治の運動、現実を見る中で、中国の一般民衆、大衆や大学生、そして知識人でさえも民主に対する理解が何と限られていることか。私はやはり学者として、研究者として、民主というものについてもっと研究して、彼らに伝える責任があると考えたからです。

その後は、現実の政治や現実の社会問題によりリンクした政治哲学を研究しているわけですけれども、何でそんなふうに変わったかという二つ目の理由は、中国が改革開放政策をして、市場経済化をして、経済体制改革をした。その結果としてもちろん豊かにはなりましたけれども、社会には不公平が生まれ、格差が生まれ、さまざまな社会問題が生まれた。そういった状況を見るにつけ、私は公共の空間における公共知識人の一人として、専門の知識を持つ者として、政治の、法律の知識を持つ者として、元々の専門の言語哲学なんていうのはもう捨てて、より現実問題にリンクした政治哲学を研究しなければいけないと考えるようになりました。中国が憲政と民主を実現するそのプロセスにおいて、そして公正で公平な社会モデルへと変革していく中で、中国でいま一番欠けているのは、思想的、そして理論的な分野での知識人の貢献だと思うので、私はその一人として、その思想と理論の面から何かしらの貢献ができないかと、一生懸命研究しているわけです。

——わかりました。これから、先生の著作を日本でも紹介していきたいですし、もっと本当の意味で日中の知識人が交流できればと思っています。

徐　中国人として、恐らく私はかなり特殊な事情で、外の世界を割とよく知っている方だと思います。欧米への留学の経験もありますし、もちろん欧米だけでなく、日本の知識人のさまざまな研究成果やいろいろな歩みも、私も多少なりとも知って、日本の知識人のいろんなものから私が学んだこともももちろん大きいですし、影響も受けていますし、励みになったこともあります。これからもぜひ交流を保っていきたいと思っています。

——本当にお忙しい中、ご多忙の中こういう時間をとっていただきましてありがとうございました。劉暁波のそばに徐友漁さんという、こういう優れた公共知識人がいるということを、これから日本でもご紹介できればと思っております。

徐　最後に二つお伝えしたいと思います。一つは、中国人として今お話しした経験、海外留学はちょっと特別ですが、中国国内での経験というのはこの世代の人間にとってごく一般的で、特に私が何か代表だということでもなく普遍的な現象であるので、必ずしも私だけをご紹介していただくということに限らず、その一つの時代の典型であるという意味でご理解いただければと思います。

二つ目は、今たくさんのことをお話ししましたけれども、お話ししたこと、それから発表したものも含めて皆さんがご紹介してくださるということは、私はもちろん歓迎いたしますし、何も恐れることはありません。ただ、中国の特殊な事情ということでぜひご理解いただきたいのですが、例えば翻訳を発表する、雑誌に載せる、本を編集するという具体的なことは、通常であればメールや電話で連絡をとったり、会って話をしたりという密な交流によって進められるものです。ただ、Ｅメールというのは「透明の状態」と中国ではよく言いますけれども、当局に見られますので、この件で直接ご連絡をいただくのは、ご厚意でというのは大変ありがたく思いますし、そこに他意は全くないですけれども、結果的にはある意味、中国では犠牲を払うことになってしまうということもご理解いただきたいと思います。

――わかりました。

徐　今日の話を、例えばまとめて編集して載せるということは、全く同意しお任せしますので、例えば後日、今日お話ししたことについて具体的に細かく何かご相談するというようなことは、ぜひお控えいただければと。それはお願いします。

（二〇一一年三月十日　於・藤原書店）

訳注

〔1〕**劉少奇**《りゅうしょうき》（一八九八―一九六九年） 中華人民共和国の政治家。第二代中華人民共和国主席（国家主席）などを務め、中国共産党での序列は毛沢東党主席に次ぐ第二位であったが、文化大革命の中で失脚、非業の死を遂げた。一九二〇年、湖南省中国社会主義青年団（のちの中国共産主義青年団）に入団。一九二一年にソビエト連邦に入国し、モスクワの東方勤労者共産大学で学ぶ。同年、中国共産党に入党。一九二二年にはコミンテルンが主催した極東諸民族大会に参加。同年に帰国後、江西省の安源炭鉱のストライキを李立三らとともに指揮して闘争を成功させ、その後も主に労働運動で活躍した。大躍進政策が失敗に終わると、一九五九年、毛沢東に代わって国家主席に就任した。

〔2〕**廖承志**《りょうしょうし》（一九〇八―八三年） 中華人民共和国の政治家。一九四九年の中華人民共和国の建国以降中国共産党の対外活動の責任者を務め、日本との関係では特に一九六二年に高碕達之助との間で取り交わした覚書に基づくLT貿易を開始した人物として知られる。中日友好協会では一九六三年の設立時から死去まで会長の任にあった。日本生まれの日本育ちで、日本語がきわめて堪能。一九七二年の日中国交正常化交渉では首脳の通訳として活動し、中国共産党史上最高の知日家として中国外交陣における対日専門家育成の基礎を作った。

〔3〕**林彪**《りんぴょう》（一九〇七―七一年） 中華人民共和国の軍人、政治家。中華人民共和国元帥。国務院副総理、国防部長、中国共産党中央委員会副主席、中国共産党中央軍事委員会第一副主席などを歴任。文化大革命で失脚した劉少奇に代わって毛沢東の後継者に指名されるが、一九七一年、毛沢東暗殺未遂、およびクーデタ未遂事件でソビエト連邦に亡命する途上、モンゴル人民共和国における飛行機墜落事故で死亡した。

九〇年代の社会思潮

徐友漁
石井知章訳

中国の九〇年代の社会思潮は活発でかつ中身も豊富であるが、その内包と外延は九〇年代後半になってようやくその姿を明確に現していった。九〇年代のはじめ、国内外の政局の変化はあまりにも大きすぎて、中国の知識人は、多くの人々があるいは脳髄で震えるまでの衝撃を受け、思想的に戸惑い、あるいは文化的理想を放棄し、金もうけに従事することとなった。思想的、学術的立場を堅く守った一部の知識人たちは、八〇年代の文化運動、およびその歴史的過程を振り返った際、理性よりも激情が先走っていたことに気づき、冷板の上に静座しつつ、研究や読書に専念し、それらの問題を整理していた。しばらくの間、沈思黙考し、かつ迷った挙句、さまざまな思想がついに水面に浮き上がっていった。だが、その思想的な定位と形勢は、論争的状態に対峙することとなり、すでに八〇年代とは大きく異なるものとなっていたのである。

大まかにいって、八〇年代の思想文化をめぐる言説空間は、ただ一つ存在するのみであった。当時、改革開放の大体の方針はすでに決まっていたものの、これに関連する思想文化的問題はけっして解決してはいなかった。いかにして社会主義や資本主義、あるいは計画経済、および市場経済を新たに認識するか、あるいは、いかにして人と人との関係、個人的利益、市場経済、そして西側の思潮を評価するか、といった諸問題に対して、二つの異なった観点がかならずしも判然とはしない対立点を形成していた。とはいえ、それは国家イデオロギーを擁する官僚という身分をもつものと一般の知識人とが関心を抱く問題とは、大体のところでは同じものだった。だが、九〇年代になると、思想文化の言説空間は、明らかに二つに分かれていく。一つは、『交鋒』という一冊の本で提示された極左的思想、および改革路線に対抗する立場であり、もう一つが、新たに生じた市民的言説空間である。知識人は自らの観察、観点に基づいて問題を提出し、それぞれに答えを見いだし、それらをめぐって論争した。これらの問題には、主役となるべき人もその政治的背景もなく、イデオロギー上の権威的最終審級といった基準もなかった。それは明らかに、直接的にタブーに触れることはなく、そこには基本的に「大批判」といったものは存在しなかった。この言説空間におけるテーマと発言の方法は、国家の政策やイデオロギーとは直接的関係をまったくもたず、したがって現実的な影響、そしてその役割とは比較的小さなものであった（八〇年代は一声かければ百の応答があったが、一つの文章が国を突き動かすといった局面は、すでに過ぎ去っており、もはや繰り返されることはなかった）。だが、政局や政策による変化をともなう外的干渉も比較的に少なかった。

この言説空間の形成と発展は、中国思想文化の世俗化（非イデオロギー化、すなわち近代化）の指標である。八〇年代の思想文化的トピックとその論争はさまざまであるが、その基本的立場と傾向は明らかに二元的対立、すなわち、改革と保守、改革と閉鎖という二つの局面を呈している。

九〇年代、こうした二元的対立は、一つ目の思想文化の言説空間において依然として存在し、極左思想がなおもさまざまな方法で頑なに自らを表現していたが、二つ目のもの、すなわち、市民的言説空間は、もう一つの局面をなしていた。一般的にいって、九〇年代には、革新と保守という基準を使って一人の人、あるいは一つの主張の立場と傾向を識別していたが、それは往々にして綱要的なものを必要としなかった。なぜならば、八〇年代末から九〇年代初めの思想的な逡巡を通して、改革開放は基本的に全国津々浦々での共通認識となっており、イデオロギー的区分は、徐々に改革プロセスにおける利益分配の分岐点となっていたからである。それらの立場や観点は、多面的かつ分散的状態を表しており、多くの主張が存在しつつも、改革に賛成か反対かといったこととは大して関係がなく、改革との関係では、あるとき表面的には似通った観点が実際上は反対のものとなり、またあるときには言葉こそ異なるものの、その立場はまったく一致さえしていたのである。たとえば、ある人は非公有的方法で国有企業の損失、および非効率性をめぐる問題を解決すべきであると主張した。ある人は、人々の間の公正なる競争こそが、またある人は、社会的公正さを顧みない権貴的〔権力があり身分が高い〕私有化こそが、それを可能にすると主張した。社会的分配をめぐる不公正な現象に反対する際、ある人はその問題の根源が、旧体制で官本位によって導かれた権貴交易にあると主張し、またある人は、社会的公正さを提唱するのに際して、「一大二公〔第一に規模が大きく、第二に所有制が公有制である〕」という旧体制を思い起こしたのである。八〇年代のカルチャーブームにおいて、もっとも影響力をもった思想とは、抽象的レベルにおいて、往々にしてもっとも高度な哲学的概念でもあったが、それらは具体的には、人道主義や主体性哲学をめぐる討論、あるいは中国文明と西欧文明の性質、また中国哲学と西洋哲学との比較研究、サルトルの実存主義、フロイトの性欲論、ニーチェの超人哲学などの評価に関するものであった。

しかし九〇年代には、思想的探索と闘争は、さらに現実的問題を重視するようになった。とりわけそれらは、制度的側面、あるいは操作可能な問題、すなわち、たとえば近代〔モダン〕、ポストモダン、市場経済の理論をめぐる問題、および公共領域と私的領域の区分に関する問題を重んじていった。そしてその最後が、これらの問題に対して、公共領域における個人的権利の保護、国家権力の制限という局面に重点を置くのか、それとも個人の究極的内面、心理的類型と関心という局面に置くのか、といったもっとも根源的な諸問題である。九〇年代の思想は、伝統的俗語でいえば、個体性から社会性へ、すなわち内面的超越〔内聖〕から外面的権力〔外王〕へと問題が移っていったのである。

1 文化ナショナリズム

九〇年代初め、中国の思想文化の領域で一度はかなりの落ち込みを経験したが、そのなかでただ一つ人目を引いたのが、国学ブームという現象であった。もちろん、国学ブームとは学界やメディアによる呼び方であるが、この半世紀以来、あるいは八〇年代の文化ブーム以来、中国の伝統文化の研究が、これまで一度も本来あるべきレベルまで到達しなかったがゆえに、それが可能となったのである。九〇年代初頭の国学ブームは、その規模やレベル、また影響からいっても、本来、ブームというには当たらなかった。それが人々の関心を呼び起こしたのは、国学研究が突出して、唯一秀でた一輪の花といった印象を人々に与えたからであり、しかも国のイデオロギー宣伝となんらかの関係があったからである。国学ブームの生起には、学術的発展という正常なる内在的要因の他に二つの外在的要因が存在した。

一つは、いわゆる全般的西洋化に対する大々的批判が、一度は振興した西側の評論、紹介、研究を物寂しいものにさせ、一つの大きな言説（出版）空間が国学の方へと移っていったことである。二つ目は、八〇年代末から九〇年代の初め、国内外の一連の巨大な変化がいわゆるイデオロギーの真空状態を出現させ、伝統文化の賞揚が愛国主義を提唱し、凝集力を増強するという効果をもたらしたことである。このように、人々を安堵させる国学研究や伝統文化を賞揚する勢力が現れるとともに、文化ナショナリズムの萌芽が同時に現れたのは、こうした傾向が一部の頗る影響力のある学者の身の上に起きたためである。そのことはまた、かまびすしい「ＮＯといえる」下から上へと呼応した声とも優雅に共振していく勢力が存在し、そのことが人々の注目と論争をもたらしたからなのである。

文化ナショナリズムの基本的論点とは、西側の文明が現在真っ向から直面し、かつ抜け出すことのできない精神と文化的危機であり、東洋的文化（事実上、それは中国の伝統文化を指す）だけが世界をこうした危機から抜け出させることができ、したがって二十一世紀は中国文化の世紀である、とするものである。著名な学者である季《き》羨《せん》林《りん》[1]は、トインビーの観点を援用しつつ、どの文明もすべて誕生、成長、勃興、衰微、滅亡という過程を経ており、最初の三〇年間の河の流れは東に、次の三〇年の流れは西にというように、東側文化と西側文化とは、歴史上、たがいの盛衰を交互に繰り返しており、まさにいまその時が訪れたということなのだ、と主張した。[1]こうした主観的かつ単純な論断についてある人は、それはたんに風水の流れが変わるというだけの論に過ぎず、根拠がまったく不足していると不満げに表明している。季羨林を含む一部の人たちは、東洋哲学の核心とその真髄は「天人合一」にあり、天は大自然、人とは人類、天と人との合一はすなわち、人と大自然との結合であるとしているが、このことと西側の「自然を征服する」、「知識は力である」といった姿勢とは、まったく対立するのである。

人類は現在、人口爆発、生態均衡の破壊、環境汚染、オゾン層の破壊、新種疾病の発生、淡水資源の欠乏など、深刻な諸問題に直面している。これらの弊害が生じてくるのは、人類が人と大自然との関係をうまく処理してこなかったためであり、われわれは目前に存在するこうした存亡の危機に際して、「東洋的倫理と道徳の思想をもってしてのみ、さらに東洋的哲学と思想だけが人類を救うことができるのだ」という[2]。

じつは、「天人合一」論が生態倫理、あるいは自然保護哲学であるとしているのは、歪曲された解釈である。この概念が最初に現れたとき、天は一種の人格神であり、漢代の董仲舒《とうちゅうじょ》[2]において、天は百神の大君であり、「天人合一」は一つの神学的目的論であった。村落共同体においてのみそうした無理のある解釈が成り立つのだが、一方の村落共同体側はといえば、人間はもともと無為であると考えるのであって、そもそも物質文明や精神文明を追求しないのである。もっとも重要なのは、歴代王朝は「天人合一」についていかなる解釈も施していないのであって、これまで自然環境や生態の役割について提起したことなど一度もない、ということである。

一般的には、東洋的文明の優越論を擁護するのは、往々にして伝統文化に拘泥する古いタイプの人文科学系知識人たちであるが、九〇年代の初め、文化ナショナリズム的情念が広がったとき、帰国留学生や現代の知的訓練を受けた少なからぬ人々ですら、こうした説に符合していった。たとえば、ある経済学者は『文明とは何か』、『経済学は歴史にいかに挑戦してきたか』といった著作のなかで、制度論的経済学の薫陶から出発し、かつて存在した「中国精神の宣揚」、「西洋の権威的風潮の撲滅」といった論調に新たな外貌をまとわせ、解釈していったのである。こうした論法に依拠するというのは、厳復《げんぷく》以来[3]、中国知識界における文明観が、すべて社会ダーウィニズム的な糟粕に陥っており、中国が「遅れている」という推論を不断に打ち破っているということである。こうした論者は、西洋文明の本質が競争、尚武であるのに対して、中国文明の内包は協力、和諧であって、競争や戦争の失敗が証明しているのは、中華文明が西洋文明よりも高いレベルにあるということだととらえている。こうした論者は、中華文明以外、その他はすべて宗教という形式によって現れたものであり、文明的衝突が不可避であって、往々にして武力衝突にまで発展するがゆえに、中国中華文明は自ら進んで未来におけるリーダーシップと調整の役割を果たすべきだ、と考えているのである。

以上のような主張はもちろん、さまざまな批判にさらされるのだが、これまでのところ、まだ本格的論争にはいたっていない。というのも、こうした論者には、たしかに中華文明や西洋文明の本質についての理解、あるいは世界の近代史をめぐる解釈のいたるところに誤りがあるとはいえ、論争そのものは、本来、基本概念や事実誤認をめぐるものであるべきではないからである。

文化ナショナリストは、中国の伝統文化がもっとも優れていると考えるがゆえに、次のような主張に反対している。すなわち、近代化を実現するためには、あるいは前近代から近代への転換を完成させるためには、伝統文化を批判し、それを揚棄しなければならない、という考え方である。彼らは、古い内面的超越によって外面的権力が可能になるということ、すなわち、儒学そのものの内容が、デモクラシーや市場経済に対する近代化の要求を満足させることができると考えているのである。

ここでは、儒学の思想がどの程度デモクラシーや科学の内包を擁するものかをめぐって論争を繰り返すことも論証することもできないが、ただいくつかの簡単な事実をあげるにとどめる。まず第一に、「民を貴となし、社稷はこれに次ぎ、君を軽んず」という、偶然的で、かつ壊れやすく、これまで本当の意味では実行されたことのない思想を現代の民主的憲政の思想と同じものとみなすのは、中国の伝統思想をねじまげて解釈するということであり、近代的リベラル・デモクラシーの概念に対する浅はかな理解に基づくものである。第二に、「中体西《ちゅうたいせい》用《よう》」[4]が依然として通用すると考えるごく少数の人々を除いて、大多数の人々は、中国伝統の文化について厳粛に研究している人々であり、彼らは皆、儒学には近代化に役立つ科学や民主の契機が含まれているとはまったく考えていない。じつは、百数十年にわたる激動の時代を経験してきた中国人は、われわれにとって何が必要なのか、そして自国の根底に何が欠如して、何を取り入れれば良いのかを知り尽くしているのであって、「古いものにすでにあり」、「中国と西洋は相通じる」といった論法は、たんに病的な自尊心であるとともに、自らを尊大なものとみなす妄想の表れにすぎないのである。

伝統文化と経済的リベラル・デモクラシーとの関係で、ある人々はこれに類似した立場をとっている。ある経済学者は、自由主義経済の理念は、西側の人々から学ぶべきものではなく、すでに中国の伝統のなかに存在しており、じつは西洋人がわれわれの祖先から学び取ったものであるにすぎない、ということを苦労のうえ証明している。これらの言下の意味とは、西側の経済発展が、中華文化という精神的債務を負っているということである。中国古代における自由主義経済、市場経済など、一体どこにあるというのだろうか。ここでは、道学の「無為而治」という主張において、「無為而治」は不干渉主義のことであると理解されており、古典的リベラル・デモクラシーの自由放任政策、すなわち市場は、まさにこうした「見えざる手」によって調整されるとしているのである。もちろん、こうした牽強付会は、一つの願望について述べているにすぎず、たんに専門家の笑いに付されるだけである。

九〇年代、「アジア的価値」論、および「工業発展のアジア的モデル」といったものを鼓舞する声が広くもてはやされた。「儒家思想は古く、かつ時代遅れであって、現代化の需要には適応してない」。あるいは、「古い内在的超越は外在的権力にはなっていない」とする批評に対して、一部の儒家とその支持者らは、アジアの「四小龍」、および「新四小龍」の経済発展において、これを賞揚するための証拠を見いだした。彼らによれば、中国の周囲にある儒教文化圏の経済発展（take off）という事実は、儒教の理念によってその内包、そして支柱をなしている東アジアの近代化モデルが、西側の発展モデルよりも優越していることを証明するものであるという。この新たなモデルの特徴とは、集団（家族、会社［公司］、国家）を強調し、個人の本性、すなわち個人の自由、尊厳、権利に反対し、権威を強調することで民主主義や自由を制限し、官僚国家を強調することで経済放任的政策を抑制し、和諧と協力を強調することで競争を抑制し、人情や習俗を強調することで法制を貶めるのである。こうした「アジア的価値」論という神話は、つねに反駁にさらされている。近年になって生じた東南アジアの金融危機は、家族経営企業、姻戚関係、官商の利益結合、権力や情で法に代えるなど、儒教倫理をめぐる価値観こそが、腐敗、不公正さの根源そのものであることを証明している。政治経済活動における透明性と清廉さ、法律こそがもっとも重要な概念であり、政府に対する権力の制限は、けっして他のものに取って代わることはできないのである。

中国の文化ナショナリストが全力を尽くして西洋文化の主流的地位に対して挑戦し、中国と西洋文化の競争では、中国文化が勝利するはずだと予言する際に、彼らは無意識のうちに「文化ショーヴィニズム」、あるいは「中国文化中心」論という過ちを犯している。彼らは一方で、文化多元論を用いて、西洋文化のような強力な地位を瓦解しようとするのと同時に、他方でただたんに中国と西洋という両極のみに対峙しているだけである。彼らの眼中には、二十一世紀の世界文化という枠組みのなかで、アラブ文化やアフリカ文化の地位は存在していない。世界の全歴史過程を見渡せば、こうした態度はけっして珍しいものではなく、インドの思想家や日本の思想家が汎アジア主義について論じた際、彼らの眼中にあるアジア的文化とは、実際のところは、たんにインド文化、あるいは日本文化を指しているにすぎない。しかも、文化ナショナリズムは、たんに欧米の文明によって抑圧されたアジアにおいてのみ現れているわけではないのである。ヨーロッパにおいて、ドイツやロシアの知識人が自らの民族はイギリスやフランスよりも経済、軍事、政治など各方面で遅れを取っていると感じる際にも、一種のいわゆる「精神文明は物質文明よりも優る」という言い方で、劣等感による不均衡を自分だけで取り戻し、彼らも自らを東側の人間であるとし、イギリスやフランスは暫定的に強大ではあるが、将来的には超克されるべき西側社会であるとみなすのである。彼らは文化ナショナリズムをゲルマン主義、あるいは汎スラヴ主義と称しているにすぎない。もしわれわれが本当に何らかの高い立場にあるというのなら、本来、こうした轍をけっして踏んではいけないはずである。

もちろん、文化ナショナリズムという傾向の克服に注意を払うのと同時に、国学に対する真摯な研究を妨げてはいけない。たしかに極左の態度で国学研究の提唱に対して批判する一部の人は、政治的レッテル貼りをしながら、たとえば、「国学というこの疑わしい概念で社会主義的新文化、および中国文化の外にある目的を放棄しようとするのを排除しない」と記している。だが、本当の思想文化的闘争とは、平等で理を重んじ、厳格に学術的なものでなければならないはずである。(3)

国学研究者のなかには、熱心に人の情を賞揚しつつも、明晰な頭脳をもつ学者もけっして少なくない。湯一介氏はそうした学者の一人であり、文化ナショナリズムに対して高度な警戒心を抱いている。彼はいう。「もしわれわれが伝統文化の革新をおろそかにし、日々新しくし、さらにまた新しくさせないのであれば、それはただたんに残り粕を守るだけにすぎず、たとえ古代の人々のきわめて有意義な話を一度ならず、二度、三度と繰り返したとしても、それを中国で復興させることはきわめて困難である。中国文化を現代に貢献させることなどなおさら不可能であり、もし失敗すれば、国粋主義、あるいは狭隘なナショナリズムに陥ることすらあり得るだろう(4)」。

さらにいう。「もしグローバルな意識がないままで自らの伝統文化を発展させたなら、恐らく二つの問題が生じ得る。一つは、それがナショナリズムに導かれるかもしれない、ということである。こうした状況の例証は、われわれの歴史上、そしてわれわれの生活上、枚挙にいとまがない。人類のあらゆる精髄がすべてわれわれの民族文化のなかにあると考えることは、次のような問題を生じさせる。すなわち、一つの側面で、強烈な排外主義的心理を生じさせ、その他の民族文化の長所を真剣に、そして良好に吸収することが不可能となり、とりわけ近代化にとって相応しいものを吸収し、現代社会が求める文化的資源として役立つものを吸収することが困難になる、というきわめて重視すべき問題である。もし、こうした問題に注意を払わないならば、われわれの文化的発展、さらに文化的研究を現在の世界的文化の発展的総体という趨勢の外側に押しやってしまうであろう。それが一つの閉鎖的自分を守るだけの状態を形成するのだとすれば、きわめて危険なことである。二つ目は、われわれが防ぐべきもの、すなわち文化学術的発展、研究の目的とは一体何なのか、という問題である。それは真理を求め、過剰にイデオロギー化すべきではないということである。いいかえれば、政治とは一定の距離を置き、一定の限界を定め、真理の追究を目的とし、たんに目前の政策論のためにそれを論証するといったものであってはならない、ということなのである(5)」。

2 ポストモダニズム

ポストモダニズムは、当初、その勢力の範囲が主に文学界、芸術界、文明理論界に限られていたものの、九〇年代初め急速に勃興していった思潮である。ポストモダンとは、一つのきわめて紛らわしく、曖昧な概念であるが、その発祥地は西洋であり、人々は何をポストモダニズムというのかという問題をめぐり、さまざまな定義をもち出した。だが、意見がまちまちでまとまらず、中国においては、さらに随意性といったものをもたらすこととなった。ポストモダン的思潮と直接関連するか、あるいはそれと似通ったものには、いわゆるオリエンタリズム(アラブからアメリカ国籍へ移ったサイード教授の著作『オリエンタリズム』からその名を取っている)やポストコロニアリズム、脱構築主義などが含まれる。西側でポストモダニズムは、まず建築、絵画、詩歌、小説において一つの試験的な、かつ新奇な反モダニズム的形式に端を発していたが、その後、文化批評、社会批評にまで拡大、発展し、さらに脱構築主義、解釈学などから若干の哲学・思想を借りて、フェミニズム、多文化主義などとも連携しつつ、ポスト工業社会における全面的な反逆思潮となっていったのである。

中国においてポストモダニズムの思潮は、著名なマルクス主義的ポストモダニストであるジェームソン(Fredric Jameson)が北京大学の招きで、一連の講演を行ったことにはじまっている。西側と違うのは、中国のポストモダニズムは舶来品であり、文学的温床を生むことはなく、それはおもにポストモダニズム的な方法で現代の文学作品(さらに正確にいうならば、一部の現代文学作品解読後の現代作品)をポストモダン的方法で解読し、さらにポストモダンの理念や価値を用いて批判や解釈を繰り広げるということを意味していた。

ポストモダニズムの核心は、近代そのものにあり、近代という思想を育み、これを支えてきた価値観に対して疑義を呈したり、批判を加えたりすることにある。西側で三百年近く続いてきた主流の文化に反対し、かつ啓蒙思想に反対する際、それは上述した文化ナショナリズムと似通ったところがあるが、それよりも徹底して極端なものであった。

文化ナショナリズムは主に、近代とはけっして西側に独特な勢力ではなく、西側にあるものはわれわれがもっており(もともとあった)、むしろ西側にないものがわれわれにはあると主張している。こうした態度の問題は、他者から学び、反省しつつ、自らの思想に対して理性的に対象化するのを拒否していることである。しかるに、ポストモダニズムは、近代という価値基準を放棄し、たとえば、何人かのポストモダン文芸評論家は、それらの文章のなかで「中華性」といった言葉を用いて、「近代」の概念そのものに代えるのだ、と主張している。彼らによれば、今の中国が歩む道は、あたかも他人の真似ごとのように西側に追随し、模倣するということなのであり、かくして民族文化の自主性を失っていったというのである。

八〇年代末から九〇年代初頭までの短い間の停滞、そして推移観察という時期を経て、中国の改革開放はついに不可逆的な勢いとなった。だが、ポストモダン的思潮の提唱者は、中国の現状を観察し、かつ分析する際、多国籍資本主義がグローバルに展開し、拡張するうえで、中国はそのことをもっとも実現しやすい場所であり、政治、経済、文化の面で西側の新たな植民地になっているとすら暗示した。たとえば、ある人は自ら著作のなかでこういっている。「われわれの時代はポストコロニアリズムの時代であるというよりも、むしろ新植民地主義の時代といった方がより適切なのだ」、と。たとえば、「国際慣例に従う」、「市場経済」、「競争の機制」などは、すべて植民地主義的言説だという[6]。人権、市場経済、知的財産権といった諸問題について、中国は自らの基準をもつべきであり、西側の権勢をめぐる言説に対しては「根本的に挑戦し、拒否すべきである」[7]。この論者は、自らの価値観を明確に表明しており、「自由、民主、多元性、作家の独立性などの概念」を、すべて「資本主義的概念」とみなしているのである[8]。

「五四運動」以来、真正面から取り組むべき価値として科学、民主、理性などを提唱し、かつ追求してきた概念は、ポストモダニストたちの猛烈な攻撃にあい、資本主義的イデオロギー形態とみなされ、中国の知識人たちがそれらを追求することは、西側の言説に対する服従であるとみなされ、植民地化に甘んじるものだとされた。ポストモダニストは、さらに西側の脱構築主義的主張に追随し、たとえば、「歴史的進歩」、「真理」など、いわゆる「大いなる物語」(grand narrative)はみな、啓蒙的知識人が作り出した神話であり、解消すべきであると主張したのである。彼らによって「虚構の二元的対立」とみなされたことで消失したもののなかには、さらに真・善・美、そして偽・悪・醜などの他に、エリート・大衆といった対をなすカテゴリーが含まれている。

以上のような主張は、中国の知識界で排除されていった。ある論者が指摘するには、真理や進歩といった価値の否定は、相対主義、懐疑主義、ニヒリズムに導き、中国が現在直面している精神的、道徳的規範の喪失という状況の下で、こうした解消主義は深刻なる社会的結果をもたらした。じつは、実際まさにその通りとなり、九〇年代初頭、崇高さ、道徳、理想などを攻撃するかまびすしい声が、君子を恥となし、ゴロツキを光栄となすといった価値の転倒をもたらす悪しき風潮のなかで、一部のポストモダニズムの極端な主張は、社会を煽り立てる役割を果たしていったのである。

世の中を騒がせ、矛盾に満ち、かつ理にそぐわないポストモダニズムの主張に直面しつつ、人々は当然のごとく問うのである。ポストモダニズムの観点とは、一体どういうものなのだろうか。それが生まれた理由とはいったい何なのだろうか。もしポストモダニズムの生まれた故郷である西側の土壌での思想的根拠や役割について問うのであれば、それは一つの複雑な問題である。筆者自身は次のような考えに傾きつつある。すなわち、それは一種の批判精神、一定の経験があるがゆえに、むしろ行きすぎた、極端で偏った主張なのである。もしかしたら、それは西洋社会の理性、科学技術、法制が過度に発達しているが故に、過度に強制的で、硬直した一つの反応となっているのかもしれない。

だが、重要な問題とは、すでに近代化し、発達した工業社会、あるいはポスト工業社会において、もしかしたら一定の道理があるのかもしれないにせよ、中国という前近代から近代への過渡期にある条件へとポストモダニズムを生硬に用いるのが、果たして有利なことなのか、それとも弊害をもたらすことなのか、ということである。それはつまり、われわれが以前からことあるごとに議論してきた避けられない問題でもある。現在、中国において大胆にポストモダンを語り、大胆にこれを用いるというのは、果たして国情にかなっていることなのだろうか。

こうした点では、中国のポストモダニストは、西側のパートナーには遠く及ばず、自立的で覚醒した意識に欠けている。中国で広く影響力をもつ『ポストモダンへ向かって』という一冊の本の編者であるフォークマ（Douwe Fokema）は、この書の序言のなかで、あらかじめことわっておくかのように、次のように述べた。すなわち、ポストモダンの文学は、模倣的で複雑な、かつ特殊な伝統に属するものであり、西側文化の主流である贅沢な生活条件が想定され、かつそのことが試験的基礎をなしており、そこそこの経済条件を追求している発展途上の地域にとっては、まったく関連性をもたないものである、と。[9] 彼はもう一つの著書のなかで「中国において現れているポストモダンに対する賛同を受け入れることは難しい」と明確に述べている。実際の生活条件を離れて超然とした状況に入ることは、「絵に描いた餅で飢餓を満たすにすぎないのである」[10]。

中国の「ポスト」学者の多くは、すでに述べたような戒めに対して、たんに聞こえないふりをするか、直視しようとしないだけだが、ただ少数のいやいやながら応答した人々によれば、たしかにポストモダニズムは西側においてのみ生じるかもしれないが、世界の一体化というプロセスでは、中国やインドなど第三世界の国々で時代の流行を追い求める新しい世代の知識人たちもある種の超越した意識を生じさせることができるのだという。たとえば、現代中国の前衛派文芸においても、いくつかのポストモダン的変種といったものが現れた。さらにある人によれば、中国経済はたしかに発達の欠如した前近代的レベルにあるのかもしれないが、電子媒体や広告が大都市では溢れており、また多かれ少なかれ、ある種のポストモダニズムの中国という土壌への移植が可能なのだという。だが、こうした論証には無理が多く、その困難さから免れることは困難であり、たんに言いがかり的なものすぎないとはいえ、そのなかからは明らかに彼らが認めたがらないいくつかの結論を見いだすことができる。第一に、中国は現在、いまだに近代化以前、さらに工業化以前の段階にある、ということ。第二に、したがって、近代化とは依然として中国が追い求める目標であり、この価値は肯定されるべきものであっても、否定されるべきものではけっしてない、ということ。第三に、もし少数の小さな範囲内でほんの少し挑戦的実験として行うことが無害であるならば、それは大々的にやるものではなく、ましてや現代文化や社会規範の基準とすることがあってはならない、ということである。

中国の「ポスト」学者は、啓蒙に対して軽蔑した否定的態度をとっており、ある人は「五四」以来の啓蒙的伝統を植民地化そのものとみなした。いわく、「ポストコロニアリズム的観点から新たに見れば、「五四運動」とは以前から無視されていた問題であることが分かる。中国の「五四」文化運動は、大体において、ヨーロッパの啓蒙的言説を中国へと横に移植したものであることは明らかである。われわれがすでに指摘したように、西洋の啓蒙言説のなかには植民地的言説が含まれていた。しかし、「五四」当時の学者は、西洋の植民地的言説をすべて軽々しく捨て去ってしまい、多くの人が啓蒙言説を受け入れると同時に、自らの文化伝統に対して、粗暴かつ不公正にも、単純に否定的な態度をとったのである。もし中国がかつて半植民地国家であったことを認めるならば、われわれも近代以来の中国知識人の心や認識が半植民地的であったという事実を直視しなければならないのである」[11]。

もう一人の「ポスト」学者は、八〇年代の文化ブームにおける新啓蒙運動を貶めつつ、中国知識人が八〇年代、啓蒙思想の言説に溺れていた際、西側の言説に対して無条件に従属的立場におり、かつ近代に対するいわば熱狂的盲目の恋に陥っていたのだという。そして九〇年代になると、「言説の転換はすでに不可避なものとなり」、「八〇年代啓蒙という言説は、代表的言説としての『大いなる物語』をめぐる解釈能力をすでに喪失、崩壊し」、「八〇年代の過激な言説は、追求可能な古い夢へと変化していたのである。歴史に引き裂かれた溝というもう一つの側面は、すでに消滅していたのである」[12]。

既述のように、啓蒙に対する貶価と排斥とは、学術的かつ理性的根拠がないだけでなく、事実の上での根拠もない。「五四」新文化運動は少なからぬ西洋啓蒙思想の言説を借用したものではあるが、しかし、中国の啓蒙思想はヨーロッパの啓蒙思想を横に移植しただけのものではけっしてない。なぜならば、時代的条件、国情、文化的伝統はみな異なっており、五四新文化運動の思想家は、自らの依って立つ具体的かつ歴史的条件の下で、中国の変革をめぐる伝統、および民族の救亡をめぐる問題を解決しようとしていたからである。ヨーロッパ啓蒙運動は、人間を宗教や神学から解放し、啓蒙思想家は全力で宗教的教義を批判し、腐敗した教会と宣教師らを攻撃したわけだが、中国の啓蒙は、封建的礼教から解放したのであり、したがって「五四」における新人らが批判したのは儒家の礼教であって、三綱五常《さんこうごじょう》〔5〕といったさまざまな悪しき慣習なのである。

「五四」啓蒙思想家は、けっして伝統に極端に反対したわけでも、全面的に否定したわけでもなく、これに破壊と継承という態度で接していたのである。事実上、「五四」運動のもともとの指導者とは顧炎武、黄宗羲などであり、そこから始まり、康有為、章炳麟へといたる思想のなかで、その足跡を見いだすことができる。実際、中国のポストモダニストらは、「五四」から今日にいたるまでの間に、西側の言説をもっとも多用し、引き写ししてきた人々であり、それゆえに中国の文化的伝統についてももっとも理解していない人々であり、既述のような状況についても、当然、何も知らないということになる。

同じように八〇年代の文化、新啓蒙運動はけっして単純に西側の言説に追随していたわけではなく、当時の歴史的状況に根ざし、中国の実際的問題を解決するために起きた思想解放運動であった。その背景には、ようやく過去のものとなったばかりのいわゆる文化大革命のなかで極端に現れた個人崇拝があった。すなわち、それは現代の迷信であり、ブルジョア階級に対する全面的独裁を趣旨とする、封建的ファシズムの専制であり、学校の授業をやめてまでも革命をおこない、八億人がたった八人だけの革命模範劇を見せられるという新たな愚民政策であり、苦労を光栄となし、貧しさを光栄となす、広範な人民に対する新たな形の奴隷制であった。

したがって、八〇年代の人道主義と民主主義は、公民の基本的権利を回復しなければならないということであり、知識人の最低限の尊厳とは、科学と理性について語るということであり、それは文革の悲劇を醸成した家父長制、および新たに出現した官を重んじる考えや風習を打破するということであった。じつは、当時もっとも根源的に語られた「実践は真理を検証する唯一の基準である」という言葉は、もっとも単純な常識を回復させようとしたにすぎないのである。八〇年代、現代西洋文化の思潮について多くの紹介がなされたが、それらは部分的に三〇年間という失われた時間を取り戻したにすぎず、とりわけ文革の一〇年間は、閉ざされた鎖国状態にあり、文化的専制による社会的負債であったといえる。事実上、ポストモダン思想の根源であるとされるニーチェやハイデガーなどの思想哲学は、当時すでに中国に芽生えていたとはいえ、もしポスト学者たちが罵った啓蒙がなければ、あるいは彼らは「批林批孔《ひりんひこう》」[6]を知り、帝国主義、修正主義を打倒し、反対するのを知るだけだったのかもしれない。

中国の啓蒙思想はかつて救亡、内紛、政治によって後退し、中断されたが、現在ではそれは、西側のポストモダン的言説の横槍的な移植によって中断されたのである。

ポストモダン的な主張の影響を受けた（同時にニーチェ、ハイデガーなどの影響を受けた）人々は、中国が依然として科学的精神、理性的伝統が欠如しているという実際を顧みず、絶え間なく科学技術の危険性について議論していた。もちろん、彼らの言説は西洋思想家の言論や学問に純粋に基づいていたのであり、科学的本質や現代の技術状況に対しても真面目に、しかも完全に理解していたのである。

たとえば、ある人は、われわれの現在の情報コンピューター時代が実質的に言語の対象化を手段としているにもかかわらず、その結果、逆に機械の言語によって人がコントロールされるという事態をもたらしている、と考えた。こうした観点は、著名なフランスのポストモダン思想家であるリオタールによる、広く影響力をもった著作『ポストモダン的状況——知識に関する報告』という書物のなかで、さらに明確に表現されている。彼は次のように述べている。すなわち、現代において「知識は本質を変えないまま存続することはできないのであり、知識を大量の情報に変換してはじめて、さまざまな新たなメディアを通し、知識を操作・運用可能な資料に変えることができる。あるいは、このように予言することができる。知識の構造内部では、あらゆる転化輸送することのできないものはすべて淘汰される、と。……今後、知識の創造者と運用者は皆、知識をコンピューター言語に転化する手段と技術をもたなければならない。彼らが作品を創造するか、研究をするかにかかわらずに、である」[13]。

ここでポストモダン思想家たちの頭はまったく混乱しているが、知識を伝える手段を変えるということと、知識そのものの本質を変えるということは、本来、まったく別のことがらである。人類はまず、竹簡を使い、のちには羊皮、さらにその後、印刷技術と紙を使うようになっていったが、これらの形式上の変化が大幅に知識の伝播速度を加速したものの、けっして知識内容そのものを変えることはなかった。現在、一つの技術報告、一本の学術論文、一冊の小説は、普通の印刷法によって可能となり、またコンピューターのディスク、あるいはインターネットを通して伝達が可能となったが、人々が最終的に獲得したものとは、いまだに技術的手段の変化につれて変ったわけではないのである。さらに、コンピューター内部の論理的言語、人口言語は、コンピューターの使用者とはまったく無関係であり（もしその人がコンピューターの専門家でなければだが）、人に人口言語を使うことを強制したり、さらには人の思惟や感じ方を強制的に変えさせたりすることなどもちろん不可能である。詩歌、演劇本、さらにはポストモダンの理論に関する本などをみなコンピューターにインプットすることは可能であるが、そのことはコンピューター言語なり、自らの性質そのものが変わったことを意味するわけではない。

ある人はハイデガーに追随し、自然的な原始性を謳歌し、科学を忌み嫌っている。「ハイデガーは次のようにいったことがある。すなわち、帰る家がないという状態は、すでに一つの世界的な運命になってしまった、と。その通りである。人類はこれまでずっと家に、すなわちあの自然、和諧、自由の家に帰りたがっていたのである。この家とは、人と自然、そして自分の創造したものが同じところにあり、そして和諧もすべてお互いに隠された状態にある神話の時代において存在していた。あの時代、人類は健康であり、自然はいきいきとしており、人と自然との関係は和諧の下で統一されており、人類は最高の理性ともっとも基本的な感性と直感とを有しており、さらに広大で際限のない想像力をもち、超自然的人体の機能を備えていた。この和解の統一体を最初に破ったのは科学であり、科学がまず自然を分割し、人類の自然的統一をめぐる認識を分割したのであり、科学はまず、一つの合理的一面性と総体的孤立性という手段によって、人類の眼中では本来、渾然一体としていた自然的世界を切り裂いたのであり、それが人体を解剖し、地球とすべての家を解体し、それが人の体力や機能、人の疎外された部位にまで延長し、さらにさまざまに疎外された機器で人の体力と機能を解体し、それによって人の身体能力の進化を中断させ、人の精神を分裂状態にし、一種のバラバラ状態にまで発展させたのである」[14]。こうした詩化されたユートピア的寝言に真面目に応答するのは困難なことであるが、はるかかなたの原始時代の自然界に、人類が詩的に安住できる場所など存在せず、洪水や地震、雷、火山爆発、毒蛇や猛獣などがいつでも人の命を奪い得たことをわれわれは知っている。しかし、人類の文明とは、自然が暴虐を恣にする状態に打ち勝ってはじめて形成され、発展していったのであり、たとえば、中華民族が数千年の間、洪水と闘ってきたことは明らかにその一つの例証となっている。世界にはいまだに不毛の地や原始的部落が存在するが、ハイデガーやその門徒たちは、なぜそこにいって、いわゆる「本来の真なる」、「詩的意志に満ちた」生活を送ろうとはしないのであろうか。

3 「新左派」理論

ソ連と東欧の社会主義陣営が解体したのち、東西陣営間の冷戦もそれとともに終焉した。イデオロギー的緊張が消失したのち、西側のいくつかの国において資本主義制度とそのイデオロギーを批判する左翼思潮は、それまで以上に活発なものとなり、「新左翼」、「ネオマルクス主義」などさまざまな理論が形成されたが、これらの理論とポストモダンの理論とは、互いに相通じ、あるいは交差するところがきわめて多かった。それらに応じるようにして、中国思想的枠組みにおける彼らの思想的位置も一致しているか、あるいはきわめて似通ったところが多かった。現在、新左派は政治的民主主義や経済的民主主義について語ることをなお一層好むようになり、リベラリズムに対する批判はさらに明確となり（それゆえに、国内外の一部の人は不正確にもこの一派を「ナロードニキ派」と呼んだ）、しかも、中国の近代化をめぐる全体的趨勢にけっして満足していないと喝破しつつ、彼らは逆に、すでに否定し尽くされた大躍進、人民公社、文革を露骨に肯定していったのである。

新左派の基本的傾向の一つは、中国の市場化を中心とする近代化の過程を排斥し、いわゆる資本主義の超克を鼓舞し、そこで「中国の近代化の異なった選択」、「制度的刷新」、「第二次思想解放」といったスローガンを提出したことである。こうしたスローガンとは、あるいは空洞で中身がないか、あるいは現代資本主義に対する際限のない批判のことを意味している。それは中国の現実的問題と関連しつつ、人々の注意を喚起し、大躍進、人民公社、文革でのさまざまなやり方を軽々しく否定すべきではないと声を大にして主張し、かつそうすることの「合理的要因」を証明し、掘り起こしていった。著しい者にいたっては、現代アメリカのある最新理論とその実際上のやり方が、そうした中国の当時のものと期せずして一致しており、それらを継承するものであるとすら主張しているのである。

代表的な論文である「制度的刷新と第二次思想解放」という文章のなかでこの著者は、西側のこの十数年間における最新の研究成果が「新進化論」を基礎的かつ理論的根拠としていることに触れつつ、「多くの自然的選択によって淘汰されていった制度内部の合理的要因が、新たな条件の下で制度的刷新を通して新たに組織され、再現している」ことを証明したという。[15] 新左派たちが陳腐で奇妙な処理を施した上で、中国人に対して巨大な苦難をもたらしたことがすでに実践によって証明されている文革「中」、および文革「前」の極左、空想、野蛮といった作法が、もっとも新しく、かつもっとも良いものであるかのようにみなされたのである。たとえば、大躍進はたしかに良いものではないが、毛沢東の「人民公社は大々的に工業を行うべきである」という指示に基づいて、郷鎮企業が発展していったとされる。[16] 人民公社の「政社合一」〔農村での行政と経済組織の一体化〕体制は、生産請負制ほど柔軟なものではないとはいえ、土地の集団的所有は村民自治のために重要な基礎を打ち出しており、[17] また大寨《だいさい》〔7〕の経験には合理的要素も含まれ、農田水利の基本的建設、とくに陳永貴による創造的な棚田農法などは、今日の中国における農業発展の有力な促進要因であり続けているというのである。[18]

上記論文の著者がもっとも推奨しているのが、大躍進後期に提出された鞍鋼憲法であり、その中の方針である「両参一改三結合」とは「経済民主主義の具体的な表れである」。[19] さらに、鞍鋼憲法は、「壁のなかで咲いた花は壁の外でも香る」というプロセスを経るものである。まずは日本、次にヨーロッパ、アメリカなど、多くの国々の工業管理学者は、鞍鋼憲法が実質的にはポストフォーディズム、すなわちフォード式の硬直した上から下への垂直命令を核心とする企業内分業理論に対する理論的挑戦であることを理解したのだと称している。[20] 著者によれば、香りの芳しい一輪の花はすでに海を渡り、日本やスイス、アメリカで素晴らしい成果を上げているのだという。

同じ著者はさらに彼が鼓舞する民主主義と文革とを結びつけ、文革発動三〇周年記念のある文章のなかで、「今日、われわれは毛沢東のいわゆる『文革は七―八年に一度やってくる』の制度化を、定期的かつ全国的な直接普通選挙として実施してはじめて『人民民主独裁』、『プロレタリアート独裁下の継続革命』の本質となすのである」と述べている。[21]

上述のような論点は、理論的に反駁にあうものの、さらに単純かつ基本的で、事実の上でももっとも重要なのは、筆者が賞賛する極左路線の産物のもつ性質と役割とは、根本的に彼が美化するようなものではありえないということである。たとえば、「政社合一」の人民公社は、人身に依存する「一平二調」〔一平＝平等主義的食堂制、二調＝生産隊への労働、財の挑発〕的なやり方がなおも可能であるとし、村民らが生産手段である土地を支配してはじめて、民主的選択と自治の前提を築くことができるのだという。だが、実際には、鞍鋼憲法は最大の弊害の一つであり、工場のなかの規約制度を破壊し、技術者が生産管理において本来果たすべき役割を消し去った。しかるに、毛沢東の「文革は七―八年に一度やってくる」という言葉は、人々が耳にすれば即座に顔色を変えるというような「階級闘争を大胆に行い」、「すべての牛鬼蛇神を一掃する」ことを意味した。こうしたものすべてを言葉にし、大規模に実行に移すとき、「新しく生じた事物」、「偉大なる壮挙」などともてはやされたのである。だが、それはけっして刷新などではなく、むしろ死んだ魂を呼び起こし、民族的心の傷に粗暴に触れるものであるにすぎない。

九〇年代の初め、天地を覆すほどの勢いでやってきた商品の波、経済活動に身を転じるというブームは、中国の社会生活的な雰囲気、人間関係、価値基準に巨大な変化をもたらした。大衆文化、商業文化の凡庸さ、広告やメディアの新しい潮流が導く力、精神と文化的価値の凋落などは、一部の知識人たちを心理的に極端に落ち込ませ、かつ精神的バランスを失わせるにいたる。彼らの態度は近代化へ向けての叫びを疑義、憂慮、反感へと転じさせ、極左的、文革的な抑圧や危険性に対してますます注意を払わないようになり、国内の生存状況と西側の人々とのつき合いのなかでの体験にかかわらず、一つの「資本主義」的な抑圧を激しく体得することとなった。その結果、西洋マルクス主義がきわめて魅力的であることを知り、現代の西側の新左翼的な資本主義批判理論にもっとも引かれ、共鳴していったのである。

たとえば、ルフェーブルやマルクーゼなどによる資本主義工業化に対する暴露と批判は、ほとんどが中国の現実に的を合わせていると受け止められた。一方では、商品の豊富さ、物質生活の向上、他方では、文化的品位の低下、精神的空虚をもたらした。人々は自らの本性を失い、ただたんに商品広告に引きずられ、高級ブランド商品を追い求め、表面的には貴族を模倣し、実際には耐えられないほど低俗な成り上がりとなっていった。また彼らは、たとえばホルクハイマー、アドルノといった人々が提出した「文化産業」という概念から、凡庸な大衆文化に対する批判のための啓示と鼓舞を獲得していった。そうしたものの流れのなかで大量に生産された文化商品とは、芸術性や創造性、批判性、想像力などといったものはみじんも存在せず、人々の純粋に低級で、猟奇的趣味に合わせるために、あるいは利潤のために生産されるがゆえに、価格は安く手に入れやすいものの、品質は低く劣ったものになっていた。

中国の現代的文化状況や社会変遷を考える際、基本的に西洋マルクス主義や新左翼理論を参考にすることが、有益なものであることは認めつつも、西洋社会の性格と発展レベルは中国とは大きく異なっており、したがって社会問題も同じものではあり得ず、病状に対する処方箋もまた異なったものを含んでいるということを肝に銘じなければならない。さらにいえば、議論そのものに欠陥があることも見ておかなければいけない。たとえば、西洋マルクス主義や左翼の人々とは表面的には前へと向かうようなまなざしで現代社会を批判しているが、実際にはその逆で、むしろ後ろに向かって古いものを懐かしみ、それを復興させようとするのである。だが、そこにはロマン的かつ悲観的情緒が溢れ出ており、彼らの想像のなかでの古代の田園牧歌的静寂さや悠然さを求めて、前近代に戻ることを欲しており、彼らは精神を崇め立て、物質を否定し、大衆を蔑みつつ、大衆の導師、代理人として自らを居し、貴族的かつエリート的傾向を表出するのである。さらに彼らは、科学技術と物質的進歩にともなって現れた弊害と、科学技術、物質的進歩そのものとをいっしょくたに論じ、科学、民主、理性、近代などを資本主義的イデオロギー形態と同一視したが、こうした偏った観点は、自ら過度にイデオロギー化されたものであることを示している。

中国の新左派は、他人の言葉の受け売りで市場化と商品化を譴責しているが、こうした潮流は中国において人を抑圧し、人の進歩的役割を束縛した旧体制を打破したという事実を無視するものである。彼らは大衆文化を攻撃し、文化コントロールという戦略を鼓舞する際、精神的疎外に反対することと文革中の文化専制主義を復活させるという二つの区別を混同し、科学をイデオロギーとみなしているが、それは迷信や似非科学に反対することに対し何の助けにもならないのである。

西洋マルクス主義、とりわけフランクフルト学派の批判理論の影響を受けつつ、中国の新左派は批判の矛先を自由主義へと向けた。たとえば、ある文章は、「西側においてはフランクフルト学派は資本主義時代のリベラリズムに対して、人々を深い反省へと導く批判をおこなった。フランクフルト学派は、リベラリズムと全体主義がファシズムとの連続性をもっていると考えていた[22]」とする。著者は、再度マルクーゼの、以下のような観点を引用している。「リベラリズムは巨大な集権的国家建設を最大限に支持しており、独裁主義とはリベラリズムが自らのロジックに基づいて発展していったさらに高度な段階であり、しかも完全な状態なのである[23]」。これに基づいて、著者は次のようにいう。すなわち、「いかなる過激な態度に対しても、さらに革命的方法で社会を改造することに対しても、リベラリズムは深い恐怖と敵意を抱いている。……自由そのものは、内在的には、専制独裁の道へと向かう危険性を包含しているのである[24]」。中国の状況に関連しつつ、「最初から最後までリベラリズムの信奉した」厳復が最後には袁世凱を支持し、中国の著名なリベラリストである胡適が革命と反革命との大規模な闘争の中で独裁者である蒋介石を支持したことは、リベラリズムと専制独裁との関係を十分に証明するものである」と断言している。

以上のような観点は、この著者が世界史や中国近代史の知識に欠けており、したがってフランクフルト学派の偏見と誤りを全面的に吸収していることを説明している。リベラリズムは、その開祖であるロックの学説において表現されているだけでなく、ロックの学説におけるアメリカ革命、そしてフランス革命への賞賛のなかでも表現されているのである。ファシズムがもとより資本主義の環境で生まれたことはいうまでもないが、この環境とは、自由主義的資本主義ではなく、超国家主義であった。中国のリベラリストと独裁政治との関係とは、この著者が描くようなものとは程遠く、リベラリストは専制主義との抗争というもう一つの側面をもっており、彼らが現存する政府と妥協する時にも、あるいは日本が大挙して侵略するという畏れに対処し、あるいはさらに自由でなくなるという局面をいかにして守るかという考慮も同時にしていたのである。[25]

九〇年代の半ばから後半にかけて、西洋政治哲学のなかでコミュニタリアニズム理論が中国に入り、その紹介者たちは純粋に学術的目的を離れたが、一部の新左派的観点をもった人々がコミュニタリアニズムを用いて、リベラリズムに挑戦するという一面ももっていた。コミュニタリアニズムの勃興は、現代の西側におけるリベラリズムがすでに苦境に立たされていることを示していると彼らははばかることなく主張しているが、その言下の含意とは、中国においてこうした古い思潮を手本にすることには意味がないということなのである。

コミュニタリアニズムは人権や法制の普遍性に反対し、自由という価値を個人に帰することに反対し、いずれの宗教、言語、民族、あるいは居住共同体も、もし法によって許され、公認された一つの文化、道徳、政治的準則と相反する行為規則をもつのであれば、それはたんに許されるだけではなく、保護されるべきものであると考える。このように、ある特定のコミュニティ内で、ある種の言語の使用、宗教の信仰、文化の伝播を禁止したり、あるいは逆に、人々にある種のものを強制的に受け入れさせるといったことが、すべて合理的なのである。このことは明らかに、文明的でかつ理性的な人にとっては受け入れ難いことである。たとえば、インドで寡婦を焼死させることを夫に殉じる行為とし、アフリカで少女に対する残忍な割礼を強要したりすることが、頑固な習俗であるからといって、それらはみな合理的なものであるとでもいうのだろうか。

ある人はコミュニタリアニズムの考え方に即しつつ、郷土中国においては、一部の宗法的伝統、郷土の規則や習俗が人間関係を調整し、紛争解決の面においては、正規の画一的法律よりも優り、法はあまりにも機械的で型にはまっており、情理からかけ離れていると考えた。こうした人々はしばしば、映画「秋菊打官司」を例として、法はその土地の文化的資源を尊重すべきであり、国際社会と軌道を合わせるべきではないとしたが、こうした見方によると、「大一統《だいいっとう》」[8]が支配する天下では、その人がいったことがすなわち王の法であり、彼が殴りたいと思ったら誰でも殴り、捕まえたいと思えば誰でも捕まえられるといったことが、一方側の安定と秩序を有効に維持することとなる。逆にこうした郷村における法的力を破壊することは、小さなコミュニティの伝統や風俗、習慣に干渉し、秩序を破壊してしまうことになるのである。もし一つのコミュニティの現状と規範が、何がどうあろうと合理的であるとするならば、正しいことと誤っていること、そして善と悪とを一体どうやって区別するというのだろうか。

4　リベラリズム

九〇年代の初めから人々は、市場経済を建設し、発展させるという必要性に対してますます深く認識するようになり、九〇年代の後半には、政治体制改革という問題がまた新たに提出されていった。こうした背景の下で、リベラリズムは一つのトピックとして徐々に中国思想文化の言説空間に入っていく。世紀の変わり目にこの百年間の世界史、そして中国が歩んできた道を振り返った際、人々は社会主義と資本主義に対する認識を再度改めることが必要なのだと理解したものの、このことは長期にわたって排斥と批判にさらされてきた。それはリベラリズムに対して新たに認識、評価しなければならないという当然の要請を含んでいたのである。中国の近代化建設への要求は、ますます市場を調整するための制度に依存するようになっており、非国有経済に合法的地位を与え、政府と企業との間に境界線を引き、法によって国を治め、世論による監督の役割を強化するなど、これらすべてが経済と政治をめぐる枠組みを設定し、リベラリズムをめぐる学説について真剣に研究することが必要となり、それ相応の学理上の支柱が得られることとなった。

市場経済をめぐる方針の確立は、経済的リベラリズムの旗印を鮮明にしていった。「経済的自由主義とは何か」というタイトルの本のなかで著者がいうには、「計画経済かそれとも自由主義経済かという問題は、今世紀の初めからすでに始まっていた論争としても大きなテーマである。一九三〇年代、資本主義世界で経済恐慌が起きると、計画経済の学説が横行し、それ以降の発展は全般的公有制によってコントロールされる経済となった。世界の二〇億近くの人口がこうした信仰の犠牲者となったのであり、数千万人が餓死し、十数億人が人類の文明の成果を享受する権利を奪われたのである」。もう一つの文章は次のようにいう。「経済のリベラリズムは、人類の大きな知恵であり、長期的かつ歴史的観点からのみ、その巨大な価値を見いだすことができる。……計画経済という回り道は、経済的リベラリズムに対する価値を放棄したことに起因している。だが、市場化の改革、またそれとともにやってくるわが国の経済的勃興は、必然的にわが国の文明的復興をもたらすのである」。

公正さをめぐる問題とは、リベラリズムのテーマのなかでも必ずや追求されなければならない道義そのものであり、この問題は経済システムが急激に転換した九〇年代にとくに突出していた。一部の国有企業が否応なく非国有企業に転換していった際、ステークホルダーと元経営者に私的分割されるか、あるいは形のうえだけ私的なものとして分割されたのだが、こうした公的なものを私的なものへと転化するという行為は、私有化を加速したがゆえに支持されるべきなのだろうか、それとも正義に反しているから制止されるべきなのだろうか。市場化のプロセスにおいて、権力をあてにするのが不公正な競争に付すということであることが明らかだとしても、権銭〔権力と金銭〕交易を行なうというのは、転換期に不可避であるがゆえに譴責されるべきでない行為なのか、それとも法治の枠組みを使って、人の行為は規制されるべきなのか。自らをリベラルであると定める知識人たちは、公正さをめぐる原則の重要性を堅く主張し、「権貴私有化」に反対し、「権力者による私的分割という大鍋飯〔悪しき平等主義〕」に反対し、ごく普通の労働大衆の民主的権利を擁護すべきであると主張している。中国の知識界は、「五四運動」が追求していた自由と民主主義の進歩と伝統を継承したと自認しているものの、長年にわたってイデオロギー形態がもたらした偏見ゆえに、自由と民主との関係、そしてそれらの内包に対して深い認識をもたず、国際的思想学術界において、いくつかの影響力の大きい見方に対して、完全に理解を欠いていたのである。こうした状況は九〇年代、リベラリズムの学説に対する関心と研究につれて大きく変わっていった。人々の認識上の最大の収穫とは、リベラル・デモクラシーという同じフレーズの下で、実際上はロックを代表とする英米の伝統、すなわち、経験主義的伝統があり、またルソーを代表とするフランスの伝統、すなわち、ヨーロッパ大陸の理性主義という伝統があることへの理解であり、人々はこうした新たな角度から、フランス革命からロシア十月革命へ、さらに中国の文化大革命へといたる一つの歴史的手がかりを再び考えはじめたのである。

これと同時に、バーリンによる積極的自由と消極的自由についての区分、ポパーによる開かれた社会の提唱、そして歴史的決定論に対する批判、ハイエクによる自ずと発生していく秩序への推奨、さらにトクヴィルによるフランス革命とアメリカの民主主義に対する研究などは、人々にきわめて大きな関心を巻き起こし、啓発を与えた。古典的リベラリズムに対する深い理解、また保守主義に対する同情的な研究は、学術的であるか現実的であるかを問わず、みな有意義なものである。

かなり長い間、一人の個人がもつ価値が肯定されるにはいたらず、個人の尊厳は保障されず、個人の利益は任意によって剥奪されるという状況にあり、「個人主義」は極端な貶《けな》し言葉となり、自分勝手で、自己のみを利し、他者を損ねるに等しいものとして理解された。ある人の文章が指摘するには、人権は根本的に個人的権利を指すのであり、国家、社会、集団とは、あくまでも個人の権利のために使われる手段、あるいは道具である。たしかに、中国の伝統的思惟において、個人は歴史的にはたんに集団的道具にすぎなかったが、実際には人は道具ではなく目的なのである。注目を集めた「『私』を忘れないで」という文章のなかで、著書は「私」には二種類あって、一つは狭義の、絶対的に自己中心的なものであり、もう一つは開明的で、平等なものであり、「現代の民主主義政治は、後者の『私』を人格的基礎となし……『私』も憲政の基礎であり……市場経済、憲政民主主義の下で、『私』を残すということは、道徳領域、および社会体制のなかでの表現が可能になることを意味する。それは国家権力を制限し、人類が集団的横暴によってもたらされる権力の攻撃から免れ、また集団的強権を個人の権力の下に置くということなのである」と主張している[26]。

人々は、三〇年代から四〇年代の中国における多くの著名な知識人たちの観点が、中国の近代化という努力のなかで貴重な思想的文化資源になっていることを早くから知っていた。そのなかでもっとも代表的な人物が胡適であるが、五〇年代の政治批判のなかで、彼の思想は単純化され、かつ曲解され、恣意的に貶められた。三〇年以上のちに、胡適の思想と中国の初期リベラリズム運動は、中国知識界において広範な関心と再認識とをもたらした。

「五四」八〇周年を記念するある文章は、胡適を代表とする中国のリベラリストの特徴について以下のような描写と概括をおこなっている。すなわち、「いつも積極的に公共的事業に参加するよう求めるが、また同時にいつも、個人の独立した地位を保持することに注意を払う。いつも自らの政治的発言権を尊重し、だが同時に政治の外側で超然としている。いつも個人の判断力を強調するが、また共同利益を基準とすることをも望んでいる。いつもさまざまの社会的弊害を批判しつつ、なおも温和で節度のある態度を保持する。いつも現実的政治組織とは思想的にも道徳的にも距離をおいているが、しかし現行の法秩序を尊重し、かつ用いている。いつも社会制度の絶え間ない改革や革新を促進するが、それでいて過激な手段を使うことには賛成しない」。九〇年代、胡適の著作に関する評価や研究が大量に出現したが、そのなかの一冊は、「生涯民主主義の建設に尽くし、人権、法治、思想的自由などの基本的原則を守った」とした[27]。また、「中国の近代化運動が広く、かつ深く展開していくにつれて、胡適の歴史的地位は少しずつ確立していき、その思想的内包が擁している近代化に対する意識は、必ずや人々の承認を得ることになるはずである[28]」。

一九九七年から政治体制改革の問題が再度提出され、かつ法治国家という原則が確立され、わが国の政治生活の一つの重要な原則になったそのあとに、リベラリズムのいくつかの理念をめぐる深い研究と本格的提唱がなされる発端となり、また制度に立ち向かうべく、その深層から法治についての唱導と解釈が施されたのは、まさにその一例であった。

人々は現在、法によって国を治めるということが、文字通り法は人よりも大きく、法はその他のいかなる権力よりも大きく、さらに法は社会生活のなかで最高の権威、そして基準など一連の意味合いをもつということを、徐々に理解するようになっている。法治とは、政府、立法部門、司法機関の権力が制限され、個人が一つの私的活動領域を有し、この領域内では、たとえば思想やその交流、表現の自由など、法を犯すという問題がいっさい存在しない、ということを意味している。ある人が指摘するには、法制と法治は、たった一文字違うだけだが、その意味するところは少なからず異なっている。完全な法体系は、依然として法治の前提条件であるが、こうした法制度体系があってはじめて法治を意味するわけではないのである。歴史上では、憲政民主主義政体の国家は、比較的単純な法制度体系のなかで法制を実施することが可能だが、非憲政民主主義政体国家もまた、絶え間なく立法を強化する状況下で、専制統治を実施することが可能である。法治国家において、法は条文上の正義を超えた価値をもつのであり、法制とは法治の具体的規定のことなのである。「専制国家において法はただ形式上の法律化された、ある統治者、あるいはある一つの統治集団の命令にすぎず、法制は他の具体的統治方法とは異なった一つの道具にすぎない」[29]。またある文章は、次のようにいっている。「国家の政治生活の法治化を促進するには、党が政治を代行し、党政不分で党が直接国家に代わって政治権力を行使するという状況から、憲政や立法といった手段に依拠することへの転換の橋渡しを実現すべきである。それは間接的に国家権力を通して、法令政策実施の徹底によって政治指導を実現することである。党政の分離、党政関係を調整してはじめて、憲法に国家の代議機関、および政治機関としての権力を与えることによって、形式に流されず、法によって規定された権力をこうした代議機関が効率よく行使できるだけでなく、同時にまた、行政機関が独立した行政権を行使できるようになり、さまざまな古臭い政策を途絶し、国家政治生活の法治化を真に実現できるようになるのである」[30]。

リベラリズムは西洋近代に源を発し、すでに数百年経った今日、さまざまな変化や発展を経てなおも衰えることなく、人類の思想的発展や文明の繁栄のために巨大な貢献をしている。ゆっくりとした近代化の途上で紆余曲折を経験してきた中国人は、自分たちの経験や苦境にもとづいて、リベラリズムについて自分なりの解釈を施せば、必ずやそれは近代化を実現するための一つの有利な思想的資源になるであろう。以下は、かつて革命隊伍におり、そしていまは学界にいる一先輩が今世紀の終わりにあたってリベラリズムについて述べた言葉である。

リベラリストは次のように考える。すなわち、人々は皆、他者の自由を損ないさえしなければ、自分の喜びや幸福を追求し、自らの創造性を発展させる自由をもっている。これまでの事実は、自由な人々がいてこそ、物質的かつ精神的財産と富の創造をもっとも可能にしていることを証明している。価値があると人が認めたさまざまな価値のなかで、自由はもっとも価値のあるもののなかの一つである。マルクスとエンゲルスは、一八四八年の『共産党宣言』のなかで、彼らの理想的社会について、「こうした一つの連合体においては、各人の自由の発展が万人の自由な発展の条件となる」と宣言している。これは自由に対する一つの適切な表現である。(31)

訳注

〔1〕**季羨林**（一九一一―二〇〇九年）　山東省臨清市に生まれ、中国言語学者、文学翻訳家、サンスクリット専門家。北京大学教授、輔仁大学教授。一九三四年、清華大学西洋文学部卒。シェークスピア、ゲーテ、セルバンテスなど西洋文学を研究し、翌年からドイツ、ゲッチンゲン大学にてインド学、サンスクリット言語などを学ぶ。一九四六年に帰国し、北京大学東方言語学部で教授に就任。一九五六年に中国共産党に入党したが、反右派闘争に参加し、右派を批判。文化大革命初期、聶元梓派に反対する政治闘争で反革命分子とされた。主な著作は、『中印文化関係史論叢』、『印度簡史』、『現代仏学大系』など。

〔2〕**董仲舒**（紀元前一七六年？―紀元前一〇四年？）　中国前漢時代の儒学者、『春秋』学者。儒家の思想を国家教学とすることを献策した人物として知られる。その思想の最大の特徴は、意志をもった天が自然災害や異常現象を起こして人に忠告を与えるという「災異説」にある。

〔3〕**厳復**（一八五三―一九二一年）　中国、清末の思想家、翻訳家。福建省侯官（閩侯県）の人。福州の船政学堂で航海術を修め、光緒三（一八七七）年イギリスに留学、ポーツマス海軍大学で学んだ。同五年帰国、李鴻章の招きで天津の北洋水師学堂の校長となり、以後同二六年まで務めた。

〔4〕**中体西用**　中国の清王朝で十九世紀後半に展開された洋務運動のスローガン。「体」は本体、「用」は枝葉を意味し、中国の儒教を中心とする伝統的な学問や制度を主体に、富国強兵の手段として西洋の技術文明を利用すべきだと主張した。

〔5〕**三綱五常**　儒教での考え方で、人として常に踏み行い、重んずべき道のこと。「三綱」は君臣・父子・夫婦の間の道徳、「五常」は仁・義・礼・智・信の五つの道義を意味する。

〔6〕**批林批孔**　一九七三年八月から一九七六年まで続いた、林彪と孔子、および儒教を否定し、批判する政治・思想運動。法家を善とし儒家を悪とし、孔子は極悪非道の人間とされ、その教えは封建的とされ、林彪はそれを復活しようとした人間であるとした。こうした「儒法闘争」と呼ばれる歴史観に基づいて、中国の歴史人物の再評価が行われた。

〔7〕**大寨**　中華人民共和国山西省昔陽県大寨鎮に位置する村。一九六四年に提唱された「農業は大寨に学べ、工業は大慶に学べ」というスローガンのもと、集団農業の模範として中国政府による政治宣伝活動に用いられた。

〔8〕**大一統**　一人の皇帝、一つの政府が中国領土内の民族を統一する巨大な専制的国家権力であり、秦の始皇帝の天下統一から始まったとする中華帝国の統治原理。始皇帝の統治が始まった紀元前二二一年から、王朝体制が崩壊する一九一一年まで続いたとされるが、現在の中国もさまざまな民族を「大一統」に包み込んでおり、依然としてその伝統的システムは生き続けている。

原注

（1）季羨林「東西方文化的轉折點」香港中文大学中国文化研究所『二十一世紀』一九九一年二月号、四―五頁。

（2）季羨林『「天人合一」方能拯救人類」『東方』一九九三年創刊号、六頁、および季羨林『「天人合一」新解」『伝統文化與現代化』一九九三年創刊号。

（3）羅㟴「国粋・復古・文化――一種値得注意的思想傾向」『哲学研究』一九九四年第六期、三三頁。

（4）湯一介『文化熱』與『国学熱』『二十一世紀』一九九五年十月号、三四―三五頁。

（5）湯一介「文化曆程的反思與展望」『現代伝播』一九九六年第三期、二頁。

（6）張寛「文化新殖民的可能」『天涯』一九九六年第二期、一八、二一頁。

（7）張寛「薩依徳的『東方主義』與西方的後学研究」『瞭望』一九九五年。

（8）見張寛「在『文学藝術與精神文明』学術研討会上的講話」『作家報』所収、一九九五年六月二十四日。

（9）佛克馬、伯斯頓編『走向後現代主義』北京大学出版社、一九九一年、一頁。

（10）佛克馬「後現代主義的諸種不可能性」柳鳴九編『従現代主義到後現代主義』所収、中国社会科学出版社、一九九四年、四〇六頁。
(11) 前掲『天涯』二二頁。
(12) 張頤武「闡釋『中国』的焦慮」『二十一世紀』一九九五年四月号一三二、一三三頁。
(13) 利奥塔『後現代狀況——関于知識的報告』(中譯本)、湖南美術出版社、一九九六年、三五頁。
(14) 李震「科学文明的沈思」『科技與国力』一九九五年創刊号、六頁。
(15) 崔之元「制度創新與第二次思想解放」『二十一世紀』一九九四年八月号、六頁。
(16) 同、七頁。
(17) 同、一五頁。
(18) 同、七頁。
(19) 同、一〇頁。
(20) 崔之元「鞍鋼憲法與後福特主義」『読書』一九九六年第三期、一一頁。
(21) 崔之元「発揮『文革』中的合理因素」『亞洲周刊』一九九六年五月二十六日、四七頁。
(22) 王彬彬「読書劄記——関于自由主義」『天涯』一九九七年第二期、一四六—一四七頁。
(23) 同。
(24) 同。
(25) 徐友漁「自由主義、法蘭克福学派及其它」『天涯』一九九七年第二期、一三七—一四三頁参照。
(26) 劉軍寧「毋忘『我』」『読書』一九九五年第一二期、第一〇頁。
(27) 劉東「腐朽政治中的自由知識分子」『読書』一九八九年第五期、二五—二六頁。
(28) 歐陽哲生『自由主義之累——胡適思想的現代闡釋』上海人民出版社、一九九三年、三五九頁。
(29) 董郁玉「推進政治体制改革建設法治国家」『方法』一九九八年第三期、八頁。
(30) 王炭「促進国家政治生活的法制化」『方法』一九九八年第三期、七頁。
(31) 李慎之「序——弘揚北大的自由主義伝統」劉軍寧主編『北大伝統與近代中国——自由主義的先聲』中国人事出版社、一九九八年、二頁。

初出

徐友漁『自由的言說』長春出版社、一九九九年十二月第一版、二四一—二六五頁。

第Ⅱ部　現代中国におけるリベラリズムの言説空間

中国リベラリズムの「第三の波」

栄剣〔1〕

本田親史訳

この二〇年間、中国のリベラリズムは一貫して不利な状態に置かれてきた。多くの新左派の人たちから見れば、中国の現在の主な制度的問題はおしなべて、西洋の新自由主義の思潮を導入したことに起因するということになる。経済学分野での「非主流派」や、この数年来ずっと新自由主義を批判する言説の優位性が、基本的には大学の教育課程、公共の世論および国家政策を独占しており、こうした言説はいわゆる「国退民進」（国が衰退し民間が栄える）状態にある経済発展の趨勢に深い敵意を抱き、社会的な公平性や公正な秩序を回復、再建することを強く求めている。こういった視角からの観察に基づくと、リベラリズムはお偉方たちにとっての天然の盟友と見なされ、個人の自由と権利をベースとするリベラリストの志向性は奇しくもお偉方たちが不当な利益を得るための最善の道を開いていると思われてしまっている。市場化へと向かうメカニズムのもとでは――これはリベラリズムの主な制度設計によるものではあるが――、お偉方集団は一見完全に合法的に見える市場組織、例えば不動産市場、株式市場、先物市場等様々なファクターを持つ市場を通じて、富が少数の人々に集中するようなシステムを急速に完成させ、わずか二〇年の時間のうちに、世界でも最も広範囲の富裕層を作りだした。このような形で貧富格差が極大化するような状況を作りだしたとして、社会の広範囲からの不満が挙がっており、権力が十分に批判にさらされていないという前提のもとに、中国のリベラリズムは、その西洋における起源と学理上の役割により、一人新左派によって引っ張りだされ、道徳の審判台の上に置かれ、市場化の制度上の原罪すべての責任を引き受けるよう求められている。

このように中国リベラリズムが不利な状況に置かれてしまっていることは、とりもなおさず、新左派から、お偉方の同盟者、あるいは利益享受者とのレッテル貼りをされてしまっており、現行の制度設計においては、リベラリズムにそれにふさわしい思想的な地位が未だ与えられておらず、さらにはいうまでもなく必要な経済的なサポートや保証も与えられていない状態が示しているとおりだ。中国においてリベラリズムはスケープゴート的な役割を演じさせられているとともに、かなりの程度まで当局イデオロギーにとっての主要な批判の対象で在り続けている。特に哲学、政治、法律、歴史や文化領域におけるリベラリストの学者たちの言説は様々な形で制限されており、代表的な人物に至っては完全に沈黙を余儀なくされている。こうした状況が物語るのは、中国の学術的な状態は実態的には、新左派が言うような、リベラリズムによる天下独占状態とははるかにかけ離れており、これは新左派が意図的に創りだした政治的な幻影にすぎないのである。しかし、中産階級により主導される様々な意見市場を含む公共的な言説の領域では、リベラリズムの提唱する自由の権利、人身の安全、法治秩序および私有財産の不可侵権といった主要な価値観は、すでに人心に深く入り込み、阻むことのできないものになっており、リベラリズムは中国において、すでに間違いなく分厚い土壌を形成しているのである。このことは、リベラリズムの理論的次元での困難と実践的次元における隆盛が、中国特有の二律背反的現象を作り出している、ということにほかならない。

困惑するのは、異なる知識背景を持つ各ジャンルのリベラリズムの学者が、おしなべて現行制度が彼らの身体に加えている様々な制限を黙認し、平然として「消極的自由」[2]とでも言うべきやり方で現実社会における問題と新左派からの挑戦に対応し、筆者の言うところのある種の「精神的には協力しないが言説の上では抵抗しない」との態度で、現行の制度と共存するような態度を取っているように見えることである。社会で横行しているシニシズムの雰囲気の中では、ひとりよがりや自己救済はあるいはある種の抵抗であるのかもしれないが、しかし、こういった態度とリベラリズムの価値観の現実次元における展開の間には結局のところあまりにも大きすぎる距離がある。こういったリベラリズムの失語状態と、現場からの乖離というのは、果たして一体どうしたことなのだろうか？　まさしくこの問題こそが、私にとって理論的興味を掻き立てられる論点なのである。「三千年間未曾有の大激変」とでもいうべき事態がすぐにも到来しようとしている最もピークの時期に、すでに百年もの歴史を持つ中国リベラリズムの伝統の継承者は、いかにして理論的自覚と省察を行うべきなのか？

　このほどリベラリズムをテーマとする研究会が行われ、私はその場において蕭功秦[3]の新著について論評する座談会に出席したあと、オーガナイザーの高全喜《こうぜんき》教授[4]に対し単刀直入に「リベラリズムはすでに周縁化され、理論構築能力も不足しており、影響力も衰えている。今こそ再起を図るべく再編成すべきだ」と提案した。幸いなことにこの提案は高氏の機嫌を損ねることなく、むしろ彼は進んで受け入れてくれた。かくして二〇一二年九月二十二日に高氏と私は共同で劉軍寧《りゅうぐんねい》[5]、秋風[6]、任剣濤[7]、劉蘇里[8]、李偉東[9]、王海光[10]、馬国川[11]氏らを招集し、紫玉山庄銀樹楼に会してお茶を飲み酒を酌み交わしながら、談論風発の六時間を過ごしたのだった。この研究会のあと、私はずっと雑事に追われてこの時出た議論を整理する間もなかったのであるが、この時の議論以上のものをいくばくかでも補充する必要性も感じるようになっていた。同年十一月初旬に上海の許紀霖《きょきりん》[12]が北京に来た際、高全喜がショートメールで通知してくれ、小規模にはなったが再び集まろうということになった。このため十一月四日に高氏は顧昕[13]、周濂[14]、馬国川を誘い、私は尚紅科[15]、許紀霖とともに、紫玉山庄にて再びリベラリズムをテーマにした研究会を持った。この二回の研究会で、思想のための資源は明らかに豊かになり、少なくとも私の視界は切り開かれたといえるだろう。これまでの数回のこうした研究会と同様に、その後私は自分自身の問題意識に照らし合わせて、当時の会参加者の即興的な発言の中に見られる思想的な本質を何度も練りなおして整理した上で、ここに読者のために内在的なロジックと啓示に富んだテクストとして示したいと考える。

1　リベラリズムの「第一の波」から「第二の波」へ

中国の清末以来の制度的な変遷について少し考えただけでも、そこには思想上の極めて大きな変化と衝突を伴っていることがわかる。例えば儒学は帝国のイデオロギーを司るポジションとして、清朝の崩壊にともなって葬り去られてしまったが、そのプロセスはその正統性がまず西洋のリベラリズムの理念からの挑戦を受けることによって始まったものである。厳復《げんぷく》[16]と梁啓超《りょうけいちょう》[17]は、西洋の思想的資源の助けを借りて、中国で最初期のリベラリズムの源流を切り開いた。その流れはその後、蔡元培[18]、胡適《こてき》[19]、張君勱《ちょうくんばい》[20]らによって継承され、中国近現代思潮において一つの大きな流れを形作った。近代以降の中国における社会的な転換のプロセスにおいて、リベラリズムは一貫して、マルクス主義と伝統主義との競争的、いや時には対抗的な関係性の中において存在し続けてきたのであり、これらの思潮はいずれも、それぞれの思想と理念により中国の社会的転換の方向性と方法論をリードしようと試みたのである。共産党主導による革命が中国で収めた勝利は、マルクス主義がリベラリズムおよび伝統主義双方に対し勝利を収めたことを意味する。一九四九年以降の時間軸の中では、リベラリズムは中国大陸においてはほとんど途絶えた状態になり、伝統主義の方もわずかにその残滓だけを残す状態で、マルクス主義だけが執政党の最大かつ最強の思想的武器となったのであり、それは幅広い思想領域と知識人の精神世界を支配したのであった。

　前世紀、八〇年代に始まる改革開放は、まずは共産党による思想解放をその源とするものであり、「真理の基準」論争[21]を契機に、マルクス主義内部における自己反省を全面的に促すことになった。後に「左王」と呼ばれる数人[22]を含む、一部の標準的なマルクス主義理論家は、人により程度の差はあれ、この時の思想解放運動に加わっており、それは文化大革命の極左思想を清算しただけにとどまらず、より広範な範囲で封建的専制の旧弊を批判することにもつながった。まさしくこの、党による思想解放の雰囲気の中で、社会は急速に「解凍」状態に入り、長きにわたり文化的な専制体制の中で潜伏していた市民社会の独立した思考が、まずは詩歌、小説、美術といった文学・芸術の形式で公衆の視野に入るようになった。それに続いたのが、哲学、政治、歴史など人文社会科学分野における全面的な反省だったのであり、こうした動きは必然的に、リベラリズムの核心的な価値領域にかかわる再定義を迫るものとなった。したがって、リベラリズムの中国における台頭は、もはや単なる思想現象ではない。より重要なのは、それが意味するのは新たな制度的な転換の始まりであるということだ。もし、マルクス主義がかつて革命、つまり高度な専制的「スターリンモデル」を意味していたとすれば、ではリベラリズムは何を意味するのだろうか？

実際、リベラリズムの言説が再び様々な暗喩的な形で出回り再び台頭し始めた頃、共産党も市民社会もこうした言説の転化が果たしてどのような結果をもたらすのかについて意識するようになったのである。鄧小平の提起した「四つの基本原則」[23]は、リベラリズムに対して設けられた最後の砦であり、その後実際公の形で「汚職摘発」運動と「ブルジョア自由化反対」[24]キャンペーンが展開された。こうした事例が物語るのは、共産党のイデオロギーの範囲内では、リベラリズムの価値理念はマルクス主義とは相入れ難く、ましてや前者が後者に取って代わるなど無理なのは言うまでもないということだ。一九八三年に周揚《しゅうよう》[25]が「ヒューマニズムと疎外」の問題を提起して批判された後、知識階級の「自由化」運動は実質的にすでに共産党の既定路線から乖離しており、もはや党が改革開放の初期段階で確立したところの思想解放資源の助けを借りることなく、むしろ直接西洋リベラリズムの伝統に訴えるようになっていた。「走向未来」（未来への歩み）叢書、「文化、世界与中国」（文化、世界と中国）叢書などは当時の思想動向を見るための主な指標であり、こうした雑誌は何百種類も刊行された。その中心的なキーワードは、啓蒙、自由、民主および科学であった。

今回の研究会において高全喜教授はまず中国リベラリズムの「第一の波」と「第二の波」の区別について話された。これは斬新な見方であるが、これにより思想史上の区分が可能かどうかは、また別の議論もあるだろう。私が理解したところでは、高全喜の言う「第一の波」の概念は八〇年代の歴史をカバーするものではない。八〇年代の特殊性は以下の点にある。ほぼすべての知識階級が、リベラリズムを一枚岩的なものであり、またあまねく行き渡る光が自らの内にある異なるスペクトルを覆い隠してしまうようなものだとみなしていたのであり、古典主義、伝統主義の代表的な人物を含む、現在の新左派のリーダーも当時はおしなべてリベラリズムの旗印のもと肩を並べて共同作戦を展開していたのである。彼らはともに共産党に対峙し、時に協力し時に対抗する作戦をとってきた。しかし、実のところは脆弱なこの一枚岩はその後大きな政治的流れによって四分五裂状態に追い込まれた。かくして前世紀の九〇年代以降、中国思想界には前代未聞の分裂状況が出現した。それは巨頭が林立するようなものであったとはいえないものの、いくつかの異なる思想的なグループが出来たのは事実である。その中でもっとも重要な思想的分岐はやはりリベラリストと新左派という二つの対立する思想陣営ができてしまったことにある。

　高全喜の見方によれば、リベラリズムの「第一の波」の代表的な人物は、この時期に大量に登場したが、あるいは彼らは八〇年代の新啓蒙の伝統を受け継いで、リベラルの大きな旗を高く振り続けているといえるかもしれない。最も代表的な人物としては、北京では李慎之《りしんし》[26]、徐友漁《じょゆうぎょ》[27]、劉軍寧、秦暉《しんき》[28]、汪丁丁[29]など、上海では王元化《おうげんか》[30]、朱学勤《しゅがくきん》[31]、許紀霖など、広東では袁偉時[32]などが挙げられる。彼らは八〇年代の啓蒙的なスタイルを今なお十分に保っており、リベラリズムという壮大な叙述スタイルで、リベラルの理念と伝統を描き出し、革命と民主に対しては批判的再検討を加え、ラディカリズムや、現行制度の疲弊に対しては全面的な批判を加えている。思想資源において彼らが幅広く引用するのは、ハイエク、ロールズ、ハーバーマスやアイザイア・バーリンなど西洋におけるリベラリズムの大家の観点であるが、同時に中国の蔡元培、胡適を主体とするリベラリズムの思想的伝統に対しても創造的な解釈を加えている。顧準《こじゅん》[33]思想の「発見」もこの時期のリベラリズム論壇における重要なテーマであった。というのも顧準は貴重なリベラリズムの伝統が基本的に途絶えた毛沢東時代において、自らのリベラリズムに関する思想を十分に展開した人物であったからだ。この点において、一部のリベラリスト学者からすれば、顧準は中国リベラリズムの伝統を継承する存在として象徴されるのである。

　リベラリズムの「第一の波」の源を九〇年代とするならば、それが果たしていつまでかについて、学術的に明確な区切りを入れることはおそらく難しいことなのだが、高全喜はリベラリズムの研究課題を切り開き深めていく中で、「第二の波」の概念を提起した。高からみれば、「第一の波」の一連の学者たちは、主に理論的な技量を依然思想理論の啓蒙のために用いるところがあり、リベラリズムの基本概念、原則、思想や代表的な著作の解釈や宣伝に重きを置く点があった。これに対し、「第二の波」の学者たちは、リベラリズムの歴史、憲政、法理、建国の主張および中国の文化伝統の関係性という点から、リベラリズムの専門化した研究を展開してきた。この「第二の波」による研究は概ね二十一世紀に入ってから始まっており、だいたい五〇―六〇年代生まれの学者によってリードされている。その代表的な人物は、高全喜、任剣濤、秋風、許章潤[34]、劉蘇里、豊森などだが、賀衛方[35]、崔衛平[36]、張千帆《ちょうせんはん》[37]らは「第二の波」の学者の中でも、さらに公共性を持った学者であり、リベラリズムの理念を実践する際にもなお「第一の波」の批判的伝統を保っている人々である。このことは、リベラリズムが「第一の波」から「第二の波」へ移ったといっても、それは二つの明確な段階に分かれているということでは決してなく、むしろ両者の間の内在的な連携性をはっきり見て取ることができるということを物語っている。

　リベラリズムの「第一の波」世代はごく自然のうちに政治への強烈な関与への欲求を抱いており、そのために一部の代表的な学者は九〇年代後期に様々な制限を受けることになり、甚だしい場合には完全な沈黙を余儀なくされた。これに対し「第二の波」世代の特徴はより専門的な学術化もしくは学理化の傾向が目立つことである。その研究成果は公に発表されており、その言論は学術圏や公共圏において正式な討論の議題になってきた。同じリベラリズムとはいえ、この二つの世代の異なる境遇はしかしながら、「第二の波」世代もしくはグループの社会的影響力が弱まっていることを意味するものでは決してない。社会的な啓蒙や社会批判といった任務を基本的に達成した後、リベラリズムが次の段階の創造的な構築作業へと移る上での困難に直面していることは確かだ。これは理論的な次元での構築だけに限ったものではなく、それ以外に国家建設、社会建設、民族建設さらには国際関係の構築などといった一連の手続きや方法論の創出までをも含まなければならないものである。このような状況から考えて、中国リベラリズムの「第二の波」は明らかにまだその使命を達成する段階に到達していない。したがってリベラリズムが周縁化されているとの筆者の懸念は、極めて合理的な想像の範疇に入るのである。

2　リベラリズムの現実面での進展と理論上の困難

中国リベラリズムの周縁化とは、状況の外部にいる私の観察によるものである。高全喜が総括したところの中国リベラリズムの「第一の波」から「第二の波」への発展は、一見秩序立ったプロセスにそって展開されてきたように見えるが、では、しかし実際のその影響力は果たしてどの程度なのかという点については、様々なファクターを総合して判断する必要がある。というのも私の見るところ、学術関係者の著書だけに限って言えば、この二〇年近くの間、中国リベラリズムの理論的次元での構築は重要な進展を見ていないということが直感的に感じられるからである。汪暉の手による合計四巻の「中国現代思想の勃興」（邦訳「中国近代思想の生成」[38]）については、多くのリベラリストの学者たちが同意せず、こうした人々は閲読を拒絶している可能性さえある。だが、私個人の見るところでは、むろんこの本には学理上そして叙述上多くの問題が存在してはいるものの、汪暉は同書を通じて新左派の理論的能力を最大限に高めたといえる。だからこそ、リベラリズムの現実次元での現状をどのように解釈し評価するかということは、ひとつの重要なテーマなのである。

劉蘇里と劉軍寧の発言はともに、リベラリズムが周縁化されているとの筆者の見方を認めないとするものであった。二人はともに、公共的な世論の変容から中国リベラリズムの基本生態をウォッチしている。劉蘇里の見方によれば、現在の主要な言論上のプラットフォーム、例えばマスメディア、ネットメディア、一部の著名な週刊誌等が実際発しているのは皆このリベラリズムのメッセージなのである――むろんそうしたメッセージはバラバラに発せられており、リベラリズム特有の特徴「君子は徒党を組まない」という点を体現しているのであるが。この点においてリベラリズムは左派とは大きく特徴を異にするものである。左派の組織性と規律性は極めて強いものだからだ。最近の「釣魚島事件」[39]（二〇一二年）について劉蘇里は、リベラリズムの理念がすでに十分に大衆の中に浸透していることを物語る事例であると指摘する。当時明らかに操作されたデモ活動の中において多くの非理性的かつ暴力的な行為が出現してしまったのも確かだが、しかしまた同時にそうした行為が、市民の間に自発的に形成された理性的な力によってコントロールされたのも事実である。劉蘇里は、今回の「釣魚島事件」と以前の「カルフール事件」（二〇〇八年）[40]を対比させる中で、市民の間の理性が明らかに進歩していることを見出しており、この進歩はリベラリズムの広がりによるものであると結論付ける。劉蘇里から見て、その一つの時間的次元での節目は、二〇一一年七月二十三日の「高速鉄道事故」（温州）[41]であり、この事故が発生したことによって、中産階級は、それまでの「高速鉄道の奇跡」に表象される中国の発展モデルを批判的に再検討するよう大きく促されることになったのである。それ以降、それまで巷にあふれていた発展に関するお話、企業家に関するお話はすべて陳腐なものと化してしまった。市民の間の理性の進歩に比べれば、リベラリズムは理論的な言説の次元においては明らかに弱点があり、例えば「釣魚島」の問題にせよ、南シナ海の問題にせよ、チベットや新疆の問題にしても、どのように発話していくべきか考えあぐねている状態にある。一方で新左派の汪暉はチベット問題について本を一冊書き上げることができた。劉蘇里はこの事例を通じて、リベラリズムの現在における言説の現状を説明しているのである。

劉軍寧は中国リベラリズム「第一の波」世代の学者として、九〇年代後期には発言を禁じられたこともあり、そもそもが現在汪暉が享受しているような言論上の自由を味わえない状況にある。彼がもっぱら自分のそうした現状に言及するのも、もしかするといわゆるリベラリズム「周縁化」に対する疑問に答えるためかもしれない。確かに、学者が研究や発表の権利を奪われたら一体どうやって理論的構築を行っていくのか？　ただ劉軍寧は決してこの点からリベラリズムが周縁化されているとは主張していない。彼は現在と九〇年代を比較した上で、リベラリズムの九〇年代における表れ方を「陽性反応」、現在を「陰性反応」と表現する。リベラリズムは九〇年代には闖入者であったのに対し、現在は守護者となっているということだ。新左派が台頭してきたのは、リベラリズムが確立した思想的秩序や社会構造に挑戦するためであった。というのもリベラリズムはすでに社会の「規定値」となってしまっており、もし挑戦者が出てこなければ、リベラリズムが社会にそのままインストールされてしまうからである。リベラリスト一人ひとりはその行為に照らして自らを個人主義者と評しているのだが、今回の釣魚島事件を見ても、インターネット上にはすでに理性的愛国主義やリベラル愛国主義の議論が広範に出現しており、ここにおいてリベラリズムはもはや一般大衆にとって普遍的な思想や主張へと転化しているのである――と劉軍寧は指摘している。

中国リベラリズムの現実的な進展について、劉軍寧はリベラリズムがすでに周縁化されているとの議論を排除する立場である。しかし、近代以降の中国社会の変革において、中国思想界は一貫して主体的な思想構築を欠いてきたわけであり、リベラリズムも外来のもの、キリスト教も外来のもの、天賦の人権の思想も外来のものといったわけなのだが、こういった思潮がいかに中国の内在的な構造に組み込まれ、いかにして中国にとっての「規定値」（デフォルト）になっていったかが一貫した問題であることは劉軍寧も認めている。新左派が引き合いに出す主張の根拠がいかにして証明されていったか、ということも問題である。しかし今のところは、経済学、効用の観点から中国の実際の問題を分析し、解決することしか残されていない。この点においては、中国は周辺国・地域とは異なる。例えば日本の場合、その伝統的な価値観は米国憲法に直接接続しうるものである。台湾の三民主義も憲政に直接つながりうるし、香港を含め制度的な障壁は存在しない。劉軍寧から見れば、唯一中国だけが、価値観をどのように一種の制度設計に転換するかが一貫して解決不能な問題として残され続けている国なのである。劉軍寧は思想の開放をこの問題解決のための唯一の方法論と考えている。というのも中国の伝統とは開放の伝統であり、儒教思想であろうと老子の思想であろうと、それらが互いに開放し合ってきた歴史があるからだ。中国の前途は、内在的にリベラリズムの価値体系を打ち立てられるか否かにかかっていると劉軍寧は考える。

劉軍寧のこのような考えに対し、高全喜は二つの方向性から自らの考えを展開する。まず現実的な局面から見た場合、高は劉軍寧の判断に同意し、リベラリズムは中国社会にとってすでに「規定値」となっており、中国における三〇年の展開を経て、民衆の心理的構造、価値生成、制度的支持を培っていく上で、極めて重要な役割を果たしてきたとする。一方次に理論的次元から見た場合に、リベラリズムはその「第一の波」の時代から、マクロな理論的枠組みを未だに構築し得ないでおり、欧州の啓蒙時代の思想家が何冊かのキャノン（聖典）を書き上げたような状況とは異なり、思想の宣伝と啓蒙は主として西洋思想の翻訳と導入に依存してきた。「第二の波」の時代になって、中国リベラリズムの研究領域は広がり、研究のテーマも深くなり、例えば建国・憲政や中国の伝統の再発見などのような中国にとっての現実的な問題にまでタッチするようになってきたとはいえ、依然としてなお様々な制限は存在し続けている。さらにより若い学者であれば、現実への関与は明らかに不足しており、知識の蓄積も足りない。リベラリズム全体が抱えるこういった限界がある以上、明らかに、今後中国社会が迎えることになる大変革に十分に対応するのは難しい。高全喜の見方では、現在一刻も早い確立が求められているのはリベラリズムの建国意識であるとする。この建国意識は容易に西洋の思想資源に依拠することはできず、自らの文化と経験に根ざしたものでなければならない。またそれは正当性を証明することが求められるだけでなく、さらに一連の系統的な制度設計や方法論確立も求められることになる。

私が何人かの学者の意見を拝聴したところでは、彼らはリベラリズムの周縁化についてはおおよその回答を持っており、この問題が存在すると言えるか言えないかのカギは、リベラリズムの中国における現状をどのように認識・評価するかにある。リベラリズムの現実における位相での進展にはいささかの疑義をも差し挟めないものであり、ひいてはそれを妨げることはできない。馬国川はこの点について研究会の席上以下のように補足した。呉敬璉[42]の話は二〇〇八年より前の時点では、いかなることを発言しようともすべからくネット市民の猛烈な攻撃にさらされ、いかなる発言も聞き入れられなかった。しかしこの二年の間に、こういった状況がガラッと変わり、今やネット市民の九〇%以上が程度の差はあれ呉敬璉の意見を支持するようになったのである。こういった状況の変化は馬立誠[43]の場合にも見られた。馬が提起した「対日新思考[44]」は当初ネット市民により「漢奸[45]の考え」だとして痛罵されたものだが、現在ではそうした罵倒の声は主流ではなくなっており、馬の見方は市民の間で徐々に受け入れられつつある。人々の間での公共的な理性への覚醒と広がりは、リベラリズムの広がりと極めて大きな関連性を持つことは疑うべくもない。

一方リベラリズムの理論的次元での困難は、かなりの程度制度からの拘束により生じたものである。例えば徐友漁や劉軍寧といった学者たちが自由に創作や見解の表明ができないということも、リベラリズムの理論上の進化が大きく制限されてしまうことにつながっており、当然それが隆盛を迎えることなどは望むべくもない。ただ、こういった状況は実は突破不可能というわけではなく、言説戦略上や研究分野における調整も可能なことではある。とりわけ哲学、歴史、文化、法律・政治を含む基本理論の分野では、一連の新たな課題を提起するとともに、リベラリズムの伝統的な研究範囲を深め開拓することも可能なのである。この点について言うと、「第二の波」に属する学者たち、例えば高全喜の法律・政治および立憲時期に関する研究、秋風の儒家憲政主義への考察、任剣濤の建国史への探求などなどは間違いなく重要な意義を持つ。リベラリズム「周縁化」から脱却していくには――もし「周縁化」が確実に存在しているならだが――、理論面での刷新しか道はない。

これまで見てきたようにリベラリズムの理論面での「消極性」と現実面での「積極性」との間で、両者が相互に機能し合う関係性をどのように打ち立てればよいだろうか？　これも我々がリベラリズムの現状を議論する際に関心を抱く問題である。私は以前劉軍寧に問うたことがある。社会的にすでにリベラリズムが「規定値」になっている状況は啓蒙の産物なのか？　あるいは社会の自生的な進化の産物なのか？　なぜこの問題を問うのか？　このことは実のところ「社会秩序は自生的に生成される」というハイエクの根本命題と直接関わっている。ハイエクによれば、ある秩序は自生的に生成される。こうした秩序は特定の要素の相互作用の下、生成が誘発されるものである。社会構造についていうならば、個体の行為は必ず秩序ある結果を生み出すことにつながるのだが、個体自身は自分の行為の帰結についていかなる意図をも持っていない。つまり、秩序ある社会構造（言語、法律、市場など）は個体による活動の結果、偶然に、すなわち自生的に生成された副産物とみなされるべきなのである。しかし含意はこの点にとどまらない。こうして意図せざる形で生まれた結果はまた翻って個体のその後の行為に影響をおよぼすのである。このように、個体による行為の帰結と個体自身は相互作用を構成するのであって、それは個体の独立した行為による相互の影響という次元だけにとどまらないのである。中国の経験は果たしてハイエクのこの命題を証明できるのだろうか？

劉軍寧は、リベラリズム思想が生み出す、実際的な影響力を持つルートについて例えば大学卒業生が記者や弁護士になり、自らの職業ルートを通じて、リベラリズムの理念を様々なリベラリズムの実践へと転化していくのだ、と指摘する。他の学者たちも期せずして同様に指摘していたのは、現実が人々を教育していくという点であり、つまり非合理的な制度のゆえにこそ人々は個人の自由、安全、財産などの権利の重要性を徐々に意識していくようになるということだ。現在中国社会に普遍的に存在するリベラリズムへの需要は、実のところ現行の体制が自らつくり出したものなのである。

この点から見て、リベラリズムとは単純な価値の志向性や制度選択の問題などではなく、人間の生存の方式の問題、人間の本性の問題であり、つまり人間の根本的な問題なのである。

3 リベラリズムの「致命的な思いあがり」

「致命的な思いあがり」は西洋リベラリズムの大家、ハイエクが晩年最後に著した著作であり、中国リベラリズムの学者にとっても必読の古典的名著である。ハイエクの視点から見れば、社会主義計画経済はその源からして、人間の理性的能力に対する盲目的な崇拝であり、失敗であり、かつ不当に運用されているものである。ハイエクの理解では、それは人間の理性的能力に依拠して良好な社会運営メカニズムを事前に設計し、計画に基づいて資源配分と製品分配を行えるとするものであり、理性が人々の道徳的な進化まで促すことまで包括している。それは不可能なことのない理性のもとにおいて、「人類は世界をあたかも自分で設計したかのように構築したことを自負しながら、また、それをもっとよく設計しなかったことを責める」[46]。ハイエクはこれを理性の「致命的な思いあがり」とみなした。つまりそれは理性を終始、より高い検証者のポジションに置き、それにより一個の合理的な社会と正確な道徳規則を想定し、設計し、創りだそうとするものなのである。

しかし実のところは理性には絶対的にこのような能力はなく、人類の理性が代表するところの知力、知識は文化の進化の産物ではあるが、その先導者ではなく、社会の発展は見識と理性ではなくあくまで模倣をベースとするものなのである。ハイエクは理性の限界を論証することにより、理性の「致命的な思いあがり」を打ち砕こうとしており、さらには理性の設計により構築された社会主義および計画経済制度をも打ち砕き、最終的に市場経済の「自生的秩序」に最も正当性を与えている。リベラリズムは一貫して「致命的な思いあがり」というレッテルを社会主義やケインズ主義者に貼り付けてきたのであって、彼らはリベラリズムからくるこうした批判から逃れることはできない。

いま私が問いたいのは、同じように「致命的な思いあがり」によって中国リベラリズムの限界を問いただすことができるのかということだ。

私がこの問題を提起したのは、この二〇年近くの間、リベラリズムの側は新左派のような強固な団結性に遠く及ばず、リベラリズム陣営においては一貫して様々な派閥による相互批判が存在してきたという現象を見て取ったからだ。劉軍寧は、彼らは生まれながらの個人主義者であって、極端な場合死んでも相互に行き来をしないとみている。なぜこのような状況が出現してしまったのか？　まさか考えの異なる者には共通理解の基盤がないということなのか？　それとも古くから存在し変えることのできない、文人の互いに軽んじ合う習慣の故なのか？　あるいはこれがリベラリズム本来の状態なのか？　私がリベラリストの学者たちと接触してきた限りで言えば、彼らはこのことを特に問題とは捉えていない。いわゆる「自由」とは人の個性を尊重することではないのか？　また人の選択と権利を尊重することではないのか？　無理に統一された状態を求める必要があるのか？　おそらくこういった認識が中国リベラリズムの内部で一般的であったため、中国リベラリズムは長い間に、風に吹かれる一握の砂のように、各自バラバラに活動するようになり、学界全体がそれに慣れっこになってしまったのだろう。

今回の研究会において、劉軍寧はリベラリズムの「バージョン」の問題を提起したが、私はこれについて以下のように理解している。何をもって真正なリベラリズムというのだろうか？　明らかに、リベラリズムとはひとつの大きな枠組みであり、その枠組みに何でも詰め込んでしまえるものなので、良いも悪いも一緒くたになっていたり、ちぐはぐな状態になっていたりするものを学術的にきちんと分類し仕分けを行うことが必要な作業であると考える。劉軍寧は古典的なリベラリズムを信奉する学者で、英国の保守主義の真髄を深く体得しており、エドモンド・バーク、ハイエクの思想を深く理解している。このためか人間の自由と権利を不可侵の領域とみなしており、「風も入れる。雨も入れる。しかし国王は入れない」というテーゼは極めて説得力のあるものといえる。その一貫したスタンスに基づいて、劉軍寧はリベラリズムに対しその根源にさかのぼっての改革を提起している。例えば、彼は中国国内でリベラリズム的傾向を持つリーダー層がジョセフ・スティグリッツ[47]の本を推薦することを滑稽なものとみなしており、マイケル・サンデルをリベラリズムの学者とみなすことにも激しく不満を表明しているし、同時にまた周保松（香港中文大学政治行政学准教授）のリベラリズムの血統には強い疑義を提起してもいる。劉軍寧からすれば、スティグリッツは資本主義の実践者などではなくむしろ徹底した反資本主義者であり、サンデルの提唱する「正義」の理念はそもそもがリベラリズムの範囲に入らない。周保松は単なる社会民主主義者でしかなく、ハイエクの言うところの、リベラリズムを盗み出して社会主義の服に着せ替えただけにすぎない人間であり、周の言うところの自由とは、福祉を追求する自由、他者の富を奪取することを求める自由にすぎない。したがって、劉軍寧の理解するところの中国の問題とは、リベラリズムを求めるか求めないかの問題ではなく、どのようなリベラリズムを求めるかという問題なのだ。多くの人が単にある文脈からリベラリストを自称し、リベラリストという立場から発話しているように見受けられるが、フタを開ければその発話が社会主義もしくは国家主義の立場からしかなされていないとすれば、彼らを全方位的なリベラリストとみなすことはできない。

劉軍寧の提起するリベラリズムの「バージョン」の問題は、もしかするとリベラリズムの核心的価値理念を高め、リベラリズムの伝統に属さない思想の夾雑物を徹底的にクリーンアップし、リベラリズムの純潔性を守るために考えられたものかもしれない。しかしこのような作業を行うことが、ある種の「致命的な思いあがり」や理論上の「潔癖性」を体現することにつながるのか？　リベラリズムの能力に過度に訴え過ぎたり、リベラリズムの影響を評価しすぎたりしているのではないか？　実はそうした作業は、リベラリズムの境界線を広げすぎたり、逆に縮小しているのではないか？　少なくとも言説戦略上妥当なのかどうか？　私が提起したこういった問題について、劉軍寧とリベラリズムの思想陣営全員に対し、より深い考察を行うよう望みたいと思う。

ハイエクの強力な理論的能力は、市場制度の合法性と自生性について、これまでにないほど反駁不可能なレベルで証明を与えたといえる。しかし、その理論は人間の理性的能力の助けを借りて進められている様々な実験を今なおお終結させてはいない。国家、福祉、正義の名のもとに発生する様々な非市場化、人為化の行為は、無数の厄災とも言うべき結末をもたらしてきた。しかしそういった結末も、異なる制度のもとにある人々が、引き続きリベラリズム以外の方法で自分たちの直面する社会的問題の解決を図ろうとすることを阻んではこなかった。このことは、リベラリズムが決して「歴史の終わり」などではなく、自らを他の思想領域に開放しながら、自身のバージョンを豊かなものにし、元来の伝統とロジックのベースの上に立ちつつ、新しい時代の提起する課題に回答していかなければならないということを意味している。

また実のところ中国のリベラリズムには数多くの「弱点」が存在してきたことが、今回の研究会でも繰り返し提起された。許紀霖がその日以来初めて述べたのは、現在のリベラリズムが抱える二つの難題、すなわちナショナリズムとポピュリズムのことである。この二つの領域においては、リベラリズムは基本的には発話の権限を失っており、袋叩きにされている状態にある。劉蘇里の言うように、もしリベラリズムの言説が全く自らに忠実に釣魚島問題や南シナ海問題あるいは新疆チベット問題についての解釈を明らかにしてしまえば、リベラリズムは人々の茫洋とした大海の中に埋もれてしまうこと必定である。伝統的なリベラリズムの言説においては、ナショナリズムの問題はとっくに解決されていると見られているためだ。ウェストファリア体制が構築されて以来、欧州内部では長期間、国民国家同士の衝突が存在し続けてきたし、それは二つの世界大戦にまで発展したとはいえ、その後は領土をめぐる係争と民族の独立を核心として訴える民族問題は、実のところ欧州には存在していないに等しく、欧州連合（ＥＵ）の制度的枠組みは、国民国家の伝統的な境界線をより一層弱体化もしくは徹底的に消滅させる方向へと機能している最中である。一方、中国の場合その複雑な民族問題および領土問題を解決するのに欧州の経験をそのまま参照することができないのは明らかであり、このことが欧州の思想を源とする中国リベラリズムが国内において言説上の優位性を失っている現状につながっているといえよう。いわゆる「国益」を前にしては、リベラリズムはひとたびは言葉を失い、ナショナリズムの言説が必然的に高揚してしまうのである。新左派はまさしくそのナショナリズムの言説の勢いに乗っかって自らの正当性の基盤を拡大し続けており、彼らはこの分野において巧妙にナショナリズムを動員して、リベラリズムの力を圧倒しているのである。

　ポピュリズムも同様に、リベラリストにとって解決困難な問題である。リベラリズムとは基本的にエリーティズムの言説であって、社会の中で中上位層が獲得を目指してきた産物である。例えばマグナ・カルタ（英国大憲章、一二一五年）における各主体は国王、主教、貴族および都市代表であり、都市の貧民や農民はこの時期にはまだ政治の表舞台に出ることはなく、政治ゲームの規則の制定に参加できていなかった。このことからもわかるように、英国のリベラリズムはその始まりの時点では、社会的底辺層との交渉の経験や伝統を欠いていた。一方、中国リベラリズムの失敗はかなりの程度、社会的底辺層からの脱却を図ったことと関連している。金観濤[48]は、国民党は中国社会における中上位層のエリートを掌握していたに過ぎず、底辺層を共産党にまる投げしたことが国民党が共産党に敗れる重要な要因になったと指摘しているが、現在、中国のリベラリズムは再びこのような危機に直面しているのだ。リベラリズムの学者がポピュリズムの様々な言動に与するのを潔しとしないのに対し、左派勢力は重慶モデル[49]に与して堂々とポピュリズムのカードを切り、様々なやり方で底辺層の民意を動員している。中国の社会構造において、中間層はまだまだ成熟にははるかに程遠く、草の根の底辺層が今なお大多数を占めており、リベラリズムがこうした底辺層に有効裏に動員をかけられないのなら、社会の発展を導いていく可能性は全くない。

いかなる理論の「思い上がり」も、おしなべて自己の能力の過大評価あるいは自らの境界線が曖昧模糊としていることに起因している。前者について言えば、ある理論に依拠しさえすればすべての問題を解決できると思い込むことであり、後者については、理論にはその存在と効用を発揮する上での拘束条件があり、その拘束条件から外れれば、理論は一切無用の長物となってしまうことを理解していないということである。リベラリストはジョン・ロールズの言う「無知のヴェール」[50]が公共的な次元での正義を構築する上で重要であることを明確に理解しているが、しかし現実次元において、誰がいとも簡単に自らの前提条件を手放してしまえるだろうか？　自己批判・点検は困難なものではあるが、それをもしやらなければ、いかにして理論の有効性を保証できるというのだろうか？　欧州の思想、すなわち英国、フランス、スコットランド、ドイツおよび北米の歴史的経験の総括としてのリベラリズムは、グロティウス、ホッブス、ロック、モンテスキュー、ヴォルテール、ルソー、カントおよびフランクリン、ジェファーソンなどの思想に最大限に集中しているが、彼らの思想が中国に広がり、中国で根を張って成長していくには、どのような社会的条件を必要とするのだろうか？　あるいはそれらはどのようなスタイルを経て創造的な方向へと転換できるのだろうか？　中国の社会と思想は、ひとつの開放されたシステムとして、外来の思想を、自らの文化的資源や大衆信仰の対象として転換することに成功してきた先例がある。例えばインドに端を発する仏教が中国国内に広まったことはその格好の例である。リベラリズムが中国で普遍的価値観になっていくには、その「致命的な思いあがり」を捨て、自らの限界をはっきりと自覚し、現実次元での拘束条件に主体的に適応しなければならず、それによって中国の問題意識を正しい方向へ導き、西洋的な語りを中国の言説環境へと適合させ、あらゆる思想との全面的な対話を展開しなければならないと考える。こういう方法をとってこそ、リベラリズムは中国の現実の土壌において、この理論の生存と発展のための基盤をより堅固なものとできるのだ。

4　リベラリズムの「行動力」

ハイエクの「自生的秩序」の思想によれば、社会構造と秩序が自生的に生成されるだけでなく、思想構造と秩序もまた社会の自然な進化にともなって進化するべきものである。この一〇〇年近くの間普遍的に観察されてきたのは、重要な時間的節目節目において常に必ず思想的リーダーが現れ、その時代時代の思想的潮流を作り出していくのだが、その後の社会的変革の波の中で、こうした思想的リーダーたちが急速に周縁に追いやられていき、その後の政治家たちが交代で演じる茶番劇をただ隅のほうで傍観するしかない立場へと追いやられてしまうという現象であった。梁啓超、蔡元培、胡適以来の中国リベラリズムの思想的系譜を振り返ってみても、果たして彼らが政治的な舞台の上で主役を演じたことがあっただろうか？　現在の台湾地域では、憲政はすでに実現したとはいえ、リベラリズムの先駆者たちがかつて果たした思想動員の役割を現在の中国大陸で誰が想起するだろうか？　中国リベラリズムの暗澹とした歴史を前にして、今その「第三の波」を公に提唱するのは、いささか強引かつナルシスティックにすぎるだろうか？　それはまさしく朱学勤が筆者を評して述べたように、「大言壮語」

に過ぎないのかもしれない。

すでに多くの人が指摘するように、中国リベラリズムの前途は、かなりの程度、理論的啓蒙の問題ではなく、むしろ実際の「行動力」の問題なのである。リベラリズムはかつては中国の思想領域において支配的な地位を占めてきたのであり、辛亥革命以来前世紀の四〇年代に至るまで、リベラリズムの言説は一貫して中国の上空に轟いてきた。共産党統治下の延安においてさえ解放日報の社説には自由、民主という字が華々しく踊っていたのである。このことはこの一〇〇年近くの間否定しがたい事実であろう。にもかかわらず、リベラリズムは終始政治の外側を徘徊し続けてきたのであり、わずかに国共双方が合法性を奪い取るための思想的飾り付けに使われるに過ぎなかった。こうした歴史に別れを告げて六〇年の後も、政治の「捨て子」としてのリベラリズムのポジションには依然変わりはなく、むしろ以前なら行動としては不可能までも言説としては発し得たことが、今では言説さえ度重なる制限に遭っている状態であり、これを行動に転化することなど望むべくもない。こういった状況において、リベラリズムの「行動力」について語ることにいかなる現実性があるのだろうか?

劉軍寧は、リベラリズムと産業界との関係から、この問題に対する見方を提起し、リベラリズムの「行動力」不足は主にリベラリズムに対する産業界からの支持が欠如していることによるものだと指摘した。中国では前世紀三〇年代以降、リベラリズムは一貫して孤立状態に置かれ、いかなる社会的パワーもなく、産業界などが胡適のような学者を支持するといったリベラリズムと産業界の結合は、中国史上ほぼ空白である。劉軍寧に言わせれば、こういった社会構造こそ明らかにリベラリズムが孤軍奮闘状態に置かれてしまう主要な要因なのだ。リベラリズムの現実的可能性のカギは、知的エリートとビジネスエリートの結合が握っているが、こうした結合は双方がそれぞれの内的必要性に基づいて、しばし離れることのできない関係性を形作って行われなければならない。劉軍寧が意気消沈しているのは、こうした関係性が現在の中国においては形作られる段階にはとてもないためだ。

今の企業家が真っ先に考慮するのは政府との関係性、次に資産の安全性、それから政府との間での蜜月的な関係性をどのように続けていくかという点であるからだ。こうした現状においては、企業家とリベラリストとの実質的な関係性など生じようはずもなく、リベラリズムは毛沢東がかつて述べた「皮がなくなれば毛は一体どこにつくのか」(基礎のない事物は存在しない)といった状態に置かれている。社会の良好な発展は知的エリート、ビジネスエリート、政治エリートの協力関係にかかっており、知的エリートはまず問題を提起し、それから政治エリートとビジネスエリートがその問題解決に当たるというように、この三つの勢力がどのようなやり方で協力し解決を図っていくかが社会の発展の方向を決めるのだ——と劉軍寧は指摘している。

現在のような知的エリートとビジネスエリートの分離した関係性はどのようなプロセスを経て構築されたのか? 劉蘇里の分析では以下の二点から分析できるのではないかという。一つにはリベラリストの学者たちが起業家たちに対し根本的な物事の原理を明確に説明していないこと。つまり彼らに対し、リベラリズムは自らの安全と資産に直接関わってくるものであり、最終的には自らの根本的利益を守るものであるということを切実な形で知らしめていないということにある。もう一点には富裕層はリベラリズムに対し価値の上では同一化しているものの、いったん具体的な利益に事が及んでくると、彼らは利益による牽制から逃れることはできず、結局政府と一蓮托生で利益を取りに行くという政治的決断をしてしまう点だ。企業家は結局のところ高度の理性により計算を行う人々である。劉軍寧の表現を使えば、彼らは高度の機会主義者で、時期さえピタリとタイミングよく合えば、間違いなく峨眉山の上から桃を摘みに降りてくるような人々なのだ。[51]

リベラリストの学者たちがビジネスエリートに持っている期待と不満を、一体どのように認識すればいいのだろうか? 私から見ると、この問題の本質は、産業界がどのようなやり方で知的エリートを経済的にサポートするかという点にあるのではなく、どのような形で政治的立場や態度をきちんと表明するのか、リベラリストが提唱する憲政民主の理念を認めるのかどうか、認めるとすればどのようなやり方で彼らがそれを実践していくのかという点にあると思う。この三〇年間、企業家たちは、リベラリズムの広がりによってもたらされた様々な特典を味わい尽くしてきたはずであるのだが、リベラリズムを擁護するような発言をしてくれたことは間違いなくなかったと思う。企業家は一貫して政治を語ることのないものであり、最も思想性のある企業家で、例えば「不動産思想家」の異名を取る馮侖[52]でさえ、彼の語る最もウィットに飛んだ発言も政治とは全く関係ない。潘石屹[53]は微博（ウェイボー、中国版ツイッター）上で彼の家の家訓が政治紛争には介入するな、ということであることを明らかにした。王健林[54]は「政府には近づいても政治とは距離をとれ」と述べている。こうした大御所の口から発せられた、かような逆説的な風刺に満ちた言葉は、彼らの本当の政治的な態度を表したものなのか？　公衆が彼ら企業家に抱くこのような疑問については最近の柳傳志《りゅうでんし》[55]の話がもしかしたら解決の糸口を与えてくれるかもしれない。この公にも認められたビジネスリーダーは最近、彼自身が言うところの「軟弱な」やり方で、しかし「確固とした」考え方を明らかにした。彼が提起したいくつかの項目は、私が思うに、現在企業家たちが政治に対して抱いている普遍的な態度を表したものである。それは法治、文化大革命の清算の継続、政治体制改革を含む全面的な改革といった項目への要求、革命および重慶スタイルの「共産主義を支持して黒社会[56]を叩く」やり方への反対、そして普通選挙の即時実施への反対、エリートによる国家統治への主張などである。柳傳志の発言からは、ビジネスエリートと知的エリートの間には理念上かなり重なりあうところが多く、改革の路線や戦略についてもかなり広範囲に共有しあっている部分が大きいということが見て取れる。こうした点から見ると、ビジネスエリートと知的エリートがリベラリズムという基盤の上で互いの資源を調整しあう条件はすでに整っているのだ。

　中産階級に対しては、リベラリズムは新左派よりもより多くの正当性とアピール力を持っていることは明らかだ。一方、政治の分野においては、リベラリズムの価値観が、大多数の政治エリートにとって、反駁できない合法性を持っているとはいえ、政治エリートは少なくとも戦略上リベラリズムに対しては一定の距離を取らざるをえないのも確かだ。ただこうしてみると、リベラリズムが中国社会各層にとって最大の「規定値」になっていることは、否定できない事実だというべきである。思想界の他のグループはそもそも根本的にリベラリズムの基本原理を覆すことはできない。儒学の憲政の方向への転換、新左派による公平正義の提唱、共産党イデオロギーの主張する「三つの代表理論〔57〕」、そのいずれもが、リベラリズムの代表する普遍的価値観こそが、あらゆる理論が真正面から相対すべき価値観であることを物語っている。現実の制度設計がリベラリズム的価値観のラインから離れてしまえば、長く持続させることは不可能であるはずだ。

5　リベラリズム「第三の波」の可能性

理論が冷酷な現実に直面するとき、理論を研究する人々は常に現実に対して疑問を提起するよりも理論そのものに疑いの目を向ける。そうすることにより現実との妥協や共存の理由を探るのだ。最も古典的な名言がある。「およそ現実に起きていることは全て合理的である」。ただ、そうした妥協を行わない者にとっては、黙して語らないことだけが現実に対して取りうる唯一の抵抗であると見ることができるし、またそれはある種の放棄や逃げと見ることもできよう。どのように理解されようと、リベラリズムはその基本的な性格に即して展開される言説であって、それが現実的な問題に直面した場合の再検討にいかに限界があろうとも、それはまたリベラリズムが発展を持続するための基本的な動力でもあるべきなのだ。本当の学者や知識人がひとたび思想の領域に足を踏み入れた場合、マックス・ウェーバーの規定する「職業としての学問」という戻れない道を歩むことになるのかもしれない。それは「知的誠実さ」に従い、一切の神聖な価値を拒絶して、学術を専門化するというやり方で、自らと事実との関係性に関する知的思考を構築していくということである。中国のリベラリスト学者たちも、このような学術への関わり方や立場の取り方を兼ね備えるべきである。

「第三の波」という言い方が成立するにせよしないにせよ、中国のリベラリズム学者は自らの理論の「弱点」とそれが直面する現実的な課題に対し、次はいかなる行動を取るのだろうか？　高全喜の総括によれば、「第一の波」世代の行動のテーマは啓蒙であり、主要な学術上の成果は哲学、政治学、文学および科学などの領域に集中し、リベラリズムの基本的理論を普及させることに重点が置かれていた。これに対し、「第二の波」世代の行動は法律・政治、リベラリズムの系譜学と儒学の伝統などの領域に向かい、さらにリベラリズムの専門化した研究や憲政による建国、民主主義の法理化やローカライズなどにより重点を置くようになった。この二つの波のベースの上に、「第三の波」の重点はどこに置かれるのだろうか？

任剣濤は彼特有の言い方で、「ブレンド」（元々は酒の配合を言う）という表現を提起している。この人民大学政治学教授のスピーチはその文章よりもはるかに生き生きとまた深く、一つひとつやや毒気のある表現で真理をえぐりだしていくのだが、人々は単に彼の紡ぎだす言葉の快感に簡単に酔ってしまい、彼の考えていることを失念してしまうこともしばしばだ。彼の言う「ブレンド」とは、他人ならば真に受けないところを、自分の場合には真剣に総括しなければならないと考えることであるのかもしれない。彼のいわゆる「ブレンド」とは、リベラリズムとそれを研究する学者は、官僚、特に高級官僚とのコミュニケーションをマスターし、こうした人々にリベラリズムの思想を注入しなければならない、ということだ。任は、高全喜の提起したリベラリズムの「政治的成熟」という表現は適切ではなく、これはある種「理論的成熟」と表現するにすぎないものであると指摘する。というのも今のリベラリズムはまだ政治を構築する能力、特に高次元での政治を構築する能力を備えていないためだ。東欧の激変の状況から見て、権力が第三の波へと交代する時になって初めて、例えばプーチンのような現場レベルの官僚がようやく登場して力を発揮できるようになるのである。任剣濤は明らかにこうした事例を通じて皆を覚醒し、リベラリズムが高次元での政治決定能力に影響をあたえるようにならなければならないと考えている。ただこのような「ブレンド」という方法論を、同志たちはあまり信用していない様子で、任剣涛が政治局入りして短期的な局面の解決を図ることを期待している。だが、任の方法論は最も有効性のある方法論であると言わざるをえない。台湾の転換が成功したのは、一人蒋経国がいたからというわけではないのではないだろうか？　任剣濤はさらに、リベラリズム学者は政治家との「ブレンド」を図るだけでなく、資本家との「ブレンド」も図らなければならないという。例えば清末の張謇[58]のように産業界の第一線級の人物と、政治の最前線にいる人々が、共同で社会の変革を決定しなければならないと考えているのだ。任剣濤がつまるところ言いたいのは、リベラリズムは政治的人脈、経済的人脈共に通じた上で、政治的にも交渉能力を備えつつ、社会的にも動員する能力を持つことが必要ということなのだ。

もし任剣濤が社会の「目に見える」次元について思考を進めているとするならば、秋風は中国の伝統の中で最も内在的なレベルで進んできた儒学の憲政化を再構成することで、劉軍寧が提起した、リベラリズムをいかにして中国独自の思想資源とするかという問題を解決しようとしている。高全喜の分類によれば、秋風は「第二の波」世代に属する学者で、ハイエク研究から儒学研究に転じることで、中国、西洋双方の学術上の成果を融合させることの利点を提起しようとしている。彼は自身の試みを「憲政儒学」と呼んでいるが、この試みは人々から注目されざるをえない。儒学言説の隆盛は、この二〇年間の中国思想界で最も顕著な現象である。もともとモダニティを論ずるとき、儒学には全く優位性はなかったのだが、再び伝統が持ちだされるようになった現在、儒学の歴史的なチャンスが到来したのだ。しかし、儒学がまず直面する問題として、いかにしてリベラリズムからの問題提起に答えるか、すなわち憲政民主といった言説を儒学の言説体系の中に位置づけられるかどうかという問題がある。この問題については、いっそ全く論じないという立場を取る人もいる。蒋慶《しょうけい》[59]の「政治儒学」がそうであり、中国の儒学が編み出した制度のほうが西洋よりはるかに良いものであり、どうして他者の理を学ぶ必要があろうかというのである。しかし秋風はこうした立場を取らず別のルートを考えて、三代（夏・商・周を指す）までさかのぼり、周の封建制から中国憲政の源流を模索しようとしている。ここ数年、秋風はその立ち居振る舞いから衣食住に至るまで「儒者」として生活しており、礼制を唱え、教育を重視しており、リベラリズムの中の「オルタナティブ」なのか、それとも儒学の創造的な転換を図ろうとしているのか、判断がつかない。しかし彼はリベラリズムと中国独自の文化の間に一本筋を通そうとしており、存在論や方法論の上で、注目に値する存在だ。今回の集まりでも、秋風は、リベラリズムは中国独自の文化に根付かなければならず、文明の内部から一連の価値システムを自発的に生成させ、現代の社会における憲政との間を架橋しなければならないとする一貫した主張を再び繰り返した。秋風のこうした主張に理解を示す人も多かったが、ただその主張は承認されてはいないようである。例えば李偉東は日本の事例から、先に制度の変革があり、その後にようやく伝統的価値が再発見されるのであって、この順番はひっくり返すことはできないと主張する。こうした点から見て、リベラリズムを国民にとって自明の信条としてわざわざ証明するまでもない西洋と同程度にまで、中国にもいかにリベラリズムを根付かせるかという問題は、秋風にとってだけではなく、すべてのリベラリストの学者たちにとって、深い探求と解決が極めて待たれる問題である。

　中央党校教授の王海光は中国共産党史の専門家であり、歴史学に携わる人間特有の謹厳さとプロフェッショナリズムに富んでいる。彼はリベラリズムに対しより一層専門化する方向性を求めており、人文社会科学の専門領域においてリベラリズムと関係のあるテーマの研究をしなければならないと主張している。王にとっては、これはより大きな挑戦である。学術の専門化は、学者に対し価値中立的な学術上の立場を求めるだけでなく、豊富な知識の蓄積をも求めるものである。が、現在リベラリズムに理論的能力が不足している現状では、まさに外に存在する体制による制限と内在的な知識不足の二重の拘束のもと、(中国の)リベラリズムは理論的には全盛期一九三〇年代の草創当時の水準に到達することは不可能である。というのも、当時は言説をめぐる条件も知識の条件も、現在とは違ってともに揃っていたからだ。現在のリベラリズムの理論上の能力不足は、体制から受ける制限という要因以外に、学者自らの知識の限界という要因も働いている。歴史研究について王海光が深く実感しているのは、重要な歴史問題に関する「解題」(もともとは科挙の答案用の文体である八股文の書き出しを指す)は、従来までのイデオロギーを構築する上で画期的であり、現在このような作業はすでに発展しつつある段階に達しているということだ。一方リベラリズムの現行の研究モデルに欠如しているのは、必要な知識によるサポートである。現行の研究モデルは、理論から理論へ、ロジックからロジックへと移行していくだけで、豊富な歴史上の含蓄、中国独自のファクターさらには自らの経験の総括が不足している。こういった判断に基づいて、王海光は秋風が現在行っている儒学憲政化の研究努力を賞賛しており、様々な研究領域において成果を上げてこそ、リベラリズムは初めてその理論的生命力を持つようになるのだと信じている。私は、王海光の発言は、ウェーバーが切り開いた学術観、専門化、知的思考および価値中立性を集中的に体現していると思う。間違いなく、このことはリベラリズムの学術準則であるべきだ。

最後に若い学者である周濂に言及したい。この哲学博士が最近刊行した著作「寝ているふりをしている人を起こすことは永遠にできない」は学術界および公共圏への影響が大きく、このリベラリストの敏捷な思惟と公共的な表現能力の高さを示すものである。今年私がネットでの著作活動に転じて以来、深く実感してきたのは、学者による言説の影響力は専門的な著作の上だけで体現されるのではなく、公共的な次元での著作に転じることのほうがより重要であるという点だ。というのは、学術の成果は最終的には社会に向かうものだからだ。多くの優秀な学者が、ひとたび学術という持ち場を離れると、公共的な問題に対して何も発言できず、何をどのように語るかを知らず、もし発言しても聞く人がおらず、ほとんど失語状態に置かれてしまう。周濂の場合明らかにこのような問題は存在しない。彼は国外で系統的な哲学の訓練を受け、豊富な専門的知識と、公共的な意識を持って現実に立ち向かう敏感さをともに兼ね備えている。私はこの周濂こそ中国リベラリズム「第三の波」の時代の雰囲気を体現する人物だと思う。現在のリベラリズムの理論的困難に対し、周濂も自分の意見を持っており、研究会の翌日私に送ってくれたメールの中で以下の三点を示してくれた。「1．ナショナリズムに反応するとともにそれを吸収してしまうこと。2．国家について再考し、新左派が提起した国家の能力についての論点を真剣に検討し、古典的なリベラリズムの『夜警』的国家観から脱却すること。3．現代のリベラリズム倫理学の承諾している点をはっきりさせ、リベラリズム倫理学の議論を正面から構築すること」である。私が思うに、周濂が示したこの三点は偶然にも現在のリベラリズムにとって最も手薄（薄弱）になっているポイントにピタリと合致するものだ。周濂は自らの論文の中で、リベラルナショナリズムの「薄さ」と儒家ナショナリズムの「弱さ」を指摘した上で、斬新で啓示に富んだ見方を提起した。ただリベラリズムがどのように国家主義からの挑戦に呼応し、どのように公平正義を核心とする倫理学を構築するかについては、今のところまだ守勢に回っており、新たな理論構築はなされていない。このためリベラリズムは多くの人から、単に市場だけを論じて国家を論じず、効率だけを論じて公平を論じず、利益だけを重んじて道徳を重んじないものとして、市場原理主義と同義のものとして誤解されているのである。リベラリズムの民族に対する「薄さ」、国家に対する「薄さ」、倫理学への「薄さ」は、理論上の刷新と専門化された研究によって厚いものとしていくしかないものであり、この点にこそリベラリズム「第三の波」にとっての重点の所在があるのではないか。

マックス・ウェーバーは有名な講演「職業としての学問」の中で、イザヤ書の中の「斥候《ものみ》よ、夜《よ》はなほ長きや。

もののみ答えていふ。朝《あした》はきたる、されどいまはなほ夜なり。汝もしとはんとおもはゞ再び来れ《きた》[60]」という問答を紹介している。さらにウェーバーはこの問答に関し、以下のように述べている。「かく告げられた民族は、その後二千年余の長きにわたって、おなじことを問い続け、おなじことを待ちこがれ続けてきた。そしてこの民族の恐るべき運命はわれわれの知るところである。このことからわれわれは、いたずらに待ちこがれているだけではなにごともなされないという教訓を引き出そう。そしてこうした態度を改めて、自分の仕事に就き、そして『日々の要求』に――人間関係のうえでもまた職業のうえでも――従おう[61]」。今日、この先哲の教訓を再びかみしめ、我々はいかに行動すればよいのか？　どのような仕事を行っていけばよいのか？

訳注

〔1〕**栄剣**　一九五七年浙江省定海生まれ。人民解放軍部隊を経て一九七八年山東省曲阜師範大学中国文学科に入学。一九八三年に中国人民大学マルクス・レーニン主義発展史研究所修士課程に入学し、マルクス主義哲学史を専攻する。一九八六年に博士課程に進学するが、八九年に「特殊事件」により研究を断念。一九九〇年に民間に転じ、評論・著作の傍ら九九年から芸術品の収集や投資業に従事している。著作に「民主論」「馬克思晩年的創造性探索」「社会批判的理論与方法――馬克思若干重要理論研究」などがある。

〔2〕**消極的自由**　いわゆる「～からの自由」。ハイエクの自由論はこの系譜に属するとされる（仲正昌樹「いまこそハイエクに学べ　『戦略』としての思想史」春秋社、二〇一一年、八一頁）。逆に「～への自由」とは「積極的自由」と総称される。

〔3〕**蕭功秦**　一九四六―、上海交通大学政治学教授。著書に「儒家文化の苦境」など。

〔4〕**高全喜**　一九六二―、北京航空航天大学人文社会科学高等研究院院長。

〔5〕**劉軍寧**　一九六一―、元中国社会科学院政治学研究所研究員。二〇〇二年北京大学にてリベラリズム支持の講演を行った後、同研究所を離れ現在文化部中国文化研究所研究員。

〔6〕**秋風**　一九六六―、本名姚中秋。北京航空航天大学人文社会科学高等研究院教授。

〔7〕**任剣濤**　一九六二―、中国人民大学国際関係学院政治学教授。

〔8〕**劉蘇里**　一九六〇―、北京大学国際政治系、政法大学大学院などを経て民間学術書店「万聖書園」を経営。
〔9〕**李偉東**　一九五六―、「中国税務」誌研究員、雑誌「中国改革」社元社長。
〔10〕**王海光**　一九五四―、中央党校教授。
〔11〕**馬国川**　一九七一―、「財経」主筆、香港フェニックステレビ評論員、著書に「中国の歴史における転換点――一〇大賢人インタビュー集」など。
〔12〕**許紀霖**　一九五七―、華東師範大学政治教育系教授。代表的な公共知識人。著書に「現代中国における啓蒙と反啓蒙」など。
〔13〕**顧昕**　一九六三―、北京大学政府管理学院教授。
〔14〕**周濂**　一九七四―、中国人民大学哲学院副教授。
〔15〕**尚紅科**　一九六六―、出版プロデューサー、北京漢唐之道図書発行有限公司総経理。
〔16〕**厳復**　一八五四―一九二一、ハクスリーの"Evolution and ethics"を「天演論」として翻訳。
〔17〕**梁啓超**　一八七三―一九二九、一八九八年戊戌政変後に日本に亡命。
〔18〕**蔡元培**　一八六八―一九四〇、渡欧後の一九一七年北京大学校長に就任。
〔19〕**胡適**　一八九一―一九六二、米国留学後の一九一七年に北京大学教授に就任、四五年学長になるも四九年米国に亡命、五八年台湾に移住。中央研究院院長を務める。
〔20〕**張君勱**　一八八七―一九六九、一九〇六年早稲田大学に留学。梁啓超らと活動をともにした時期もある。新中国成立後、インドを経て米国に向かいサンフランシスコで死去。
〔21〕**「真理の基準」論争**　一九七八年に毛沢東を継承する華国鋒派と鄧小平ら古参幹部との対立を背景に行われた哲学的論争。実質的に後者が勝利し、その後鄧小平路線が確立し、また毛沢東の晩年の誤りなどに関するタブーも破られた。
〔22〕**「左王」と呼ばれる数人**　二〇一五年二月に逝去した鄧力群などもこの系譜に属するとされる。二〇一五年二月十日付新華社。
〔23〕**四つの基本原則**　一九七九年三月の中央理論会議で鄧小平が提起した①社会主義の道、②プロレタリアートの独裁、③共産党の指導、④毛沢東思想とマルクス・レーニン主義堅持の四点。文革批判と対外開放の始まりの時期で、民主化運動が顕在化してくるなど共産党一党独裁のゆらぎが見られ始めたことからこれを引き締める狙いがあったものとみられる。

〔24〕**ブルジョア自由化反対**　ブルジョア自由化とは、社会主義に批判的でかつ個人主義、資本主義を賛美する傾向。鄧小平が七九年三月「四つの基本原則」を提起した際にこの傾向を批判。以降、中国では政治改革を求める勢力を断罪する時に使用される表現とされる。
〔25〕**周揚**　一九〇八―八九、文革で批判された経緯はあるが、三〇年代の左翼作家連盟加盟後、七〇年代中国作家協会副主席など要職を歴任した著名作家。八三年三月マルクス死去一〇〇周年記念集会で「社会主義にも疎外は存在する」との論考を発表した。
〔26〕**李慎之**　一九二三―二〇〇三、四九年新華社国際部幹部、五四～五七年周恩来の外交秘書、反右派闘争、文革で失脚するも一九七三年党国際問題写作小組に参加。八〇年中国社会科学院米国研究所創設に加わり、八二年所長、八五―八九年同院副院長、八九年退職。
〔27〕**徐友漁**　一九四七―、中国社会科学院哲学研究所在籍、近年公民社会論の普及に尽力。二〇一四年五月「六四研究会」に参加したとして当局に拘束、翌月釈放。
〔28〕**秦暉**　一九五三―、一九九二年より清華大学歴史学教授。農民史、農民学を研究。
〔29〕**汪丁丁**　一九五三―、九〇年ハワイ大学経済学博士。九七年から北京大学国家発展院教授。
〔30〕**王元化**　一九二〇―二〇〇八、華東師範大学教授などを歴任。文学批評。巴金らと交流。
〔31〕**朱学勤**　一九五二―、上海大学歴史系教授、社会思想史。
〔32〕**袁偉時**　一九三一―、中山大学歴史学教授など歴任。二〇〇六年の中国歴史教科書批判で日本でも知られる。
〔33〕**顧準**　一九一五―七四、経済学者、思想家。一九五六年中国で初めて社会主義市場経済理論を発表するも、文革期は「極右」として迫害を受ける。
〔34〕**許章潤**　一九六二―、清華大学法学院教授、同大学法治・人権研究センター主任。
〔35〕**賀衛方**　一九六〇―、北京大学法学院教授、代表的な公共知識人の一人。
〔36〕**崔衛平**　一九五六―、北京映画学院教授、「〇八憲章」さらに二〇一二年尖閣問題で日中関係が緊張した際も日中間知識人交流、事態沈静化のための署名活動などを展開。
〔37〕**張千帆**　一九六四―、北京大学法学院教授。
〔38〕**『中国近代思想の生成』**　石井剛訳、岩波書店、二〇一一年。
〔39〕**釣魚島事件**　周知のように日本名「尖閣諸島」領有をめぐる日中間の緊張。

〔40〕**カルフール事件**　チベット騒乱をきっかけに北京五輪の聖火リレーへの抗議活動がパリなどで発生、これに抗議する中国人大衆が二〇〇八年、中国各地に進出しているフランス資本のスーパー「カルフール」前でデモを行い、またフランス製品排斥などを訴えた事件。

〔41〕**高速鉄道事故（温州）**　二〇一一年七月二十三日夜、中国・温州市の高速鉄道で列車の追突事故が発生、二〇〇人を超える死傷者が出た事件。鉄道省が事故車両を地中に埋めたり、救助を早々に切り上げて営業再開を急いだりしたことを国内主要メディアが激しく批判。世論の反発を受けて鉄道省は遺族への補償額を引き上げ、高速鉄道の減速化や安全検査のやり直しなども迫られた（『朝日新聞』二〇一一年九月六日付朝刊）。

〔42〕**呉敬璉**　一九三〇―、国務院発展研究センター研究員など歴任。歯に衣着せぬ物言いで知られる。

〔43〕**馬立誠**　一九四六―、人民日報主幹、香港フェニックステレビ評論員など歴任。二〇〇二年に「対日新思考」を発表。

〔44〕**対日新思考**　日本の戦争に関する謝罪は十分であり、軍国主義化する可能性は低く、今後は経済・市場において日本と平和裏に競争すべきとの趣旨。

〔45〕**漢奸**　売国奴・裏切り者。

〔46〕Hayek, Friedrich. A.,1988, "The Fatal Conceit: The Errors of Socialism", Routledge. 渡辺幹雄訳『ハイエク全集（第Ⅱ期第Ⅰ巻）』「致命的な思いあがり」二〇〇九年、春秋社、九九頁。

〔47〕**ジョセフ・スティグリッツ**　一九四三―、コロンビア大学経済学教授。ＩＭＦ批判、グローバリゼーション批判などで知られる。

〔48〕**金観濤**　一九四七―、学者・作家・評論家。天安門事件に積極的に関与。日本では「中国社会の超安定システム――『大一統』の構造」（研文出版、一九八七、若林・村田訳）の筆者のひとりとして知られる。

〔49〕**重慶モデル**　薄熙来が重慶市党第一書記を務めていた期間（二〇〇九―一二年）に重慶市で進められていた政策モデル。汚職幹部・暴力組織摘発はともかく、広く公衆に中国共産党の伝統的な革命思想潮流回帰を推奨する動きは、政治的な権力闘争を産んだだけでなく、思想界での論争にも発展した。

〔50〕**無知のヴェール**　ロールズが「正義論」で提起した。「原初状態」「自然状態」と近い概念。社会において自らのことも、他者のこともヴェールをかけられたように知識を持っていない状態であり、この状態によってこそ自己を含めてすべての人の被害が最小化される「合理的選択」が行われるようになるとしている。

〔51〕**峨眉山の上から桃を摘みに降りてくる**　抗日戦争中、四川省の峨眉山に潜んでいた蒋介石が戦争が終結するやいなや下山し、桃に象徴される勝利の果実を手にしたと指摘されるように労苦なしに成果を手に入れようとする機会主義的な態度を指す。

〔52〕**馮侖**　一九五九―、中国万通董事長。

〔53〕**潘石屹**　一九六三―、SOHO中国董事長。

〔54〕**王健林**　一九五四―、大連万達集団董事長。

〔55〕**柳傳志**　一九四四―、中国PC大手レノボ高級顧問。

〔56〕**黒社会**　暴力団組織などを指す。

〔57〕**三つの代表理論**　二〇〇二年に当時の江沢民・中国共産党総書記が提起した三点の重要思想。中国共産党は①中国の先進的な社会生産力の発展の要求、②中国の先進的文化の前進の方向、③中国の広範な人民の根本的利益を代表すべきとした。これにより従来排除されてきた共産党と企業家との関係性に道が開かれつつ、従来のプロレタリアート独裁政党という建前も守られたという意義がある。この理論は、マルクス・レーニン主義、毛沢東思想、鄧小平理論と同様の党の重要思想と位置づけられている。

〔58〕**張謇**　一八五三―一九二六、実業を通じ立憲運動に活躍したことで知られる。

〔59〕**蒋慶**　一九五三―、深圳行政学院教員などを歴任するが、二〇〇一年退職し、貴州省の山中で研究に専念。

〔60〕Weber, Max.,1917, "Wissenschaft als Beruf", Tübingen, 1936. マックス・ウェーバー「職業としての学問」尾高邦雄訳、岩波書店、一九八〇年、七三頁。

〔61〕同七四頁。

初出

「中国自由主義〝第三波〟」二〇一二年十一月十五日付、共識網 http://www.21ccom.net/articles/sxwh/shsc/article_2012111571062.html

中国新左派批判——汪暉を例にして

張博樹
中村達雄訳

本来、「新左翼」とは欧米に生まれた用語であり、欧州と北米で流行した資本主義に批判的な立場をとる左翼社会思潮のことを指す。中国における「新左派」は独特な政治環境の中で育まれ、その主張は欧米の左翼運動のそれと相似するが、異なる部分はさらに顕著である。たとえば欧米の新左翼は貧困者の立場に立って資本の功利主義を攻撃するとともに政府を批判し、政府がさらに多くの責任を負って社会の公平性を実現するよう働きかけている。中国の新左派も類似の観点を持っているようだが、欧米の左翼知識人と違うのは体制を批判する勇気に欠け、ややもすればいくつかの根本的な問題の是非を避けて通っていることである。中国の新左派は国家統治の具体的な領域に対して積極的な創意と主張が不足し、独裁体制をめぐる討論と批判では白紙答案を出しているのだ。中国の新左派はおしなべて高水準の知力を発揮しているので、こうした態度はけっして認識不足からもたらされたものではないだろう。大きな可能性として、これは彼らが中国という特定の政治思想領域において恣意的な選択をしていることが考えられよう。近年、一部の新左派たちは「主流をなすイデオロギー」への擦り寄りを加速し、民間の独立した品位を徐々に喪失しつつあることがそのひとつの証明である。新左派の一部は独裁体制のお先棒を担いで共犯者に堕落し、不興を買っている。

以下、新左派の大物の一人である汪暉《おうき》を検討する。

1　汪暉の「現代中国の思想状況と現代性の問題」について

汪暉（一九五九年―）は、現今の中国思想界ではつとに有名である。国際的な学術賞を受賞し、また剽窃を指弾されてもいる。いかなる個人的な関係も有していないが、中国社会科学院における筆者の校友でもある。一九八九年四月に民主運動が勃発する前夜、汪暉は中国社会科学院研究生院が開催した五四運動七〇周年学術シンポジウムで発言し、その出色の弁舌は筆者に深い印象を残した。汪暉は文学出身だが理論好みで、大著の四巻本『中国現代思想の興起』がその証明だ。中国新左派の代表的な人物として、現代の中国問題に対する解読はすこぶる典型的である。私たちは煩を厭うことなくあの広く注目された「現代中国の思想状況と現代性の問題」から検討することとしよう。本論は前世紀九〇年代中期に執筆され、その後の論文と比べると一篇のすぐれた作品としての質を失していないが、六四以後の中国問題への見方では根本的な間違いを犯している。

汪暉は「現代中国の思想状況と現代性の問題」の冒頭で次のように語っている。

一九八九年は、ひとつの歴史の分水嶺だった。一世紀近い社会主義の実践は一段落した。二つの世界は一つの世界に変わった。すなわち、ひとつのグローバルな資本主義世界に変わったのである。中国はたとえばソ連や東欧社会主義国家のように瓦解こそしなかったが、このことは中国社会が経済領域で急速にグローバルな生産と貿易のプロセスに参入することを阻みはしなかった。中国政府が社会主義の堅持に対して以下のような結論を下すこともけっして妨げることはなかった。それはすなわち、経済、政治、文化、果ては政府までをも包括する中国社会の各種行為が、資本および市場の動きに深刻に制限されるということである。(1)

これはたしかに興味深い書き出しだ。自由主義者が一九八九年におけるソ連・東欧の激変を独裁に対する民主の勝利と見なしたとき、汪暉ら新左派はそれを社会主義に対する資本主義の「瓦解」と読み解いているからだ。この種の語彙の運用上の違いは意味深長である。汪暉が意味するところの「社会主義」が何を指しているのかは後段で分析することとして、本論の重点はやはり「現代中国の思想界が資本主義へのプロセス(政治、経済および文化資本の複雑な関係を含む)に関する分析や、市場、社会および国家の相互浸透または相互衝突の関係に対する分析を放棄し、しかも自己の視野を道徳レベルもしくは現代化イデオロギーの枠内に閉じ込めたこと(2)」を批判することにある。

「現代化イデオロギー」は汪暉論文のキーワードである。汪暉はまず毛沢東の「アンチ近代の現代性理論」と鄧小平の「現代化の目標自体」などを含む三種類の現代化イデオロギーを構成するマルクス主義を継承したが、「毛のユートピア的な近代化方式」によるマルクス主義、および一九八〇年代初頭に体制内学者たちが提唱した「人道主義的マルクス主義」としての三種類のマルクス主義を放棄している。汪暉によればこれら三種類の中国版マルクス主義は「現代化イデオロギー」の観察枠組みを乗り越えるものではなく、中国の「人道主義的マルクス主義」の伝統社会主義に対する批判は「中国社会の世俗化運動――資本主義市場の発展」さえ生んだ。しかし汪暉が本当に始末したいのはこの種の土着マルクス主義ではなく、現代化イデオロギーとしての啓蒙主義およびその現代化イデオロギー、いわゆる「新啓蒙主義」なのである。汪暉は「中国の〈新啓蒙主義〉は再び社会主義の基本原理を問うことはなく、直接に早期のフランス啓蒙主義と英米の自由主義から思想的なインスピレーションを汲み取る(3)」と考えている。ここに言う「新啓蒙主義」とは、明らかに中国の現代自由主義に他ならない。

汪暉はこの間の歴史に感慨を滲ませながら指摘している。すなわち「一九八〇年代の啓蒙思潮は中国社会の改革に巨大な解放の力を提供した。それは当時も、そして今も中国知識界の主要な思想傾向を支配している。しかし急速に変化する歴史のコンテクストの中で、中国の最も活力に満ちた思想資源としての啓蒙主義はしだいに曖昧模糊とした状況に置かれ、それにつれて現代中国の社会問題に対する批判と診断能力を喪失していった。これはけっして中国新啓蒙主義の思想的な命題が完全に意義を失ってしまったのではなく、また一九八〇年代の思想運動がすでに目的を達したわけでもない。ここで言いたいのは、ただ中国の啓蒙主義が直面しているのはすでに資本化された社会であるということである。市場経済はすでに主要な経済形態になりつつあり、社会主義経済改革は中国をグローバル資本主義の生産関係の中に引き入れ、資本主義化のプロセスの中で国家とその機能も徹底はしていないがきわめて重要な変化が相応に生まれてきているということだろう。資本主義的な生産関係はすでにみずからの代弁者を養成し、価値創造者としての役割を担う啓蒙的インテリゲンチャは深刻な挑戦に直面している。さらに重要なことは、啓蒙的インテリゲンチャは一面で商業化社会の金銭至上主義や道徳の腐敗、社会の無秩序に憤慨し、別の一面ではみずからがかつて目標とした現代化プロセスの中にあることを認めざるを得ないのである。中国の近代化あるいは資本主義の市場化は、啓蒙主義をイデオロギーの基礎とし文化の前衛としている。それゆえに啓蒙主義的で抽象的な主体性概念と人に係わる自由解放の命題は毛沢東の社会主義実験を批判した際に巨大な歴史的能動性を示したのであるが、資本主義市場と現代化プロセスがもたらした社会危機に直面し、このように蒼白無力になっている」[4]。汪暉はこのように指摘しているのである。

はたして中国自由主義に対する上述の批判は正しいのか。この問題に答える前に、汪暉の言説がどこからもたらされたのか簡潔に敷衍してみよう。

2　欧米のマルクス主義に源をなす中国新左派の言説

汪暉の理論的な根拠はけっして新鮮ではない。「モダニティ」への疑問は欧米左翼の長期にわたる伝統である。ここに言う「モダニティ」とは産業革命以来の市場経済の原則が経済領域の支配的な存在になったこと、さらにはこの原則が政治、社会、文化など人類の生活領域において拡散している趨勢を主に指している。近代化の結果としての「モダニティ」は財産の増加、物質文化の繁栄を促したが、人類の精神に疎外（異化作用）をもたらした。それゆえに人々は「啓蒙的弁証法」を明察し、「目的合理性」の氾濫に警鐘を鳴らし、社会が「鉄の檻」になり、人が「一次元的人間」になることを防ぎ、資本主義の「目的合理性」が「コミュニケーション的合理性」を転覆することに用心したのである。以上はテオドール・アドルノ、マックス・ホルクハイマー、ヘルベルト・マルクーゼからユルゲン・ハーバーマスら欧米マルクス主義者が追い求める主題である。(5) 汪暉はこのロジックを援用する形で、それを改革開放の途上にある中国の場合に移植したのだ。

それでは汪暉だけが「近代化イデオロギー」の極限を見て、他は相変わらず模索の中にあるのだろうか。中国自由主義の現代性に対する挑戦は本当に「一種の曖昧模糊とした状態」にあると言うのだろうか。甚だしきは、「徐々に現代中国の社会問題に対する批判と診断能力」を喪失してきたと言うのか。

事実はそうではない。

一九八〇年代の中国は思想領域の活動がもっとも活発な時期だった。欧米マルクス主義観点の移入は、だいたい八〇年代初頭のことである。同時に移入されたのは哲学領域のハイデガー、サルトル、フッサール、フロイトだった。経済学の領域ではサムエルソンのテキストが好まれた以外に、ラング、ブルース、ヒック、カデールら東欧の経済学者が歓迎され、これらの現象は当然のこととしてスターリニズムとその中国における変質に対する省察および批判と関係がある。社会発展の領域ではローマクラブが報告した『成長の限界』が八〇年代中期にはすでに中国語に翻訳されて一定の注目を集め、欧米マルクス主義の作品を除けば、これは当時の中国人が接触できた「現代性」に対する疑問のもうひとつの文献だったのである。当然、中国のこととして言えば「近代化」の実現は改めて市場経済（当時使用された語彙は「商品経済」だった）を認めるための合法性あるいは当時の主要任務であり、「現代性」を展望することは未だ時代の普遍的な議題にはなっていなかった。それは当時の時代背景が決定したことである。しかしこれは市場経済の負の一面がまだ完全には意識されず、提起されていなかったことと同じではない。

汪暉の著作が世に問われる十余年前の一九八六年、筆者は雑誌『哲学研究』に論文を発表し、「商品生産と道徳の進歩」との間に横たわる複雑な関係について論じた[6]。あの論文の基本的な観点は、平等としての市場の原則は、もとより主体意識の激発に有利で社会の進歩を促すが、営利としての市場の原則は人類の道徳と衝突し合うという内容だった。筆者はそのことを、商品経済の動力メカニズムが道徳領域で引き起こす「二律背反」と称したのである。この観点はすぐに学界の注目するところとなり、またいくつかの批判の声もあった。二年後の一九八八年、筆者の最初の著作である『経済行為と人』が出版され、そこでまた経済と倫理の「二律背反」という命題を提起し、さらに「発展」と「バランス」の問題に関する分析も加え、その内容を中国の改革開放が直面する「二つの困難」とした[7]。ここでの議論はまさに欧米マルクス主義のコンテクストにおける「モダニティ」の問題である。筆者はさらに多くの「モダニティ」のパラドックスを人類の本性に必然の、ある種の限界（有限性）と関連づけたのであり、資本主義というこの特定の経済様式と関連づけたわけではない。

汪暉がこれらを理解しないのは、怪しむに足りぬことであろう。いかなる人も知識の盲点を有している。汪暉は自分以外の同時代人が「現代性」の問題を分っていない、などと大ぶろしきを広げるべきではない。当然、この新左派の本当の問題点はここにあるわけではない。

3　汪暉は六四以後における中国問題の実質を歪曲

六四以後、中国が直面している核心的問題とはなにか。汪暉のロジックに従えば、それは中国がすでに深くグローバリゼーションのプロセスに巻き込まれ、極端に表現すればグローバル資本主義の一部分と化し、このため汪暉は「中国の啓蒙的インテリはウェーバーあるいはその他の理論を借りて、中国の社会主義に対する批判がなぜ同時に中国の現代性に対しての省察にならないのか」という疑問を呈した。表面的に見ると汪暉は「中国の社会主義に対する批判」が継続的に必要なことをけっして否定してはいないが、強調しているのは明らかに中国とこの「グローバル資本主義世界」との間の関係である。この命題自体はけっして意義のないことではない。しかし汪暉が気付いていないながら明言したがらない事実は、改革開放とくに一九九二年以来の中国における市場経済の発展と欧米諸国における近代化の一般的なプロセスには根本的な違いがあり、それは中国の市場経済が党国政治の枠組みの中で発展したものであり、そこには先天的に欠陥があり、発育不全かあるいは歪曲されているということである。国家は依然として主要な資源を独占し、民営企業は競争の中できわめて不平等な立場に置かれている。さらに重要なのは六四以後、政治改革は全面的な停止に追い込まれ、公権力が効力ある抑制を受けず、中国の市場経済はいきおい相互共謀関係の中で権力と資本を形成し、中産階級を排斥し、社会の低層を圧迫搾取して私益を貪るのが自然の趨勢となっていることだ。これがまさに改革開放期における中国の根本問題の所在である。中国はグローバリズムに組み込まれ、国際資本が流入し、当然のこととして現代化のプロセスに正反両面の影響を及ぼしているが、それは主要な問題ではなくこの種の影響は中国の全体主義政治の深刻な理解と洞察の上に置かれて初めて明確にすることが出来るのである。

汪暉は本来、分析の重点をグローバリゼーション下に起こる相互変動のもとでの中国に特有な党国政治構造と経済構造に置き、そこから中国の市場経済のプロセスが体現する特殊なロジック、すなわち縁故資本主義およびその最も深刻な制度の根源、つまり中国共産党の一党独裁体制を発見・論証すべきだったが、それは中国政治の「タブー」と「地雷源」に触れることになるので実行できなかった。汪暉は自由主義を批判して「中国の社会問題を批判し、診断する能力を喪失し」て「曖昧模糊とした状態にある」と嘯いているが、曖昧模糊とした状態にある」のは、じつは汪暉自身なのだ。中国の政治構造と政治体制の根本的な病根を回避しているという観点から言えば、汪暉の一見深奥な論理は六四以後における中国問題の実質を完全に歪曲しているのである。

六四以後の中国と世界の関係を語るには、そこに少なくとも三つの異なるレベルがある。まず第一は、一党独裁の専制体制を頑固に堅持する中国の執政グループと世界の民主共同体との間に存在する本質的な対抗関係である。第二は、国民国家としての中国と世界の他の国民国家との間における協力と衝突の関係である。そして第三には、グローバル化のプロセスで新興経済体としての中国と他の経済体・経済勢力（多国籍資本を含む）との間の再編成関係がある。汪暉が言う「現代性」の問題は、主に第三のレベルで起こるのである。汪暉が動員した理論的な拠り所には、欧米のマルクス主義の理論を除けばウォーラーステインの『世界システム論』やアミン、フランクの従属理論などがある。しかし中国の政体の性質に対する明晰な定義、六四以後における中国統治集団の指向を示す定性的な描写と分析がなければ、上に述べた三つのレベルの内容がどのように関係するのかを理解するのは不可能であり、三者間の関係の変化の実質も把握しようがない。ここで必要なのは自由主義の政治哲学であり、けっして新マルクス主義あるいはウォーラーステインの『世界システム論』などではない。汪暉の問題はまさにここにある。「資本主義のボーダーレス化時代に、〈新啓蒙主義〉の批判の視角は国民国家内部の社会と政治的な事象、とりわけ国家の行為に限定されていた。対内的には国家の独裁支配への批判から資本主義市場の形成過程における国家と社会の複雑な関係の分析へと迅速に転換することができず、そのため市場化過程における国家行為の変質を深く分析することができなかった。対外的には中国の問題が同時に世界の資本主義市場における問題となったこと、したがって中国問題の診断は同時にグローバル化する資本主義の問題に対する診断でなければならない[8]」と新左派が批判するとき、この批判はその内容から言えば本来深刻なものである。しかし汪暉の臆病と自己規制でこの批判を徹底できず、論文で提起した本来きわめて価値のある提案と課題（たとえば市場や社会、国家の相互浸透、相互衝突の関係についての研究、あるいは現代中国に対する「文化批判」の始動など）も貫徹できなかった。

これは新左派たちの悲哀に他ならない。

簡単に言えば「前世紀以来、中国の思想界に普遍的に信じられてきた近代化の目的論的な世界観は今まさに挑戦を受けている」[9]のではなく、六四弾圧を経験して直面した中国の独裁体制の合法性に関する危機や合法性の危機に対応して支配者が実施した経済政策の調整が、グローバル化のプロセスといかに絡みあって一連の新たな問題を発生させたのかということこそが挑戦なのである。新左派は未だこの問題に対応しようとせず、また正面から回答することも出来ないでいる。この汪暉論文に対する検討を終えるに際し、ひとつのことを公正に補っておきたい。それは、少なくとも一九九〇年代時点における汪暉について言えば、あの「凡人の弁髪」[10]がすでに後頭部にひらひらと見え隠れしていたが、この新左派は独立した民間の立場をまだ完全には放棄していなかった。汪暉には大志があり、それに相応しい才能を備え、もう少し勇敢で徹底していれば歴史の淘汰に耐えうる理論的な成果を上げる可能性があった。惜しむらくは、その功利性に手足をとられてしまったのだ。この種の言論はそれが激しく論じられるほど、最終的には救済の余地がないほどに変節してしまうのである。

4　二十世紀における中国革命の遺産をどう捉えるのか

最近数年、汪暉の著作を読んでいて感じるのは、この新左派の「批判」的傾向が減衰し、「ゲーテ」的な傾向が増大していることだろう。すなわち「批判」もまた「ゲーテ」を基礎にした上の「批判」になっているのだ。しかし汪暉が捻り出してきた一連の眩惑的な言葉や概念は門外漢にとっては言うにおよばず、同業者が読んでも難行し、この種の「批判」と「ゲーテ」との間の巧妙な転換およびそこに散りばめられた大量の似て非なる外国人を煙にまき中国人を脅しつける虚偽の命題は、その真贋をそう簡単には見破られなかった。

以下、汪暉の二篇の論文について些かの分析を加えたい。一篇は「自主と開放の弁証法――中国が台頭した経験と直面した挑戦」で二〇一〇年に『文化縦横』第二期に発表された。もう一篇は「〈ポスト政党政治〉と中国の未来における選択」で、これは二〇一三年の同誌第一期に掲載されたものである。

なにが「中国が台頭した経験」なのか。それは「二十世紀における中国革命の遺産」と関係があるようだ。汪暉はまず「中国経済の発展は数々の予言を覆した――一九八九年以降、中国崩壊論が次々と出てきたが、中国は崩壊せずこれらの崩壊論が崩壊した。このため人々はなぜ中国は崩壊せず逆に発展したのか、と検証しはじめた」と自信たっぷりに指摘している。[11] この問題に答える際、汪暉はまず中国の「独立した主権とその政治が内包する本質を見るべきだ」と注意を喚起している。汪暉によれば、中国がソ連と東欧国家のように潰れていかなかったのは中国が毛沢東時代からソ連に追従する関係を脱却したあと、「社会主義システムのなかでみずからを確立し世界で独立した地位を確立した。台湾海峡は依然として分断されているが、中国という国家の政治は主権と高度な独立自主の属性を維持し、この政治的な属性が主導する国民経済と工業システムもまた高度な独立自主を有している。もしもこの属性としての自主がなければ中国の改革開放の道程は想像だにし難く、一九八九年以降の命運を想像することさえ出来ない」と言う。汪暉によれば、「中国の改革は内在的ロジックと自主的な改革、能動的で受動的ではない改革であり、これと東欧および中央アジアで起きた背景が複雑ないわゆる〈色の革命〉とは明確に異なる。中国の発展はラテンアメリカ諸国の経済に依拠した改革とは異なり、日本や韓国、台湾地区と比べてみてもおそらくそれをアジア的様式と簡単に括ることはできない」し、「政治的な視角から見れば中国の改革の前提は自主的であり、その意味で上記各国の発展はかなりの部分で依拠性のある発展と概括することができる」[12]というのだ。

私たちは上述した汪暉論文の語義やロジックの混乱（たとえば、ソ連と東欧各国の失敗を免れた党国統治は鄧小平の頑固と強暴が招いたのであり、それは純粋に中国国内の政治的な原因であり、経済の「主権」がどうしたとか、依拠性がこうしたとか……。中国の改革が「能動的」だとしたら、東欧や中欧アジアの改革は「受動」だと言うのか。「色の革命」のロジックだけを使ってやっとこさこのように荒唐無稽な結論を導いているが、この「ロジック」は党と国家におもねる御用学者たちが慣用する言語にすぎない。この種の混乱はひとつにとどまらず、それはいちいち詳述できない）に拘る必要はない。重要なのは汪暉が論文で主張している以下の論点、すなわち「これは相対的に言えば独立無欠の主権的な性格」だとか、「政党の実践から完成された二十世紀政治の突出した特徴である。中国共産党は理論と実践でかつて幾つかの間違いを犯したが、当時の反帝国主義政策とその後のソ連との理論闘争が中国の主権の最も基本的な要素を確立した(13)」という部分だろう。

汪暉が「主権」を高らかに謳い上げることは「党」を持ち上げることであり、「党」が反帝国主義・反修正主義路線の中で確立した国家の「主権」は一九八九年の不敗を保証したのである。

汪暉に言わせれば、「党」は国家の「主権」を確立しただけでなく、ある種の「ウルトラ代表機能」を備えているのである。二〇一三年に発表した論文の中で、汪暉は「二十世紀中国の代表的な政治原理を再構築する」ことを企図している。汪暉は読者に注意を促すかのごとく以下のように指摘している。

> 中国の代表的な政治と欧米の議会多党制、普通選挙制を中核とする代表的な政治の間には異なる政治原理が存在しており、この前提は今日もっとも簡単に軽視され、理解されないでいる。ここで私たちは民主の形式に関する問題を整理しなければならない――欧米の普通選挙制にもとづく民主は民主の唯一の形態ではなく、民主はまた抽象的な形式だけではなく、政治的な動力を前提とすることが必須で、その動力がなければいかなる形式の民主も実行できない(14)。

それでは、なにを以て「中国の代表的な政治原理」とするのか。汪暉は、「それは〈憲法〉から直に判る。憲政を研究する学者は中国憲法を引いて憲政の意義を論証する人が少ない。〈憲法〉の第一条は次のように規定している。すなわち、中華人民共和国は労働者階級が指導し、労働者・農民の同盟を基礎とし、人民民主独裁の社会主義国家である。また、第二条は、一切の権力は人民に属する、と。これら二つの条項は社会主義段階における代表的な政治原理を説明したものだ。この原理は多くの政治的範疇からできている。ただ、これらの政治的範疇は一般常識で簡単には理解することが出来ず、簡単な先験原則でも証明することは不可能で、一般的な実証的事実に帰することも出来ない。それらは二十世紀中国の政治的実践の中から生まれてきたものなのである。たとえば、〈指導階級としての労働者階級〉とは何なのか。二十世紀の前半に中国の労働者階級はきわめて弱小で、そのメンバー構成から見て中国革命は主として農民革命であり、労働者階級がどうして指導階級になり得たのだろうか――実証的な意味から言えば、労働者階級の対抗軸としてのブルジョア階級は本当にひとつの階級を構成していたのだろうかという論争さえあるのだ。二十世紀の大半の時期において中国の労働者階級が全人口に占めた割合はごく少数でありながら、階級革命と階級政治が生まれ出てきた。今日、世界でもっとも大規模な労働者階級が中国に存在するが、この規模に相応する階級政治はけっして存在していない」と指摘している。[15]

上に引用した最後の一句は現今の情勢を批判しているが、それについては後段で論評することとして、重要なのは汪暉が絶対的な口ぶりで「二十世紀の大半の時期において中国の労働者階級が全人口に占めた割合はごく少数でありながら、階級革命と階級政治が生まれ出てきた」とし、しかも労働者階級が「指導階級」になったと言い切っていることである。これらの文言を私たちの世代は熟知している。それでは、だれが「指導階級」の現実的な体現者なのか。それは「党」に他ならない。中国共産党こそが「中国プロレタリアートの前衛党」であり、「偉大な中国革命」を指導したのである。故に中国共産党は一般にいわれる政党ではなく「スーパー政党」であり、中国共産党こそが充分な「代表性」あるいは「超代表性」を備えているのである。しかしながら自由主義からみれば、「階級」と「階級」を基礎とした「代表性」に訴えるのは理論上荒唐無稽であり、実践領域でふたたび無数の災難というアブストラクトをもたらした。この創案者は汪暉ではなく、百年前に道徳の激情とヘーゲル式の目的理論主義の落とし穴にはまったあのカール・マルクスにほかならない。筆者は『五四から六四まで』の第一巻で「階級的神話」が如何にしてマルクスのすべての研究を支配し、同時に「剥奪者を剥奪する」という有害な政治的結論を導き出したのか、また(レーニンから始まって)この神話から推し出された「前衛党」理論がいかにして後のソヴィエト・ロシアや中共の一党独裁政権とその制度の理論的な基礎になったのかを分析した(16)。事実上、中国共産党が「人民」の先天的な「代表」として在り、また「階級」的な範疇内で「人民」を解釈し、甚だしきはそれを憲法に書き込んだとき、人民主権に対するアブストラクトはすでに国民の主権と公民の権利に対する現実的な否定に変質してしまったのだ。「こうして中国共産党の創始者がいかに崇高な社会的理想を抱いていたとしても、党独裁の既定ロジックはこの体制の実行結果が必ず原初の理想に背き、現代社会の変遷に対して本来達成すべき公共権力と公民権利の構築を二重否定する」(17)ことになるのである。

遺憾なことに新左派たちは、このような歴史哲学の視角を備えていない。汪暉はいまだ興味津々に二十世紀中国の「階級政治」から離れられず、「階級」を実証主義的に解読することに反対している。それは、そうすることでしか自身(実際は党国)の階級概念を取り繕うことが出来ないからだろう(18)。どうりで汪暉は、憲法を引用した際にいかなる違和感もまったく示さず、「憲政を研究する学者は中国の憲法を引いて憲政の意義を論証する者がほとんどいない」と言ってのけているわけだ。それはインディペンデントで、すぐれて批判精神に富んだ中国の憲法研究者が、「憲法」第一条と第二条を引用することを潔しとしないことを忘却(あるいは口を閉ざして言及しない)

しており、それらの条項が嘘の仮面にすぎないからである。

汪暉は「二十世紀中国の革命遺産」についてさらに、中国共産党には「スーパー政党」としてその歴史的経験の中にふたつの鮮明な特徴があるが、それはすなわち「文化と理論の重要性」、および「大衆路線を通じた政党の政治活力の保持[19]」だとしている。

いわゆる「文化と理論の重要性」について、汪暉は「理論闘争」を通じて「政党の自己革命」に「政治空間」を提供していると指摘する。汪暉は「中国革命とその後の社会主義時期において、党内の理論闘争は政治能力の集積と方向を調整する手段であって、それは具体的な問題を理論と路線の問題に収斂させることによってはじめて新たなエネルギーを生み出すことができ、また人々に理論闘争と相応する制度的な実践を理解させることが間違いを糾す最良の方法である[20]」と考えているようだ。汪暉はさらに例を挙げ「理論闘争は中国の革命と改革の過程で重要な働きをした。改革の理論的な源泉や社会主義商品経済の概念は商品や商品経済、価値規律、およびブルジョア階級の法と権力などの討論から生まれ、社会主義の実践から模索されてきたのである。価値規律問題の討論は一九五〇年代にさかのぼる。孫治方と顧準が価値と価値規律に関する論文を発表したが、その時代背景には中ソ分裂と毛沢東が提起した中国社会の矛盾に関する分析があった。この問題は一九七〇年代の中期になってふたたび党内における理論闘争の中心的な課題になった。こうした理論闘争がなければその後の中国の改革が価値規律や労働に応じて分配する制度（按労分配）、社会主義商品経済から社会主義市場経済へロジックの発展を構想することは難しかっただろう」と指摘し、さらに「現在、つねに民主を語るのは間違いを糾すひとつのメカニズムでありそれにともなう理論闘争や路線闘争も同様で、政党の過ちを糾すメカニズムでもある。二十世紀の歴史では党内の民主メカニズムが足りなかったことにより路線闘争にたびたび暴力や独断が出現したのが特徴で、これに対しては長期にわたる深い省察が必要だが、党内闘争の暴力化に対する批判は理論闘争と路線闘争の否定と同列に見ることはできず、事実上後者は独断から脱却しみずから間違いを糾す道筋でありメカニズムなのである」と述べている。また「大衆路線を通じて政党の政治活力を保持する」[21]ことに対する汪暉の解釈は「中国革命における大衆路線は概略次のように描くことができる。すなわち、完備した、内部に高度で厳明な規律のある政党は、その明晰な政治方向と使命にもとづき大衆を動員し、大衆のなかの積極分子を吸収しながら自己の政治過程を改造する」[22]のだそうだ。これは「二十世紀における中国の革命経験」のなかのもうひとつの重要な遺産であり、「中国政治の特殊な要素」であるらしい。「〈すべては大衆のために、すべては大衆に依拠し、大衆の中から来て大衆の中へもどり〉、一種の政治、軍事戦略だけでなく、有機的な革命政治に対する描写でもある。大衆路線の脈絡のなかで、私たちは明確に政党政治と大衆社会の政治とのあいだにある緊密な連携を見てとることができる」というのである[23]。

ここでは上に示した汪暉の観点に関する分析を深く展開することはできない。そうすれば、この一章が長大なものになってしまうからである。そこで筆者は以下のふたつの点について簡単に言及したい。第一に、「理論闘争」と「路線闘争」は中共が「政治能力を積み重ね、進むべき方向を調整」する過程で重要な作用を果たしたという汪暉の論断は、毛沢東が中共の指導権を独占する以前の歴史的時期にだけ適用できる。毛の独断の時代、「理論闘争」はすでに中共首脳の意思決定に何らの影響力を及ぼすことはなかった。鄧の時代もおなじようなものだ。汪暉が挙げる商品生産と価値規律などに関する経済理論界の討論は、当時の官製コンテクストの範囲内で進められたというのが実情で、その縛りから自由になることはほとんどなかった。いわゆる「社会主義市場経済の論理的な発展」の論議に至っては、鄧の同意ないし「お墨付き」が前提で、「理論闘争」などという代物ではけっしてなかった。汪暉がここで述べていることは、まったく雲をつかむような架空のはなしだったのである。事実上、「理論闘争」や「路線闘争」（この二者は同一ではない）を共産党（とくに一九四九年以降の共産党）の「錯誤を糾すメカニズム」と見なすのはまったくの笑い話にひとしく、汪暉が中共の歴史をまったく理解していないことを証明している。真に「理論闘争」がその役割を発揮したかも知れないのは、たとえば一九七九年に開催された理論工作討論会で文革に対する省察が進められ、毛を否定すべきだと要求する多くの声が発せられたが、これは予想に反して鄧の強行で押しつぶされ、そのうえ「ブルジョア階級の自由化」という大きなレッテルを貼られてしまった。こうした事実は以下の道理を典型的に説明している。すなわち党国独裁体制内では党内であろうと党外であろうと、いかなる自由な「理論闘争」の空間も存在しないということである。汪暉は融通の利かない学者としてこの「歴史経験」を根拠もなくでっち上げたにすぎない。第二は、「大衆路線を通じて政党の政治的な活力を保持する」ということに関する部分で、実際、戦争時代の中国共産党はこの面で意味のある経験をし、とくにライバル関係にあった国民党と比較したときにそうであったのだが、それが中共の革命の成功にどれだけ貢献したのかについては議論があるところだ。この「大衆」という言葉は中共が使う語彙のなかでは一貫して「階級」および「階級闘争」と連動してきた。中共党史を研究する専門家の楊奎松[24]は、歴史上「中共が急進的な階級闘争に転向し、自己の力量の基礎もしくは人民の概念の範囲をいわゆる労働者・農民階級に限定したとき、大衆の挫折はほとんど不可避である」と述べている。また、毛沢東本人が「中国革命の三大要素」を総括して「統一戦線」を第一に掲げたことに楊奎松は同意し、これこそが「中国革命でもっとも成功した経験」であると指摘する。[25]中共が政権をとって以降の変質と疎外プロセスにおける「大衆路線」については、これ以上立ち入らない。ただ一言、毛沢東がユートピアの建設計画に変節していく戦略過程でたしかに「大衆路線を通じて政党の政治的な活力を保持する」意図（この仮定はロジックの上では成立可能である）があったとしても、空想のなかで作り上げた「労働者・農民・兵士が上部構造を支配する」ことや「継続革命」などの類いはけっして初期の目標に到達しなかったばかりか、むしろ徹底的に失敗して終りを告げたので、どうして「政党政治」と「大衆政治」が緊密に連係を構築できたと言えるだろうか、ということだけを付け加えておきたい。
当然、汪暉はこのことに承服できないだろう。汪暉は人々が彼の初志を曲解したと言うにちがいない。重要なのは具体的な歴史を如何に見るのかにあるのではなく、「歴史の経験」に照らして現実に対する批判を如何に引き出すかが重要なのである。それでは、この「批判」がどのように進行したのかを以下に検証しよう。

5　いわゆる「代表性の危機」と「ポスト政党政治」

汪暉は現今の中国で「代表性」の危機が発生していると主張しているが、それは国政と執政党に対する新左派のひとつの重要な「批判」だ。その論点は以下のようなものである。

中国のスーパー政党はもともと強烈な政治性を備え、この政治性が維持しているのは厳密な組織と明確な価値観、および理論と政治実践の間の有力な相互作用を通じて展開される大衆運動である。ところが今日の政党様式では党組織は行政組織とおなじで、政党が管理機構の一部となり、その動員と監督職能が日々国家メカニズムと繫がり、官僚体制の特徴はますます顕著になり、政治性がじわじわと減衰し、あるいは曖昧になっている。政党政治における代表性の危機は執政党の危機にとどまらず、非執政党の危機さえも孕んでいる。中国においては、民主党派の代表性は過去のいかなる時期に比べてもいっそう曖昧化した。[26]

なぜ、このような状況が出現してきたのか。汪暉によればそれは改革開放で中国がグローバル化のプロセスに入るなか、国内でいわゆる「脱政治化」と「党の国家化」が進んだのが理由だという。本来「中国の社会主義実践は大多数を代表し、かつ大多数の普遍的な利益を代表する国家を組織することに力が注がれてきたはずで、国家あるいは政府と特殊利益の紐帯の断裂はこれを前提としている」というのだ。また「社会主義国家は大多数人民の利益を代表することを旨とし、市場の条件下でそれは他の国家形式よりもさらに利益集団との関係から遠く離れる」と汪暉は指摘している。さらに「少なくとも初期について言えば、改革の正当性は社会主義国が代表する利益の普遍性にその源を発する」らしい。問題は中国がグローバル化のプロセスに突入するなかで「主権構造の変異」が生じたことであり、それにともない中国の「政治体制にも重大な変異が生まれ、そのうちのひとつは政党の役割の変化である。一九八〇年代、政治改革の目標のひとつは党政分離だった。一九九〇年代以降、党政分離はひとつのスローガンではなくなり、具体的な実践と制度の配置の上で党政合一が常態化した現象になった。この現象を概括して党の国家化の流れ」と捉えていることである。汪暉はさらに「市場社会の条件下で国家装置は直接に経済活動に関与し、国家の下部組織と特定利益の関係が相互に絡みあい、改革初期の「中性化国家がいままさに変化を起こしている」という。汪暉は「もしも政党と国家の境界が完全になくなったら、政党が国家とおなじように市場社会の利益関係のなかに呑み込まれないよういかなる勢力やメカニズムを保障できるのか」と疑問を呈し、「もしも〈中性国家〉の達成と政党の政治的な価値が密接に関係しあうなら、新たな条件下で中国が最後まで維持することのできる普遍的な代表性のメカニズムとはいったい何なのか」と問うている。[27]

新左派たちは執政当局にいかなる批判を加えることができるのか、私たちは期待をもってそのお手並みを拝見したい。しかし上に見てきた汪暉の一連の「批判」にはロジックの上でふたつの致命的な欠陥があり、私たちの期待を削いでしまう。まず汪暉は執政党がいま「代表性」を失いつつあると批判しているが、それはこの党がかつて「代表性」を有していたと仮定するに等しい。事実、これは汪暉が「二十世紀中国の革命経験」を総括した際に証明を試みたことがらである。しかし自由主義は「階級政治」と「前衛党」というあのロジックを些かも認めないので、このような「代表性」は疑問点だらけなのだ。もしも共産党が国民党と天下を争った過程でたしかに民心を得たというなら、それは中共の反国民党スローガンと新民主主義経済の綱領が役立ったのであり、「前衛党」のロジックとは無関係である。二番目の欠陥は、グローバル化が「主権構造」の変化を誘導して中国の「党の国家化」と「中性国家」の成立を招いたと言っているが、これはこの上もなく荒唐無稽な議論だろう。中国が「党の国家化」あるいは「党国一体化」していなかった時代があったとでも言うのだろうか。わが党が一九四九年に政権をつくって以来、党の指導的地位を強調し、それを党国政権の構築に体現しなかったとでも言うのか。このように党国「憲法」に心酔した汪暉はその序文にある党の歴史的な役割と指導的地位に関する叙述を知らないのだろうか。なぜ今になって忘れてしまったというのだ。改革開放後に出現した権力と資本の結託というこの罪深い現象に至っては、憲政自由主義の観点から見れば、そのことがまさに党国体制が独占的な公権を握って監督不能な結果をもたらしたことに他ならず、どうしてグローバル化と「新自由主義」の罪だなどということができよう。

汪暉は次のように述べている。中国の政治変革問題を考えるとき「少なくとも三つの方面から考察すべきである。第一に、中国は二十世紀に長く最も深刻な革命を経験し、中国社会は公正で平和な社会的平等に対する要求がきわめて強く、この歴史的・政治的な伝統を如何にして現代の条件下で民主要求に転化していくべきなのか。すなわち何が新時代の大衆路線と大衆民主なのか。第二に、中国共産党は大型組織で巨大な変化を経験した政党であり、ますます国家装置と混成しつつあるので、この政党を如何にしてさらに民主的にし、その役割を如何に変容させ、国家に普遍的な利益を代表させていくのか。第三に、如何にして社会の基盤に新たな政治形態を形成し、大衆社会に政治的な能力を獲得させ、新自由主義的市場化がもたらした「脱政治化」状態を克服していくのか」と。[28]

以上三つの問題で、第三は明らかに言いがかりで、党国独裁体制がもたらした権力と金銭の結合による「脱政治化」を「新自由主義」の「罪状」だとする新左派の使い慣れたロジックにすぎず、語るに値しない。第二は典型的な虚偽の命題で門外漢を煙に巻く手口にすぎず、「党」が政権を掌握した日いらい「国家装置」と別れたことは一日たりともなく、さらに政党の「役割」を変容させるという主張はお話にならず、「この政党を如何にしてさらに民主化し、国家に普遍的な利益を代表させていく」などという可能性がどこにあるというのか。「党」はこの間ずっと党こそが「普遍的な利益」を代表すると言明してきたのであって、このような可能性の存在を認めるはずがない。自由主義はこの種の問題提起とその背後に隠されているロジックを認めることはあり得ないだろう。なぜならこのロジックは、「前衛党」がかつて「階級政治」の名の下で人民を本当に「代表」したと仮定しているからである。

こうして見てくると、第一の問題だけが問題たり得るようであり、以下に検討してみる価値がある。

「何が新時代の大衆路線または大衆民主なのか」、あるいは「中国社会は公正で平和な社会的平等に対する要求がきわめて強く、この歴史的・政治的な伝統を如何にして民主要求に転化していくべきなのか」という自問に対する汪暉自身の解答は、「ポスト政党政治」から始まる。汪暉が使う語彙の中で「ポスト政党」時代は、政党の「代表性」が失われた時代を指しており、「ポスト政党政治」は努力して「代表性」に回帰することである。[29]如何に努力するというのか。「理論闘争」と「大衆動員」はここで役割を与えられている。汪暉は「大規模な改革を経験した今日、この論争は社会的な領域に向かって拡張していくことを免れない。公民の言論の自由や政治領域における理論闘争の空間は、現代の技術的な条件が支える公民の参画ならびに中国の政治生活における労働者の主人公としての地位によってこそ〈ポスト政党政治〉の必要条件となる。そして政治論争や公民の参画を健全に発展させるための基本条件は公共領域の改革と切り離すことができず――それはすなわちメディアの資本グループ化と政党化からの脱却ロジックが真に寛容で自由な空間を創造するということだ。社会論争と公共政策の調整との間の積極的な相互作用はこの条件のもとで初めて実現可能なのである」と主張する。そして「今日の政党政治と権力の結合が密接に連係する条件下で、党自身がみずから変わって新たな政治を形成する可能性は低い。党国体制のもとで中国国家と政党体制の官僚化は空前の状況を呈し、政党みずからの力で官僚化に歯止めをかけるのは難しい。このため大衆路線は政党がその政治活力を維持するための方途であるだけでなく、新たな内容――すなわち政治の開放性、あるいは政治参画度の大幅向上を獲得すべき」だと言うのである[30]。

汪暉はさらに「階級政治」に言及し、「現代中国はいま階級構造の再編が階級政治を抑圧する歴史的なプロセスを経験しており、このプロセスは階級政治がきわめて活発でかつ労働者階級の規模が相対的に弱小な二十世紀と鮮明な対比を成している」と指摘し、その上で「現代の中国社会には階級と階級政治が存在し、代表性の再編は現代中国社会における新たな階級化問題の解決と直接的に関連している」という。また、「政党の国家化の進化にともない、それはむしろ階級的政党というよりはもっと自主的な社会政治（労働組合、農協およびその他の社会団体など広義の政治組織を含む）と生産体系内部の関係に注力する活発な労働政治と言うべきで、それはおそらくポスト政党政治が通過すべきひとつの過程である」と強調する。当然、汪暉は「金融資本主義という条件下で、甚だしきは社会運動さえも資本体制のために浸透していく。現代の条件下では公民社会について討論しようと、あるいは階級政治を分析しようと、現代資本主義の新形態に対する分析からまわり道などできない」とするのである[31]。

汪暉が「代表性の再編」というこの議題のもとで指し示している社会現象と社会行動の主題は、たしかに大変重要な意義があると言うべきだろう。現代中国には「公民の言論の自由」や「政治領域における論争空間」、「現代技術が支える公民の参画」、そして「中国の政治生活の中における労働者の主人公としての地位」などの深刻な欠落はたしかな事実であり、この点に関するかぎり汪暉は間違っていない。問題は、こうした不具合を造りだしている原因はどこにあるのかということだ。「今日、世界最大規模の労働者階級がいる中国に、なぜこの規模に相応しい階級政治が存在しない」のか。それは国際資本が侵入したからでも「新自由主義」が悪さをしているからでもなく、また改革開放以降とくに一九九〇年代に発生した「脱政治化」や「政党の国家化」などでもなく、一九四九年に成立したこの党国体制がきわめて頑固で強力だったからであり、この独裁制度下で臣民（名義上は公民）に言論の自由と結社の自由空間を与えず、さらには党国が一貫して吹聴したありもしない「階級政治」を許容もしなかったからだ。この状況は六十年来変わらず、今日においてはその手法がさらに精緻で巧妙になってきているにすぎない。汪暉は本当に「さらに自主的な社会政治（労働組合、農協、その他の社会団体など広義の政治組織を含む）の形成と生産体系の内部関係における活発な労働政治の改造に力を注ぐ」ことを希望しているのか。この党国独裁体制を解体しないかぎり如何なる「自主的社会組織」もこの国に根付くのは不可能であり、合法的な身分の獲得は中国の政治生活における活きた組成部分なので、自由主義のように中国の政治体制改革と民主への転進を主張すべきである。党国版の「大衆路線」で再び「政党活力」を活性化させるというのは、とっくの昔に歴史陳列館に収蔵された退屈な提案にすぎない。もしも民主化への転進がなければ、汪暉がここで主張している一切が空想で終わるに違いない。

現在の状況から判断して、汪暉はおそらく空想家の枠組みから抜け出すことは難しいだろう。なぜなら多党政治を明確に拒否し、「代表政治」に回帰することを主張しているからだ。ところがこの「代表政治」の理論的な前提が間違っているのであり、さもなければ実際に如何なる結果を出してきたというのか。善意から言えば、汪暉は別の言葉を使っているが自由主義と類似した関心を示している。しかしながら、その答案は自由主義のそれとは似て非なるものであり、空想的である。汪暉は「如何なる政治体制もそれが普遍性を創造するとき、すなわち普遍的利益を代表できるときに代表性を備えることができる」[32]と言っている。しかしこの「普遍性」は憲政民主の基礎の上にはじめて達成できるのである。これこそは自由主義と新左派の間に横たわる根本的な違いに他ならない。

6 いわゆる「東西間の〈チベット問題〉」について

汪暉が「代表性」の問題で党国政治に批判的（ゲーテ批判を含む）であるとすれば、民族問題についての発言も赤裸々な自己弁護になっている。この問題に対する分析は、新左派のもうひとつの一面を見ることに役立つ。汪暉は二〇一一年五月、『東西間の「チベット問題」』という本を出版し、それはすぐに三聯書店の図書ランキングに載り、読者がこの話題について関心を抱いていることがわかる。汪暉は「チベット問題」をどのように論じているのだろうか。この本の書名には、すでに作者の意図が示されている。本書の「序言」は次のように言う。ラサで二〇〇八年、「三・一四」事件が発生後、すべての欧米メディアおよび欧米社会は「激烈な態度」を表明した。この種の「反応」は分析に値する、と。

事実上、「チベット独立」を支持する人は各人各様であり、民主、人権の観点から中国政治に批判を展開する以外は、歴史の角度から見てさらに三つの異なった側面が注目に値する。まず第一に欧州のオリエンタリズムに深く根ざしたチベットに関する知識の中で……、比較して言えば、この点は欧米人に対する影響がもっとも大きい。その次は、特定の政治的な勢力の世論操作と政治行動の組織化であろう。この一点について言えば、米国の関与がもっとも深刻である。第三は、チベットに対する同情が中国への感情、とくに経済面で急速に台頭し政治制度がきわめて異なる中国への顧慮と恐怖、排斥、反感がないまぜになっていることだ。この点は第三世界に属する多くの国を除いて、全世界が感染させられている[33]。

汪暉が深く重層的に分析を加えているのは第一の面で、いわゆる欧米人の「オリエンタリズム幻影」についてである。汪暉によれば欧州近代史上における知識人のチベットに対する関心はほとんど宗教領域に集中し、現代の工業化、都市化、世俗化の波に従って「一種の啓蒙理想主義に対する新神秘主義」として欧州社会と文化生活の中に蔓延し、「この種の現代的な懐疑から生まれた新型の神秘主義が新たな活力を獲得」し、「欧州のチベット観と現代神秘主義の関連がこのコンテクストの中で生成した[34]」と言う。汪暉はブラヴァツキーの「神智学」を例にとり、「神智学は理想的で超現実的なチベットのイメージ、文明に汚染されていない、精神的で、神秘主義的な、飢餓のない、犯罪的で酔っぱらった、世界から隔絶された国家、古老な智慧を大事にする一群の群像を造りだした。このような代物は二十世紀においてもなおそのこだまが響き、これは真っ先に欧米およびアジア各国のロマン主義文学家、詩人、思想家たちの現代に対する焦慮に帰結する」とし、彼らは各種の形式で「別の世界」を希求することに忙しく、「神秘的なチベット」はまさにこのような要求を満足させているのだという。汪暉は「欧米で流行した現代社会のさまざまな疎外にうまく対応し、この意味でまさに欧米現代社会の危機がチベット大師の欧米における命運を造りだした[35]」と断言している。

私たちは新左派の「現代性」に対する批判のロジックがまたひとつここに表れていることを見てとることができよう。汪暉の目的は、欧米人のチベット人に対する同情やチベットの独立を支持する理由は、彼らの「オリエンタリズム幻影」に原因していることを証明することにある。これはまさに天才の「論証」で、チベット問題の核心が巧妙にすり替えられている。なにがチベット問題なのか。憲政自由主義者から見れば、中国現代のチベット問題はまず人権問題であり、これに対して中国の党国独裁体制は少数民族の真正の自治を受け入れることができず、少数民族（チベット民族を含む）の宗教の自由と文化の自由を意のままに剥奪している。これが問題の核心だろう。[36] 欧米媒体や欧米人のチベットに対する同情・声援は、まずもってこの通りである。ならば「オリエンタリズム幻影」は存在するのか。一部の欧米人の間にはおそらく存在するだろう。欧米は多元化社会で人々には各種各様の信仰があり、それはチベット仏教にも興味が及んでいる。ダライ・ラマ本人の欧米における影響力は大きく関係もきわめて良好だが、そのことは欧米人が「宗教神秘主義」（この要因は存在するが主要な要素ではない）に対して熱心になる理由とは言えず、人々はむしろダライ・ラマが弱小民族を代表して独裁強権に対抗する伝記的経歴に共感しているのだ。チベット問題が中国ではきわめて敏感な問題であることは認めるべきで、筆者が最終的に社会科学院を解雇されたのもチベット問題に関する発言が原因だった。この意味で汪暉は核心に触れる勇気がなく、欧米メディアが「民主と人権の角度から中国政治に批判を加えている」ことには著作の中で本心を隠し、曖昧にして取り上げようとしないことはよく理解できるのである。汪暉はこの種の批判（これは党国政府を不快にし、場合によっては「政治規律」に違反する）を称賛したがらず、また反駁（一見「批判的インテリ」を装う国際イメージに悪影響を与える）も加えたがらないが、これはまさに「偽自由」学者のなれの果ての姿なのである。しかし汪暉は別の「理論」を捏造して、欧米人が「シャングリラ物語」、あるいは「神秘主義」精神を希求する必要からチベット人の叫びに立ち上がり支援する姿勢を、悪毒の如くに意地悪く証明している。なぜならばその理論は、国際社会がチベット人に声援を送る初志と真実を完全に歪曲しているからである。

それでは、汪暉本人は「中国の民族問題の根源」をどのように診断しているのだろうか。少し立ち入って検討してみることにしよう。

汪暉はまず、「〈チベット独立〉に熱心なのは少数の内外精鋭」で、「ラサ〈三・一四〉事件が政治的な陰謀で深刻な社会的背景はないと考えるなら、間違った判断を招くだろう」と指摘している。つづいて「筆者の皮相な観察によれば、以下の三つの相互に関連し絡み合った変遷が、現今のチベット問題を理解する鍵となる。第一に、社会主義時期の階級政治は徹底的に後退して社会関係が根本から再編され、早期の民族地区における自治の実施条件に重大な転変が発生したこと。第二に、市場関係が全面的に浸透して人口構成に変化が生じ、収入と教育格差が拡大したこと。第三に、民族文化が危機に直面して宗教が復興し、寺廟や僧侶の規模が急激に拡大したこと、などだ。これらすべての事象は中国経済の高度成長と深刻な社会分化という時代的な背景のもとで発生した。筆者はそれらを〈脱政治化〉と〈市場の拡張〉が文化危機および宗教の拡張と同時進行するプロセスと概括する」としている。(37)

「脱政治化」について私たちにはすでに新鮮味はないが、汪暉はきっと、かつて「人民主権」が存在し、現在は不幸にも「喪失」していることを肯定するにちがいない。チベットに関して言えば、汪暉は往時の「民主改革」が二つの原則、すなわち平等政治と政教分離の原則を確立し、「農奴の解放」はまさに「政治の合法性の基礎」だったと主張するだろう。(38) 汪暉は党国政権の「生まれ変わった農奴が解放を勝ち得た」とするイデオロギー的解釈を完全に受け入れるにちがいない。しかしその間の歴史について、自由主義の解釈はまったく異なるのである。前世紀五〇年代から六〇年代におけるチベットの「民主改革」は時代背景から言えばやはり毛沢東が推し進めたユートピア的な社会改造プロセスの一部分であり、それは「生まれ変わった農奴」を「主人」としたが、実際には新たな党権体制下の臣民にされたにすぎない。そしてそのプロセスには大規模な虐殺がともなったことを汪暉は熟知しながら、言及することを意識的に避けている。たとえば一九五九年に発生したチベット反乱の背景と、一九五〇年代における東部チベットの土地改革およびそれがチベット地区に与えた影響が密接に関係していることを認めているが、それについては如何なる議論もしたことがなく、「一面ではチベット上層の統治階級が恐怖を感じ、また別の一面ではチベットの解放と変革がわき起こった」と語っているにすぎない。これは当然のことながら政権が著す「正史」と変わらない赤裸々な粉飾と自己弁護の言葉である。しかし大量の研究がすでに証明しているように、一九五〇年代における東部チベットの「民主改革」には虐殺の歴史が充満しており、たとえ改革者の初志がどうであれ、それがチベットに巨大な災難をもたらしたことは間違いない。[39]

「市場拡張」について汪暉は「現代の〈チベット問題〉は中国が市場化改革を実施してグローバル経済に溶け込む背景の下で発生したと述べ、「平等原則」と「政教分離原則」の「変異と転化もまさにこのプロセスの産物」[40]と断言している。この論証はやはり「グローバル化」と「現代性批判」というあの古くさいロジックの範囲内で進められており、経済領域について言えばチベットの「発展主義」は実際には主に計画経済的な特徴を帯びた国を挙げての「チベット支援」と関連しているのであって、「グローバル化」と関係しているなどということではない。さらに思いがけないのは、汪暉のチベット「文化危機」や「宗教拡張」についての分析で、「市場化プロセスが国家と公民の間の距離を拡大し、各社会領域への宗教の浸透が可能性を提供し、チベット社会は三〇年前と比べていっそう宗教社会、すなわち市場とグローバル化の条件下に建設された宗教社会に近づいた。現代の条件下で宗教体系にはグローバル化、市場化、世俗化のパワーが浸透し、その機能にも重要な変化が生まれ、チベット仏教は日増しにチベット社会とチベット人のアイデンティティを繫ぐ主要な根拠になりつつある」[41]としていることだ。

これはまったくお話しにならない論証である。チベット社会はひとつの「宗教社会」ではないと言うのだろうか。過去数百年間、チベット仏教は「チベット社会とチベット人のアイデンティティを繫ぐ主要な根拠」ではなかったとでも強弁するのか。毛沢東時代にチベット文化の主要な特徴が強制的に剥奪（当然、これは汪暉の眼には成果と映る）されたと言うなら、改革開放以来のチベット人の宗教生活の部分回復は正常ではなかったのか。さらに重要なのは、この部分回復が前世紀八〇年代に胡耀邦ら中共の開明的な指導者が文革の過ちを修正した結果であり、「市場化プロセスが国家と公民の間の距離を拡大した」などということとは完全に無関係（汪暉の想像力はここに至って荒唐無稽の段階に達している）だということである。またこの部分回復は事実上ごく短い期間であり、一九八九年に発令されたラサの戒厳令と六四後に全国を襲った政治の冬の到来にともない、チベット地区の短かった宗教緩和も句読点を打たれたのである。「浸透」について言えば、最近二〇年来、けっして「グローバル化、市場化、世俗化のパワー」がチベット仏教を浸食した（この類いの問題はチベット以外の地域でも深刻である）などということではなく、党国政権が「分裂に対抗」する必要からチベット地区の寺院に全方位的な制限と「浸透」を加え、同時にチベットの「文化保護」を表面的に取り繕っただけで、これに対して憲政自由主義者は党国統治者がチベット人の宗教の自由を無視していると批判するようになった。ところが汪暉は「正しい政治」を維持するために「浸透」や制限に対して固く口を閉ざし、あの表面的に取り繕っただけのチベットの「世俗化プロセス」を「宗教拡張」の証拠としたのである。このような汪暉の態度に対して、本当に解っていないのか、それとも解らない素振りをしているのか、と問いたい。

結局、汪暉の問題はけっして観察が「皮相」なのではなく、立論の前提が根本的に誤っているのである。汪暉は一面では毛沢東の年代が「普遍の身分を創造」した時代だったと仮定したかと思えば、今日ではそれを「民族的で宗教的な政治」に譲っている。また別の一面ではこの「民族的で宗教的な政治」を完全に歪曲し、誤って解読し、頑にグローバル化のロジックを弄び、党国絶対政権のロジックに対してはこれをひたすら恐れて逃げまわっている。これがすなわちこの新左派がチベット問題で曝け出したすべての智慧なのである。ここまで判ってくると、汪暉が文中で行ったあの呼びかけ、すなわち諸兄が異なる民族のインテリ間で「平等な対話」を行いたいのなら、公共メディアを通じてチベット人インテリたちの三・一四事件にたいする見方や声を聴く必要があるなど(42)

は、退屈なこと甚だしい。このような「対話」や「討論」を党国政府が許可するわけがないことを北京に暮らす汪暉は知らない筈がなく、こんな提案をするのは無駄話と奇矯以外にどんな意義があるというのだ。おそらく中国を知らない外国人の眼を眩ますのが関の山だろう。チベット問題は複雑・深刻で歴史の張力に満ち、この領域で発言する勇気のある学者や研究者はもとより多くない。汪暉は、発言してこの結果である。まことに嘆かわしい。

7　批判精神に背をむけた中国新左派

欧米の新左翼はその批判精神で有名だが、中国の新左派は根本のところで批判精神に背をむけている。汪暉はその中の一人にすぎない。汪暉のあたかも奥深い分析と「批判」は、中国問題の実質を過去において歪曲したか、あるいは現在も歪曲している。

数年前(二〇一三年夏)のインタビューで、汪暉は現在進行中の憲政と反憲政論戦を批判し、この論戦は「漠然」としていると次のように語った。

新自由派とよばれる人たちは、憲政改革をかまびすしく称え、政治体制改革全体の改変を目指している。しかし「憲政改革」は憲法から変える(掲載誌『観察者』のネット上における訳注は「憲法自体から出発すべき」となっている)ことを意味している。もしも憲法を拒否するところからスタートすればこれは革命を意味し、現在、このような革命のために提供できる社会的な基礎はない。憲法の根本的な保障は共産党が執政党であることに存し、これは大きな問題ではない。なぜなら、みな共産党に代わり得る別の政治勢力が存在しないことを知っているからである。あれらの極右翼でさえこの点はわかっているのだ。また、憲法を認めるならば、それは私たちの国がいま社会主義国家であり、プロレタリアートが指導階級であることを意味している。それゆえ私が問いたいのは、プロレタリアートの中国における政治的地位はいったいどのような状況にあるのかということなのである。(43)

これは紛れもない誠実な述懐であり、新左派の汪暉はもっとも核心的な問題で自覚的に「党」との一体感を持っているということを説明している。汪暉はまた欧米メディアが「習慣的に〈独裁国家〉とか〈国家資本主義〉などという言葉を使って中国を描写している」と批判し、欧米の読者に「その他の政治形式を理解する」のは「挑戦的」なことなのだと注意を喚起している。(44)六四から四半世紀を経た汪暉はすでにあの熱血青年ではなく、熟練し、中国で政治的隠喩に満ちた学術の舞台を泳いでいる。このインタビューの最後で汪暉は六四について語り、「八九運動のとき広場に掲げられたスローガンを覚えている。当時あそこで絶食抗議活動の初期段階にゴルバチョフが訪中した際、私たちが打ち出したスローガンは〈我々は五八を欲し、八五は要らない〉だった。なぜなら、当時ゴルバチョフは五十八歳で、鄧小平は八十五歳だったからだ。当時、八十五歳だった鄧小平は五十八歳のゴルバチョフよりも少しだけ聡明だったようだが、これはパロディにすぎない(45)」と述懐している。

この種の述懐は当然に「批判」とは無関係で、十分すぎるほどの「おべんちゃら」である。汪暉が海外で発表する文章は国内で発表するものとは異なり、「批判精神」に満ちたものが多いらしい。ほんとうにそうだとしたら、批判精神を放棄しただけではなく徹底した功利と計略に満ちている。筆者は善意ではない言葉を使ってこの校友を貶したくないが、どうしても次の一句を発せずにはいられない。汪暉の長年のライバルで自由主義学者の徐友漁が北京の警察当局に拘束されて赤味を帯びた独裁の鉄拳を浴びたとき、この中国の新左派は国際的な学術賞の受賞の喜びに浸り、講演に東奔西走し、インタビューの愉悦の中にいた。学術であろうが政治であろうが、これこそがまさにパロディというものである。

注

（1）汪暉「当代中国的思想状況和現代性問題」『天涯』一九九五年第五期。ネット上に多数の転載がある。同（村田雄二郎・砂山幸雄・小野寺四郎訳）『思想空間としての現代中国』岩波書店、二〇〇六年。

（2）同。

（3）同。

（4）同。

（5）張博樹『現代性与制度現代化』上海・学林出版社、一九九八年。この主題についてさらに詳細に紹介、分析している。本書は一九九一年に完成した博士論文も収録した。題名は「現代性及其超越——哈貝馬斯研究」で、このフランクフルト学派思想家のモダニティ批判理論を全面的に扱っている。

（6）同「也談商品生産与道徳進歩」『哲学研究』一九八六年一一期。

（7）同『経済行為与人——経済改革的哲学思考』貴州人民出版社、一九八八年。本書第五章の標題は「両難処境」で、〈改革与矛盾〉、〈宏控与微活〉、〈経済与倫理〉、〈発展与平衡〉の四節からなる。本書は現代文明が包含する謬論について、現代的な意義において科学は近代工業文明の産物であり、後者は同時に商品経済の揺籃から成長してきたことを発見した。それは価値関係であり、車輪を交換して物質文明を前進させた。また、人類の精神領域における全面的な混乱を招いた。道徳発展の二律背反は生産力の向上にともない、精神の浄化ばかりではない。まさに反対で、人類の貪欲はすべてのプロセスの発展を促す内在力である。人、企業、グループ、国家を問わず、その最終的な決定の基礎（経済開発面の決定だけでなく科学利用方面の決定も含む）は一個人の利に対する精細な考慮である。経済と倫理の衝突は一般的な意味での個人から言えば正しく、世界の進歩から見てもまた正しいのである（本書一五四—一五五頁を参照）。

（8）前掲「当代中国的思想状況和現代性問題」。

（9）同。

（10）「凡人の弁髪」はエンゲルスが『フォイエルバッハ論』でヘーゲルの形而上学の哲学体系と弁証法の矛盾、

すなわち利己的、妥協的な傾向を批判する言葉として使用された。近代以前における中国知識人の「軟弱」を意味している。

（11）汪暉「自主与開放的弁証法——中国崛起的経験及其面臨的挑戦」。

（12）同。

（13）同。

（14）汪暉「〈後政党政治〉与中国的未来選択」。

（15）同。

（16）張博樹『従五四到六四——二〇世紀中国専制主義批判』第一巻、香港・晨鐘書局、二〇〇八年、一九七頁。

（17）同。

（18）汪暉は『〈後政党政治〉与中国的未来選択』で、「政治的な階級概念、あるいは領導としての階級概念は社会や職業階層としての階級とは必ずしも同等ではない。すなわち領導の根本的な含意はこの資本主義的なロジックを改変する駆動力にある」としている。これは汪暉が「階級」概念が「階層」概念に向かって滑ることに反対していることを証明するものであり、汪暉自身は「前衛党」概念を指向している。自由主義から見れば、マルクス主義のコンテクストにおける「階級」概念とレーニン主義の「前衛党」概念は独裁主義概念を招来するもので、これに対してマックス・ウェーバーの「階層」概念（職業階層概念）からは現代民主政治の自由主義分析を引き出すことができる。

（19）前掲「〈後政党政治〉与中国的未来選択」。

（20）同。

（21）前掲「自主与開放的弁証法——中国崛起的経験及其面臨的挑戦」。

（22）前掲「〈後政党政治〉与中国的未来選択」。

（23）同。

（24）一九五三年北京生れ。中国人民大学党史系卒業。中国人民大学教員、中国社会科学院近代史研究所研究員などを経て、現在、北京大学歴史系教授、上海の華東師範大学特別招聘教授。中国共産党史の研究を専門とする。

（25）楊奎松「也談〈去政治化〉問題」『共識網』二〇一四年一月十九日。

（26）前掲「〈後政党政治〉与中国的未来選択」。

（27）前掲「自主与開放的弁証法――中国崛起的経験及其面臨的挑戦」。
（28）同。
（29）前掲「〈後政党政治〉与中国的未来選択」。
（30）同。
（31）同。
（32）同。
（33）汪暉『東西之間的「西藏問題」』北京三聯書店、二〇一一年、四―五頁。汪暉著（石井剛・羽根次郎訳）『世界史のなかの中国　文革・琉球・チベット』青土社、二〇一一年。
（34）同、二一一頁。
（35）同、二二三、二二五、三二一頁。
（36）この問題については、張博樹『中国民主転型中的西藏問題』香港溯源書社、二〇一四年に詳しい。
（37）前掲『東西之間的「西藏問題」』一〇二―一〇三頁。
（38）同、一一二頁。
（39）この間の歴史については、チベット問題研究者の『当鉄鳥在天空飛翔　一九五六―一九六二　青藏高原上的秘密戦争』台北聯経出版公司、二〇一二年に詳しい。前掲拙著『中国民主転型中的西藏問題』でも詳しく分析した。
（40）前掲『東西之間的「西藏問題」』一一三頁。
（41）同。
（42）同。
（43）汪暉「中国、新的平等観与当今世界」『愛思想』ＨＰ、二〇一三年七月八日。
（44）同。
（45）同。

中国的文脈におけるリベラリズム——潜在力と苦境

劉 擎
李妍淑訳

本稿は、中国的文脈におけるリベラリズムの潜在力と苦境についての検討である。それは弁護的な論証であるとともに、反省的かつ批判的な論述でもある。現下で流行しているリベラリズムの論述とは異なり、筆者は普遍的なヒューマニティまたは文明を予定しているのではなく、リベラリズム思想における望ましさ（desirability）と実現可能性（feasibility）が中国的文脈の下で内在的に発展し、歴史的実践により形成された「社会的想像」であることの論証を試みる。また、リベラリズム、儒家学説および社会主義論述の間で関連する論争を通じて、中国的文脈におけるリベラリズムの苦境について、反省すべき点を提起する。

われわれは激動の時代に身を置きながら、様々な重大かつ複雑な理論的問題に直面している。現代中国がおかれている状況を、いかに認識するべきか。未来の発展の行方を、いかに探るべきか。こうした問題に対して、中国の思想界では相互に競合する様々な観点が形成されており、その観点はそれぞれに異なった思想伝統に由来している。現下、もっとも影響力のある思想潮流は、（広義での）社会主義、リベラリズム、儒家学説の三つである。特定の思想伝統と思想設計は、中国の発展において望ましさと実現可能性を有するが、なぜ有するのかということについて、各思想それぞれは、将来を見据えた論争の中でその理由を提示し論証するべきだし、しなければならない。

本稿は、中国的文脈におけるリベラリズムの潜在力と苦境について検討する。それは、ある種の弁護的な論証であるとともに、反省的かつ批判的な論述でもある。現下で流行しているリベラリズムの論述とは異なり、本稿は基本的に、普遍的なヒューマニティまたは文明を予定しているのではなく、またリベラリズムが基本的なヒューマニティと普遍的な文明に合致することにより有する優越性をも仮定しない。というのも、普遍主義的な論述は、理論的には形而上学の複雑な論争（この点は本稿では棚上げにする）と関わり、実践的にはしばしば中国の知識と思想に対する西洋覇権主義から生まれた産物として観念されるからである。本稿は、ある特定バージョンのリベラリズムの弁護を試み、リベラリズムの望ましさと実現可能性が決して「歴史的終結」という目的論に由来するものでもなければ、外部（いわゆる西洋モデル）からの圧力によるものでもないことを示したうえで、それは最終的には中国自身のニーズに基づき中国の歴史的発展により形成された現代社会の文化的文脈に由来するものであることを論証する。それとともに、本稿は、リベラリズムが中国的文脈のなかで直面する困難について反省するものでもある。要するに、本稿の主眼は、中国のリベラリズムに関する具体的な理論原則と主張を考察するのではなく（これに関連することは確かだが）、リベラリズム思想と現代中国の文化的背景の間の関係性を明らかにし、中国のリベラリズムの魅力およびその直面している困難についての考察を加えたうえで、将来的な発展の可能性についての初歩的な考え方を示すことにある。

1　批判的文脈主義からみる中国的伝統

リベラリズムは、しばしば外来の「西洋思想」としてとらえられ、中国の伝統と現実との関連性がそれほど自明なわけではない。そのため、ここではまず外来思想と中国的文脈との関係性について整理しておきたい。われわれは、広義の文脈主義（contextualism）の主張に賛同し、思想の論述とその社会的文脈との相互関係について、可能な限り高度なセンシティビティと関心をもちつづけている。中国研究の分野において、学者も基本的に文脈論の主張（すなわち、「外来思想の観念を、中国文化の背景のなかに位置付けて考えるべきである」）を受け入れている。これは一般的な意味においては正しいことであり、中国の歴史的伝統と土着文化に対するセンシティブな意識を表している。ところが、現下で流行している多くの文脈主義研究は、しばしば理論上の盲点――往々にして「外来思想」と「中国的背景」の間に、ある種の固定的かつ明確な境界線が予め設定される――の制約を受けている。研究者は、しばしば「移植」というメタファーを借りて中国文化に対する外来思想の影響を異国からきた植物に例え、そしてそれが当該地域の土壌で生き延びるかどうかは当該地域の土壌の条件に順応できるかどうかにより決まるという。しかし、こうした文脈主義的理解は、文化的実践の部分的真理しかとらえていない。ここで無視された他方の真理とは、「外来思想」と「中国的背景」の間の境界線は決して固定的なものでもなく、明白かつ自明的なものでもないことである。それは、外来思想は土着文化と融合し中国文化の背景を変える可能性があり、しかも背景それ自体の一部分にもなり得るからである。もし「移植」というメタファーを借りるなら、異国からきた植物はその栄枯盛衰に関係なく、いずれ当該地域の土壌の条件を変える可能性が十分あるといえる。それは過去の移植の失敗ないし成功によって未来の「移植」する植物の運命が決まるわけではない、ということを意味する。

そのため、文化的実践を理解するには、より反省的意識の強い文脈主義の視角が必要であり、それを「批判的文脈主義」(critical contextualism)と呼ぶことができる。[1] このような視角からみれば、文化的伝統は決して永久不変の本質を有しておらず、いかなる文化であれ「中核と周縁」、「統一と多様」、「内部と外部」、「継続と断絶」など内面的緊張関係を含んでいる。これらの緊張関係は、文化の変遷を推し進める原動力になり得るとともに、文化的伝統がある特定の条件の下では困難と危機に陥る原因にもなり得る。現代中国研究に限っていえば、批判的文脈主義は中国文化に対する還元主義(reductionism)的な理論的判断にとりわけ反対する。すなわち、中国文化を伝統的文化に還元し、伝統的文化を儒家文化に還元し、儒家文化を儒家の権威あるテキストに還元することを以て、中国土着の文脈の特質を定義しようとする。こうした文化的背景に対する還元主義的理解は、依然として「文脈主義」という名を冠しているとはいえ、中国的文脈に対するセンシティビティを失い、往々にして「伝統と近代」および「中国と西洋」という二元的対立、またはある種の本質主義的な「中華的」神話(the myth of Chineseness)に陥ってしまう。したがって、還元主義的理解は、文化的実践における内面的緊張関係およびその複雑性を弁証可能な方法で把握することもできなければ、土着の文脈と外来思想との間の相互構築関係を適切に処理することもできない。

この意味では、中国の伝統的文化の独自性への重視は、必ずしも現代中国の文化的文脈を適切に理解できるとは限らない。清朝末期のいわゆる「三千年未曾有の大変動」は、中国において「超－文明」（trans-civilizations）レベルの歴史的変革が起きることを予め示している。その後の一世紀において、西洋発祥の少なくとも二種類――マルクス主義（社会主義）とリベラリズム――の思想は、いずれも中国文化に大きな衝撃と変革を与えてきた。前者は、新中国成立後の公式の政治的イデオロギーとなり、後者は改革開放（ポスト毛沢東）時代の経済、社会および政治に重要な影響を及ぼした。だが、社会主義的実践が、計画経済を築き上げ、単位制度を作り、「文化大革命」を経験したにもかかわらず、中国の文化的背景を変えていないとは考えにくい。同様に、現代中国人――幼少期から学校で西洋の科学技術を習い、外国語勉強のために投入する時間とエネルギーは中国古文と古典文化の勉強よりはるかに多く、しかも西洋の小説、映画および音楽が主流となる流行文化の中で成長している――が西洋文化の影響から免れているとも考えにくい。もし、百年前に、われわれが「内外の区別」――中国的伝統と土着的実践とは何かおよび外来理念と導入の実践とは何か――を容易に識別できたなら、今日において、このような「超－文明」はすでに「内外の混交と融合」の文化的構造を形成したであろう。

今日の中国は、政治的イデオロギー、文化的価値観念、社会制度の設計、経済的生産様式、公共的メディアと通信、ひいては飲食と起居という日常生活様式など、あらゆる側面において、すでにいわゆる「西洋」の世界と複雑な関係で絡み合い、結ばれている。さらに、われわれは、現代文化における西洋的要素と中国的要素を理論的にしか（中国文化の歴史的変遷に対する考察を通じて）見分けることができるにすぎず、文化的実践において、西洋はすでに中国のなかに内面化されている。言い換えれば、今日の中国は複雑な歴史的発展の産物であるということになる。すなわち、中国の古代と近現代に由来する文化的要素、および西洋に由来する多様な思想理念は、いずれも「共時的」にわれわれの文化的実践の地平線を構成し、中国人の自己理解のための「構成的な」(constitutive)部分を成している。しかし、強く指摘しておかなければならないのは、こうしたことが決して伝統文化と現代中国が無関係であることを意味するわけではないし、現代中国が伝統文化に継続的影響力(往々にして秘密で重要な)を二度と有しないことを意味するものでもない、ということである。批判的文脈主義のポイントは、膠着状態にある「中国」と「西洋」という二元的対立の枠組みがすでにその現実的経験基盤を失い、有効な解釈力も失っていることを強調する点である。現代中国の文化的文脈における特殊性と複雑性を探るにあたっては、必ずセンシティブかつ適切に「土着と外来」、「継続と断絶」および「思想と実践」の間の弁証可能な関係を処理しなければならない。そのためには、こうしたセンシティビティと適切さに順応できる解釈枠組を取り入れなければならない。

ここで、「社会的想像」(social imaginary)という概念は、文化的実践およびその変化を把握できる有効な解釈枠組を形成するのに役に立つ。チャールズ・テイラー(Charles Taylor)の解釈によれば、社会的想像は、「いずれにせよ複雑に入り組んだものである。われわれがごく当たり前の事柄として互いに求める期待、われわれが集合して社会生活を営むのを可能にするような共通理解、こういったものが社会的想像には組み込まれている。共同の慣行を遂行しながら全員で協調する方法について、何らかの感覚が社会的想像には含まれているわけである。こうした共通理解は事実に即したものであると同時に規範的なものでもある。つまり、物事は普通ならばこう進むはずだという感覚がわれわれには備わっているが、しかしこれは物事がどうあるべきかという観念、どんな過失が慣行を無効にしてしまうのかという観念と、きわめて密接に絡み合っているのだ(2)」。したがって、社会的想像は、

「人々がみずからの社会的存在方法、他人と調和的に共存できる方法……およびこれら予期の背後に潜んでいる、より深層的な規範的意識と展望を想像するものである」。テイラーはさらに、社会的想像は思想家の理論と異なっていて、両者には三つの重要な区別があると解する。第一に、社会的想像は、理論的な言葉で表現されず、イメージや物語および伝承のなかに示されているものであり、日常生活の「原始状態」的な特徴をもつ。第二に、理論は少数のエリートのみ所有しているのに対して、社会的想像は大衆によって広く共有されている。第三に、社会的想像は、ある種の「共通理解」であり、「それは共通実践および広く共有される正統性の感覚を可能にする」。だが、思想家の理論と社会的想像との間には重要な関連性もある。通常、「当初はごく少数の人の唱える理論でしかなかったものが、おそらくはエリート層から始まって次第に社会全体まで拡がってゆき、社会的想像にいつのまにか浸透するようになる(3)」。

社会的想像という概念は、思想理念と社会的実践の間の相互作用関係を重視するよう示唆する。ある特定の思想がもたらす、文化的実践に対する有効な影響は、その理論の有効性と同様であるとは限らない。言い換えれば、哲学において弁護可能ないかなる思想も、そのすべてが広範な共通理解になるとは限らない。ある特定の思想が大衆にまで浸透し拡散していくには、社会的実践の条件の制約を受けるであろう。そして、それがその他新旧思想との競争のなかで新たな社会的想像へと転換し得るかどうかは、その思想自体の理論的価値とロジックとが一致するかどうかにかかっているのみならず、人々の生活実践のために有効な認識方法と意義を提供できるかどうかにもかかっており、大衆が自己とその立場を十分に理解できる（make sense of）ようにし、彼らが生活世界の価値的意義を獲得できるようにサポートする必要がある。たとえば、人類史上、二種類の異なる時間に関する考え方が現れたことがある。すなわち、それは循環的時間観と単線発展的時間観であるが、その考え方自体についていえば、両者は哲学的意義において優劣の区別はまったくない。しかし、近代的発展のなかで、単線発展的時間観が循環的時間観に取って代わり、人々（中国人を含む）の社会的想像の中へ入りこんだ。それは、後者の方がより効果的に現代社会の構造と条件に対応可能で、近代的条件の下にある社会的実践とその実践における慣例の予見性を認識し解釈するよう、人々をサポートできるからである。

社会的想像という概念を用いて、外来思想が中国文化の近代的変化に与えた影響を考察することによって、われわれは新たな視点を獲得することが可能になる。そしてそれにより、われわれは各種の競合的思想観念に対する評価原則を確立し、その文化的実践の望ましさと実現可能性を判断するのに活用する。第一に、外来思想は、中国に古くから存在する社会的想像に危機的状況が生じた際にはじめて深遠なる影響を及ぼす可能性があるにすぎず、さもなければ、せいぜい理論的学説にしかならず、少数のエリートの趣味に留まってしまうであろう。第二に、危機的状況であっても、文化的伝統は有力な自我調整――たとえば自己の伝統の中にある周縁と中核の関係に対する再調整、または外来思想を部分的に吸収し調整する方法――を通じて社会的想像を再構築できるが、その際外来思想が土着の伝統に実質的な改造をもたらすとは限らない（中国に仏教が導入された後の宋明理学の発展状況はまさにその一例である）。第三に、文化的伝統が自己調整し難い状況の下にあるとしても、外来思想が土着思想に取って代わるような結果は必ずしも生じるとは限らず、様々な（新しいもの、古いもの、外来の、土着の）思想は往々にして共時的な競争関係にある。しかもそれらの思想は競合することで衝突したり交流したりするが、そうすることによって、新たな社会的想像の下で支配的地位を獲得する思想はその本来の姿をほとんど失われてしまう可能性もある。第四に、社会的想像の変化の中で、ある特定の思想がその実践において相対的優勢を取得できるのは、既存の社会的想像の危機に対応可能かどうか、また人々の生活実践のために新たな代替可能（既存の支配的思想が提供不可能な）かつ有効な認知方法と意味的ナビゲーションを提供できるかどうかにかかっている。これは、実現可能性の基準であるとともに、望ましさの評価でもある。(4)

批判的文脈主義の視野は、文化的本質主義とラディカル構築主義という二つの極端な思想を乗り越え、中国の文化的伝統を様々な緊張関係における——中核と周縁、統一と多様、内部と外部、継続と断絶を含む——弁証的相互作用の実践的発展として理解する。中国の社会的想像の近代的転換は、まさにこのような実践的発展の現れであり、その転換過程の中でリベラリズムは、外部から内部へ、周縁から中核へ、エリート主義思想から大衆的イデオロギーへという変遷プロセスを経験したのである。

2　中国の近代的計画としてのリベラリズムの潜在力と優位性

二十世紀前半において、中国では既に明確な輪郭と自覚を備えたリベラリズムに関する記述が現れており、それらは主に厳復と胡適といったインテリゲンチャの思想においてみられる。彼らが問題視したのは、中国の近代的発展が直面した苦境に関する問題ではあるが、彼らのリベラリズムに対する理解と記述も中国伝統的思想の影響を（自覚的にまたは無自覚的に）受けていた。しかし、全体的にみると、当時のリベラリズム思想は依然として中国の伝統にもとる「外来思想」としてみなされていて、しかもその影響力も主にエリート集団に止まっており、社会的想像の次元にまで突き抜け、拡散していくことはなかった。中華人民共和国の建国後の三〇年間において、「リベラリズム」は一貫してマイナスのものとしてとらえられ、その思想は抑圧と批判の対象とされてきた。「文革」が幕を下ろした後、ごく短期間の間に社会には政治的自由や民主的表現が現れたが、まもなく「粛正」された。ここ二〇年位、リベラリズムはようやく大衆の社会的想像の側面にまで浸透し、定着していくローカル化の発展段階に入ったといえる。それは改革と開放により新たな社会的実践の環境が作られ、人々の自己理解も新たに構築されたからである。またそれによって、リベラリズムの核心的理念と基本原則が、エリートの理論的言説の空間から飛び出ることにより公的領域に入り、社会の大衆にまで突き抜け拡散し、徐々に中国人の社会的想像の構成部分をなすようになったのである。

こうしたプロセスを通じて、われわれはリベラリズムのローカル化に有利な要素を三つほど分けて考えることができる。すなわち、平等主義の価値訴求、自己理解の個人主義化、生の設計と信念の多元化である。これら三つの要素は、中国の近代的発展において特に際立っていて、しかも逆転し難い趨勢でもある。そしてリベラリズムの理論は、これら三つの要素を同時に満足させる形で、理念と実践の相互作用関係を作り、変化に直面する人々のために認知の枠組みと意味理解の資源を提供することができる。したがって、リベラリズム思想は社会的想像の近代的転換を促すとともに、こうした転換の結果にもなることについて弁証可能な方法で理解される。また新たな社会的想像は、中国的リベラリズムの定着の基盤を構成するとともに、リベラリズムが魅力と影響力をもつ所以にもなっている。

まず、平等主義の理想は、中国におけるこの一世紀の歴史的発展過程において一貫して存在していた。すなわち、辛亥革命、新文化運動、共産主義革命、社会主義建設および最近三〇年の改革開放の実践を通じて、平等主義はすでにわれわれの文化的背景の中に蓄積されており、最終的には社会的想像における紛れもない核心的価値となるであろう。平等主義は、価値的信念として人間に生来の上下・優劣の区別はなく、同等の生命的価値と道徳的価値をもち、機会均等（教育、健康、就業および政治参加の機会を含む）が与えられるべきであり、また、人間は、その民族、本籍、性別および家庭の地位の違いに由来する差別を受けるべきではないとする。平等主義と中国の儒家的伝統との関係には、互いに許し合い通じる一面もあれば、緊張し衝突する一面もある。しかし、なにより、近代の普遍的な形で現れた平等主義は中国の人々の心の中に深く入り込み、すでに近代中国人の核心的価値となっている。また、平等主義は、政治的に伝統を拒否する神権・王権政治として記述され、「人民主権」を以て政治的正統性の基本原則にすることを求めるが、民主的政体の形式としては多くの異なる選択肢がありうるとする。さらに、平等主義がリベラリズムへと直接リンクするわけではないが、近代政治のリベラリズムとは内在的な親密関係を有するという。

次に、「自我」という概念は、コミュニティ本位のそれから徐々に個人本位のそれへと転換を遂げている。中国の近代化プロセスは社会構造の激変を経験したわけだが、それに伴い自己（自我）理解も近代的変化を遂げた。伝統社会における個人は、有機的共同体の中に埋め込まれたうえで（embedding）、コミュニティにおける人間関係を自己理解の核心的な要素としている。世界各地の近代化プロセスに普遍的にみられた大規模の工業化、都市化、商業化は、より多くの人々に伝統的な有機的共同体からの脱埋め込み（disembedding）をもたらしたが、次第に人々を近代的制度構造の中へと再帰的に埋め込んでもいく。こうしたプロセスが、近代的個人本位の自己（自我）理解（individual-based self-understanding）を形成している。[5] 西洋と比較してみると、中国のこうした「脱埋め込み／再帰的埋め込み」のプロセスは、独自の特徴を有している。新中国成立以来、最初の三〇年間で、国家主導の近代化は工業化を主に進めたが、それによって既存の市民社会も瓦解してしまった。都市人口は単位制度により再び集団の中に埋め込まれるが、農村人口はとくに大規模な流動はなく、既存の宗族構成員は地元の人民公社制度の中へ埋め込まれていった。[6] こうしたみえない「個人化」プロセスにおいて、新しい集団主義アイデンティティは徐々に伝統の宗族共同体主義アイデンティティを代替しまたは覆い隠し、結局個人本位の自己理解が形成されることはなかった。直近三〇数年間に及ぶ改革開放は、大規模な都市化と商業化を引き起こし、大量の人口の地理的空間と社会階層間の流動をもたらした。市場経済モデルの拡大は労働力の市場化、財産と生産手段の私有化および人間関係の契約化を促進し、個人は契約関係における権利能力者となり、責任者となった。これらの変化は、相当程度において既存のコミュニティアイデンティティと集団的アイデンティティを瓦解させ、個人主義志向の自己理解を形成させた(7)。個人主義の思想は、現代中国の社会的想像の中において益々重要な要素となりつつある。ここ三〇年、新しく出現した社会的語彙に、納税者、会社法人、株式保有者、区分所有者、自動車の所有者、プライバシー権、物権などがあり、いずれも個人主義の観点から人々の社会的認識が新たに再編されていることを表わしていて、個人と国家、個人と社会との関係(事実的なものと規範的なもの)に対する人々の理解をも変えつつある。個人主義は社会的な事実を認識する概念であるとともに、人間がいかに行動すべきかを定める規範的な概念でもある。また個人主義はリベラリズム思想における重要な前提の一つでもある。

さらに、改革開放以来、メディアの商業化が進んだことによって、公的領域において高度に多様化した文化が現れたが、そうした文化は、平等主義と個人主義の傾向を強化しただけではなく、個人のライフスタイルとその背後にある価値観を選択するにあたってより多様な可能性と資源を提供してきた。とりわけ、インターネット時代においては、基本的な教育レベルに達した人間がおかれる情報環境は、ローカルなものではなく、グローバルなものになった。ことの善し悪しにかかわらず、中国人は生の設計、信仰と政治的イデオロギーの側面における差異と相違を益々顕著に表わすようになり、そのことを以て多元主義がすでに中国社会の既成事実となっており、中国人の社会的認知における共有知識として構成されるようになった。ただ、多元主義的な事実があるということは、価値多元主義と異なる。多元主義的事実を認知することは、多様性に対する珍しさがなくなり、異なる考え方を不可思議なものとしてみなくなった表れでもある。ところが、こうした知識を有することが必ずしも価値多元化の傾向を肯定し賛同することになるとは限らない。ただ、賛同するかどうかにかかわらず、現代中国人の社会的想像は多元主義的事実という共通の社会知識をすでに受け入れている。それは、人々が自分と異なるライフスタイル、理想およびイデオロギーを有する「他者」——仏教徒、儒家信徒、キリスト教徒、毛沢東支持派、共産主義者、リベラリスト、愛国主義者、中華文明優越論者、中国国民劣等論者、親西洋論者、反西洋論者、環境保護主義者、動物愛護主義者、フェミニスト、同性愛者、独身主義者、ベジタリアンなど枚挙にいとまがない——にいつ遭遇しても不思議に思わなくなったことを意味する。もっとも重要なのは、多元主義的事実は改革開放以前に互いのことを「同志」と呼び合っていたきわめて同質化された社会がすでに存在しなくなっている、ということを意味する点である。したがって、「同志」本来の呼称機能は完全に消滅したか、姿を消しつつあり、中国社会も徐々に多元化された異質的な共同体へと変わりつつある。もちろん、中国人は依然として自己の文化的伝統の影響の下で生きている。だが、われわれを形作る伝統は単一なものではなく多様なものであり、そこには少なくとも数千年の中国の伝統的文化（とくに儒家伝統）、「五四」以来の新文化、新中国の社会主義的伝統、改革開放以来の社会的実践が含まれている。これら四つの伝統は、いずれも人々の価値と信仰の形成に影響を及ぼしている。しかし、特定の集団あるいは個人にとって、これらの伝統がもつ影響力は必ずしも同様であるとは限らず、場合によっては異なることで、信仰とイデオロギーにおける多様性を形成し、差異と相違も目立つようになってくる。こうして多元化された情勢は、道徳的生と政治的生に対する厳しい挑みとなるが、多元主義社会の問題への対応は、まさに近代的リベラリズムの得意分野といってよい。

上述した通り、平等主義、個人主義と多元主義は、現代中国社会における基本的な特徴である。これら三つの重要な社会的趨勢に対していかに効率よく解釈または対応できるかは、ある種の評価と検査の基準となり、様々な中国近代的計画に関連する思想的論述の相対的優位性を判断するのに用いられる。既存の主流の近代論における伝統的な社会主義的計画は、原則的に平等主義の訴えを満たすことができるとされているが、そのためにはリベラリズム的な修正をする必要があり、さもなければ、逆戻りのできない個人化と多元化の趨勢に対応することはできなくなる。現代における儒家思想の復興は依然として展開プロセスの只中にある。数十年来、「心性儒学」の発展は著しいが、ただ内面的超越［内聖］に長けているものの、外面的権力［外王］をおろそかにする傾向があるため、近代社会に応じた政治的基本原則を提供することができないでいる。またごく最近から流行し始めた「政治儒学」にはいくつかの異なる方向性がみられる。復古派が志向する政治儒学は、依然として近代的特徴を中国的伝統の外部にある、自己とは異なる要素として「再び削除」(undo)可能なものであるとみなし、中国の社会的想像の大きな変化および巨大なコントロールパワーをほぼ無視している。[8]「儒家的社会主義」の構想は、伝統的社会主義と同様、個人化と多元化の挑戦に対峙することができない。「儒家的リベラリズム」のプログラムはポテンシャルのある選択肢になるかもしれないが、依然として儒家とリベラリズムとの間の核心的原則をめぐる緊張関係を処理する必要がある。もし、儒家がモダニティに対して過度に妥協したり「調和」したりすると、儒家の独特な倫理的精髄は失われる可能性がある。逆に、儒家文化の全体的保全に固執すると、近代的平等主義、個人主義および多元主義の要求に対抗したり、それらを改造したり受容したりすることができなくなるかもしれない。中国の近代的転換は、「超-文明」的な変遷として基本的な「地平枠組み」(宇宙観、自然観、時間観、文明観、人間観などを含む)の変化をもたらした。そのため、絡み合っていて単純ではない地平と基準の中に、すでに現代中国人はおかれており、既存の地平枠組みは、もはや説得力と動員力とを失ってしまっている。そして、これこそが儒家の近代的復興の直面している根本的な難題である。

社会政治の基本原則に限っていえば、リベラリズムは他の思想に比べてより平等主義、個人主義および多元主義の要求と制約を同時に満たすことができるため、望ましさと実現可能性のある中国的な近代的規範論を打ち出すことができる。リベラリズムは、「家族類似」的な思想伝統であり、様々な異なるバージョンの記述を有している。グレイ(John Gray)は、リベラリズム的伝統に共通する四つの基本的要素をまとめたことがある。すなわち、個人主義、平等主義、普遍主義および社会改良論(meliorism)である。[9]リベラリズムの決定的優位性は、多元的かつ多様な構造の中で公正な道徳的秩序と政治的秩序を構築できる点にある。多元主義的な現実からくる挑戦に直面した際に、リベラリズムはその多様性の消去を試みるのではなく、多様性との共存を求めるために人々の生の設計や信仰の面での「合理的な相違」を最大限に認め、その上である特定の政治共同体の基本的秩序を打ち立て、擁護しようとする。ドゥオーキン（Ronald Dworkin）は「等しい尊重と配慮」がリベラリズムの核心的原則であることを論証したが、これはロールズ（John Rawls）が主張する「平等な自由」およびラーモア（Charles Larmore）がいう「平等な尊重」とかなり似ている。またそのような特殊性は、伝統的社会主義よりも個人の自由を、文化保守主義よりも平等を、いっそう重視するだけではなく、より効率的に多元性からの挑戦に対して応えることができるとともに、様々な生の設計や宗教的信仰に対して最大限に平等に接することもできる。これは、しばしば政治的リベラリズムの「中立性原則」として（誤って）称される。人を困惑させるこの用語は、リベラリズムの自己矛盾を容易に疑わせる。すなわち、一方ではある種の価値（「平等な自由」）を公言し、他方では価値への不介入という中立性を主張する。しかし、こうした疑いは、実は中立性原則の正確な意味を完全に誤解していることによる。中立性は、ある種の政治的原則としてけっして価値不介入的なものではなく、それ自体が価値判断（value assertion）、つまり「平等な尊重」という価値を承認するため、明確な規範思想として他の政治道徳と区別されるし、競合する。いわゆる「中立性」とは、こうした政治道徳が特定の善に依存せず、様々な生活倫理に対して「等しい尊重と配慮」を最大限に維持することである。そのため、「中立性」は普遍的かつ正当な意味において最小限（最浅薄）の原則となり、様々な合理的かつ論争的な生の設計に対して「一視同仁」を保ち続ける。しかし、強制的な政治原則となると、道徳的要求はまた最高（最強度）の原則となり、「平等な尊重」と衝突する生の設計または信念は、政治領域において必ずその優先的地位を有する道徳原則に服さなければならない(10)。

平等主義、個人主義および多元主義により構成された近代の社会的想像において、個々の特定の集団または個人が「平等な尊重」を自己自身の最高の道徳原則にするとは必ずしも限らないが、社会的政治的領域においては、

「平等な尊重」をもっとも基本的な普遍的道徳原則とするよりほかになく、かつこれを以て政治共同体の根本規範は確立される。それ以外の社会的政治的構想は、いずれも社会的想像における核心的価値と衝突しうるし、望ましさと実現可能性に欠けることになる。これこそが、なぜ「平等主義的リベラリズム」(egalitarian liberalism)が社会的政治的計画として他の追随を許さないほどの優越性をもちうるのかという点についての理由である。こうした判断は、けっして中国的文脈から離脱したものや、中国のいわゆる「普遍的基準」の外部にあるものではなく、現代の「中国的特色」に対する基本的な認識および中国人自身の意思による価値訴求に由来するのである。

3 伝統の精神的遺物と中国的リベラリズムの苦境

現代中国の歴史的転換期において、リベラリズムは社会的実践の条件変化に効率よく対応できると思われる。リベラリズムは、近代的計画として、社会政治の基本的構造のために望ましさと実現可能性のある規範的原則を提供することができるし、競争ライバルとしての他の思想と比べてみても、著しく(潜在的)優位にある。したがって、リベラリズムの理念と原則は、今現在も中国に定着しつつあり、中国文化の外部から内部へ、周縁から中心へと徐々に歩を進め、中国人の社会的想像における重要な構成部分となりつつある。文化保守主義の立場からみれば、これはある種の「文化移植」のプロセスでもある。しかし、批判的文脈主義の視角において、人類文化の変遷には、もとより内部と外部との境界を再構築することが含まれている。しかも、中国におけるリベラリズムの定着は依然として未完で欠陥を含んでいることから、何らかの変化や逆戻りが起きる可能性も十分にありうる。それは、現代中国の文脈において、リベラリズムが多くの挑戦に直面しているからでもある。

まずは、社会政治の側面における挑戦がある。市場経済を目指した改革は、迅速かつ巨大な経済発展をもたらしたが、同時に貧富の格差、腐敗や環境汚染といった深刻な社会問題をも引き起こした。また、リベラリズムは中国における経済改革が依拠する理論的指針であるともされたことから、改革による負の効果はリベラリズムに対する抵抗や反発をもたらした。こうした苦境は、けっしてリベラリズムの理論自体によって引き起こされたのではなく、中国に特有の政治的状況における捻じ曲がったリベラリズム理解によって引き起こされた。国家主導の市場経済改革は、健全な法治と民主的監視システムが欠如している条件の下で、必ずや「権威主義的資本主義」という悪い結果をもたらすであろう。権威主義的資本主義はリベラリズム理論を用いて自己弁護をすることもできるが、それは選択的にリベラリズムを利用しようとするある種の戦略にすぎない。つまり、いわゆる「経済的リベラリズム」という部分論をリベラリズム全体の思想から切り離して自己のために利用しようとするにすぎない[11]。

「リベラルな平等原理」はリベラリズムにおける社会的政治的プログラムの「構成的原理」であると、ドゥオーキンは指摘するが、それはそれ自体にとっての価値（valued for their own sake）を有するからである。また資本主義市場経済は、その「派生的原理」――その構成的原理を実現するための手段として――にすぎず、戦略的価値（valued as strategies）しか有しない。リベラリズムは特定の状況の下では市場経済のプログラムを支持することもあるが、それは「利益原理」（市場は高い利益を創出するため）ではなく、「平等原理」に起因する。というのも、計画経済より市場経済の方が、多くの状況下において、多様な生の選択に対して平等に対処することができるからである。また「市場」が平等を脅かす場合、リベラリズムは市場に対して規約を用いて制限を加えることを主張し、ひいては「市場と社会主義」が結びついたある種の混合経済を支持することも可能である。リベラリズムの社会的政治的原理は、単一の発展主義的心理状態に反対し、生産手段の無制限な私有制に反対し、社会の公平や正義を顧みない放任主義的な資本主義に反対する[12]。したがって、現下の中国の改革は、リベラリズムの近代的計画を完全に具体化したものではなく、むしろ政治的民主主義、立憲的法治主義、言論の自由、公権力の監督、社会福祉と再分配など重要な原理的問題において、すべて近代的リベラリズムの基本的な主張にもとっている[13]。

言い換えれば、中国的改革におけるマイナスの効果は、リベラリズム理論の内在的苦境ではない。まさしく逆で、リベラリズムの社会的政治的原理を十分かつ全面的に実施することによって、改革に起因する弊害を最大限に緩和・克服することができる。したがって、中国のリベラリズムが社会政治の面で遭遇した挑戦とはまさに戦略をめぐる問題であり、戦略的な方法でそれに対処することができる（対処するしかない）。それは理論上の難題というよりも、実践上の難題であることは確かであり、有効な対応策も必然的に「中国的特色」を帯びるものとなるだろう。

リベラリズムが直面するもっとも厳しい試練は精神的側面の問題であり、それはリベラリズム理論の内在的欠陥につながっている。啓蒙的理性主義が主導する近代的リベラリズムは著しい世俗化の特徴をもっており、近代社会を完全に「脱魔術化された」（disenchanted）世界としてとらえ、近代人を伝統的魅惑から脱却した理性的主体としてとらえている。また、近代的リベラリズムは、人間の生と社会の倫理的意義、共同体への感情的依存、国家政治の神聖性、超越的な信仰と究極的なものへの配慮といったことについて、無関心であるかあったとしても発言が少なく、理性的反省や自主的選択といった手続的原則を提唱する以外、正面からそれらの実質的な部分について論じることはきわめて少ない。世俗化されたリベラリズムの視野においては、理性的反省によって説明できないすべての経験や願望——言葉で表現できない感情的体験であれ、現実の利益を超越した精神的訴求であれ——は、そのほとんどが「前近代（伝統）的精神の遺物」（traditional spiritual residua）と判断され、それらは公的領域から退け、個人の選択・決定であるべきだと考える。さもなければ、公共的精神は迷信と狂気に陥り、政治は危険な道に立たされるおそれがある。こうした特徴は、リベラリズムの興隆した歴史的背景（ヨーロッパの宗教紛争による痛ましい経験）と密接に関連していると同時に、近代社会における、多元的な異同が存する状況で特定の理論に拠ろうとした仕方（完全な学説を放棄し多元的な理想間の衝突に対処すること）とも関係がある。言い換えれば、リベラリズムが社会政治の基本的原理の面で理論的優位を獲得しえたのは、精神的世界に関する議論を回避することの代価としてであった、ということになる。したがって、近代的リベラリズムの理論は、超越的な感情や精神的な意味世界のために十分な居場所を設けられなかった。

ところが、ギアツ（Clifford Geertz）がいうように、「人間はみずから紡ぎ出した意味の網の目に支えられた動物である」[14]。人類にとっての生は、理性に基づく計算可能な利益で満足するような利益関係に関して、合理的な制度設計を行うことで満たされるわけではない。人類の社会生活では不可避的に感情や精神的意味を求められるが、このことは古代人がそうであったように近代人においても同様である。そしてそれは、人類学や存在論的意味における真理（真相）ともいえる。近代人は、「世界が脱魔術化された」からといって、二度と精神的魅力に魅了されないとか、吸い込まれることはない、などということはない。モダニティを、完全に理性によって主導された明晰な世界としてとらえるのは、リベラリズムによって単純化された誤解である。ウェーバーにおける「世界の脱魔術化」とは、「究極的で崇高な価値はすでに公共的な生から引退」させられることを指すが、それは必ずしもこれらの価値が重要ではなくなるとか、近代人がこれらの価値の追及をきっぱりと放棄するということを意味するわけではない。それは、これらの超越的な価値が「神秘的な生の超越的領域への後退、あるいは個人間において直接交わされる私人の友愛のなかへと入り込んでいった」にすぎない[15]。さらにウェーバーは、そうした崇高な価値はいずれ公共的な生へと戻る可能性があると推測し、さもなければ「神々の争い」という論題は言及に値しなくなるとする。

同様に、テイラーも鋭く指摘するように、近代文明を宗教的終結と同一視するのは誤解である。近代の世俗性と宗教との関係は、「神の死」をめぐる議論より遥かに複雑である。確かに、宗教はすでにあらゆる人々にとっての共有の世界観ではなくなり、宗教言語も社会共通の言語ではなくなった。しかし他方では、宗教を信奉することは依然として実現可能なライフスタイルであり、多くの人々にとってはきわめて重要なことである。したがって、いわゆる「世俗の時代」は信仰における高度な多元性を表し、異なる精神的伝統と倫理的原理が交じり合っている。正統派宗教は一つの極端を代表しているし、徹底的な唯物主義的無神論はもう一つの極端を占めている。それゆえ、「世俗の時代には精神分裂的な傾向をもち」、近代人はしばしば異なる価値観からの「プレッシャーの交錯」(cross pressure)を感じることであろう。[16]

生と政治の超越的訴求をすべて「前近代的魅惑」に帰すことによって、リベラリズム理論は近代に対する全面的かつ深淵な把握力を失い、「前近代(伝統)的精神の遺物」に真剣に対処できなくなっている。ここ三〇年来、西洋には「再魔術化」および「脱世俗化」をテーマとする議論が多くみられるが、それはまさに世俗化されたモダニティに対して行われた批判的反省でもある。[17] 近代の社会的想像にも依然として様々な感情と精神的次元が含まれている。すなわち、文化的アイデンティティの独自性、コミュニティへの帰属感、国家の神聖性および人間の本性などには、今でも意義があるわけだ。これらの次元において、リベラリズム思想は、西洋社会において絶え間なく疑義や批判に晒されており、現代中国の文脈においても特殊な試練に遭遇することになるだろう。

中国文化の伝統にはもしかすると西洋の意味での「宗教」がないのかもしれない。しかし、ある種の「枢軸文明」として独特な超越的精神——馮友蘭がいうところの「既世間爾出世」という「道徳境界」を超越した「天地境界」、杜維明がいうところの「内在的超越」(immanent transcendence)、余英時がいうところの「内向きの超越」(inward transcendence)など——を有している。こうした超越的精神およびその意味的主張は、中国の近代化プロセスにおいて世俗化による影響と挫折を受けているが、しかし完全に消失したわけではないことを示している。[18]

中国に独特の「春節大移動現象」はまさに典型的な例である。春節が訪れるたびに、その前後四〇日間において、延べ二十数億人の人口（異郷の地での労働者が流動人口のほとんどを占める）が短期間で移動することによって、深刻で異常なほどの交通負担をもたらしている。人々は帰郷の切符を購入するために連日連夜行列に並ぶことを惜しまず、混み合う列車での旅に耐えるのだが、そのすべては「実家に帰って年越しをする」ためである。もし、「実家に帰って年越しをする」ということについて「理性」的な解析を行えば、それは結局利益を満たすための活動にしかならない。すなわち、家族と団らんすること、友人に会うこと、飲食および娯楽などである。だが、「理性的計算」をすると、それがもたらした利益的満足は、春節大移動へ加わることによって生まれた巨大なコストを相殺できるほどのものではないことに気付く。なぜなら、家族団らんは春節の帰省ラッシュを避けて行うことができるし、グルメと娯楽は故郷でなくともその代わりを見つけることができるし、こうした利益的満足はより低いコストで十分に実現可能だからである。したがって、脱魔術化という視点からみれば、「春節大移動現象」はまったく不可思議なことであり、「非理性的な慣習」とみなすことができる。しかし、「実家に帰って年越しをする」ことは、けっしてその収益とコストを計算することができる孤立した項目として解析してはならず、それはある意味において文化の象徴的意義を実現する活動である。春節という特定の時期に、家族と団らんし、年越しをし、新年の挨拶をするなどの活動には、理性的計算ではなしえない倫理的意義が含まれている。すなわち、それは孝行（恩）を示す感謝の表現であり、肉親の情を温め直すことであり、家族の絆を補強すること……である。人々はこうした慣習・儀式においてアイデンティティ、未練と感情的配慮を体験し、こうした人倫の体験から天地万物の調和的秩序に対する体験へと昇華させる。それは狭義の利益的満足の問題なのではなく、中国人の「人が人である所以」に対する意味的追求であり、中国的伝統における固有のヒューマニティ（humanity）を表すものである。

「春節大移動現象」は、中国人の社会的想像がまさに「プレッシャーの交錯」という転換期におかれていることを表わしている。一方で、故郷を離れ出稼ぎに行く多数の人々がいなければ、「春節大移動現象」は発生し得ない。それは、近代的理性が理解する利益には強力な駆動力を有しており、「故郷を守る」（または親が生きている間は遠出しない）という伝統的な考え方が瓦解していることを意味する。しかし他方では、「実家に帰って年越しをする」という風習は長期間にわたって継続しており、それは中国的伝統のヒューマニティに対する訴求が、近代化によって完全に消滅したわけではないことを意味する。

リベラリズムは、どのようにしてこのような訴求に向き合うのだろうか。理論上、リベラリズムは中国の伝統的な人倫感情とヒューマニティ訴求を尊重している。しかし、こうした尊重は、しばしば冷淡な中立性として現れる。しかし、実践上、リベラリズムは個人を基本とする社会的ユニットを以て公平・正義の基準を確立し、それが推進する社会経済の制度設計は個人主義を目指しているため、家庭や集団を基礎とするライフスタイルにとっては不利であり、伝統的な倫理感情とヒューマニティ精神をも脅かすことになる。自己理解の個人化は、すでに現代中国人の社会的想像の中に入り込んだ（上述したように）が、とはいえ、それとともに、関係性のある自己理解および伝統的人倫感情と精神的訴求も依然として社会的想像の中で継続的に存在している。リベラリズムの中立性原則は、新旧混交した複雑な状況に対して均衡のとれた対処をすることが難しく、また伝統的訴求を吸収し融合する有効な方法も提示できなかったため、しばしば自己理解の分裂と衝突を引き起こし悪化させた。伝統的心情をもつ多くの中国人は、理性的にはリベラリズムの公平・正義原則を支持しても、感情的には深い喪失感に見舞われていることもある。なぜなら、彼らにとっては、重要で独特な倫理的価値が守られなかったことにより、喪失感の受け皿がなく結局自然に消滅するか静かに姿を消していくしかなかったからだ。したがって、どのように伝統の倫理的価値を大切にし、どのように伝統的精神がモダニティに向けた感情的障壁と抵抗に対処していくかは、リベラリズムが精神的意味のレベルにおいて遭遇する試練である。

同様に重要なのは、精神を超越しようとする追求が、個人や家庭という私的領域に限らず、公的な政治領域においても現れ、国家政治に対する聖なる期待としてしばしば表現されているということである。リベラリズムの理論は、完全にポジティブ志向な国家理論を持ち合わせているわけではないので、国家という問題において、内在的欠陥を有している。簡単にいえば、リベラリズムの思想伝統(自然状態学説、契約論と同意理論)においては、個が人類存在の根本であり、国家は「人間による創造物」(artificial creature)として派生的かつ道具的で、国家それ自体に内在的価値(intrinsic values)はなく、道具的価値しかもたないことから、超越的で聖なる価値とは程遠いのである。したがって、リベラリズムはとりわけ国家主義の学説(たとえば、ヘーゲルにとって、「国家とは倫理的理念の現実態であり」、「具体的自由の現実態であり」、「大地の上で歩く神である」)に反対する。ゆえに、リベラリズムの理論は、「国家に関する」もの(about the state)ではなく、[19]「国家に対峙する」(against the state)ものであり、国家を「必要悪」とみなし「夜警」的な「最小国家」を提唱する。もちろん、「リバタリアニズム」(libertarianism)と平等主義的リベラリズムの間においては、国家政治に対する理解として原理的区別や論争が存在する。また平等主義的リベラリズムの福祉国家理論において、国家はより積極的な介入機能を果たすことができるとはいえ、その介入は依然として道具的な意味が含まれている。

しかし、より広い視野からみれば、政治的神聖性は非常に普遍的かつ継続的な現象である。宗教や超越的なものに対する信仰は、政治に対してこれまで、そして今後も深い影響を与えるであろう。もちろん、「近代的」転換は確かに発生し、西洋においては「政教分離」として現れた。だが、リラ(Mark Lilla)の研究においても提示されているように、政教分離とは必ずしも普遍的かつ必然的な歴史的発展の結果ではなく、特殊かつ脆弱で不安定な近代西洋の成果である。すなわち、「神学的観念がいまだに人間の心を燃え上がらせていることをわれわれは不可解だと思うし、また社会を破壊に委ねてしまうメシア主義的な情念をいまだにかき立てていることが理解できない。こんなことはもはやありうるとは思わないし、人類は宗教的な問題を政治的な問題から分離することを学び、熱狂主義は死んだはずだとわれわれは前提してきた。だがわれわれは間違っていた。われわれこそ、あの脆弱なものの例外であった」。歴史的視点からみれば、「政治神学は政治思想の原初の様式」である。そして、政治哲学は、これまで政治神学を征服したことがない（また不可能である）。したがって、「大分離」は西洋の例外だけではなく、人類の歴史における例外でもある。政治神学は、永久不変の影響力と魅力とを有している[20]。実際、政教分離を遂げた西洋の近代政治においても、国家のために犠牲となり貢献するという種類の聖なる言説はまだ消えていない。カーン（Paul W. Kahn）は、最近の著書において、国家は（自由国家であっても）政治において暴力——革命形式で現れる内部的暴力であれ、戦争形式で現れる対外的暴力であれ——を行使することができる。ゆえに、政治的経験においては、必ずや「信念と犠牲に根差した要素」がある。「われわれは、こうした政治的レトリックを犠牲にすることが危険でかつ貶めであるとみなすが、その理由はそれが非理性的だからである。しかし、リベラリズムの理論だけに依拠すれば、国家こそ『理性的』な事業でなければならない」ことになる。そこで、「もし、われわれが現代のリベラリズム理論だけを以て政治を扱うと、政治的経験の本質を誤解するとともに、市民のその政治的アイデンティティにおいて（またそういったアイデンティティを通じて）実現される意義を誤解することになるだろう[21]」。国家は単なる理性的な制度設計として人々の福祉のためにサービスするだけではなく、国家は超越的な象徴的意義をも有し、人々の共同体帰属意識を満たし、人々に「ちっぽけで利己的な個人」を超越させ、崇高かつ永遠な事業と関係する「大文字の人間」に到達させる。こうした超越の中で、人々は生存意義の昇華を実現するわけである。

リベラリズムは、政治の超越的意義について消極的かつ冷淡な態度をとり、実質的で積極的議論よりも警戒的で消極的議論の方が多い。なぜなら、リベラリズムの伝統には、政治と宗教間の複雑な関係を描写できる適切な語彙が欠落しているからである。したがって、非西洋世界の信仰と政治の関係に対応できないのは言うまでない。中国的伝統の信仰は、西洋の宗教と異なるが、政治の超越的意義が欠落していない。伝統的な「天地君親師〔天地への感謝、君主への忠誠、親への孝行、恩師への尊敬を指す〕」と「君臣父子〔君臣や父子の間に存する礼として、忠誠や従属を徳とすること〕」などの思想は、単なる制度的構想だけではなく、意味的構造でもあり、そのうちの「天下国家」は超越的な神聖性を有している。「天下国家」に対する神聖な信仰も、また中国的伝統の超越的精神における訴求である。こうした聖なる信仰は、辛亥革命以来の百年間の歴史的発展において、表面上すでに姿を消したが、しかし実際には、それは徹底的に崩壊していたわけではなく、近代の様々な変わった形をとって現れている。すなわち、康有為《こうゆうい》〔一八五八―一九二七、清末民初にかけての思想家、政治家〕の「大同世界」、共産主義の新人と世界革命中心となる想像、現在においては各バージョンの民族主義と愛国主義などを挙げることができる。「大国勃興」、「中華民族の偉大なる復興」、「中国の世紀」など、これらのレトリックが掲げる理想は、近代の世俗的な意味での富と快楽だけではなく、国家と政治に関する神聖な信念であり、個人が政治の中で昇華するという精神的意味でもある。

中国のリベラリストは、「天下」と「国家」、「国家」と「政府」を必死に区別しようとするが、こうした分析努力は往々にして効果が上がらず、民族主義と愛国主義の「熱狂的な政治的情熱」を抑制することができないでいる。それは、政治的神聖性に対する訴えが現代中国において依然として粘り強く継続していて、こうした訴えは「政府」のような実体的な拠り所がなければ、国家や天下が内容のない象徴となり落ち着く場を失ってしまうことを示している。リベラリストが構想する自由民主国家とは、「納税者による委託を受けるもの」、「公的サービスを提供するもの」、「社会資源の再分配を主宰するもの」であるが、しかしこうした道具的で機能的な国家観において、政治的に神聖な価値（個人の国家に対する忠誠、団結、奉仕・犠牲）を受け入れ、実現するのは、きわめて難しい。許紀霖は、かつて自身の論文において、近年中国で流行している国家主義思潮の危険性について批判的に分析したことがある[22]。だが、熱狂的な民族主義に対する批判と同様、国家主義の危険性に対する警告効果は、依然として微々たるものである。もし、中国のリベラリストが「非理性的な政治的訴え」を党国の政治宣伝による誘惑や誤導であると主張し、政治の意義について全面的に理解できず、超越的精神が近代政治的生への影響を十分に解釈できず、政治の神聖な価値を実現するための積極的、有効的な代替物を見つけることができなかったら、「前近代（伝統）的精神の遺物」は、肉体と離脱しているが追い払うこともできない「幽霊」のように、絶えず付着し続けることができる「体」を探して復活する機会を狙うだろう。そして危険なイデオロギー――極端な民族主義、排外主義、国家主義とファシズム――は、いずれも幽霊の付着物となりうるのだ。

要するに、今日の中国において、伝統の倫理的感情と超越的精神はけっしてなくなったわけではなく、時には明確に、時にはぼんやりと存在し、変化に富む形で継続的に生き残っていて、巨大な力を発揮することもありうる。近代的条件下において、中国的伝統がもつ継続的な影響力について、これをいかに十分に理解し、いかに伝統的訴えというリベラリズムの近代的計画に対する不満、失望や抵抗に向かって有効な対応を真剣にしていくべきかは、まさに中国のリベラリズムが直面しているチャレンジングな試みである。

4　リベラリズムおよびその超越

西洋世界は、約五百年という歴史的経験を通じて、近代の社会的想像を形成するに至った。中国の社会的想像は依然として近代的転換の中に位置しており、必ずしも西洋と同様のルートを辿って発展を遂げるとは限らない。

グラムシはこう指摘する。すなわち、「批判的記述の出発点とは、あなたがいったい何者なのかということを自覚することであり、目録を残すことなく無数の痕跡を残したこれまでの歴史的プロセスの一つの産物として、あなたが『あなた自身を認識する』ということである。それゆえ、まずは、この目録を編纂することが急務なのだ」[23]。現代中国の社会的想像には、複雑な「歴史的痕跡」が積み残されており、様々な価値の分化と統合のプロセスが依然として展開されている。

すでに指摘した通り、平等主義の理想、個人化の自己理解およびそれが求める個人の自由、多元主義的事実が求める尊重、寛容と理性に基づいた対話精神は、優先順位が高く逆戻りできない価値的な訴えであり、リベラリズムはこれらの訴えに対応しうる巨大な思想的潜在力をもっていることから、社会政治の基本原理として明らかに優位性を有している。しかし、今日の中国人の社会的想像においても、一部の「前近代的」感情と精神的価値は完全に消失したわけではなく、絶えず様々な近代的変種の形で現れ、表現と満足を探し求めている。リベラリズムは、これらの超越的な精神的需要に対処するための十分な理論空間と有効な方法を提出しなかったが、このことこそ、中国のリベラリズムが直面している試練である。もっとも、リベラリズム主導の近代設計は、西洋においてさえ人々の満足を満たせていない。近代人の孤独感と虚無感、社会関係における疎遠と疎外、政治的社会的生における不公平、資本主義の悪性的な膨張と周期的な危機、国際関係における独断と覇権など、これらがリベラリズムを中国で実践しようとする際に疑問と抵抗をもたらした。

このような背景の下で、「オルタナティブな近代的」想像（比較的に温和な修正プログラムであれ、完全に代替的な近代設計であれ）や中国文化特殊論に対する主張は、いずれも一定の影響力をもつ。社会主義の提唱者は、中国社会主義革命と実践の正当性を堅持し、異なる形式の民主的構想を以て自由と平等という近代的政治要求を満たそうと試み、制度的イノベーションを以て多元化の趨勢に対応したり、または修正バージョンの「社会主義的新人」

を以て新たな文化的政治と精神的世界を形作ろうとしたりする。[24]現代儒家の復興は多様な形態で現れているが、そのいずれも中国が一つの文明形態という特殊性に立脚したものである。これまで理解されてきた文化的特殊性は、原則として、文化多元論の枠組みのなかに位置づけることができる。しかし、現下の社会主義または儒家が主張する文化的特殊性は、地方主義的な特殊性ではなく、ある種の優越的な普遍性から求められており、中国的特殊価値は特殊であるから望ましさがあるというのではなく、より普遍的な望ましさがあるからこそ特殊な意義を有するとされる。西洋の近代的苦境に対する批判に基づき、社会主義と儒家思想の提唱者は、中国がみずからの独特な文化的伝統の中からより優越的な普遍的文明を作り出すことができると信じている。そしてそれは、社会政治の設計における平等と公正という要求に対応できるだけではなく、同時に精神世界の要求にも満たすことができるし、したがって、より十分に、人生の理想、倫理的情緒、社会団結、政治的忠誠、道徳秩序および崇高な精神などの超越的意義を実現することができる、[25]と考えられている。

これらの思想的イノベーションの努力は、現在まさに展開の途上にあり、その潜在力はまだ十分に姿を現していない。これらに共通する特徴は、これまでの過激な反伝統的思潮に対する波及効果にある。「五四」以来の新文化的伝統は、新たな価値基準――進歩的、革命的、健康的、科学的――で中国の古い伝統――立ち遅れた、反動的、堕落した、愚かな――に反対しようとした。こうした過激な反伝統運動の伝統に対する理解が正確かつ公平妥当であるか否か、それ自身により確立した価値基準が信頼できるか否か、いずれも疑う余地のある問題である。だが、「五四」以来の新文化的伝統に対する批判をみれば、新たに中国文化特殊論に求める思想も今後多くの難題に直面するものと思われる。

第一に、儒家であれ社会主義であれ、中国の伝統的政治文化の衰退および毛沢東時代の社会主義的実践の苦境に対して、より説得力のある歴史的解釈を提示しなければならない。もし、中国独自の文化に文明形態の意味での優越性があるとするならば、われわれにはいかにその歴史的危機を解釈することができるだろうか。最近、多くの人が、中国の勃興という事実を独特な「中国モデル」として解釈しており、これもまた文化的特殊論が流行しはじめた背景にもなっている。しかし、社会と経済の実証的分析や検討によれば、中国の勃興とリベラリズムの近代設計との間には中国特殊の文化的伝統よりも密接な関連があるとされている(26)。仮にそうであるとすれば、現在の中国の勃興が進めば進むほど、社会的想像全体の転換は文化的特殊論の理想と乖離していく可能性がある。

第二に、多元主義という条件の下で、いかにして平等および個人の自由という価値を実現していくかは、依然として儒家と社会主義が直面する大きな課題である。今日の中国はすでに同質化された集団的アイデンティティを失っていて、かつてのように確固たる明確な「中国人」という統一的標準もなくなり、「われわれは誰なのか」、「われわれはいかに暮らしていくべきか」、「中国はどこへ向かうのか」などのような根本的な問題における模範解答が存在しなくなった。このことは重要な事実であり、根本的な困難にもなっている。そして、あらゆる中国の未来に関わる想像や計画は、これらの難題に立ち向かわなければならず、現代の儒家学説と伝統的な社会主義思想もある種の重要な選択に直面せざるをえない。つまり、基本的な社会的政治的原理においては、リベラリズムのように、異なる生の理念と信念における「合理的な相違」を事実的前提として受け入れ、またこれを出発点として論を展開していくのか、それともこれらの相違自体を受け入れ不可能な、かつ除去しなければならない「近代的疾病」としてみなすのか、が問題となっている。

当面の中国大陸において、一部の社会主義論者および儒家思想の信仰者にとっては、国家に道徳教化の機能を負わせ、「思想の統一」事業を推し進め、異端を排除することを通じて同質化された共同体を確立し、リベラリズムとは異なった制度設計の中で平等主義の理想を実現していくというのが、依然として実現可能かつ望ましい選択であるとみられている。彼らからすると、これはきわめて困難な事業ではあるが、最大の努力を尽くす価値のある事業である。とりわけ、様々な現象が多発している道徳的危機の時代において、こうした主張は相当の魅力をもっている。だが、価値的立場はともかく、実現可能性という側面からみれば、異端をいかに除去するかは重要な問題になる。説得、教育と改造は、果たして十分に効果が見込めるのだろうか。排除、抑圧と禁止が抵抗に遭うことはないのだろうか。暴力を必ず用いなければならないのだろうか。暴力の正当性と限度はどこにあるのだろうか。対価を惜しまずやらなければならないのだろうか。最終的には、誰が「異端」であるかを判断することが困難である。みずからの正統性を主張し異端を除去するものは、最終的にみずからが異端となり除去されるという血なまぐさい結末に至るということは、歴史的にみてそれほど稀なことではないであろう。

リベラリズムを選択することと多元的構造とは共存することが可能である。こうした選択は歴史的教訓と関係する。リベラリズムがヨーロッパで発祥した重要な原因の一つは、十六世紀の宗教戦争による災難である。二十世紀八〇年代以降の中国におけるリベラリズムの流行は、「文革」期における暴力的闘争への歴史的反省と密接に関わっている。これらの歴史的経験は、正統があれば必ず異端があり、もし正統派が独断的に統一的な信仰を以て社会政治の基本原理とすれば、往々にして巨大な人道的対価が支払わされることになることを示している。したがって、排除または除去の方式ではなく、寛容な方式で異端に対処し、異端と平和的に共存することこそが、望ましい社会政治のプランとなりうる。他方、道徳哲学においては、リベラリストは「平等な自由」と「人間は目的であって手段ではない」という信念にしたがい、他者に対して強制的な手段で「思想改造」プロジェクトを実施することを拒むが、その理由は、思想における強制という手段が、平等な自由というリベラリズムの重要な原理に反し、他者を目的ではなく手段として扱うからである。リベラリストは、異なる信念（ひいては敵対的な信念）をもつ者と平和的に共存しようとするし、またそれが可能であると信じており、すでに参照可能な実現する見込みのある制度的先例もある。

だが、リベラリズムのこれらの主張が、必ずしもライバルの思想を説得できるとは限らない。後者にとってみれば、多元主義を排斥し克服する努力は正当なことであり、それを「理性的ではない」「独断の専制」とみなすのは、リベラリストが抱く偏見にすぎない。公共の政治世界と個人の生の倫理世界を分離するのは受け入れられず、これ自体が文化的価値の完全性に反することになる。リベラリストが主張する「平和的共存」の理由も有効であるとはいえないが、それは、「平和」や「衝突と死亡に対する恐怖」が価値の中で比較的に優先的な地位をもつと仮定しなければならないからである。非リベラリストにとって、「多元主義」はまだ検証されていない、議論の余地のある価値観であり、価値多元論自体を信仰することが「独断的」である。本稿は、これらの議論について十分な評価をすることができないが、ただ、今日において異なる思想の主張にみられる食い違いを埋め合わせるということはきわめて困難だ、ということは述べておきたい。

他方、近年において、中国の未来発展のために共通認識を求める声はますます切実なものとなっている。必要性という側面からいえば、現代の儒家および社会主義者、リベラリストのいずれも中国の当面の発展状況において深刻な問題が存在していることに同意を示し、これらの問題に対処するための最低の共通項のあるプログラムを求めることを望み、さらに中国が完全たる共同体として存続するためには互いの差異と共存しなければならないことに気づいている。したがって、各種の「和爾不同」〔和して同ぜず〕、「兼容並蓄」〔多くの事柄を包括・包容する〕という調和的構想も次々と描き出されている。ある論者は、未来の発展は多種多様な伝統を融合し、社会主義、保守主義およびリベラリズムに結び付けなければならないと主張する。(27)

リベラリズムの核心的原則である「平等な自由」は、共通認識の基礎となることができるのだろうか。可能性についていえば、儒家思想、社会主義と近代的リベラリズムは、それぞれ平等に尊重する規範を支持する特定の価値的基礎をもっている。儒家の伝統には、豊富かつ複雑な道徳的思想を含んでおり、そこには平等、尊重および寛容に関する教義（たとえば、「仁義」と「恕道（思いやること）」）があれば、階級化の規則（たとえば、「君臣父子」の階級構造）と中立性に類似した原則（たとえば、「和爾不同」）もある。多くの学者は、儒家思想内部に潜在している、かつ近代的リベラリズムの平等・自由理念と同居できる要素、および儒家の伝統が近代的条件下において「創造的転化」を実現する可能性を探ることに力を尽くしている。[28]

社会主義思想は、当初から強烈な平等主義的志向を帯びていたが、伝統的社会主義の平等主義は「平等な尊重」をとくに強調せず、主に「階級差別を除去する」ことを理想としてきた。建国後の三〇年間、社会主義は平等を「内外有別」（内外に区別あり）として扱ってきた。すなわち、プロレタリアート内部においては平等、団結と友愛を主張し、その他の階級に対しては改造と闘争の原則を採用してきた。だが、社会主義の思想と実践は、価値規範としての「平等」を普及させ深めるのに多大な貢献をし、伝統社会における階級観念（たとえば、女性に対する差別）を打破するのに積極的な影響をもたらした。とりわけ、ポスト毛沢東時代において、「階級闘争」言説の撤廃後、平等原則は理論的にすべての市民に適用されるようになった。また、国家は全能主義的性質を変え、イデオロギーの統制領域を限定し、社会構成員に「個人の生の領域」をもたせることによって、相当な選択空間を獲得し、客観的により個人のライフスタイルの多様性・自由を尊重する方向へと進むようになった。

リベラリズムにとって、平等の尊重は近代的リベラリズムの核心であるが、この核心はみずからの世俗化と理性主義という限界を越え、情緒的配慮や精神的世界の側面において異なる思想的伝統に向けて開かなければならない。卓越主義的リベラリズム（perfectionist liberalism）の伝統と儒家による国家道徳の教化とは共通点があり、[29]ハーバーマスの提唱する「憲法パトリオティズム」（constitutional patriotism）もその過度に理性化された内面を改造することができるため、人々のみずからの文明的伝統と政治共同体に対する特殊依存と超越的訴求を同居させることができる。[30]リベラリストにとって重要なのは、社会的生においてであれ、個人の生においてであれ、ただリベラルだけでいいわけではないということ（nothing but liberal）を認識する必要がある。言い換えれば、リベラルだけでは不十分である。また、リベラリズムと競い合うその他の思想的流派にとっても、近代的条件についての根本的な改造を行わない限り、リベラリズム精神の欠如した社会的政治設計が、危険かつ脆弱なものであることを認識しなければならない。なぜなら、「平等主義」、「個人の自主性」と「多元的寛容と尊重」という「普遍的価値」は、すでに中国人自身が肯定する価値となっているし、近代中国の文化的背景の中に深く刻まれ、われわれの生活の地平線をなしつつあるからである。

付記　本稿と異なるバージョンを、カナダ・ブリティッシュコロンビア大学、香港中文大学、ノルウェー・ベルゲン大学で開催された学会で報告したことがある。その際に、示唆の富んだコメントを下さった多くの方々（とりわけ、慈継偉教授、周保松教授、謝世民教授、John Dunn 教授、Gunnar Skirbekk 教授およびThorvald Sirnes 教授）に感謝したい。本稿は、国家社会科学基金大型プロジェクト『わが国の現状における社会大衆の精神文化生活の調査研究』（プロジェクト番号：12&ZD012）のサブトピック『わが国の大衆精神文化に対する外来文化の影響と現状の趨勢』による成果である。

原注

（1）近年、「批判的文脈主義」という概念は、哲学、認知科学、人類学、心理学および教育学などの諸領域において使われており、それぞれ異なる意味が含まれている。政治思想史の分野において批判的文脈主義は、伝統的な文脈主義の方法論と規範性に対する反省および批判という意味を表している。Stephanie Lawson, "Political Studies and the Contextual Turn: A Methodological / Normative Critique," *Political Studies*, Vol. 56, 2008, pp. 584-603.

（2）Charles Taylor, *A Secular Age*, Cambridge, Massachusetts, and London: The Belknap Press of Harvard University Press, 2007, p. 172.

（3）Charles Taylor, *Modern Social Imaginaries*, Duke University Press, 2004, p. 2, pp. 23-24〔邦訳については、チャー

ルズ・テイラー『近代——想像された社会の系譜』上野成利訳、岩波書店、二〇一一年、三二頁を参照した〕.

（4）思想と社会的想像の「一致論」を望ましさの基準とすることについては、意見が対立している。だが、実際、この「一致論」は、哲学的意味において、実践的理性の価値に基づき望ましさの基準の必要性を推論することに対し肯定的であるが、純粋哲学における理性的反省は根本的な価値的根拠を成すのに不十分であると考えられている。したがって、たとえば理性と歴史の関係に価値基準を確立するにあたっては、歴史主義も道徳的リアリズムも予め設定されない。この点についての詳細な検討は、劉擎「国家中立性原則的道徳維度」『華東師範大学学報（哲学社会科学版）』二〇〇九年第二期を参照した。

（5）Ulrich Beck and Elisabeth Beck-Gernsheim, *Individualization: Institutionalized Individualism and its Social and Political Consequences*, London: SAGE Publications Ltd, 2002.

（6）曹錦清「宋以来郷村組織重建——歴史視角下的新農村建設」同『如何研究中国』上海人民出版社、二〇一〇年。

（7）Yunxiang Yan, *The Individualization of Chinese Society*, Oxford: Berg Publishers, 2009; and "The Chinese Path to Individualization," *The British Journal of Sociology*, 61（3）, 2010, pp. 489-512.

（8）蒋慶『政治儒学——当代儒学的転向、特質與発展』三聯書店、二〇〇三年。

（9）約翰・格雷（曹海軍＝劉訓練訳）『自由主義』吉林人民出版社、二〇〇五年の「導論」を参照。

（10）Ronald Dworkin, "Liberalism," *A Matter of Principle*, Cambridge, Massachusetts: Harvard University Press, 1985, chapter 8; Charles Larmore, "Political Liberalism," The *Morals of Modernity*, Cambridge University Press, 1996, chapter 6.

（11）姚中秋「中国自由主義二十年的頽勢」『二十一世紀（香港）』二〇一一年八月号、一五—二八頁。

（12）Ronald Dworkin, "Liberalism."

（13）周保松『自由人的平等政治』三聯書店、二〇一〇年の第一章、第二章を参照。

（14）克利福德・格爾茨（韓莉訳）『文化的解釈』訳林出版社、一九九九年、五頁。

（15）Max Weber, *Essays in Sociology*, tran. by H. H. Gerth and C. W. Mills, New York: Oxford University Press, 1958, p. 155.

（16）Charles Taylor, *A Secular Age*, pp. 390-391.

（17）例えば、Morris Berman, *The Reenchantment of the World*, Cornell University Press, 1981; Peter L. Berger（ed.）, *The Desecularization of the World: Resurgent Religion and World Politics*, the Ethics and Public Policy Centre and Wm. B. Eerdmans Publishing Co., 1999; James Elkins and David Morgan（eds.）, *Re-Enchantment*, Routledge, 2008.

(18) 童世駿『中西対話中的現代性問題』学林出版社、二〇一〇年の第八章「社会世俗化条件下当代中国人的精神生活」を参照。

(19) 威廉・馮・洪堡（林容遠訳）『論国家的作用』中国社会科学出版社、一九九八年。

(20) 馬克・里拉『夭折的上帝』新星出版社、二〇一〇年の「導論」部分を参照〔邦訳については、マーク・リラ（鈴木佳秀訳）『神と国家の政治哲学――政教分離をめぐる戦いの歴史』NTT出版、二〇一一年、三頁を参照した〕。

(21) Paul W. Kahn, *Political Theology: Four New Chapters on the Concept of Sovereignty*, New York: Columbia University Press, 2011, p. 25.

(22) 許紀霖「中国需要利維坦？――近十年来中国国家主義思潮之批判」『思想』第一八期、台北・聯経出版、二〇一一年。

(23) Antonio Gramsci, *Selections from the Prison Notebooks*, ed. and trans. by Quintin Hoare and Geoffrey N. Smith, New York: International Publishers, 1971, p. 324. サイードは、グラムシのこの名言の最後の一句が英訳されていないと指摘する。Edward Said, *Orientalism*, New York: Random House, 1978, p. 25.

(24) 王紹光『安邦之道――国家転型的目標與途径』三聯書店、二〇〇七年、張旭東『全球化時代的文化認同――西方普遍主義話語的歴史批判』北京大学出版社、二〇〇五年、劉小楓ほか「作為学術視角的社会主義新伝統」（談話参加者――張旭、曹錦清、洪濤、舒揚、蘆暉臨、応星など）『開放時代』二〇〇七年第一期。

(25) 陳明『儒者之維』北京大学出版社、二〇〇四年、盛洪『為万世開太平――一個経済学家対文明問題的思考』中国発展出版社、二〇一〇年、陳贇「天下思想與現代性的中国之路」『思想與文化（第八輯）』華東師範大学出版社、二〇〇八年。

(26) Yasheng Huang, *Capitalism with Chinese Characteristics: Entrepreneurship and the State*, Cambridge University Press, 2008、丁学良『辯論"中国模式"』社会科学文献出版社、二〇一一年。

(27) たとえば、もっとも注目を浴びているのは、甘陽による『通三統』三聯書店、二〇〇七年である。

(28) 哈佛燕京学社・三聯書店編『儒家與自由主義』三聯書店、二〇〇一年。

(29) 陳祖為は、その「正当性、全体一致與至善論」という論文において、リベラリズム国家の卓越主義の立場について有力な弁護を行っている。応奇編『自由主義中立性及其批評者』江蘇人民出版社、二〇〇八年、三六七―四〇五頁。

（30）「憲法パトリオティズム」に関する記述と論争については、Jan-Werner Müller, *Constitutional Patriotism*, Princeton University Press, 2007を参照。

初出

劉擎「中国語境下的自由主義——潜力與困境」『開放時代』二〇一三年第四期、一〇六—一二三頁。

最近十年間の中国における歴史主義的思潮

許紀霖
藤井嘉章訳
王前監訳

1　八〇年代の普遍理性から九〇年代の啓蒙の歴史化へ

黄河は一〇年で川筋の東西を変える。中国思想界の思潮変化はまさにこのような形容をするにふさわしい。世紀のかわる一〇年前、自由主義と新左派の大論戦が幕を下ろしてから間もなく、近代や自由、民主、公正といった問題群をめぐって、八〇年代の啓蒙陣営から分かれ出てきた二つの勢力が激しい論争を繰り広げた。二十一世紀に入ると、中国知識人の内部分裂は決定的となり、ダイアローグはモノローグへと変わり、皮肉が論争に取って代わった。二十一世紀最初の一〇年は、中国興隆の一〇年であった。二〇〇八年北京オリンピックと世界金融危機以降、中国の興隆は世界のだれもが認めざるを得ない事実となった。興隆した中国は、どこへ向かおうとしているのだろうか。世界の大国として、いかなる文明的価値を世界の人々に示すのだろうか。

新しい時代のもとで、対立していた中国知識人にさらなる思想的課題が生じた。中国発展の背後にある価値の正当性の問題である。三〇年来の改革開放を継続し、人類普遍の価値を守り、グローバルな文明の主流へと参入するのか、あるいは独自の中国的価値を模索し、世界に近代のオルタナティブを提供するのだろうか。ヴェールに覆われた「普遍価値論」と「中国特殊論」の論戦は、公の場で直接展開されることはなかったにせよ、およそ中国と関わるすべての問題の背後において、静かに火花を散らす両者のつばぜり合いを垣間見ることができる。様々な「中国的価値」「中国モデル」「中国の主体性」といったものが昨今の思想界の言説の背後で流行したが、そこには共通する理論的仮説がある。すなわち啓蒙思想に異を唱え、普遍理性に抵抗する歴史主義である。二十一世紀初頭、歴史主義的思潮は、怒号を立てて、その壮大な姿を現し、中国思想界において一世を風靡した。特殊と普遍とは相互に補完し合う言葉として用いられ、ヘーゲルにおける主人と奴隷の関係のように、相互を前提とする一種の弁証法的存在である。過去二〇〇〇年の古代史にあって、中国は常に世界の文明大国であり、東アジア地域における普遍的文明を代表していた。こうした中華思想に基づく中国中心主義の地位は、十九世紀半ばに覆され、ヨーロッパ文明が世界的覇権を獲得したことによって、中国は徐々に周縁化し、グローバルで普遍的な歴史の中の、特殊な一事例となったのである。清朝末期以降の数世代にわたる中国人の奮闘はおしなべて中国の国力増強を目指したものであり、西洋のような近代的な普遍的国家になることを目指していた。しかし、新中国の創建者であった毛沢東は西洋文明に対して並々ならぬ反抗心を抱いていた。毛の主導した非西洋的なモダニティの実験は、欧米の資本主義文明を転覆させ、さらにソ連という社会主義の正統とも袂を分かち、中国の特殊な歴史文化の伝統を継承しようとする試みであった。ポピュリズム的運動の常態化を通して、準宗教的革命精神を駆動力とすることで、国力増強と国民の均質化といった毛沢東流のモダニティの目標を実現しようとした。これは汪暉によって「反近代的モダニティ」と名付けられたが、そこで排除されたのは西洋的なモダニティであった。毛沢東流のモダニティは天下主義の自負を抱いており、全人類を救う共産主義の理想を志向し、中国独自の道を歩もうとするものであった。それは宇宙や自然、人類や民族の普遍的法則に関する大同的理念を内に含んでいたが、その酷薄なユートピア的実践が世俗化した時代の人間性と乖離していたために、維持することができなくなった。「文革」が終ると、鄧小平の指導のもと、中国は急速に世俗化の軌道へと回帰し、門戸を開放し、再び世界の一部となった。

思想史的意義に鑑みると、八〇年代は、一九七八年の改革開放の開始から、九〇年代初頭の世界の冷戦構造の終焉にまで及ぶ。八〇年代の時代的特徴はとりもなおさず五四運動期の第一次啓蒙思想に対する第二次啓蒙思想であり、共産主義の超越的世界から哲学的人間学としての意義を持つ普遍理性への回帰であり、中国的独自路線から西洋を中心とする普遍的歴史への回帰であった。八〇年代の中国は「中華民族の復興」を声高に叫んではいたけれども、真の出発点は民族や国家ではなく、「人間」であった。それは、具体的な人種や民族、国家の枠組みを超えた抽象的な「人間」である。毛沢東の「文革」は普遍的人間性に反する封建的専制であると理解された。それゆえ啓蒙思想が追求するのは、普遍的人間性に合致した普遍的近代であった。近代の正当性は、民族、国家の特殊な利益や歴史文化の伝統ではなく、人類の普遍的な法則に由来するのである。八〇年代において、世界の基準は民族の基準と一致しており、世界の現実は、中国の未来そのものであった。民族のあらゆる価値は世界の天秤にかけられなければならなかった。八〇年代にも愛国主義は存在したが、その背景にはコスモポリタンな意識があり、それゆえ中国の民族復興を実現するために最も重要なことは、グローバルな普遍的歴史へと向かうことであった。中国の特殊な歴史文化の伝統は、かえって負の遺産となり、普遍的歴史の過程へと向かうためには克服すべき対象となったのである。八〇年代の愛国主義者達に普遍的に見られる憂慮は、「中国の消滅」ではなく、「世界からの排除」であった。彼らの関心に共通するのは、いかに閉鎖から開放へと向かうかにあり、「黄河の育む大地」から「文明という大海」へと漕ぎ出ることであった。それゆえ八〇年代の啓蒙思想には、一種のゆるぎの無い、反省を伴わぬある二元論的なナラティヴが存在していた。中国と世界、伝統と現代、歴史と規範、特殊と普遍など、これらの二項対立的図式は実際のところ同一の二元論的ナラティヴのコインの表裏にすぎない。「中国」は閉鎖と後進とを、また近代化を阻害する特殊な伝統を象徴しており、一方「世界」は先進と未来とを、また普遍的価値と規範とを意味している。この「世界」とは倣うべき模範であり、それは西洋近代に他ならない。九〇年代初頭の冷戦構造の終結は、西洋モデルへの挑戦をほとんど不可能にした。李慎之《りしんし》[1]はかつて「世界の産業革命以来の二、三〇〇年にわたる試行錯誤や、中国の一〇〇有余年にわたる人類史上最大規模の実験を通じて、もはや自由主義が最上のものであり、最も普遍性を有する価値であることを証明する十分な理由が得られたのである」[1]と指摘したことがある。八〇年代は、楽観的な「歴史の終焉」が叫ばれる喝采の中で、その幕を下ろしたのである。

〝長かった〟八〇年代と比べて、九〇年代は相対的に〝短かった〟。その理由は、九〇年代という時期が様々な側面における過渡期、すなわち離合集散を繰り返し、様々なものが入り混じり、新たなスタートを切るといった過渡期の特徴を備えていたからである。八〇年代の啓蒙思想は言説における覇権を獲得した後に、その分裂への歩みを始めた。普遍理性を核心とする啓蒙陣営は、九〇年代半ばに深刻な分裂を経験した。自由主義と急進的左翼、ヒューマニズム的精神とマーケット至上主義、コスモポリタニズムとナショナリズムなど、本来一つの陣営内において対立していたものが、啓蒙の旗印のもとから脱皮して、独立して自ら一派をなし、九〇年代の激烈な思想的論戦を展開した。(2) いつも論戦を終えると、啓蒙主義が拠り所としていた思想や現実の根本が覆されていったのであった。

九〇年代において、啓蒙主義の普遍的な言説に対する挑戦は、まずは反西洋主義の出現から始まった。八〇年代の新啓蒙運動において、西洋は近代の世界的モデルであって、グローバルな普遍的歴史における最終地点の象徴であった。しかし、九〇年代半ばの啓蒙陣営の分裂に伴い、西洋という象徴的記号にも分裂が生じた。新たに起こった急進的左翼と極端な民族主義陣営において、西洋モデルは乗り越えるべき対象となったのである。張頤《ちょうい》武《ぶ》〔2〕や陳暁明《ちんぎょうめい》〔3〕は取り入れて間もないサイードのポストコロニアル理論を応用して、新たに五四運動以来の中国の啓蒙的言説の検討を行い、それらが西洋の「オリエンタリズム」の中国における表れであると断罪し、近代は中国において終息すると宣言し、西洋のモダニティに代わって本土意識を備えた「中華性」の必要性を主張した。崔之元《さいしげん》〔4〕、甘陽《かんよう》〔5〕らが代表する海外の新左派は、西洋の「分析的マルキシズム」や「批判法学」、「新進化論」を理論的支柱として、「第二次思想解放」を主張した。西洋への盲従から自由になり、中国における「新集団主義」など多様な制度の刷新を通して、資本主義と社会主義の双方を乗り越える中国的路線の実践を主張した。一九九六年、反西洋主義の思潮は、模倣品の『「NO」と言える中国』を生み出し、極端な民族主義者の西洋に対する敵意がまとめて吐き出された[3]。

西洋の日が地平線へと沈む頃、中国の月は背後の山から登りつつあった。八〇年代の思潮が、東洋との決別、西洋への志向であったというならば、九〇年代に中国が真に世界の一部となり、全面的に西洋を受け入れていた頃には、西洋はもはや理想的な普遍的価値を代表することはなくなっており、中国を抑圧するモンスターへと変貌していたのであった。西洋化から離れ、中国において歴史を発見し、知識や言説の中国化を目指すことが、知識人における新たな流行となった。たとえ自由主義者であっても、八〇年代の「伝統と近代」、「中国と西洋」といった二元論的ナラティヴに対しては再考が加えられ、そうして修正された二つの近代のナラティヴが生まれた。文化民族主義と保守自由主義である。

八〇年代の激しい反伝統に対する反動として、九〇年代初頭に出現した文化民族主義の思潮は、狭義では一種の文化保守主義であり、広義においては学術の広範な中国化への努力の表れであった。九〇年代の文化保守主義は、民国期の中国思想史における杜亜泉《どあせん》[6]、学衡派[7]や新儒家[8]への回帰を通して、中国西洋文化調和論の歴史的価値を再評価し、人類の普遍的な文明と儒教伝統との接続を試みた。過去の張君勱《ちょうくんばい》[9]、梁漱溟《りょうそうめい》[10]、熊十力《ゆうじゅうりき》[11]、牟宗三《ほうそうざん》[12]ら新儒家と同様に、九〇年代の文化保守主義も理論と制度を別のものと考え、制度上は啓蒙の基本的目標を肯定し、民主と科学が持つ価値の正当性を承認した。彼らの思考の力点は、いかに「老内聖」（儒家の理論）から「新外王」（民主と科学）を切り開くかにあった。伝統的な儒家思想はいかにして近代的な価値に適応し、かつそれを生み出すことができるのか。また広い意味で文化民族主義の追求するものは、西洋的な知識、言説の中国化であった。すなわち中国の「ローカルな知識」に鑑みて、外来の社会科学的知識の系譜を、中国的独自性を持った中国の言説にいかに転化させ得るのか、ということである。文化保守主義にしても、西洋知識の中国化にしても、それらの基本的な立場は依然としてコスモポリタン的であり、近代の価値が中国における普遍的正当性を認めているのであって、近代が中国にもたらされた後には、独自の在来の資源があるべきだと考えていたに過ぎなかった。九〇年代のこの種の温和な文化民族主義は、以下で述べることになる歴史主義とは異質のものであり、中国と西洋の対立によって自己の証明を行うのではなく、東西文明の調和を通じて中国的特色を持った近代的な普遍的文明を実現しようとしたのであった。

文化民族主義者は近代的な価値との融合を試みたが、自由主義者もまた自身の中国化の可能性を探求していた。劉軍寧《りゅうぐんねい》[13]は九〇年代にイギリス的保守自由主義の積極的な提唱者であったが、彼の憂慮したのは、西洋由来の自由主義的価値はいかにして中国において在来の資源を探り当てるのか、特に自由主義に比較的欠けている超越的な価値を探り当てるかにあった。劉は、仮に自由主義に在来の伝統における超越的な価値の支えが欠けていたとしたら、「普遍的価値およびその制度や担い手を、民衆が信仰のレベルで受け入れることはあり得ない」と考える。劉は中国の伝統としての、老子の「天道」と自由主義とを組合せ、世俗性を持った普遍的価値を中国化の超越的な本源とする、「天道自由主義」へと発展させた。(4) こうした自由主義の中国化は、上述の文化保守主義とは道は異なれど同じ場所へと至るものであった。自由主義が普遍的価値を核心に据えて、中国伝統の内部にそれと対応する資源を探究しながら、これらの資源はあくまでも手段としての価値でしかなかったのに対して、文化保守主義は儒学伝統の唯一無二の内在的価値を固持しながら、儒学の伝統と近代的な民主と科学が衝突しないことを証明しようとするという、わずかな相違があったに過ぎない。

八〇年代の改革は、いまだ表層的なものであったので、啓蒙はカント的な抽象理念であり、一種の理性的形而上学に過ぎなかった。啓蒙とは、「世界」の流れに合わせるためのもの、「脱中国化」という幻想を抱くためのもの、伝統がもたらした近代化への様々な障害を乗り越えるためのもの、に過ぎなかったのである。九〇年代の改革は困難な攻防戦へと突入し、啓蒙思想もまたそれに伴い形而上的世界から人間界へと舞い戻り、中国の具体的な歴史のコンテクストと現実の条件へと引き戻された。啓蒙思想は「再中国化」せざるを得ず、抽象的な価値規範から具体的な中国問題の研究へと還ってきた。他方、啓蒙思想が打ち立て得た普遍主義的哲学は、九〇年代に到り様々なポストモダン的思潮の強烈な攻撃に曝され、普遍主義的価値はその根本から揺らぎ、残されたものは相対主義と虚無主義といった精神の廃墟であった。普遍主義の失墜を埋め合わせるかのように、広大な空間が生まれ、「中国的価値」、「中国モデル」、「中国的主体性」といった各民族の本来性のナラティヴを語る動きが現れ始めた。九〇年代という短い過渡期を経て、二十一世紀初頭に、歴史主義思潮が中国の思想界に華々しく登場したのである。

2　普遍性への挑戦——歴史主義の勃興

歴史主義（historismus）思潮は、啓蒙運動に対する反動である。フリードリッヒ・マイネッケの古典的研究によれば、歴史主義はヨーロッパにおいては理性主義と同程度に長い歴史を持つが、思潮としては、十八世紀と十九世紀にまたがる時期のドイツに生まれ、個性と発展がその核心的な二つの概念であった(5)。古代ギリシアの自然権や、中世キリスト教の倫理観から直接的に世俗化へと至る啓蒙的理性は、歴史的価値が、それぞれ普遍的な自然、神の御心、人間性といったものの中にあり、その客観的な保証があると考えた。しかし、歴史主義は、歴史の背後には客観的法則や超越的な意志、あるいは普遍的な人間性などというものは存在しないのであり、歴史はただ個別的な様式で存在するに過ぎないと考える。そして国家は個性化の集合的な表れだと考えたのである。こういった世界観には、普遍的に有効ないかなる価値も、また歴史や文化を超越するいかなる普遍的秩序も存在しない。

あらゆる人々の価値は特定の歴史世界や文化、文明、民族精神といったものに帰属することになる。ある価値が正当なものであるか否かは、具体的な歴史文化の伝統の中に位置づけられ、ある特定の民族、国家の視点から判断することしかできない。ゲオルグ・イッガースが指摘するように、歴史主義を簡潔に表現すればその特徴は、「啓蒙運動の理性と人道主義的観念を拒絶し」、「人間の本性を認めず、ただ歴史のみがあると考える」点にある[6]。

中国は歴史主義の揺籃の地ではなかったが、他の非西洋国と同様に、啓蒙運動が吹き荒れた後に、普遍的理性に対する反動が生まれ、民族精神によって世界精神に対抗しようとする様々な歴史主義が発生した。九〇年代の文化保守主義は民族の歴史文化伝統を重んじたけれども、啓蒙の目指す普遍性に異議を唱えることはなく、むしろ儒学的文化と啓蒙的理想を接合しようとし、啓蒙的な普遍的価値のうちに中国の特殊な路線を探し求めようとした。しかし、二十一世紀初頭に至り、歴史主義は中国的伝統と普遍的価値を対立せしめた。抵抗を向ける対象は、もはや九〇年代的な反西洋主義が敵視した「現実の西洋」ではなく、「理念的な西洋」となった。すなわち啓蒙が代表する普遍的価値、「現実の西洋」に対する批判は、「理念的な西洋」に対する理論的抵抗にまで高まったのである。

ジェームス・シュミットは次のように指摘する。「啓蒙運動はヨーロッパにおける歴史的事件ではあるけれども、『啓蒙とは何か』という問いは、きわめてドイツ的な問題である[7]」。「啓蒙とは何か」とは後発国に普遍的に見られる焦燥感を反映しており、啓蒙を通じて自己の独自性を克服し、英仏のような普遍的国家へと変貌したいという欲求の現われである。普遍的国家が追求するものは民族的な本来性ではなく、民族を超越した普遍的人間性であり、当時カントのこの問題に対する古典的回答は、まさに哲学的人間学の意義の面からいう「自己の理性を公的に行使する勇気を持つこと」であった。しかし、「啓蒙とは何か」という問いは、中国に持ち込まれると、九〇年代のポストモダンの思想的洗礼を経て、二十一世紀初頭にはすでにカント的な規範性の定義から、フーコー的な、啓蒙的言説はいかに歴史的に構築されたのか、近代とはいかにヨーロッパの特殊的歴史から普遍的な神話となりえたのか、という問いへと姿を変えていた。

啓蒙的価値に対する批判は、まず西洋文明の普遍性の解体から始まった。張旭東《ちょうきょくとう》[14]はヘーゲルの弁証法を用いて、普遍性と特殊性に関する従来の理解を転倒させた。「普遍性とは特殊性の特殊な表現に過ぎず、特殊性の過剰な申し立てである……ヘーゲル的意味における弁証法的術語を用いれば、普遍性とは特殊性の自己意識であるが、その客観的真理ではない」。いわゆる普遍的文明とは、特殊文明の僭称にすぎず、特殊な文明において過度に肥大した自己意識であり、普遍的文明をヨーロッパの具体的歴史の文脈に戻せば、それは単なる西洋文明の特殊な表現であり、西洋文明が全世界的に拡大していた頃に人間によって作り出された歴史神話に過ぎないのである。「私有財産や主体性、法制、市民社会、公共空間、憲政国家といったものから、一歩一歩国際法へと至り、さらに世界史にまでおしすすめられる。そしてそこから反転して世界史という方法で、普遍性の名のもとに自らの特殊路線および特殊権益の正当化を弁護したのである」[8]。また張旭東は次のように注意を喚起する。「このような似非「普遍」の名のもとに、ある特殊な価値観がグローバル化の過程における文化的均質性や抑圧性を決定づけている」ことによって、現在の中国人は「今は普遍的なものがあり、文明の主流があるのだから、中国はそれに依拠して、適応すれば良い」と思い込まされているのだ、と。中国が普遍的価値に適応した後に得たものが「近代」だとしたら、その対価として支払ったものは、「中国」の喪失であった[9]。中国の歴史主義が批判する対象は、急進的な「普遍価値論」のみならず、折衷主義的な「中国西洋調和論」でもあった。九〇年代以来の文化保守主義は、中国独自の近代の追求を試みていたとはいえ、実際には、「西洋＝普遍性」、「中国＝特殊性」という二元論的立場を前提としており、中国独自の特殊主義を追求することと、西洋を中心とする普遍主義とは矛盾せず、むしろ相互に補完し合うものであると考えていた。酒井直樹はかつて、丸山眞男が西洋的普遍主義を基準として、日本の特殊路線を追求したことを批判し、後者の日本の特殊性は西洋の普遍性に対する抵抗を形成しなかったのみならず、西洋の中心的地位を強化さえしたと論じた。それは、西洋の普遍主義が、非西洋の様々な特殊主義に、「他者」として自己の唯一の主体性を認識するよう要請したからである。[10]

歴史主義は文化の文明に対する反撃である。十九世紀初頭に英仏の思想がドイツに広まった際、ドイツの知的エリートたちはドイツの文化をもってして、英仏の文明に対抗した。近世のドイツ語において、文明（Zivilisation）は全人類に共通する価値や本質を意味しており、文化（Kultur）は民族間の差異や種族の特性を強調する。文明の表現はあらゆる方面のものであり、物質や技術、制度、また宗教や哲学などでもあり得る。一方、文化は多かれ少なかれ、精神のあり方に関するものであり、それが示すのは抽象的な「人間」の存在価値ではなく、ある特定の民族や人種によって創造された価値である。[11]イッガースの指摘するように、「ドイツのKultur（文化）とアングロ・サクソンのZivilisation（文明）との間で展開する文化戦争——それはドイツのエリート達が、まさにそれによってドイツ民衆に対する自らの統治権を確立するイデオロギーであったが——において、ドイツの『一九一四年的観念』はフランスの『一七八九年的観念』とは全く異なるものであった」[12]。この「一九一四年的観念」とはすなわち、英仏の普遍的文明に抵抗するドイツの歴史主義文化である。レオ・シュトラウスは自らの古典主義的な視座から出発し、ドイツの歴史主義を価値に関する虚無主義と見なし、特殊な民族文化を賛美するために、人類の普遍的文明を斥けるものであると考えた。シュトラウスのいう文明とは、ヨーロッパ近代文明のみならず、自然権を基礎とした古代ギリシア文明をも指していた。文明とは人間をして人間たらしめる一種の人間的文化なのだ。文明には客観的な自然の基礎があり、それは発見されるものであって、創造されるものではない。一方、ドイツの虚無主義は近代に対してのものではなく、文明それ自体に対しての拒絶である。[13]文明は永遠の原則を持ち、全人類に帰属し、全世界がそれに従うものである。一方、文化とは歴史主義的なものであり、特定の民族や人種に属するに過ぎず、また時代の変遷に伴い変質する。文化の文明に対する抗争では、特殊性が普遍性に拮抗し、古今の普遍的文明に抵抗するために、民族文化はその本来性を固守するのである。

中国の歴史主義からすると、西洋の普遍的近代は、ヘーゲル流の歴史目的論的立場を前提としており、非西洋民族は伝統から近代への進歩の途上におり、西洋と同質化した普遍的国家となる、という近代世界の不可避的な宿命を背負わされる。汪暉は「『モダニティ』は一種の時間観念として、時代を区切ることで、その他の時間を近代の外部へと排除する。その意味で、『モダニティ』とは排他的な観念である。それは同じ時間、同じ空間で生活するその他のものを排除し、覇権的な階層構造を構成するのである」(14)と述べている。ヘーゲル流の歴史目的論は、伝統と近代、後進と先進の時間的序列を通して、世界史を統一的な終極点を持つ発展段階として整理する。いかなる民族の発展も最終的には、一つの共通した「神聖な時間」へと向かっており、それがすなわち、西洋的な近代に到達すると言うことである。こういった、西洋を唯一の規範とする近代は、それゆえ、発展可能性のオルタナティブを排除し、単一の覇権的階層構造を構成する。中国的特色をもった近代化路線を追求したとしても、西洋の普遍的な文明の手中から逃れることはできないのである。子安宣邦が近代日本の特殊路線に対して行った批判と同様に、これは「近代的思惟の内で近代を思考すること」に過ぎず、近代の超克を目指したにもかかわらず、最終的には西洋的な普遍主義の法則の中へと絡めとられてしまうのである(15)。

一体、いかにして文明の一元論的宿命に抗すべきなのか。歴史主義は西洋的普遍性への抵抗から出発し、人の生きる世界におけるあらゆる普遍性に対して抵抗する道へと向かった。客観的で永遠の価値が存在しないのならば、一切は歴史の変遷に応じて変化するのだから、唯一の真実の価値は、民族の本来性であり、整序化された民族精神ということになる。いわゆる普遍的近代は人間によって構成された虚構の神話であるのだから、非西洋民族にも「近代的思惟の外で近代を思考する」必然性がある。西洋的モダニティの外部に向かうこと、それこそ多元的モダニティである。汪暉は「いわゆる多元的モダニティとは、一方では近代のある種の不可避性と価値を受け入れながら、他方では異なる伝統や社会のもとで、かつて異なるモダニティのモデルが生まれたことを承認することである。それらが西洋近代と異なるという理由で、伝統という範疇に安易に押し込めることはできない[16]」と述べる。文明の一元論という近代の構想は、二十一世紀初頭に「時間化からの離脱」という巨大な変化を経験した。近代の太陽は、唯一のものではなく、複数存在する。様々な民族の近代化の路線には同等の価値と自主性としての意義があり、それ自体においては、より高次の価値基準というものは存在しない。中国の多元的モダニティの構想は明らかに日本や韓国の研究者による東アジアのモダニティ思想とその示唆を受けており、孫歌や汪暉、および中国で教えているダニエル・ベルという東アジアの歴史に通じた研究者たちは、モダニティ探求の視線を欧米から東アジアへと移した。彼らは、東アジアと中国の歴史研究を通じて、東アジアのモダニティは西洋の影響に端を発するのではなく、また西洋の歴史的起源とも異なっており、また東アジアが形成したモダニティのモデルは、西洋的普遍主義に対する挑戦という構成を取るのだと論じた。[17]普遍的近代という構想はそれゆえ、歴史化され、空間化されるのである。

啓蒙の理性は、人間性が客観的に実在し、世界には究極的な道徳的価値や普遍法則が存在すると信じる。しかし、歴史主義はそういった普遍的法則を嘲り笑うのであって、歴史主義者は、客観性の制限を超越した民族意志の想像力をこそ信じるのである。マイネッケが指摘するように、歴史主義の発生過程には、自然法観念との筆舌に尽くし難い苦しい抗争が孕まれていたのであり、歴史主義の誕生は形骸化した自然法観念や、至高の人間的理念、人間性の均一性に対する信念の打破による成果であって、さらには生命の流動性をその内へと注ぎ込んだのであった。[18]普遍的人間性が存在しない以上、民族意志に優る普遍的法則は存在しない。それゆえ、それぞれの民族が自身の歴史文化の伝統に則って、民族個性の意志を余すところなく発揮し、民族的法則のオルタナティブを自由に創造することができる。人類文明とは異なり、民族文化とは、人間性のうちに発見しようとする客観的存在ではなく、自由意思による選択と創造なのである。民族文化の内在的性質は多元的かつ差異的なのであって、単一的でも普遍的でもないのである。

このように独自性と意志を信奉する歴史主義は、中国思想史の内に、それと対応する唯意志論の伝統を探り当てることができる。明代の陽明学における「良知解放」から清代の龔自珍の「我が気が天地を造る」や、梁啓超の「個性主義」から張君勱の「創造性の民族意志」、および毛沢東の破壊即創造という「反近代的モダニティ」まで、ひとすじの中国的歴史主義の思想的脈略をはっきりと見出すことができる。汪暉は「モダニティは自然的存在から構成されるものではない。それはわれわれの創造物であり、既成の固定物ではない。モダニティが創造されたものだとすれば、それはただちに、どのような方向に向けて、またどのような条件のもとで創造を行うかという問題が生じることを意味する。それゆえ、様々な人々の様々なモダニティに対する言説それ自体が、様々な価値を生み出すための、モダニティ的な方法なのである[19]」と考える。「第二次思想解放」の要求に対して、無節操に思想や実践の創造性を肯定する傾向があり、また他方、西洋の学者の理論やパースペクティブを大量に引用して自らの「中国的価値」や「中国モデル」へと換骨奪胎する風潮がある。魯迅を見よ。その「拿来主義」（外国文化を摂取する主義）と独創性に対する耽溺とは、鮮烈なコントラストを放ちながら風刺的情景を描写していたではないか。同じような状況は日本においてもかつて現出していた。丸山眞男の『日本の思想』においてその点が批判されている。『完成品』の輸入取次に明け暮れする日本の『学界』にたいする反動として他方で断片的な思い付きを過度に尊ぶ『オリジナリティー』崇拝がとくに評論やジャーナリズムの世界で不断に再生産され[20]」る。

イッガースが指摘しているように、歴史主義は意志、非理性、個人の自発性と意志によって打ち立てられる道徳秩序を信奉し、それは一切の価値の相対化のための道を均したのだった[21]。中国の歴史主義が、普遍性に対して挑戦し、近代の背後にはもはや人類の普遍的価値もなければ、人間性に根差した絶対的善悪などもありようがないと考えた時、それはある側面からは現在の中国的価値への危機を決定づけていた。その危機が直接現れたものがすなわち、それぞれにおける普遍性の死であって、残されたものは「漠々とした荒野」に広がる価値的空虚であった。この虚無というまっさらなキャンバスに、様々に新しく美しい絵画を描くことができ、様々な中国製のモダニティのオルタナティブを自ら創りだすことができる。レオ・シュトラウスが述べたように、歴史主義にとって、「唯一存続し得る基準は、純粋に主観性に属する基準である。それらは個人の自由選択の他に、拠るべきものを持たない……歴史主義の頂点は実に虚無主義である」[22]。伊藤虎丸は魯迅的精神を一種の「能動的ニヒリズム」[23]と形容し、それは現代社会の広大な価値の虚妄性を見透かしていた。世俗のニヒリズムのように大勢に流されたり、あるいは勝手気ままに振る舞うような、あるいはまた利己的にしか行動しないか、そうでなければ社会に対する無力感から自らの保身にのみ走るような、そんなものとは全く違っていた。「能動的ニヒリズム」は、魯迅の「過客精神」をもってして、虚無から発して、闘争的に新世界を創造する能動的行為へと向かう。同じように、現在の中国の歴史主義者はグローバルな普遍的文明に対して、自信を持って応答する。「信じない！　私は何も信じない！」。歴史主義者が唯一信ずるのは自分自身であり、自らの価値を創造する超人的意志のみである。この価値を創造する個人は、能動的な個人だけではなく、能動的な民族でもあり、まさに中国の興起という奇跡を創造している民族全体である。

様々な普遍性の言説が疑問に付されるとき、唯一の確定的な価値は民族共同体となる。その民族共同体とはいうまでもなく中国である。しかし問題は、何が中国なのか、ということにある。様々な「中国的価値」、「中国モデル」、「中国的主体性」の民族的ナラティヴの背後に、意識されることのない、全体化された中国と西洋との対立という二元論的仮定が潜んでいるのである。この二元構造としての中国／西洋は、互いの「他者」の抽象的記号に過ぎない。全体的な中国が象徴的な記号として西洋に定義される時、同質化した西洋も同様に中国によって仮構されるのである。記号的存在の背後には、実体のないイデオロギーが隠されており、それはグローバル化の過程においてそれぞれの文明が直面する近代化の問題を、単に東西文明の衝突へと画一化する。一世紀半を費やした対外的開放の経験の後に、事実上、西洋とはっきりと区別し得る、透明な中国というものは存在しなくなっていた。西洋のさまざまな文化伝統はすべて、資本主義制度の理性化や自由主義的理念とその価値から、マルクス主義的社会主義理論に至るまで、現在の中国の現実に深く浸透しており、中国自身のモダニティの言説や歴史的実践に内面化されている。現在の中国はすでに外来の文化と本土の文化が入り混じる混血児となっている。西洋にいまだ汚染されていない民族共同体の獲得のために、極端な民族主義者は故意に中国と西洋に二元的対立を拡張し、その対立を通じて自己と異なる西洋を一掃しようと試みている。ある新進の哲学研究者の言うところに従えば、「過去三〇年間のうちに、中国哲学はある主体性の変転を完成させた。すなわち抵抗の中で守り抜いた主体は、対話の主体へと変貌したのである。しかしこの変転のなかにはある種の巨大な危機が孕まれている。理解されることへの飽くなき追求の中で、根本から主体性の地位を喪失してしまったのである。それゆえ、私は対話の主体には、抵抗の意識が必要であると感じている」[24]。『NOと言える中国』と同じ顔ぶれによる二度目の作品としての政論ベストセラー書籍『中国は喜ばない』も、西洋への反抗を「われわれ」を形成する唯一の方法としている。この本が流行したため、「中国」を冠するシリーズが続々と刊行された。『中国にモデルはない』、『中国はどうする』、『中国よ、立ち上がれ』など、多種多様な書籍による「中国大合唱」が鳴り響いた。しかし、大合唱される「中国」は、かくのごとく曖昧であり、その民族共同体としての「われわれ」の存在は、依然として西洋という「他者」に依存しているのである。さらに無念なことには、「他者」との対話は中国の主体性を喪失させ、敵との抵抗を通してのみ、「われわれ」のアイデンティティは実現し得るのである。強世功《きょうせいこう》〔15〕は臆面もなく、中国への態度によって世界を敵と味方に二分し、「全世界は、われわれの友として中国の平和興隆を守る側に立つか、さもなければ敵として中国を封じ込め、分断する側に立つということになる[25]」と述べている。このように、対外的な「敵味方の区別」を基礎として築かれたアイデンティティの政治は、必ずや内部に対する強い均質性と強制性を前提とすることになるだろう。敵は「他者」に対する抵抗の際に生じるが、主体としての「われわれ」は曖昧模糊としており、ただ「他者」に依拠することで、束の間の自己同定を得るのである。西洋に対立する価値を持ったとしても、同様に、一種の魔術的な、反省を欠いた民族的同一性となるだけである。酒井直樹は、竹内好の西洋に対する抵抗を次のように分析している。「西洋の侵略性に反対するためには、非西洋は『国民』的統一をなし遂げなければならないことになる。西洋にとって異質なものは、西洋に対する一枚岩的抵抗へと組織されるのでなければならないだろう。つまり、非西洋的国民として西洋に対する異質性として西洋に対立するが、国民的統一の内部では異質性は排除され、均質なものが支配するのでなければならない[26]」。しかしこのような同質性は一種の仮構に過ぎず、脆弱な同一性であり、神秘的でありまた記号化された「中国」でしかない。普遍的な価値が不断に歴史化され、地域化される時代に、歴史主義によって実体的意義を与えられた中国は、その実、空洞化した主権意識に過ぎず、政治的主権のみならず、経済的主権や文化的主権、さらに学問的主権に至っても同様に空洞化されているのである。近代以降に打ち立てられた国民国家の主権意識は、ほとんど全ての「中国的主体」を手中にしたが、その背後にある価値の内実は骨抜きにされていったのである。古代中国は文明帝国として、その主体性は儒家文明の掌握するところにあったが、今日の中国はいったん、西洋との外交的、政治的、文化的衝突に遭った後には、さまになった価値論をほとんど何も持ちだすことができず、自己の弁解に満ち溢れ、「これが中国的主権と中国的内政である」という言葉でしか外からの批判に抵抗することができなかった。主権のみを語り、文明を論じない「主体」意識は自らのアイデンティティ・クライシスを深刻に浮かび上がらせる。五〇〇〇年の歴史を持つ文明大国はわずか一世紀半の洗礼を通じて、文明的内実を空洞化した「純主権」国家となってしまったのである。

3 「殊途同帰」「分道揚鑣」から「理一万殊」へ[16]

現在の中国思想界には二つの極端な傾向が存在する。ひとつは原理主義的自由主義者の主張する「文明一元論」である。かれらは世界各国各民族の、近代化と発展の道は「殊途同帰」であると信じ、すなわち、すべての河川はいかなる水源を持とうとも、最終的には西洋の「文明の大海」へと注ぎ込むと考えている。中国の未来は一つの道しかなく、それはつまり西洋に代表される普遍主義的近代化の路線である。これとは対照的に、歴史主義者が抱くのは「文化相対論」である。彼らはそれぞれの民族や国家の近代化へと至る道程は、国情や文化によって様々であり、各々にその価値が存すると考える。異なる文化間には共約不可能性があり、異なる文化や民族のすべてが共有できる唯一の普遍的文明は存在せず、グローバルなモダニティのモデルは「殊途同帰」[17]ではなく、「分道揚鑣」[18]であるとする。すなわち、君は君の道を歩めばよい。私は私の道を行く。それぞれの間ではいかなる共通の道理も語りえない。呉増定は「すべての文明は、自ら以外の文明における最高の理想を理解することもできず、また受け入れることもできない。いかなる文明においてもひとつのいわゆる普遍的価値など存在しない。なぜならいかなる『普遍的価値』もたかだかその文明にとってのみ普遍的意義があるに過ぎず、一歩自らの自然的境界を踏み出れば、拡張や征服を求める大義名分へと変わるという事に注意を向けなければならない」[27]と主張している。「文明一元論」の「殊途同帰」も「文化相対論」の「分道揚鑣」にしても、その背後にある理論的前提がもう一度議論される必要がある。

原理主義的自由主義者は西洋を文明の普遍的モデルであるとみなしており、こういったヘーゲル流の文明発展論的一元論は、コジェーヴの批判した麗しくない「同質化した普遍的国家」を作ることになり、異なる民族の文化的多様性とその豊かさが、こういった同質化を志向する一元的文明によって徹底的に損なわれてしまう事態を招きかねない。普遍的文明は確かに存在するけれども、それに対しては二つの異なる理解がある。サミュエル・ハンチントンは『文明の衝突』の中で、普遍的文明に対する二種類の解釈を明確に区別している。ひとつはイデオロギー的冷戦あるいは二元論的な「伝統と近代」という分析枠組みにおけるもので、普遍的文明は、西洋をモデルとして、それぞれの非西洋国家がともに模倣すべき文明であると解釈するものである。もうひとつは、多元的文明の理解の枠組におけるもので、普遍的文明とはすなわち、それぞれの文明の実体や文化共同体がともに認める公共的価値、および相互に共有され、また重なる社会文化制度であるとする。(28) 一九九〇年代半ばまで、中国の思想界がいまだ冷戦的思惟と近代化モデルにまどろんでいた頃、西洋中心主義はたしかに中国人の素朴な精神を支配していた。ここ一〇年、「反省的モダニティ」的思考の興起に伴って、普遍的文明の内実に内在的な変質が生じた。西洋は、東洋と同じく数ある特殊文明の一つに過ぎず、いわゆる普遍的文明とは、それぞれの特殊的な文明が共有している、人類に平和的共存や健全な発展を与え得るような基本的価値なのである。普遍的文明は、固定した、不変で、スタティックな元素なのではなく、時代の変遷や、多くの文明の介入によって、その内実も絶え間ない再構成の途上にあるのだ。普遍的文明はドラスティックであり、かつ歴史的であるが、境界が曖昧なものではなく、好き勝手に解釈したり敷衍したりできるものではない。神や天命などの超越的世界が解体されて以降、普遍的文明は啓蒙的色彩を色濃く持つようになり、文明は人間が人間であることに対する制度的な守護者であり、人間性の尊厳が要請する自由平等に対する防波堤となった。これらはすでに国際連合の基本的規約の内に書き込まれ、大多数の国家が批准する、人類の核心的価値となっている。

原理主義的自由主義が「普遍的価値」をもって「中国的価値」の代替としたことと相反するように、中国の歴史主義者達は、「普遍的価値」と「中国的価値」とを対立させて考えることを常としている。普遍的価値は西洋の価値であり、中国の「善」はかならず西洋の「善」と対峙していなければならない。たしかに、西洋のモダニティは、普遍的文明の啓蒙的価値と、野蛮に拡張した国家理性という複雑な二層性を孕んでいる。普遍的価値は西洋によって独占されるものではなく、それぞれの高度な文明が共同で参与した結果である。しかし普遍的価値は西洋と全く無関係であるわけではない。問題の核心はどのような西洋文明を摂取するのかにある。自由・民主という普遍的価値か、あるいは野蛮に拡張した国家理性か。驚くべきことに、中国の歴史主義者は子安宣邦や酒井直樹といった日本の左派的知識人とは違い、西洋の横暴を批判し、国力増大を旨とするマキャベリズムをやり玉にあげるのではなく(この点は彼らを魅了してやまない)、自由・民主の啓蒙的価値を指弾するのである。西洋のモダニティに対する攻撃は、選択権のある逆向きの止揚へと姿を変えたのである。人類の際限のない欲望や肥大化する傲慢を抑制する文明的価値をなげうって、残ったものは最も恐れるべきマキャベリズムのみであった。

中国の歴史主義者の関心は、「われわれ」と「他者」の区別、いかに「中国的価値」を「善なる」価値の地位に据えるかにあり、彼等は「中国的」でありさえすれば、価値の上ではかならず「善なる」ものであると思い込んだのである。このような閉鎖的な「敵味方区分論」は有効な価値の正当性を築き得ない。なぜなら、「われわれ」の価値は論理的にも、あるいは歴史上においても、「善なる」価値や「欲すべき」価値と同一のものにはならないからである。中国の目標が、民族国家の建設にとどまるのではなく、グローバルな事案に対して重大な影響力を持つ文明大国を再建することにあるとするならば、その一言一句、一挙手一投足までが普遍的文明を出発点とし、グローバルな対話において、自らの普遍的文明に対する独自の理解を持たなければならない。その理解とは、文化的性質のものではない。「これが中国の特殊な国情である」とか「これが中国の主権であり、他人にとやかく言われる筋合いはない」と言った決まり文句で自己弁護をすることは許されない。普遍的な文明のルールによって世界を説得し、自らの合理性を証明しなければならないのだ。中国を世界的な影響力を持つ大国として再建するのならば、一国一民族の特殊文化に適合するのではなく、人類にとって普遍的価値をもつ文明にならなくてはならない。同様に、中国的「善なる」価値に対して、特に基本的人間性にまつわる核心的価値は、全人類に対して普遍的な「善」を持たなければならない。普遍的文明は、「われわれ」にとって「善なるもの」であるだけでなく、「他者」にとっても同様に価値あるものである。中国文明の普遍性は、全人類的視野の上に打ち立てることしかできず、中国の特殊な価値や利益にのみ還元することは出来ないのである。中国文明は歴史的には天下主義であったが、今日のグローバリゼーションの時代に至って、天下主義がいかにして普遍的文明と結びついたコスモポリタニズムへと変貌し得るのかにこそ、文明大国の目標はあるべきなのである。

　文明と文化は異なり、文明が目を向けるのは「何が善であるか」であり、文化は「何がわれわれのものであるか」である。文化は「われわれ」と「他者」を区別することで、「われわれ」に対する自己指定を行い、自己の文化と歴史の根源的一体性の関係を説明し、私が誰であるか、われわれは誰であるか、われわれはどこから来て、そしてどこへ行くのかに答えるためのものであるに過ぎない。しかし、文明は違う。文明は超越的な視点から（或いは自然や、神、普遍的歴史の視点から）「何が善であるか」に答える。この「善」は、「われわれ」のみにとっての善であるのではなく、「彼ら」にとってもまた善であり、全人類に普遍の善である。普遍的文明の中には、「われわれ」と「他者」の区別はなく、全世界の人々にとって一様に適用し得る人類の価値のみがある。

　この意味で普遍的文明は、文化多元主義を基礎とする普遍的文明である。「文明一元論」の「殊途同帰」や「文化相対主義」の「分道揚鑣」とは異なり、「文化多元主義」の基本的理念は「理一万殊」[19]である。文化多元主義は、様々な文化の間に質的な違いがあることを認めた上で、互いの間では相互に理解することができ、もっとも重要で、現在の社会において様々な民族や文化が共有するいくつかの核心的価値、すなわち自由、平等、博愛、公正、調和といった基本的価値などについては、共約可能性を受け入れる。これらの価値の間の優先事項や、何が最も重要なのかについては、それぞれの民族や国家が自身の理解や選択を行う権利を持つことができる。こういった意味での普遍的文明は、文化多元主義を基礎にする普遍的文明であるが、文化多元主義には国家主義者が堅持する文化相対主義とは非常に重要な相違がある。文化多元主義は普遍的文明と共存し得るし、文明の対話がその抵抗に取って替わることを主張することができる。それぞれの文明における平等な対話と交流によって普遍的文明と価値のコモンセンスが得られるのである。中国文化はたしかに特殊であり、それは西洋文化もまた特殊であることと同様であるが、中国文化は偉大な枢軸文明であって、特殊の中に普遍性を豊かに含み、人類のその他の文明と共有し得る普遍的文明をその内に宿している。「中国特殊論」は、文明を文化の水準にまで引き下げているのであって、大いに中国文明を矮小化しており、中国の福音とは成り得ない。

ヨーロッパ思想において、早期の歴史主義にはその特殊な理論的貢献があった。それは、啓蒙運動における普遍理性が異なる民族文化の独自性を等閑視する、という偏狭を正し、人類普遍の理想の実現のために、多様性という民族文化の根幹を打ち立てたことである。フィヒテ以降、歴史主義は保守化を始め、漸次国家権力と手を結びながら、当初とは似ても似つかぬ思想へと変貌してしまった。歴史上において影響力を持つ主義なり思潮は、それ自身様々に解釈されうる契機を宿し、どのようなものと同盟関係を結ぶかに拠るところが大きい。朱に交われば赤くなり、墨に染まれば黒くもなる。歴史主義は多種多様な内在的発展の脈絡を持ち、ヨーロッパ思想において、啓蒙思想と同様に長い歴史を持ち、イタリアやイギリス、フランスにおいても同様の表現がある。しかし、なぜドイツに到来した後に根本的な変質を遂げたのであろうか。ドイツ歴史主義の大家であるマイネッケは、ナチスの滅亡後、十九、二十世紀のドイツ歴史主義はドイツ初期の啓蒙運動におけるゲーテやカント、ヘルダーといった人文主義の伝統を放棄して、プロイセン的保守の国家主義と手を結び、最終的にはドイツ文化の名声をも破壊したことを、苦々しく回想している[29]。ドイツのこの苦い経験は現在でも中国の歴史主義者に対する警鐘となるに十分なものである。私は、「中国的価値」や「中国モデル」という歴史主義の立場を表明することは認めるが、問題は、歴史主義が多元的中国文明においてどのようなものと同盟するのか、いかなる伝統と手を結ぶかにある。人文的伝統である儒家とだろうか、あるいは富国強兵の法家とであろうか。あるいは、表向きは儒家の道徳を説きながら、実際は法家的な強権政治を行う政治伝統とであろうか。中国文明ははやくからすでに同質的な統一体ではなく、それぞれに盛んな思想の断片の集積となっている。いかなる伝統を歴史主義が重視するかによって、その歴史伝統との間に化学反応が生じるのである。

実際、ヨーロッパ初期の歴史主義は啓蒙思潮の一部分に属したが、人文的価値とも対立しなかった。アイザイア・バーリンがヨーロッパ初期の歴史主義の代表的人物であるヴィーコとヘルダーとに言及した際に指摘したように、彼らは当時の人が誤解したような文化相対主義者ではなく、真の文化多元主義者だった。文化相対主義は異なる文化的価値は比較可能な共約性を持たず、それゆえ絶対的な善悪も存在しないと考える。いかなる「善」も相対的であり、かつ局所的である。せいぜい個別の民族にとっての「善」があるに過ぎず、普遍的な人類の「善」など存在しない。一方で文化多元主義は人類の普遍的価値を認める。しかし、異なる歴史文化の脈絡において、普遍的価値は異なる文化形式を取り、また異なる具体的な表現を取るであろう。民族文化という土台から遊離すれば、普遍的価値は根無し草となろう。文化相対主義はかつてこの境界を踏み出し、ニーチェ的なニヒリズムとなった。一方、文化多元主義は啓蒙の普遍的価値と共存共栄することが可能である。バーリンは、異なる文化的価値は平等であり、同等に真実であり、同等に真理であり、同等に客観的であるとし、価値の位階秩序は存在しないと考えた。しかし、人間性については、それはいかに複雑であろうとも、それをして人間と称するかぎりは、その中に必然的に「類」としての特性が含まれる。異なる文化の間にも、同様に共約可能な共通の価値が存するのである。民族文化間の相違は甚だしいが、核心的な部分は相互に重なっていて、それらの核心的価値と最終的な目標は開かれており、人類が共に追求するものなのである。われわれは自ら自身の文化や国家、階級の特殊な価値観を超越し、文化相対主義者がわれわれを押し込めようとする閉域を突破し、「他者」の文化に入っていく力を持つ必要があるし、また現に持っている。われわれは想像力を十分に発揮することで、必ずや「他者」の心を理解し、彼らの人生の目標を理解することで、人類文化の共同性と多様性を実現できるのである。[30]

普遍的文明か、それとも中国的価値か。おそらくこれは偽りの問いである。たしかな答えは、普遍的文明という大志を持って、中国的価値を再建するということなのだ。

訳注

〔1〕**李慎之**（一九二三―二〇〇三）　江蘇省生。中国社会科学院副院長歴任。二十世紀後半の代表的な自由主義者。主著に『二十一世紀的憂思』。

〔2〕**張頤武**（一九六二―　）　浙江省生。北京大学教授。主著に『従現代性到後現代性』。

〔3〕**陳暁明**（一九五九―　）　福建省生。北京大学教授。主著に『無辺的挑戦』。

〔4〕**崔之元**（一九六三―　）　北京生。清華大学教授。主著に『看不見的手範式悖論』。

〔5〕**甘陽**（一九五二―　）　浙江省生。中山大学教授。主著に『古今中西之争』。

〔6〕**杜亜泉**（一八七三―一九三三）　浙江省生。五四新文化運動が中国の伝統文化を根本的に批判し、西洋中心主義的色彩を濃くする中で、それに異を唱え東西文明の調和を目指した。主著に『人生哲学』、また傖父《そうふ》の名で「静的文明与動的文明」（『東方雑誌』十三巻十号、一九一六年）。

〔7〕**学衡派**　欧米留学組で東南大学教授の梅光迪《ばいこうてき》（一八九〇―一九四五）、呉宓《ごひつ》（一八九四―一九七八）、胡《こ》先驌《せんしゅく》（一八九五―一九六八）らが創刊した雑誌『学衡』を中心として、五四新文化運動に対して復古主義を唱える。

〔8〕**新儒家**　五四新文化運動の反動として、仏教や西洋哲学を融合させることで、儒教を新たに捉え直すことを目指す。
〔9〕**張君勱**（一八八七―一九六九）　江蘇省生。早稲田大学で学び、後にドイツ、フランスにも留学。科学万能の思想を批判し、科学や物質文明は人生観の問題を解決することはできないと主張。論文に「人生観」（『清華週刊』二七二期、一九二三年）。
〔10〕**梁漱溟**（一八九三―一九八八）　広西省生。仏教を信仰し、北京大学でインド哲学を担当したが、後に儒教へ回帰。主要文献に『東西文明及其哲学』。
〔11〕**熊十力**（一八八四―一九六八）　湖北省生。仏教の教理を儒教の実践へと適用することを目指す。主著に『新唯識論』。
〔12〕**牟宗三**（一九〇九―九五）　山東省生。熊十力に師事。第二次大戦後は拠点を台湾、香港へと移しながら、カント哲学と儒教の融合を試みる。主著に『心性与性体』、『現象与物自身』。
〔13〕**劉軍寧**（一九六一―　）　安徽省生。主著に『共和・民主・憲政――自由主義思想研究』。
〔14〕**張旭東**（一九六五―　）　北京生。ニューヨーク大学教授。主著に『全球化時代的文化認同――西方普遍主義話語的歴史批判』。
〔15〕**強世功**（一九六七―　）陝西省生。北京大学社会科学部副部長。主著に『法制与治理――国家転型的法律』。
〔16〕本邦訳では原文の第三節「争奪普遍性――以中国崛起為背景」を割愛。
〔17〕**殊途同帰**　異なる道を通っても、最終的には同じ目的地に至ること。本論では八〇年代には西洋を、九〇年代には中国を中心とした「文明一元論」を指す。
〔18〕**分道揚鑣**　それぞれ別の道を行くこと。特に思想の相違によってそれぞれが個別に行動すること。本論では二〇〇〇年代初頭の十年間における「文化相対主義」を指す。
〔19〕**理一万殊**　「理一分殊」とも。「一」から全てが分出すること。本論では著者の主張するような、基本的価値に基づきながら多様な文化を相互に承認し合う「文化多元主義」を指す。

原注

（1）李慎之「弘揚北大的自由主義伝統〔北京大学自由主義伝統の発揚〕」劉軍寧編『北大伝統与近代中国〔北

京大の伝統と近代中国」』四―五頁。

（2）許紀霖・羅崗等『啓蒙的自我瓦解――一九九〇年代以来中国思想文化界重大論争研究〔啓蒙と自我の瓦解――一九九〇年代以来の中国思想文化における重大論争研究〕』吉林出版集団公司、二〇〇七年、第一八章参照。

（3）九〇年代の中国の反西洋主義思潮については、許紀霖「在巨大而空洞的符号背後〔巨大で空虚な記号の背後で〕」許紀霖『別一種啓蒙〔啓蒙のオルタナティブ〕』参照。

（4）劉軍寧「天道与自由〔天道と自由〕」』剣虹評論網、（http://www.comment-cn.net/culture/chinaculture/2006/0816/article_19884.html）参照。

（5）F・マイネッケ『歴史主義的興起〔歴史主義の発生〕』陸月宏訳、訳林出版社、二〇〇九年〔Friedrich Meinecke, *Die Entstehung des Historismus*, Oldenbourg, 1965.『歴史主義の成立（上）（下）』菊森英夫・麻生建訳、筑摩書房、一九六七年―一九六八年〕参照。

（6）ゲオルグ・イッガース『徳国的歴史観〔ドイツの歴史観〕』彭剛・顧杭訳、訳林出版社、二〇〇六年、三頁〔Georg Iggers, *Deutsche Geschichtswissenschaft. Eine Kritiki der traditionellen Geschichtsauffassung von Herder bis zur Gegenwart*, Boehlau Verlag, 1997.〕。

（7）ジェームス・シュミット『啓蒙運動与現代性――一八世紀与二〇世紀的対話〔啓蒙運動とモダニティ――十八世紀と二十世紀の対話〕』徐向東・盧華萍訳、上海人民出版社、二〇〇五年、「前言」一頁（James Schmidt, *What Is Enlightenment?: Eighteenth-Century Answers and Twentieth-Century Questions*, University of California Press, 1996.）。

（8）張旭東『全球化時代的文化認同――西方普遍主義話語的歴史批判〔グローバル時代の文化アイデンティティ――西洋普遍主義言説の歴史批判〕』北京大学出版社、二〇〇五年、一四、一八頁。

（9）張旭東「全球化時代的中国文化反思――我們現在怎様做中国人〔グローバル時代における中国文化の再考――われわれは今いかにして中国人となるべきか〕」二〇〇二年七月十七日、『中華読書報』。

（10）酒井直樹「現代性及其批判――普遍主義与特殊主義的問題〔モダニティとその批判――普遍主義と特殊主義の問題〕」張京媛編『後植民理論与文化批評〔ポストコロニアリズムと文化批評〕』北京大学出版社、一九九九年〔「近代の批判　中絶した投企――日本の一九三〇年代」『死産される日本語・日本人「日本」の歴史――地政的配置』新曜社、一九九六年〕参照。

(11) ノルベルト・エリアス『文明的進程——文明的社会起源和社会心理起源的研究〔文明の進展過程——文明における社会的起源と社会心理的起源の研究〕』第一巻、王佩莉訳、三聯書店、一九九八年、六一—六三頁〔Norbert Elias, *Über den Prozess der Zivilisation*, Francke, 1969.『文明化の過程〈上〉ヨーロッパ上流階層の風俗の変遷』改装版、赤井慧爾・中村元保・吉田正勝訳、法政大学出版局、二〇一〇年〕参照。

(12) ゲオルグ・イッガース『徳国的歴史観』三頁。

(13) レオ・シュトラウス「徳意志虚無主義〔ドイツの虚無主義〕」『蘇格拉底問題与現代性——斯特労斯講演与論文集〔ソクラテス問題とモダニティ——シュトラウスの講演及び論文集〕』第二巻、彭磊・丁耘〔等〕訳、華夏出版社、二〇〇八年、一一六—一一八頁〔Leo Strauss, «GermanNihilism», *Interpretation*, Spring, Volume 26, Number3, Queen's College, New York, 1999.「ドイツのニヒリズムについて——一九四一年二月二十六日発表講演」國分功一郎訳、『思想』No. 1014、二〇〇八年〕。

(14) 汪暉「〝中国制造〟与別類的現代性〔「中国の制作」とモダニティのオルタナティブ〕」『装飾』第一八一期、二〇〇八年五月。

(15) 子安宣邦『東亜論——日本現代思想批判〔東アジア論——日本近代思想批判〕』趙京華編訳・吉林人民出版社、二〇〇四年〔『「アジア」はどう語られてきたか——近代日本のオリエンタリズム』藤原書店、二〇〇三年、『日本近代思想批判——一国知の成立』岩波書店、二〇〇三年、『漢字論』岩波書店、二〇〇三年から再編集〕参照。

(16) 汪暉「「中国制造」与別類的現代性」『装飾』第一八一期、二〇〇八年五月。

(17) 東アジアのモダニティに関する論述に関しては以下の文献を参照のこと。孫歌『主体論述的空間——亜洲論述之両難〔主体的ディスクールの空間——アジア的ディスクールのジレンマ〕』江西教育出版社、二〇〇七年。汪暉「亜洲想像的譜系〔アジア想像の系譜〕」『現代中国思想的興起〔現代中国思想の生成〕』下巻、三聯書店、二〇〇八年。ダニエル・ベル『民主先生在中国——東方与西方的人権与民主対話〔民主はまず中国で生まれた——東洋と西洋における人権と民主の対話〕』孔新峰・張言亮訳、左岸文化出版公司、二〇〇九年〔Daniel Bell, *East Meets West: Human Rights and Democracy in East Asia*, Princeton University Press, 2000.『「アジア的価値」とリベラル・デモクラシー——東洋と西洋の対話』施光恒・蓮見二郎訳、風行社、二〇〇六年〕。ダニエル・ベル『超越民主与自由〔民主と自由を越えて〕』李万全訳、上海三聯書店、二〇〇九年〔Daniel A. Bell, *Beyond Liberal Democracy: Political Thinking for an East Asian Context*, Princeton University Press, 2006.〕。

(18) マイネッケ『歴史主義的興起』「訳者序言」五頁参照。

(19) 汪暉「「中国制造」与別類的現代性」『装飾』第一八一期、二〇〇八年五月。

(20) 丸山眞男『日本的思想』区建英・劉岳兵訳、三聯書店、二〇〇九年、六頁〔『日本の思想』岩波書店、一九六一年、七頁〕。

(21) ゲオルグ・イッガース『徳国的歴史観』二五頁。

(22) レオ・シュトラウス『自然権利与歴史〔自然権と歴史〕』彭剛訳、三聯書店、二〇〇三年、一九頁〔Leo Strauss, *Natural Right and History*, University of Chicago Press, 1953.『自然権と歴史』塚崎智・石崎嘉彦訳、筑摩書店、二〇一三年〕。

(23) 伊藤虎丸『魯迅与終末論――近代現実主義的成立〔魯迅と終末論――近代リアリズムの成立〕』三聯書店、二〇〇八年、一一七頁参照〔『魯迅と終末論――近代リアリズムの成立』龍渓書舎、一九七五年、一四七頁〕。

(24) 「近三十年学術状況与「中国思想」的未来〔三〇年来の学術状況と「中国思想」の未来〕」『文匯読書周報』二〇〇八年十二月二十六日参照。

(25) 強世功「烏克蘭憲政危機与政治決断〔ウクライナ憲政の危機と政治的決断〕」『二一世紀経済報道』二〇〇四年十二月十五日。

(26) 酒井直樹『死産される日本語・日本人――「日本」の歴史-地政的配置』新曜社、一九九六年、四四―四五頁。

(27) 呉増定「全球化時代的中国文明〔グローバル時代の中国文明〕」中国改革論壇（http://www.chinareform.org.cn/open/view/201010/t20101010_45827.htm）。

(28) サミュエル・ハンチントン『文明的衝突与世界秩序的重建〔文明の衝突と世界秩序の再建〕』周琪ら訳、新華出版社、二〇〇二年、四三―四五頁参照〔Samuel P. Huntington, The Clash of Civilizations and the Remaking of World Order, Simon & Schuster, 1996.『文明の衝突』鈴木主税訳、集英社、一九九八年〕。

(29) マイネッケ『徳国的浩劫〔ドイツの惨禍〕』何兆武訳、三聯書店、一九九一年参照〔Friedrich Meinecke, *Die Deutsche Katastrophe*, Brockhaus, 1946.『ドイツの悲劇』矢田俊隆訳、中央公論社、一九七四年〕。

(30) アイザイア・バーリン『扭曲的人性之材〔人間性、この曲がった材木〕』岳秀坤訳、訳林出版社、二〇〇九年、七八―八九頁参照〔Isaiah Berlin, *The Crooked Timber of Humanity*, John Murray, 1990. 福田歓一・河合秀和・田中治男・松本礼二訳『理想の追求〔バーリン選集4〕』岩波書店、一九九二年〕。

初出

許紀霖『当代中国的啓蒙与反啓蒙』第六章「近十年中国的歴史主義思潮」社会科学文献出版社、二〇一一年。

「前近代」についての研究の現代的意味

秦　暉
劉春暉訳

1 「前近代社会」への問題関心の形成

『田園詩と狂想曲』の初版〔中央編訳出版社〕は一九九六年に刊行された。しかし、一九八九年に叢書の一冊として印刷されたことがある。その年に起ったある出来事によって、叢書の出版が取り消されたのである。こうした事情により、本書〔以下、『田園詩と狂想曲』を指す〕が世に問われたのは、その六年後のこととなった。その間、若干の増補や修正が施されたが、基本的には一九八〇年代の本といっていい。直接のきっかけとなったのは、一九八六年国家社会科学基金のプログラム「近代化のプロセスにおける農民集団」の研究である。この本は当該プログラムの研究成果といえる。だが、その問題関心の形成はずっと以前のことである。

一九八〇年代、筆者の奉職した陝西師範大学は通信教育を開設していた。毎年講師として各地の通信教育拠点に派遣され、スクーリングをやった。その機会で、毎年一定の期間、関中〔現在の陝西省の渭南、咸陽、宝鶏および西安市の郊外が含まれている関中盆地のことを指す〕の渭南、臨潼、合陽、華陰、大茘、宝鶏、鳳翔などの県に足を運んだ。当時の筆者は、私事にせよ、公務にせよ、出張するたびに大学側に何十枚もの「資料調査」許可証明書を発行してもらい、各地の図書館、文化館、方志弁公室〔地方誌事務室〕、档案館に入れるように用意する、という習慣があった。調査研究のためでない場合、つまり、ほかの事情でいく場合、いつも慌しいこともあり、事前に用意した証明書が使う機会がないことが多い。しかし、スクーリングは、普通は夜にやるので、昼間はあちこちに赴くことができ、かなりの収穫があった。当時は、档案を駆使して研究する手法は一般の研究者に用いられていなかった。なかんずく、国内の史学界においては、明清内閣大庫や南京民国档案館や有名な巴県、曲阜孔府档案以外、普通の地方の中小档案館にある資料には誰も手をつけようとしなかった。各地の施設は古ぼけていたし、訪れる人が少なく、目録も粗く、非常に粗末な状態であった。しかし、今に比べて役所的雰囲気と杓子定規な決まりがずっと少なかった。档案を調べに来る人は、ほとんど人事・政治審査係の公務員で、普通の庶民ではなかった。ある水準を満たした紹介状を持っていけば、そこのスタッフは「公務」として非常に熱心に接してくれるし、「金儲け」のためにやっているわけではない。そのような環境に恵まれ、各市県の档案館（あるいは政府部門たとえば宝鶏公安局の档案室）で、土地改革前後ないし清朝の郷村社会についての資料を調べることができ、関中で働いとき見聞したさまざまな口伝の故実や文献と合わせて考えるようになり、「関中モデル」という発想が浮かんできたのである。

一九八〇年代において、人文科学分野での計量研究はまだ少なかった。ジニ係数のような今では新聞などでもよく見られる概念は、当時言葉として使用する人も少なかったし、歴史研究で使用する人はなおさら少なかった。筆者は、M・I・フィンリーやR・ダンカン・ジョーンズ、趙岡《ちょうこう》〔1〕などの経済社会史家の影響を受け、わりと早い段階で農民史研究でそれらの方法を使用した。これは本書の特徴の一つである。

しかし、今にしてみれば、「前近代社会」およびその近代化への移行についての体系的な思考ができたところに、本書の最大の特徴がある。これは当時の社会的雰囲気や時代背景と関わっている。

2　マルクスの「アジア的国家」理論と中国史学

一九八〇年代は中国改革の前期にあたり、「文革」の愚昧・閉鎖・陰鬱な状態から抜け出そうとしたところであり、「世界にむけて、未来に向けて」の時代に入りはじめる。そのような時代において、さまざまな思潮が沸き返り、さまざまな「主義」が盛衰した。いわゆる「新啓蒙」・「文化ブーム」と呼ばれた。筆者は「文革」後初めての院生として、毎日大量の古書や古い資料に没頭していた。いわゆる「無用な学問」に時間を費やす人間になってしまい、当時の多くの著名人による「文化」討論に加わることはなかったが、社会問題に対して強い関心を持っていた。筆者には、知識青年として、九年余りにわたり、農村に移住して労働した経験がある。農村の立ち遅れと積弊を痛感した。院生の時は、わが国の土地制度・農民戦争史（つまりマルクス学派の農民史）の研究で有名な趙儷生《ちょうれいせい》(2)教授の下で勉強することになった。趙先生はその学問的な深さにとどまらず、革命の経験も豊か（役人としてのそれではなく、典型的な「革命に自分の子供を奪い取られる」というような物語を経験しているという意味で）であり、思想家型の学者である。先生の研究における立場は、「小さな問題はマクロに研究するほどよく、大きな問題はミクロに研究したほうがよい」というものであり、深い思考と綿密な実証を結合させるべきというものだった。筆者はそのような研究姿勢から多大な影響を受けた。

趙先生はマルクスの「アジア的国家」理論を非常に重視した。この理論は「共同体」概念と緊密に関わっている。十九世紀において、古代あるいは「伝統」社会は身分や強制や依存という「全体」性を特徴としており、近代化は個性と個人の権利の覚醒と自由な人間の契約による連合を意味する、これは啓蒙時代以来のさまざまな「進歩」思想の共通の主張でもある。ルソー、ヘーゲル、メーン、ミル、テンニース、デュルケームないしマルクス、ラファルグ、カウツキー、プレハーノフは皆そのように考えていた。「歴史を遠く遡れば遡るほど、個人がますます非自立的になっていくし、大きな『全体』に従属している」とマルクスは考えた。この「全体」の変遷過程を辿っていくと、以下の通りである。最初は「完全に自然な家庭」、そして家庭から「氏族へ拡大していく」、次は「氏族間の衝突と融合によって」より大きな共同体を生み出す。換言すれば、「自然に出来た共同体」の中に、家庭から「拡大した部落」、「部落の連合」が含まれている。「自然に出来た」組織から再構成したあらゆる小共同体を包括する包括的統一体がすなわち「アジア的国家」である。個性を抑圧する「共同体」や「統一体」の中において、個人は「一定の限られた人間集団の付属物」に過ぎず、個人そのものが「共同体の財産」である。すべての個人の共同体への依存が共同体の成員の「共同体の父」への依存に繋がっていく。これこそ「アジア的専制」の源である。

趙先生はこのような理論を歴史的事実と受け止めたが、ある人々は歴史的事実はそうしたものではないと考え、この理論を放棄した。筆者にいわせれば、当時の実証史料が限られた状況を考慮すれば、今日のわれわれは、先述したマルクスの見解を正しい歴史叙述と見做すわけにはいかない。しかし、それはマルクスの啓蒙時代から受け継いだ自由や個性への価値追求のあらわれである。このような事実判断というより価値判断というべき概念は依然として私たちに重要な示唆を与えている。マルクスのほかの多くの見解は必ずしも実際の歴史過程に符合しているとは限らない。にもかかわらず、マルクスの見解は依然として手本として尊重されている。それは、マルクスの見解によって、ある一部の人々にとって望ましい価値判断が導かれ得るからである。一方、マルクスの見解が放棄されたのも、その非歴史性に理由があるわけではない。マルクスが当時述べた「アジア的国家」は以下のような基本的特徴がある。一つは社会の第一の発展段階であるということである。もう一つは、当時は私有制度がなく、「土地の国有化」、「農村公社」の上に残酷な専制主義と「普遍的奴隷制」が築かれたということである。われわれの社会のあり方に少しでも関心を持っている人は、マルクスの言説を読めば「故国の人民として何事かを考えずにはいられない」だろう。

趙先生が「時勢を知らない」無邪気な左派としてこの理論に愛着を持ったのならば、結局のところ、彼が「革命に奪い取られた子女」となったのも不思議ではない。丁学良《ていがくりょう》〔3〕から聞いた話と記憶しているが、彼はアメリカにいた時、こう述べている。「文革後における大勢の中国人が身につけた自由主義思想はハイエク、ロールズなどから学んだものではなく、マルクスからのものだ」、と。これを聞いたアメリカ人は皆、不思議に思った。だが、じつは彼のいう通りなのだ。筆者と同世代の人々は（もちろん、趙先生と同世代の人々も）、改革開放時代にもちろんハイエク、ロールズおよびさまざまな思想的資源を理解した。とはいえ、「文革から抜け出す」時代における多くの人々の「独立の精神、自由の思想」はマルクスを介してのものであり、陳寅恪《ちんいんかく》〔4〕の「独立の精神、自由の思想」が主に「湘郷〔曾国藩《そうこくはん》〕〔5〕と南皮〔張《ちょう》之《し》洞《どう》〕〔6〕の間」に由来するということと同じである。しかも、人の知力の発展は理解力と思考力については成年になってからよくなるものであるが、記憶力、とくに機械的記憶力については、成年より少年の時の方が強い。したがって、筆者の「自由主義思想」は時代と社会経験に伴い絶えず深化していったが、「思想的資源」に対する記憶についていえば、後から頭に入ってきたものはどうしても先に入ってきたものを超えることはできない。今日いわゆる「ファッション似非左派」が西洋人による最新の流行語録で人をたたくのをみると、筆者としては「君達はマルクスのことをどれぐらい分かっているのか」と聞きたくなるのである。文章としてはそう書くわけにはいかないが、しかしそのような自信をやはり持っている。

今日に至って歴史を論じる際、「古代史の時代区分」のイデオロギーにこだわる必要性は早い段階からすでになくなっていた。思想史的に見れば、神棚から降ろされたマルクスにおいて、伝統社会についての見方が変化したのも完全に理解し得る。マルクスは当時「共同体」を「人の依存性」の根源とした上で、歴史の進歩を「共同体」の束縛から脱却し、「自由な個性」に向うプロセスとして理解した。そもそも、この理解は啓蒙時代から受け継いだ自由主義思想によるものであり、純粋な史学的論断とはいいがたい。のちにおけるマルクスの認識の変化は、主に晩年にモーガンの影響を受け、「部落」と「氏族」をはっきり区別したことにある。そして家庭から「氏族あるいは部落」へと拡大するという見方を放棄し、「氏族が解体」して家庭ができたと考えるに至った。しかし、これは彼の最終的な結論とは限らない。というのは、晩年に至るまで、マルクスは実際の歴史過程を明らかにしようと試みていたからである。しかし、彼の価値観は早い段階で形作られ、晩年まで本質的変化はなかった。

3　アジア的「共同体」と歴史進歩的史観

「アジア的国家」は地域概念でも「文化」概念でもない。したがって、それはアジアあるいは「東洋文化」に対する差別とはいえない。しかし、歴史的事実を物語る表現でもない。「共同体」の束縛から脱却して「自由な個性」を求めることは、十九世紀におけるマルクスの価値追求の姿勢そのものである。「アジア的国家」は、そのような追求を図るために構築された歴史哲学の枠組みでの最初の段階に過ぎない（それは「共同体」による束縛がもっとも深刻な段階である）。歴史哲学は歴史研究を「指導」する立場にあると考える人もいるが、西洋では「歴史哲学」はどちらかというと、主に哲学のほうで、歴史学ではない。したがって、歴史上でこの歴史段階が本当にあるのかどうかは、それほど重要な問題ではない。肝心なのは、想像上の「アジア的国家」のように苛酷ではないにせよ、「共同体の束縛」が十九世紀のヨーロッパにおいても、やはりマルクスのような人に感じられたということである（現在ヨーロッパの「ニューレフト」はほとんどそのような感覚を持っていない）。「アジア的」段階があるかどうかを深く探究する必要がなく、たしかに実際ある「共同体」問題に注目しなければならない。これは歴史学の問題であり、実証的考察を要する問題である。

ここでいう「共同体」は主に人の「依存性」という意味においてである。マルクスのいう「依存性」は、魯迅の厭う「奴隷根性」に近いものだと筆者は受け止める。ただし、魯迅はそれを中国人特有の「悪習」とするのに対して、普遍主義を信じるマルクスはそれを初期の人類に付きまとうものとした。いわゆる「自由な個性」は、ロビンソン物語のような自助状態ではなく、発達した自由な結社（その理想状態はマルクスの言う「自由人の連合体」）

を特徴とする。したがって、「共同体」から「自由な個性」への変化は、「集団」から「個人」への変化というより、むしろ「集団化される」状態から自由な集団化への変化である。

しかし、「共同体」の形態はじつはきわめて複雑である。マルクスは初期において「アジア」について言及する際、「公社」、「氏族」、「部落」などの「共同体」をはっきり区別しなかった。その後、モーガンやコヴァレフスキーなどの人類学者の影響を受け、後期のマルクスないしエンゲルスは「母系氏族共同体」、「父系氏族共同体」、「農村公社」というようにはっきり区別している。エンゲルスは特に血縁組織としての「氏族公社」と地縁組織としての「農村公社」との区別を強調し、血縁から地縁への変化は大きな進歩だと考えた。地縁まで問題にならなくなるのは、もちろんさらなる進歩の結果である。その後、そのような認識が歪められ、強制手段を使って血縁・地縁関係を解体し、「親しい関係かどうか、どの階級に属するかによって判断する」、「父母より指導者のほうがもっと親しい」というような段階に「発展」してきたとき、もっとも「進歩」的であると考えられた。じつは、強制の濫用こそが、「奴隷根性」の氾濫を生み出したのである。それゆえに、義理人情すら顧みないあの時代において、マルクスが当時想像した「アジア的国家」のあり方に非常に近い状態を見受けることができたのだ。

この本を書いた当時、「共同体」から抜け出そうとする傾向を持っていたが、当時の筆者はその点を意識していなかったので、何度も「宗法共同体」という概念を用いた。それはもちろん、現実にある「共同体」との違いを強調しようとしたためである。「宗法」概念に内包されている血縁の意味合いによって、血縁のアイデンティティは「時代遅れ」ではないかというイメージを与えるのは免れ難い。

東西を問わず、古代の集落には血縁関係と地縁関係がともに備わっており、無理やりに完全に区別することはおそらくあり得ないことなのだ。血縁アイデンティティは人間性に基づくもので、古今東西を問わず存在していた。近代になって、その形が社会のコミュニケーションの発達に伴い、ますます多様化しただけである。血縁と地縁のほかに、教縁（同じ信仰をもつことから教会などを形成する）、業縁（同じ職業をもつことからギルドなどを形成する）、利縁（利益関係から企業などを形成する）、政縁（同じ政見をもつことから政党などを形成する）などさまざまなアイデンティティも現れてきた。その進行のなかで血縁アイデンティティはおのずから弱まっていく。しかし、血縁アイデンティティは地縁アイデンティティより立ち遅れている、あるいは地縁アイデンティティはほかのアイデンティティより立ち遅れているなどとはいえない。強権政治で血縁アイデンティティを取り締まる行為は近代化の結果ではなく、「暴政の秦朝」における法家にすでにしてあった、時流に逆行する行為である。旧式の家父長権や氏族権はもちろん否定すべきものであるが、その理由は血縁や肉親の情を残存させたことにあるのではなく、強権をもって人の自由を奪うことにある。宗族親戚や同姓の人による自由な親睦関係の構築や結社は、どこの近代社会においても自然なものである。たとえば、かつての神権や異端裁判は否定すべきだが、信仰の自由な近代社会でも教会はある。同業者を欺いて商売をし、市場を独占する中世のギルドは否定すべきだが、公平に競争する現代社会においても依然として同業者組合がある。人身を縛り付ける村落と封邑を否定すべきだが、移住の自由がある現代社会にもまだコミュニティがある。「乗るのは楽だが、降りるのはなかなか難しい海賊船」と同じような派閥や民間秘密結社を否定すべきだが、憲政民主の現代でも政党はまだある。奴隷荘園を否定すべきだが、市場経済の現代に企業はまだある。いずれにせよ、旧式の「共同体」が時代遅れのものになったのは、どのような「縁」に属するかに起因するのではなく、強権性をもつ、つまり人の自由を剥奪することに由来しているのである。

十九世紀以来、各国の多くの学者が伝統社会を分析する際に使う「共同体」概念は、通常どのような「縁」かを分けることなく、その全体性（個性への束縛）と依存性（抜け出すことができない）を強調している。この意味において、現代市民のさまざまな自由社団や連合、政縁の党派、利縁の企業、業縁の同業組合、教縁の教会にしても、地縁のコミュニティ、血縁の宗族団体にしても、いずれも「共同体」とはいえない。たとえば、テンニースのいうゲマインシャフト（共同体）は近代「社会」の対置概念である。この概念の中には「小さな」ものは含まれない。たとえばドイツ語の大西洋連合（atlantische Gemeinschaft）、欧州共同体（europaische Gemeinschaft）、キリスト教世界（Gemeinschaft der Glaubigen）というように、じつは巨大な連合の意味を表す言葉として使われている。だが、テンニースが社会学でこの言葉を使用する場合、「顔見知りのサイクル」にも似た小さな集団（「民族（nation）」レベルでの「社会」に比べて）のことを指す。テンニースによれば、「共同体」と「社会」に区別をつける依拠基準はその規模の大小にあるのではなく、両者の性質、すなわち集団の構築論理にある。テンニースの考えでは、「ゲマインシャフト」と現代市民社会の小型組織（コミュニティ、企業、学会などなど）とを区別する本質的な部分は、その全体性、すなわち成員の依存性と人格の非自立にあるのだ。これは近代市民「社会」とその成員の独立な人格に基づいていったものである。

テンニースよりも一層早く、マルクス青年時代の哲学的著述の中で頻繁に用いた「共同体」という言葉（主に用いたのはgemeinwesen、時折gemeinschaft）の意味は比較的広いものである（古代の共同体も触れたし、「市民社会は共同体である」との論述もある。家庭・村落・等級は共同体で、国家も共同体であるとか、「人間の本質は人間の真なる共同体にある」など）。たしかに、ここには特定の社会史的意味合いはない。しかしのちに（なかんずく政治経済学と社会歴史についての著作の中で）、この言葉にはテンニース的な社会学的意味が付与された。古代や発達していない段階で形成された人々の依存する集団のことである。マルクスの「共同体」から「市民社会」へというとらえ方は、テンニースの「ゲマインシャフト」から「ゲゼルシャフト」へというとらえ方と似ており、その中に歴史進歩史観のニュアンスが含まれている。

テンニースと異なる点は、マルクスがかかる進歩に対して唯物主義的かつ決定論的解釈を与えているほかに、「共同体」の定義もテンニースのそれよりずっと広いことである。一八五七年の手稿において列挙されている「比較的大きな全体」は、「家庭」、「氏族」、「部落」、「部落の連合」から「アジア国家」にまで及んでいる。マルクスとテンニースの共同体理論は共同体の人身依存性を明らかにしたという点では同じ流れを受け継いでいるといえる。しかし、テンニースの場合は、小さな（直接の人間交際と口承の地域的知識が範囲となる）、「自然に形成した」（主に血縁、地縁的な）共同体である。それに対して、マルクスの場合は、「自然に形成した政治的な」共同体ないし「包括的統一体」のことを論じていた。それは家族から「アジア的国家」まで、また原始的な家長制から中世封建制にまで及んでいる。

4　自由結社と「共同体」

しかし、今日からみれば、近代の自由結社と異なる、拘束性をもつさまざまな伝統的「共同体」の機能は、それぞれ大きく異なっている。もっとも目立つ区別は、血縁や地縁などのさまざまな「縁」のどれに属するかではなく、その内部にあるもの、つまり直接的な人間交際の「顔見知りの共同体」かそれともさらに広い範囲の「見知らぬ人々の共同体」なのかというところにある。テンニースのいう共同体（ゲマインシャフト）は基本的に前者であり、マルクスのいう「部落の連合」、「アジア的国家」は後者である。さらに簡潔にいえば、両者をそれぞれ「小共同体」と「大共同体」と呼ぶことができるであろう。

小共同体は近代の自由結社ではないし、人身依存と個性の抑圧問題も抱えているが、顔見知りないし親族集団として安定しており、温かい紐帯をもつ「情報の対称」や「繰り返しゲーム」に基づく信頼メカニズムを有するため、倫理に支えられるところがより大きい。海外の農民学において、スコットなどのいわゆる「農民道徳経済」もこうした背景から生じたものである。一方、大共同体の見知らぬ人々の間にはそのような紐帯がなく、理性的強制メカニズムに支えられるところがより大きい。

ここで指摘しておきたいのは、大共同体は管理の便宜のために、階層構造（ヒエラルキー）を形成しやすいということである。たとえば郡、県、郷、里など、その中の末端組織は小さな規模なので、成員は互いに顔見知りである。しかし、このような大共同体の末端組織と「小共同体」とは性質上では異なり、前者の運営は倫理ではなく、上からの指令によるものである。さらには、小共同体のアイデンティティを持つことにより大共同体のアイデンティティから離脱するのを防ぐため、人為的に倫理を破壊することもある。たとえば、わが国の古代の法家の「親戚の告発」という主張、劉邦のような同郷の人々が相手にもしないゴロツキ（司馬遷の言う「無頼」）が末端組織の幹部（亭長）に選ばれたこと、またその後の官僚の本籍回避制度、「郷挙里選」[7]が科挙制に取って代わられたことなどは、いずれもその典型である。大共同体が強い状況下では、「道徳経済」がなかなか発達しにくい。ただこの環境が、必ずしも「理性的小農」を造り出せるとも限らない。海外の農民学者による両者をめぐる議論は中国の現実とはあきらかに隔たりがある。

伝統的小共同体は近代的自由社団とは異なるが、それは大共同体が近代市民国家とは異なっているのと同じことである。生活の中のさまざまな小集団は、この分析枠組みの下で三種類に分けられる。小共同体（「道徳経済」）、大共同体のヒエラルキーの末端（「編戸斉民」）と近代結社ーコミュニティ（理性的小農）である。このような区別は、血縁や地縁などの区別よりもさらに重要である。

近代以来、国際学界では小共同体の検討が比較的盛んであった。マリオット、レッドフィールドらは「小共同体」に関する著書を執筆したほか、各国の農村史で取り上げられたさまざまな伝統公社、たとえば、ゲルマンのマルク、ロシアのミール、ユーゴスラビア人のザドルーガ、日本の町なども、いずれも倫理型の顔見知り共同体であり、テンニースのゲマインシャフトもスコットのモラル・エコノミーも同質のものである。ただ、マルクスの共同体概念だけは「部落の連合」や「アジア的国家」なども含む「包括的統一体」である。この見解は、大共同体と小共同体の共通点（伝統性あるいは前近代性、すなわち個性の抑圧）を強調しつつ、近代化のプロセスの本質（共同体の束縛から脱却して個性を解放する、身分から契約へ、すなわち小共同体は自由結社に取って代わられる、大共同体は市民国家に取って代わられる）を浮き彫りにしており、たいへん興味深い。

しかし、マルクスは大共同体と小共同体との差異を弁別せず、特に倫理型の小共同体と行政型の大共同体の末端組織を区別せず、「農村公社」を「アジア的専制国家」の末端組織とみなしたところにその限界がある。事実上、マルク、ザドルーガ、町はいずれも「アジア的専制」の基盤とはなり得ない。というのも、小共同体の倫理共有が発達している場合、それは専制の「大一統」実現の妨げとなるからである。ロシアのミールは強い行政性を持っており（それを「政社合一」と呼ぶ学者もいる）、帝政ロシアを支える機能を果していたが、このような帝国の独裁の程度は限定的であった。のちにスターリンが国家の強制力をもって「全面的な集団化」を推し進めようとした際、比較的結束力の強い村落の農民から激しい抵抗に遭った。他方、「一小二私」の中国農民は、容易に「一大二公」へ転じることとなった。

したがって、独裁の帝国は通常臣民の「アトム化」の上に一元化のヒエラルキーを構築することを好み、小共同体を好まない。同様に、政治上では官僚制を好むが、貴族制を好まない。ヨーロッパ各国の中世において帝国は形成されず、国の近代化は小共同体から抜け出すことを通じて図られたものである。小共同体の束縛から抜け出すために、「市民と王権との連盟」段階を経験した国さえあった。しかし、中国の近代化は「秦制」から脱出することであった。つまり「大共同体」の束縛から脱却することを通じて、専制帝国から市民国家になるプロセスであった。このプロセスのある段階においては、近代型の自由結社のほかに、伝統的な小共同体はある程度活発だったことも理解できる。それは西洋中世末期、王権が一時的に強大だったことと同じである。しかし、「暴政の秦朝」が帝国の一元化支配を強化するため、「反宗法」を行ったのはよくない「伝統」であった。もちろん、筆者は小共同体をもって自由な個性を排除するようなことに反対しているし、宗族を「ポストモダン」組織として近代市民コミュニティに代わるものとするような、最近の「新儒家」と呼ばれる友人たちが鼓吹した主張とは一線を画している。自由な個性の進歩がないまま、小共同体が発展してきて大共同体を瓦解させるだけでは危険だと指摘しておきたい。それは強大な王権が市民社会の発達していないスペインに進歩をもたらさず、かえってスペインを立ち遅れた大帝国にさせたのと同じである。

以上のような新しい認識は初版されて以降のものである。ここで注意してほしいのは、拙書で言及された「宗法共同体」という言葉を理解する際、当時の限界を見落としてはいけない、ということである。

5 「前近代社会」の再認識

拙書の初版が出て以来、一九八九年以後の政治的雰囲気の変化と「新啓蒙」の後退に伴い、「大いなる物語を描こう」という姿勢は後景化していった。わが国の文化生活の中に現れた「ハリネズミが狐に取って代わる」、「思想家は徐々に引退し、学者は奮起する」といった趨勢が見受けられる。歴史研究も次第に零細化の趨勢であった。「関中モデル」を手がかりとした本書を評価した友人からみても、この研究は地方経済社会史のケーススタディの手本となった。実際、一九九〇年代以降の歴史学におけるケーススタディの研究成果をもっと重んじるべきだと思う。それらの成果は一九八〇年代の「思想ブーム」における学術の空疎化を正す作用があるのは確実である。もちろん、「主義」を回避しすぎ「問題」だけを論じるのも、学術の羅列化という道の一途を辿るおそれがある。しかし、わが国の学術史上の「漢学[8]-宋学[9]循環」ルールに従えば、また逆方向に進行していくであろう。

しかし、筆者はこの一九八〇年代の本で、「ケーススタディ」をリードしようという先見の明があったわけではない。本書のサブタイトルは「関中モデルと前近代社会の再認識」であるが、じつは「前近代社会の再認識」に重きを置いたのであり、「関中モデル」についての研究はたんに切り口に過ぎない。筆者は当時ただ地方の個別的な事例の視角から「関中モデル」を研究するつもりはなかった。

「前近代社会」という呼称からは、すでにそれまで流行っていた伝統社会についての見方、つまり「封建社会」ないしそこから派生した「反封建」理論に対して筆者は疑問を抱いていたことがわかる。この理論は小作制度をきわめて強調する。しかも地主を消滅させることと小作制度を消滅させることを「反封建」の核心的任務としたがゆえに、筆者はそれ以降「小作制度決定論」と名づけたのである。土地改革時期に「関中には地主なし」という言い回しが流行っていたこの地域を糸口にしたのも、まさにこのような考えに基づくものであった。もちろん、その時ちょうどそこで働いていたこともあり、資料も容易に入手できたからである。

しかし、筆者は当時言葉そのものには拘っておらず、問題の核心はいかに中国伝統社会の基本的特徴と規則をとらえるか、もし悪弊があるとしたらどこにあるのか、改革するには何をすべきか、というところにある。結局、どの言葉でこの社会を名づけるべきなのかということはもっとも重要な問題ではない。したがって、本書は「封建主義」ではなく、「前近代社会」という言葉をタイトルに用いた。本文の中では頻繁に「封建社会」という言葉を用いた。

本書出版の一〇年後、「封建社会」を疑問視する見方は大きな潮流となった。馮天瑜《ふうてんゆ》〔10〕などの諸氏は、研究書を執筆し、学術界もその潮流に合わせ、ハイレベルな会議が何度も開かれた。改革前の主流な見方がいまだに大きな勢力を持っているにもかかわらず、その見方に疑問を投げかける人も多い。このような疑問は大きく二つに分けられる。

一つは伝統社会をよい社会とみなす、あるいは伝統社会をこの上なく美しいと考える。たとえば、中国の経済はけっして立ち遅れているとはいわず、アヘン戦争直前は世界第一位で、全世界のＧＤＰの三六％を占めていたと算出し、今日のアメリカをも凌駕していたという人すらいる。あるいは、中国の伝統政治は「専制」ではなく、その政治体制は父親の愛のような管理であり、科挙制は近代的な文官制度に相当し、あるいは万歴皇帝は何十年間も朝廷で政務を執らなかったことを持ち出し、どれだけ「自由放任」であったかを説明し、イギリスの女王のやっていたことと同じではないかという人もいる。「国家の権力は県レベルにまでしか及ばず、県以下では宗族に頼る、宗族は皆自治を行い、自治は倫理に基き、倫理は郷紳を生み出す」、基層から国家にいたるまで、父は慈しみ、子は孝養を尽くし、愛情にあふれる大家族のような形で運営されているという。経済はこれだけ進んでおり、政治は専制ではなく、倫理道徳はわれわれの得意とするところであり、人間の欲望が氾濫する西洋はとてもわが国に及ばない。このようにみれば、なぜ清末のわが国の人は西洋に学ぼうとしたかは不可解なことになる。こうして、近年、中国人が西洋に学ぶことはそもそも間違っており、西洋が中国より優れているのはただ武力だけであるという人がいる。中国は打ち負かされてから「近視眼的」になり、「社会ダーウィン主義のロジック」を受容し、「封建社会」という概念はそれらの「西洋中心主義」論者たちが中国に押し付けたものだというのである。

もう一つは上述の考えとは異なり、中国伝統社会の悪弊を否定せず、清末以来の変革の必要性も否定しないが、秦朝以来の中国社会は古代漢語の「封建」という言葉が指し示す西周社会のあり方とは根本的に異なるし、ヨーロッパ中世の「封建主義」と訳された feudalism の状態とも異なると主張する。しかも、清末の変革ブームの初期段階では「反封建」をスローガンとして掲げなかったこと、五四運動以降「反封建」の名のもとでの活動がかえって悪弊を重ねたことに研究者たちは注目している。そこで、伝統社会に別の名称を与えようと訴えた。たとえば、馮天瑜は「宗法地主制社会」と呼ぶべきであると主張した。

以上の二種類の意見はそれぞれ一理あるが、疑問の余地もかなりある。伝統社会はかつていわれるようにまったく暗黒とはいえず、だからといってよい社会かといえば、それはやはり正確ではない。たとえば、アヘン戦争前はわが国の経済は世界の第一位だったという主張がある。主な根拠は明清時代のわが国の貿易の大幅な黒字で、西洋の工業品が「競争で負けた」ので、銀でわれわれの商品を買いに来たのであり、われわれが当時すでに「世界の工場」であったことを証明している。アヘンの陰謀が、この状況を変えた。ただ事実を突き詰めていえば、西洋は銀のかわりにアヘンを用いて赤字を解消させたことは中国に多大なダメージを与えた。とはいえ、銀のかわりにアヘンで支払うことによって、その工業品を競争力にすることができたのだろうか？　しかも、銀のかわりにアヘンで支払うことで、われわれのGDPは減少しない（これだけのGDPがわれわれにとっていいことかどうかは、今日のGDPの急速な成長による利害問題と同じく、別問題である）。したがって、GDPの話に限れば、もし仮にアヘン戦争前にわれわれが真の世界第一位だったとすれば、アヘン戦争以降はなぜ変わってしまったのか。じつは、日清戦争まで、アヘン貿易を除いて、中国の貿易はまだ依然として大幅な黒字であり、さらにはアヘン貿易による赤字も明らかに減少していた。中国のアヘン禁止キャンペーンが失敗した後、自国産のアヘンによって「輸入代替」が実現した。それはアヘン貿易を含むすべての貿易額を黒字状態に戻すような趨勢につながっていた。もし「黒字が優勢にある」というロジックで考えれば、日清戦争までの中国経済は依然として世界一で、西洋の工業品は依然として「競争力がなかった」のかといえば、けっしてそうではない。日清戦争以後、中国が門戸開放するのに伴い、工業も興り、投資品が輸入され、対外貿易がはじめてアヘン貿易に頼らず大幅な入超となり、西洋の工業品は「競争力」を持ちはじめた。ところが、ちょうどこの時期から近代的な経済統計データを取りはじめたので、それによって近代的な基準のもとでの経済成長率を算出することができるようになって、日清戦争から日中戦争前にかけて、この経済成長率が西洋列強に比べてまだすこし高いことがわかった。いままでの見方からみれば、これは当然のことである。中国はもともと非常に立ち遅れているし、このような高い成長率がきわめて低いもともとの数値によるものなので、驚くほどのことではないし、中国の劣勢を変えることもできない。しかし、上述の「新たな認識」からみれば、中国経済はもともと世界一で、このような成長率で中国が落伍するというようなことがはたしてあり得るのだろうか。もしこれが本当であれば、では中国経済はいつ立ち遅れてしまったのか？　日中戦争以後に限られたことであるとでもいうのであろうか？

第二種類の議論の長所は、中国と西洋の伝統社会の大きな差異に注目するだけでなく、いわゆる「反封建」の効果にも疑問を呈し、中国の伝統社会に悪弊があることを認め、改革の必要性を否定しないということである。しかし、中国の伝統社会とは一体何か、その悪弊は一体どこにあったのか、過去における「反封建」の効果がよくなかったことの理由は何か。これらの問題を解決しないまま、ただ称呼を変えるだけでいいというのも疑わしい。たとえば、馮天瑜は「宗法地主制」と呼ぶべきであると主張したが、この呼び方と従来のそれと実質的な区別はどこにあるのだろうか。昔の「中国封建社会」という概念も「宗教」と「地主」という二つの特徴を強調し、「地主」を消滅させることと「宗教」を打破することを「反封建」の二つの実質的な内容としたのではなかったのか。まさかこの問題は、ただ一つの名詞の用法を誤っただけではあるまい。

筆者は、じつはソシュールが言語における「シニフィアン」と「シニフィエ」との間に「任意原則」があるという説を信じている。この説に従えば、人々の言葉が長い時間をかけて定着したものであるということはわかる。「伝統社会」は昔、「封建社会」と一般的に呼ばれていた。現在、多くの人が、古代漢語の「封建」には別の意味があり、西欧の feudalism は中国と大きく異なっていると指摘している。かつての「中国封建社会論者」にしても、唐宋明清が西周のように「邦に封じ国を建てた」と考える人はいないし、当時の中国にヨーロッパの中世的な feud（封邑）制度が存在したと考える人もいない。それとは反対に、当時の「封建」は地主小作制度と定義され、「反封建」は小作制度の廃止を意味し、ヨーロッパの「反封建」の時期に強調された人身依存への反対、市民的権利、自由や財産の不可侵などの近代的原則は乱暴に踏みにじられた。「伝統と徹底的に決裂した」あの時代の中国は、ヨーロッパ中世のあり方ともっとも似ている時代であった。中国人はようやく目覚め、「反封建」や「新啓蒙」の声が再び現れたのである。

ここまで論じてきたように、「封建」という言葉を誤用したかどうかという問題をはるかに超えた高次元の問題が存在するように思われる。実際上、記号としての言葉「シニフィアン」が歴史の進行に伴い、新しい「シニフィエ」を付け加えたり、転換させたりすることは不思議なことではない。「経済」という言葉は古代漢語において「経国済世」を指していたが、これはつまり今日の政治のことである。「権利」は古代漢語において「権勢をもって利益を求める」という意味で、すなわち、今日では権力をもって私利を求めることにあたる。とはいえ、今日において、「経済学」を政治的な権謀術数と理解すべきだとか、「市民の権利を守る」というのは権力で私利を求める人の権利を守ることと理解すべきだと主張する人がはたしてどれだけいるだろうか。逆にいえば、われわれが「封建」の語を用いず、「伝統社会」や「農業社会」や「前近代」などの言葉でわれわれの過去を指すことにしたとしても、いかに過去のことを理解し認識するのかという課題はいまだに残されている。「伝統」はすなわち小作制度であり、小作制度の廃止ないし小作制度の温床である土地の私有化の取り消し、さらにすべての「私有」の残滓を断ち切ることで、「伝統との決裂」が成し遂げられたといえるのだろうか。あるいは、「伝統」はすなわち宗族倫理のことであり、それゆえ義理人情を無視した残酷な闘争や「父よりも母よりも権勢のほうが親しい」という考え方が一部の人々から「反伝統的な壮挙」と見なされたり、一部の人々から「近代的な罪悪」とみなされたりすることは、いずれも「伝統」とは無関係なのだろうか。

本書で取上げているのはそのような問題である。伝統社会とは何かをあきらかにすることができれば、どの言葉で伝統社会を呼ぶかはじつは単純な問題である。もちろんそれは容易なことではない。本書は探究の手始めであり、それ以降に出版した『伝統十論』などの本もこの問題を検討している。ある意味では、われわれの現在の改革は、「われわれはどこから来て、どこへ向っていくのか」という質問に回答を与えるものではないか。

6　関中モデルと「前近代社会」

本書は十年あまり前に出版されたが、実際に執筆されたのは二十年前であり、時代の制約に加えて、本人の愚鈍さもあり、間違いや不足は当然免れられない。ここ数年、本書はかなりの影響力を持っているといえよう。一般的な引用と書評のほかに、「関中モデル」についての博士論文も何篇もあるようである。ただ一方で、本書はかなり大きな論争と批判を呼んでいる。これはたいへん良いことである。われわれの着目した問題が重要であることが確認できよう。しかも、論争そのものが間違いなく問題の究明にも役立つであろう。

筆者の知っている限りでは、胡英澤《こえいたく》氏〔11〕の学位論文『流動する土地と固定化する地権——清代中民国関中東部地冊研究(1)』はもっとも深く考察された力作である。胡は主に本書で引用された関中東部の地籍簿によって得られた結論に対する批評を行った。胡は現地調査を行い、筆者が当時調べた地籍簿を再度調べ、筆者の調べられなかったより多くの地籍簿も調べ、さらに当時の筆者がまったくやっていなかった、関中と川を隔てて向かい合う晋西南の村々の地籍簿も調べた。同時に、地元農民へのインタビューも行った。資料の分量としては、二〇年前の筆者をはるかに超えている。これは筆者にとって喜ばしいことである。

これらの地籍簿を分析した上で、胡は以下のように指摘した。第一に、これらの地籍簿は大体公有の河川敷の資料で、土地所有権の研究資料としては相応しくない。第二に、ジニ係数の数値は筆者の算出したものとは異なり、ほかに筆者が見ていない地籍簿はいくつもあって、しかもそのジニ係数は比較的高くなっている。第三に、筆者が一部の地籍簿に基づいて算出した現地の土地売買の頻度は低かったが、胡がほかの二部の地籍簿に基づいて算出した土地売買の頻度は比較的高い。第四に、胡の結論は以下のとおりである。すなわち、現地の土地関係は「経済要素からより環境や社会から受けた影響が大きい」が、それゆえに状況は特殊である。全体的にいえば、土地所有権は比較的に分散しており、土地の区画は整っているが、川の流れのコースの変動や河川敷の公有、村落の介入などの要素の影響があり、土地所有権は筆者が述べたほどには分散していない。土地売買の頻度はたしかに比較的低いが、筆者の結論ほどには低くない。要するに、これらの地籍簿は別に土地改革前の「関中モデル」が清朝初期に出来たものであることを裏付ける証左とはいえない。

これらの検討は確固たる資料に基づくもので、たしかに問題の解明を大きく推進させた。筆者にできる返答は以下のとおりである。第一に、一部の地籍簿のデータは手で書き写したもので、コピーできなかった。何年も経ったので、再度検証することはできない。胡の仕事は私より緻密なので、その計算結果は筆者より正確なはずである。これは研究の進歩にとって、喜ぶべきことである。第二に、土地売買の「頻度」については時間の概念が必要である。いわゆる「千年田八百主」は、つまり、千年の田地には八百の持ち主がおり、平均的には一年あまりで一回の売買があったということである。「千年」というスパンがなければ頻度の問題は検討できない。胡が挙げた道光・同治年間の二部の地籍簿は売買回数が比較的多いようであるが、ただ売買の時間はいつからいつまでかを明示していない。もしこの二部の地籍簿がいずれも筆者が依拠した光緒一六年下魯坡地籍簿のように（民国年間）まで使われたならば、売買のあった期間は長くなるので、胡の売買回数で計算すれば、この二部の地籍簿から得られた「頻度」は筆者の算出した数値より低いといわざるを得ない(2)。けっして「秦が思ったほどには低くない」わけではない。しかも筆者の使用した地籍簿はまさに胡のいう私有土地を主とする取引頻度の高いと思われる地冊である。胡の挙げた二部は取引頻度の低い河川敷の地籍簿なのに、なぜ秦が取引頻度の高い二部の地籍簿を使用しないのかと胡が疑いを抱くというのは、そもそも辻褄が合わないのではないか。

なぜ使用しなかったかについてもじつは理解しやすい。筆者は館内で当時の大部分の地籍簿の田畝数を書き写したが、貼条〔土地売買を示すための記録〕を書き写すことはできなかった。ただし、その後、何冊かを借り出したことがあるが、その中で貼条があったのは下魯坡地籍簿だけである。それによって、取引データの統計をとることができた。しかし、この一部の地籍簿を証拠として結論を導くというのが、根拠の弱いことであることは否めない。胡がさらに二部の地籍簿を取上げて統計を行い、また筆者の観点を証明していることに対して、感謝するものである。第三に、土地改革前の「関中モデル」がどの時代にまで遡ることができるのかを考える際、たしかに同じ土地・同じ条件での比較が可能であるかという問題がある。関中東部の土地状況は清代の地籍簿にみられる状況とは大差がない。これは胡論文にもみられる。しかし、関中のほかの地域については、筆者は土地改革時の地籍簿しか持っておらず、前の時代の地籍簿はなかった。ここで述べる「比較可能性」は同じ関中地域であるが、その中の異なる地域、異なる条件という状況下での比較となる。相対的な話になるわけで、まったく無いよりはましである。これは歴史研究そのものによくみられる限界である。したがって、もし同じ土地・同じ状況での比較によって、「関中モデル」にみられる特徴の反証となる材料があったら、このモデルを否定する意義があると述べることしかできない。第四に、「前近代社会」の経済的な要因以外の要因が重要であるというのが本書の基本的主張である。「関中モデル」もその論拠として用いられた。共同体の束縛、村落や官庁の規制や「超経済強制」なども本書で検討されたものである。喜ばしいことに、これらの要素について、胡論文はさらに詳細かつ緻密な論述をしている。胡の述べた環境要素は筆者の触れなかったところである。しかし、やはり疑問に思うのは、胡の論述は本書の反証になり得るのかということである。従来、「中国封建社会」の特徴は「土地私有、頻繁に売買する、土地所有権が集中している、地主と小作農との対立」にあるとされてきたが、「関中モデル」こそが、かかる見方に対して反証を示し、自作農と公有地が多いということも反証の根拠ではないのか。なぜ両者を対立的に捉えるのか。

実証面から検討するようなものはほかにも少なくないが、胡英澤氏の論文の右に出るものはない。ここで強調しておきたいのは、「関中モデル」の真の目的は別に独特な地方経済のケーススタディをやろうというわけではないということである。「白い渡鳥」の存在によって、「天下の渡鳥は皆黒い」という通説に反論して、「渡鳥」（「中国封建社会」を指す）の中身を再考したいのである。真摯にこの問題に取り組むなら、この白い渡鳥は少数の特例だというべきではなく、この白い鳥は根本的に渡鳥ではないと主張すべきだろう。――もし土地改革前の関中と中国のほかの地域とはそれぞれ異なる社会で、前者は「革命」を必要とせず、ほかの地域の土地改革後の状況とは同じだといえるなら、「関中モデル」の価値は失われてしまう。

「土地の所有権の集中、地主と小作農との対立」という一般的な叙述には問題があると筆者は考えている。もちろん、土地改革前に、関中のように土地の所有権がきわめて分散している状況もごく稀である。ほかの地域の土地の所有権はそれほど分散はしていないが、非常に集中しているというのは、かなり疑問に思われるとその後指摘したことがある。胡論文において、土地所有権がもっとも集中していると彼が認識している地籍簿を見てみよう。ジニ係数〇・五―〇・六は「中国地主経済説」を否定する趙岡氏のデータに近い。ここで指摘しておきたいのは、性質上では、土地分配（資本分配に相当する）は収入分配と異なるので、収入分配のジニ係数が〇・五―〇・六に達すると、貧富の格差問題が深刻化したということである。しかし、資本分配のジニ係数がこの数値であれば、かなり「平均的」といえよう。このような資本分配と対応する収入分配のジニ係数は通常〇・二―〇・三しかないことは、本書においても論じたところである。

7 呂新雨「農業資本主義と民族国家の近代化の道路——秦暉氏のアメリカ的道とプロイセン的道の論述に反駁する」をめぐり

上述した実証面からの検討と異なり、理論方面からの検討も少なくない。その中で、もっとも興味深いのは、呂新雨《りょしんう》氏[12]の大論文「農業資本主義と民族国家の近代化の道路——秦暉氏のアメリカ的道とプロイセン的道の論述に反駁する」[3]である。これは七万字に及ぶ著作であり、誠に感謝の念を禁じえない。このご高説は、ある重要部門が刊行した『高校社科文摘』に「編集部推薦」の文章として転載された。これによって拙書の知名度も高まり、本当に思いがけず呂氏には「宣伝」のためにご尽力をいただいた。

呂のご高説は完全に「主義」に基づくものである。呂の言葉を借りれば、呂の秦暉への批判は「「三農」問題における『新自由主義』の立場への批判」である。しかし、興味深いのは、呂がこれだけ多く書いているのに、本書の主な内容にまったく触れていないことである。「関中モデル」にも「前近代社会の再認識」にも触れず、呂の批判の集中砲火は「前近代社会」の解体を論じた際に引用したレーニンの「アメリカ的道」と「プロイセン的道」という問題に向けられていた。

レーニンによるロシアの農民問題についての思想的変遷は、彼がストルイピン改革時代に発展させたもっとも典型的な「二つの道」論、とくに「土地の国有化」に関する議論は一体どのような意味なのか、これについて、筆者は金雁と一緒に執筆した著作、およびわれわれ二人それぞれの署名文章や本の中で、多く論じている。もし、呂新雨は金雁への挑戦を目標としていないということで、金雁の本を読まなかったというのならまだ許せるが、しかし、筆者一人あるいはわれわれ二人の署名論著が以下のように挙げられている。『農民学叢書』の中の一冊として、『農村公社、改革と革命——村落の伝統及びロシアの近代化の道（農村公社、改革与革命——村社伝統与俄国現代化之路）』（中央編訳出版社一九九六年）、「レーニン主義――ロシア社会民主主義のポピュリズム化（列寧主義――俄国社会民主主義的民粋主義化）」（雑誌『二十一世紀』、一九九七年、十月革命四〇周年号）と「マルクス主義農民理論の変遷と発展（馬克思主義農民理論的演変与発展）」（もともとは数人による論文集の第一章であったが、その後『伝統十論』の十論の九番目として所収）などである。これらの作品の中には、上述のテーマを正面から専門的に論じたものも少なくない。たとえば、『「アメリカ的道」対「プロイセン的道」――民主革命の新解釈（『美国式道路』反対『普魯士道路』――民主革命的新解釈）』、『「土地の国有化」――一つの「否定」的綱領（『土地国有化』――一個『否定』的綱領）』があげられる。『田園詩と狂想曲』はわれわれが中国農民問題を論じたものである。本書の主題は、ロシア農民問題にあるのではなく、レーニン思想の研究にあるのでもない。本書の中では、上述の二つの問題に関するいくつかの観点に言及しただけであり、「アメリカ的道」と「プロイセン的道」問題はその中の一つである。この「二つの道」あるいは二種類の「分家」方式の問題は、わが国の社会的移行、あるいは経済発展転換理論においてはたしかに重大な意味があるというべきであろうが、筆者の農民学研究においては、とりわけ「関中モデルと前近代社会の再認識」をサブタイトルとする本書においては、ただついでに言及された問題に過ぎず、別に「秦暉の新自由主義農民学の中核をなす観点」というわけではない。呂新雨は、レーニンのこうした思想について筆者と議論をしようとするが、上述したことを対象としないばかりか、さらにはその存在すら知らないかのようなふりをし、ただ関中や中国農民問題に関する本だけを槍玉に挙げる。七万字に及ぶ秦暉に対する批判文なのに、その引用はすべてこの一冊の拙著（本書の外国語版の序文も含めて）からである。この中でレーニンに関連する記述は、大体数百字程度に過ぎないが、呂氏に七万字もの大反論文を書いていただき、過分なご厚誼を賜り恐縮至極である。呂氏のもっとも鋭い批判、全七万字にも及ぶご高説の重点とでもいうべきものは、「なぜ秦暉は故意にレーニンのもっとも中核的な観点（すなわち「土地国有化」）を隠そうとしたのか。今日中国の文脈で解いてみれば、秦暉さんは……のために」云々というもので、その後に続くのは、秦暉がレーニンの観点を隠そうとした「犯罪動機」についての大量の分析ばかりである。なるほど、このような火のない所に煙を立てるような「動機」の分析がなければ、数百字程度の拙文を引用しただけでは、これほどの長文を書くことはできまい。

だが、事実は明白である。結局、秦暉がレーニンの「土地の国有化」の説を「隠そうとした」のか、それとも呂新雨が秦暉によるレーニンの土地の国有化についての大量な解釈と評論を「隠そうとした」のか。もし、筆者の評論が誤りであれば、呂は大いに反論すればいいが、しかし、筆者が故意に隠して論じていないとの誤解に基づく批判に対しては、あまりのことに言葉を失ってしまう。呂氏は、「土地の国有化」について筆者と意見を交わそうとするが、筆者の書いた関連論文を全然読んでいないので、「あなたは隠そうとしているのではないか」といわれても、訳が分からないということになるのである。われわれ史学を学問の出発点とする人であればみな知っているように、先輩たる陳垣《ちんえん》氏[13]は資料について「池を空にして漁をする」ような追究を課した。正直にいえば、これは至難の業である。しかし、文章を書き人と議論する場合、まずは人の論述を理解することが必要である。まず、すくなくとも彼の検討しようとしている問題についての議論を把握しなければならない。これはもっとも重要でありながら、かつけっして難しくはない要請だろう。

この新しい序言の中では、ほかの場で述べたことを繰り返すわけにはいかない。また、二言三言で簡潔に説明することもできない。しかしながら、この七万字の長文に返答することの難しさというのは、その文章の中にはいたるところに常識的誤りが散見されるというところにある。ここでは、何百字かの一節のみを例にとってみたい（以下は引用で、括弧の中は筆者によるコメントである）。

「フルシチョフ政権の七十年代（フルシチョフの政権が七十年代?――秦）、ソ連は再び深刻な食糧不足に陥ったため、フルシチョフはすでに廃止していた配給制度の再開を迫られ、ソ連は歴史上はじめて国外から大量の食糧を輸入するようになった。（これは典型的な『反修正主義』時代の言葉である。フルシチョフ時代の農業の実績はスターリン時代よりも悪く、わが国の農業はスターリン時代よりもよいから、もちろんフルシチョフ時代よりよいのだとすると、これが冗談でなくて何だろう。市場経済が進んでいる国家の基準で見れば、たしかにソ連の農業状況は悪い。しかし、フルシチョフ時代の農業はスターリン時代ないし中国の改革前よりも悪いというのは、口から出任せのプロパガンダに違いない。――秦）……フルシチョフ政権の十年間、コルホーズで働く労働者が報酬としてもらえる食糧は年々減っていた（食糧以外の報酬は？――秦）。というのは、コルホーズの収益は低く、農業物資の値上がりによるコストの上昇が発生し、コストが収益を超えることになってしまったからである。それにあわせて、国の食糧の買い付け量は絶えず増加し、月払いで労働報酬を与える政策は空論となった。（コルホーズでは、給料は月払い方式で支給するとソビエト連邦最高会議が一九六六年に布告した。その時、フルシチョフはすでに辞任していた。この規定は空論となったわけではなく、逆に、収穫に関わらず、一律に月払いで給料を与えたことが農民の生産意欲を下げ、非難を招いた。――秦）それに伴い、大量の農民が都市に流入し、コルホーズの労働者は七年間でほぼ半減した州もあった。これはまさに、農業の衰退による『出稼ぎブーム』の要因となった。（農業の生産率が高ければ高いほど、必要とされる労働力は少ない。呂から見れば、それは「農業の衰退」を証明している。この見方に従えば、生産率のもっとも高い農民の数がもっとも少ないアメリカの農業は、当然ソ連よりもずっと「衰退」している。わが国の改革前に、八〇％の労働力が懸命に食糧問題に取り組んだがやはり解決できなかった。これは当然「農業の繁栄」の証左となる。――秦）一九六三年の食糧の生産高は、戦前の半分にも達していない。（一九六三年の食糧の生産高は、戦前の半分にも達していないだろうか。天下の奇談ではないか。この一節は、ほとんどのセンテンスに致命的な欠陥があり、誤りがあまりにも多いので、読むに耐えない。本来、呂新雨はソ連史についてまったく分かっていなかったといえよう。呂の書いたこの一節は、『蘇聯興亡史論』〔人民出版社、二〇〇二年」の五六二―五六三、六二四―六二七、六九四―六九八頁からの引用である。しかし、この本は「国家重点プログラム」と銘打たれ、中国でトップの出版社によって出されたのであるが、あいにく致命的な欠陥がきわめて多い。専門家がつとに指摘しているように、ロシア皇帝の順序も間違っているし、「ニコライ三世」という笑い話もあった。(4) 呂新雨が引用した頁の内容は専門家でなくても、いたるところに致命的な欠陥があることに気付くはずである。たとえば「一九五四―一九五九年の間、ソ連の農業生産額は平均で毎年七〇%の成長率で増加した」。おやおや！　六年連続でほぼ毎年倍増！　しかも農業！　はたして読者の皆さんは信じるか。呂新雨は玄人なわけではなく、本に書いたことであれば、すべて信じてしまうだけでなく、恥の上塗りのような作業を行い、原著にはない新たな致命的欠陥を創作した。たとえば呂は、ソ連の「一九六三年の食糧の生産高は、戦前の半分にも達していない」という。これはまずい！　一九三二―三三年の間、ソ連の農業は二〇%減産し、八〇〇万人もの農民が餓死した。呂にわずかな常識があるのか。このような大国の食糧の生産高が「二三年前［当時のロシア人口は一九六七年よりずっと少なかった］の半分にも達していない」ことは何を意味するのか、呂は分かっているのか。呂は臆面もなく筆者に「反社会主義」のレッテルを貼っている。しかし、アメリカ人を含むいかなる反共分子といえども、呂のように「社会主義ソ連」を誇張して誹謗することをためらうのではないだろうか。じつは、一九六三年のソ連の食糧生産は災害に遭い減産した［一〇七五〇万トン、一九五七年以降における最低生産高であり、事態はたしかに深刻であった］。しかし、依然として戦前の最高生産高より一〇%余り高く、しかも一九五六までのロシア年間農業生産高よりは低くはなかった。(5) この本の原文を参照すればわかるように、当時のソ連のコルホーズの農民が得ていた実物の報酬は「戦前の半分にも達していない」と述べている。この本が上述の理由でフルシチョフの改革を全面的に否定するのは正しくない。当時のソ連ではコルホーズの農民の報酬の現金化はすでに戦前のレベルを大幅に超えており、当該年の農民の現金も含むすべての報酬は西洋の基準でいえばたしかに低いが、依然としてそれまでの三年、豊年や通常の収入よりも高かった。(6) 戦前を含むスターリン時代よりもはるかに高かった。また、報酬の現金化自体も一種の進歩であった。しかし、本書はさすがにその年の食糧生産高は「戦前の半分にも達していない」というような荒唐無稽なことを捏造したりはしなかった。呂は根拠のない引用をしただけでなく、口から出任せをいって原文を顧みないという、あまりのことに言葉を失ってしまう。——秦）農業の状況は持続的に悪化し、最終的には農業改革の失敗に繋がった。このような改革の失敗は何を意味しているのか。ブレジネフが政権を率いるまでに、ソ連の農業問題はすでに非常に深刻化していた。そのため、ブレジネフは大いに「新経済体制」の推進に努め、コルホーズの自主権をさらに拡大し、農産品の買い付け価格を引き上げ、副業の政策を調整し、集団請負制を整えた。しかも、国家は農業に対する投資を大幅に増加し、大規模な農業補助金を与えたが、農業生産高は上がらないどころか、大幅に下落した。（ソ連の農業はたしかに効率が低く、成長率が下がった、ないし停滞したとはいえるが、生産高の下落を「大幅に下落した」というのは口から出任せである。ソ連の農業生産額は不変価格で計算すれば、戦前の最高値は四九三億ルーブル、フルシチョフ政権時代の一九六一—一九六五年においては平均八二八億ルーブル、ブレジネフ政権時代の一九七六—一九八〇年においては平均一二三七億ルーブルであった。[7] これが「大幅な下落」か？——秦）ソ連の国民経済全体に深刻な影響を与えた、穀物の連年減産（ポスト・スターリン時代において農業の変動が大きかったことはたしかに一つの問題であるが、「連年減産」というのはまったく訳の分からない話である。——秦）は、ソ連が輸入に頼らざるを得ない状況をもたらした」。

このように、七万字の長文に対して一つひとつ返答するのは筆者の能力を超えている。ただし、ただ一冊の拙著で、これほどの反響を引き起こしたことは、その影響力の強さを物語っているだろう。したがって、二十年前に書いた本は、今から見ればきわめて限界のあるものだが、友人のアドバイスを受けて、再版することにした〔二〇一〇年語文出版社からすでに出版〕。歴史を尊重することで、初版の中の主張（その一部分が放棄されたあるいは修正されたにもかかわらず）をそのままにした。同じ志をもつ方々や読者のご批評、ご指正を請うものである。

訳注

〔1〕**趙岡**（一九二九―）黒竜江省生。専門は中国経済史。主著に『中国伝統農村的地権分配』。

〔2〕**趙儷生**（一九一七―二〇〇七）山東省生。歴史家。主著に『中国土地制度史』。

〔3〕**丁学良**　安徽省生。香港科技大学教授。主著に『共産主義後與中国』。

〔4〕**陳寅恪**（一八九〇―一九六九）江西省義寧（修水県）出身。歴史家。主著に『唐代政治史述論稿』。

〔5〕**曾国藩**（一八一一―一八七二）湖南・湘郷（湖南省湘郷県）出身。清末の政治家。字は伯涵、号は滌生。太平天国軍に対抗するための湘勇を編成して天国軍討滅に活躍。洋務運動の指導者として著名。『曾文正公全集』（一七四巻）がある。

〔6〕**張之洞**（一八三七―一九〇九）直隷（河北省）南皮出身。清末の政治家。洋務運動を推進、また義和団事件後、李鴻章とともに清朝の重臣となった。

〔7〕**郷挙里選**　漢代に行われた官吏登用制度。地方長官が郷里の評判を聞いて候補者を推挙するもの。

〔8〕**漢学**　宋・明の性理の学に対して漢・唐の訓詁《くんこ》の学。清の恵棟・戴震らが称え、考証学の基礎をなした。

〔9〕**宋学**　北宋の周敦頤・張載・程顥らが、陰陽五行などの伝統的観念や、老荘の学、仏教の哲理や世界観をとりこんで儒学を新しく体系づけ、南宋の朱熹が集大成。漢・唐の経学・訓詁学に対して、理学・性理学・道学ともいう。

〔10〕**馮天瑜**（一九四二―）湖北省生。武漢大学教授。専門は明清文化史。主著に『明清文化史散論』。

〔11〕**胡英澤**（一九七三―）山西省生。山西大学准教授。専門は中国近代社会史・華北地域社会史。論文に「流動的土地與固化的地権――清初到民国関中東部地冊研究」（『近代史研究』第三期、二〇〇八年）。

〔12〕**呂新雨**（一九六五―）華東師範大学教授。主著に『郷村與革命』。

〔13〕**陳垣**（一八八〇―一九七一）広東省新会県生。一九五六年中国科学院歴史研究所第二所所長などを歴任。元代史の権威。

原注

（1）『近代史研究』二〇〇八年第三期。

（2）道光八年の趙渡鎮の地籍簿を例にとってみれば、もしこの地籍簿は土地改革前まで使用されたなら、すなわち一二二年（一八二八―一九四九）の間に、売買された土地はすべての土地の一五％に過ぎない（胡論文のデータによる）。年間取引率は〇・一二％に過ぎない。すなわち平均的にいえば、毎年一〇〇〇の土地の中の一つが売買され、あるいは一つの土地の売買の頻度は八一三年に一度という計算になる。これは「千年田八百主」という説とはかなりの開きがある。下魯坡地籍簿の例と比較しても、取引の頻度はさらに低い。

（3）編集責任者李陀・陳燕谷『視界』第一三輯、河北教育出版社、二〇〇四年。

（4）北京大学の劉祖熙教授の人民出版社宛の書簡を参照。

（5）編集責任者李仁峰『蘇聯農業統計資料匯編』農業出版社、一九八一年、一三五―一三七頁。

（6）編集責任者李仁峰『蘇聯農業統計資料匯編』農業出版社、一九八一年、二八九頁。

（7）A・M・プロホロフ編『蘇聯百科手冊』山東人民出版社、一九八八年、二六一頁。

初出

秦暉、金雁『田園詩與狂想曲――関中模式與前近代社会的再認識』語文出版社、二〇一〇年（序言）。

中国における憲政への経路とその限界

張千帆
徐行訳

はじめに

周知の通り、法律と法治を同一視してはならないように、憲法と憲政も混同してはならない二つの事柄である。一九七八年から始まった経済と法治改革の三〇年の間に、異なるレベルの立法者が多くの法律、法規および行政規則を制定した。しかし、中国は今でも如何にしてこれらの法規範に実行性を持たせるのかという問題に直面している。一九八二年憲法[1]について言えば、理念と現実との間のギャップが殊更に大きい。なぜなら、民法、刑法ないし行政法は、訴訟を通じてある程度の実効性を獲得できるが、「国の根本法」だけが、訴訟で取り上げられることがないため、司法レベルでの実施が未だに実現されていないからである。その結果、中国は長期的に「憲法はあれども、憲政はない」という状態に置かれている[1]。

このような現象を引き起こした原因は多方面にわたっている。司法審査制の欠如はもっとも明らかで直接的な原因であるが、あくまでも表面的な原因に過ぎない。それが分かっているなら、なぜ憲法の実施にとって効果的な司法審査制を設けないのだろうか。少なくとも、二〇〇一年に最高法院が斉玉苓事件[2]に対する批復[3]の中で憲法の適用を初めて認めて以降、憲法学者たちはずっと司法審査制の必要性と実現可能性を議論してきた。しかし、それもあと一歩のところで失敗に終わってしまった。実際のところ、斉玉苓事件の後に憲法を適用する事例が一件もないどころか、斉玉苓事件批復そのものの効力にも二〇〇九年に最高法院自身の手によって終止符が打たれた[2]。斉玉苓事件批復の「短い寿命」は、司法審査制の欠如自体は憲法制度に存する欠陥の表れであって、その根本的な原因ではないことを明らかにした。このような制度上の欠陥を是正するには、数名の進歩的で、善意で、ひいては進取の気性に富む裁判官または行政官に頼っていては、到底不十分である。もし司法による審査が憲政の実現にとって必要不可欠であって、しかも憲政が保護かつ促進しようとしているのは「もっとも広範な人民の根本的な利益」であるなら、「人民自身」こそが憲政の進歩を推進する原動力となるはずである。(3) 法治国家においては、人民は日常的な「非憲政的な場面」で有効な憲法制度を使って自分自身を守れるが、(4) このような制度が確立されるまでは、頼れる制度がなく、ほかに選択肢がないため、人民は往々にして自分の身体を張って、ひいては命がけで基本的な生存権を守らなければならない。

本稿は二つの経路に沿って、近年中国で起きている憲政の発展について、整理と分析を行う。一つは斉玉苓事件をシンボルマークとする政府側の公式経路である。ただし、それ自体がすでに二〇〇八年に最高法院が当該事件の効力を否定したことによっておだぶつになった。もう一つは孫志剛事件(4)をシンボルマークとする民間経路である。民衆が初めてインターネットといったメディア系のツールを使って、地方官憲の不当な行為による悲劇に対して激しく抗議し、さらに進んで矛先を、農民に対して強く差別し公民の人身の自由をも制限する収容送還制度に向けた。この経路は困難に満ちているということは容易に予見できるが、二〇〇三年以降、大きな制度上の進展を遂げてきた。本稿はこの二つの経路がそれぞれ遂げた憲政における主な進展を振り返る。そして、その成功と失敗の原因を分析し、最後に憲政の発展における民間経路の内在的な限界を指摘する。もし国家の制度的な構造があらゆるレベルの官憲に憲政が少数の既得権益者に対する脅威であって、すべての人々に対する権利保障ではないと認識させるなら、憲法の実施は不可能に決まっている。その場合、憲法に実効性を持たせるには、人民が自ら立ち上がって、自分の権利を守らなければならない。

1　憲法は死んだ。憲法万歳！

憲法規範と現実との乖離は法治国家から見れば不思議に思われるかもしれないが、中国の歴史においては、それは幾度となく起きた現象である。事実上、中国古代の法律または律令の実施に際しても、現代と同様な苦境に直面していた。一説によると、前漢の景帝が一度身体刑〔肉刑〕を廃止し、代わりに鞭打ち刑を採用したが、この人道主義的な勅令は逆に獄卒〔5〕による執行権の濫用によって、かえってより多くの犯人の死をもたらした。皇帝が自ら鞭打ちの回数を減らし、竹鞭の形状と寸法を厳格に規定し、さらに刑の執行過程における執行人の変更を禁止してから、ようやく状況が改善されたと言われている[5]。問題はすべての法の執行について鞭の寸法のように具体的に規定できるわけではない。法が内在的に曖昧性と弾力性を持っている以上、執行官に執行権を濫用する十分な機会を与え、さらに法の本来の意図に相反する結果をもたらすことになる。現実における規則と書物に書かれている規定とは異なるものである。呉思《ごし》〔6〕の「潜在的なルール」〔潜規則〕という言葉は、中国の法律と現実との間の相違をわかりやすく描き出している[6]。あらゆるところに存在している潜在的なルールは、中国歴史上の各王朝に困惑をもたらしたばかりでなく、ここ三〇年近くの間の法律改革にも困惑を与えてきた。規定と現実との乖離という意味においては、憲法は確かに「死んだ」ように見える。

しかしながら、中国憲法は確かに今「休眠期間」に入っているが、憲法そのものの社会的な意義が失われたわけではない。多くの人が憲法の実施の進展について焦りを感じているが、それは憲法が中国ではただの「見せかけ」であることを意味しているわけではない。たとえ目先のことしか考えない利己的な官憲が憲法を軽視ないし回避する傾向を有するとしても、真面目に憲法と向き合おうとする一般市民がだんだん増えてきていることは紛れもない事実である。憲法は結局のところ彼らの利益を守るために制定されたものである。一人の老人が百人以上の隣人の支持を得て、憲法を手に、開発業者が雇ったヤクザ者による自宅の取り壊しを阻止しようとする感動的な場面は、人民の心の中における憲法の地位を十分体現できるだろう。[7] 確かに、制度的な保障がなければ、ほとんどの人は最終的には自分の憲法上の権利を守れないだろう。この老人も最終的には自分の家を守れなかった。しかし、本稿は主に以下のことを説明したい。たとえ憲法の事実上の影響力が取るに足らないものであっても、絶えず向上している人民の憲法意識は依然として特定の場面において決定的な効果を発揮してきた。

以下の理由に基づき、実施されていない憲法でも公民の権利と利益を守るのに、一定の役割を果たすことができると思われる。第一に、ほとんどすべての政府が自分のイメージに関心を持っている。権威主義の政府も例外ではない。この点について、証明するまでもないと思われるので、贅言を要しない。憲法を廃棄し、過度に権力を濫用すれば、必然的に人民がひどい目に合う結果をもたらし、さらに社会における大規模な衝突と不満を引き起こす。最終的には、社会がこれらのマイナスなニュースを目にした結果、政府のイメージが損なわれる。たとえ地方政府が汚職や腐敗、集団的な衝突、炭鉱の爆発、環境汚染、食品による中毒事件といった責任問題になり得るマイナスな事件をずっと隠蔽しようとしていても、実際に真相を隠すのはどんどん難しくなっている。事実上、ネット上では、ほぼ毎日のように政府の役人に関わるマイナスな事件が流れている。[8] これだけ頻繁な報道は必然的に中央に対して圧力を形成し、措置を講じて自身のイメージを守るよう促す効果をもたらす。

第二に、政府の役人は私利私欲だけのために動く利己的な動物ではない。たとえ役人が直接選挙によって選ばれているわけではないとしても、彼らは完全に一般大衆からかけ離れているわけではない。なぜなら、いかなる政権でも一定のメカニズムを通じて自身の血液を更新しなければならないからである。例えば、古代中国では科挙制度が、庶民生まれで経典を熟読している一部の若者を統治階級に送り込み、微弱ながらも、政府と社会との間のつながりを維持してきた。今日、中国にも似たような手続きが存在していて、学界やビジネス界といった職業集団から有能な人材を吸収できるし、重要な法律や規則といったもの自体が政府と学界による共同作業の成果であることは言うまでもない。しかも、学者は一般市民よりも、法治の先進国におけるガバナンスの経験に詳しい。今でも中央政府と社会におけるエリート層が、憲法と法律の改革を推進する主要な力であることは否定できない。実際のところ、確かに安徽省鳳陽県小崗村の農民一八人が一九七八年に密かに契約を結び、「人民公社」による束縛を打破したが、共産党第一一期三中全会が小崗実験の合法性を認めて初めて全国的に経済改革が展開されるようになった。(9) 一九八九年に行政訴訟法が初めて「民が官を訴える」ことを認めたとき、ほとんどの一般市民はまだ「行政訴訟」という言葉すら聞いたこともなく、いわば政府が自ら進んで当該法律を制定し、自分自身の自由裁量権を制限しようとした。一九八二年憲法自体も憲法の専門家によって構成された委員会が起草したものであって、(10) 四回にわたる憲法改正において、少しずつ私営企業の合法的地位と平等地位(一九八八年と一九九三年)、法による行政と法治国家(一九九九年)、人権と私有財産の尊重(二〇〇四年)といった基本原則を取り入れた。憲法におけるこれらの進歩も政府と学者による協力と努力に依るところが大きい。二〇〇七年に国務院が「情報公開条例」を公布し、各級の政府は公開透明の原則を順守し、各地方の災害情報を公表しなければならないと規定し、故意に事故を隠蔽するといったような違法行為に対する処罰をも規定した。(11) したがって、政府の利己性は必ずしも政権党の内部に憲法と法律を実行する原動力がないことを意味するわけではない。逆に、中国ほどの広さがあれば、中央であれ地方であれ、有能かつ開明で、責任感を持って国の法治を促進しようとしている役人が決して少なくない。(12)

第三に、確かに政府は自ら制定した憲法と良い法の施行段階に差し掛かると一気に消極的になるが、これらの法律が完全に効力を失うわけではない。ただ、実際の効力が法治国家にとって受け入れられないほど大きく割り引かれると言うべきである。ただし、どんなに微々たるものであっても、これらの法律は確かに一定の効果を発揮してきた。たとえ法律がちゃんと実施されていないとしても、これらの法律の存在自体が少なくとも権利侵害を受けた人民に道徳的な力を提供し、中国社会にはっきりと公権力濫用の間違いを認識させた。特に近年では、民間における憲政と法治意識の台頭に伴い、人民はますますはっきりと憲法または法律規範と彼らの実際の利益との間の関連性を認識するようになり、意識的に憲法と法律を使って自分自身を守るようになってきた。老人が憲法を手に強制立ち退きに抗議する物語はその中の一例に過ぎない。似たような境遇を持つ多くの個人と家庭が、次々と法的な手段を使って公権力による行為に戦いを挑んだ。二〇〇七年の夏、「物権法」が採択された直後、重慶市の「史上最強の居座り」が公共の圧力に晒された地元政府を否応なしに屈服させ、満足できる金額の立ち退き料を獲得した。したがって、中央政府が進歩的な憲法修正案と法律を公布すると、新しい規則の実施に関わる圧力がそれに伴って生まれる。まるで政府と公民との間に新しい契約が締結されたようなもので、契約違反は一般的に受け入れられないと認識されている。新しい法律は必ずしも有効な実施メカニズムを有しているわけではないが、中国社会の道徳的な共通認識を表している以上、一般的にはもと来た道を戻ることは許されない。したがって、新しい良い法がいったん採択されると、政府はまるで一方通行の道に入ったようになる。今日では、いかなる統治者もメディア、学者、および社会全体による強い反応を引き起こすことなく、憲法に規定されている人権や法治、私有財産といった普遍的に擁護されている条項を削除することはできない[13]。いかなる為政者も、行政訴訟や情報公開、手続きの正義といった公民に対する法的保障にとって至って重要だと一般的に認識されている制度または原則を取り消すことはできない。逆に、その能力の範囲内でこれらの規定と制度をきちんと実施しなければならない。きちんと実施しなかった場合、政府はすなわち果たすべき責任を果たさなかったと思われる。

この意味においては、憲法とその修正案は「死んだにもかかわらずまるで生きているよう」であって、今日の中国社会にとって掛け替えのない重要な役割を果たしている。

2 公式経路の盛衰

憲法の実施を推進する原動力は民間から来ることもあれば、政府から来ることもある。民間憲政の経路と比べて、政府による公式経路はコストが低い上、より効果的であるが、持続性に欠けるといった根本的な限界がある。二〇〇一年の斉玉苓事件は法学界ではだれもがよく知っている事件であって、贅言を要しないと思われる。最高法院の能動的な動きは法院が憲法を適用するという可能性を暗示しただけでなく、学界と社会の情熱をも大きく引き出した。ところが、その後の展開は楽観的な希望を維持できるものではなかった。法院は積極的な措置を取って、「憲法第一案」の基礎の上で実行可能な憲法権利体系を構築するどころか、消極的に憲法の適用を避けてきた。実際のところ、二〇〇一年以降、中国ではいわゆる「憲法案例」は一件も現れなかった。もちろん、それは中国において、憲法問題に関する進展が一切なかったことを意味しない。近年では、一部の平等権に関する訴訟において、原告が法院の内外で勝利をおさめる例も見られる。ただし、これらの事件の中には、憲法に基づいて判決が下された例はたったの一件もない。

例えば、二〇〇四年の「B型肝炎差別第一案」の中で、安徽省は公務員試験でB型肝炎ウィルス保有者の採用を拒否したため訴えられた。原告張先著は公務員の採用基準が自分の公職に就く平等な権利を侵害しており、憲法三三条が規定した「公民が法の下で一律平等である」という原則に違反したと主張した。蕪湖市中級法院は原告勝訴の判決を下し、採用拒否の決定が「証拠不足」で違法だと判示したが、憲法問題を完全に避けてしまった。

実際に、安徽省高級法院行政庭の庭長はどうやら平等条項が法適用の誤りにしか適用できず、法律そのものには適用できないため、憲法を適用してはならないと考えているようである。[14] 一九八二年憲法が制定された当初、中国の法学界には確かにこのような保守的な解釈を堅持する人もいたが、少なくともここ二十年の間に、この考えはとっくに捨てられたのである。この判決は当事者の平等権を守ったというより、むしろ中国の一般的な法院が憲法を適用する基本的な責任感と知識の蓄積に欠けていることを露わにした。

実際には、いわゆる「憲法の司法化」は誕生してすぐ夭折した。ところが、最高法院の新しい院長はどうやら司法化が「有名無実」になってもまだ不満足である。二〇〇八年の末、最高法院は下達した通知の中で正式に斉玉苓事件批復の効力を失わせたが、それに関する適当な理由すら付け加えなかった。[15] 後になってみれば、斉玉苓事件の夭折は少しも驚くに値しないことであった。当時この事件の批復を担当した黄松有氏の失脚がまさにその伏線となった。[16] 憲法の司法化によって開かれた憲政の公式経路も、役人の転落とともに閉ざされてしまった。

斉玉苓事件批復の盛衰は、司法改革という大きな背景の中で理解することができる。[17] 一九九九年に始まって以来、野心的な司法改革は過度に政治化した法院の職業化を図り、中国の裁判官を「本当の意味での裁判官」に変えようとした。[18] 今から考えると、司法改革は確かに中国司法の政治的な外観を変えた。軍服、肩章と硬いつば付き帽子が法服と木槌によって取って代られた。しかし、裁判官の考え方には根本的な変化が見られないようで、何よりも重要なことに、法院内部の権力構造と外部の司法環境がほとんど変わっておらず、特に政府と司法との間の支配関係が一切変化していない。裁判官は院長の指導の下に置かれていて、院長は地元政府の指導の下に置かれている。司法全体の構造が高度に政治権力に依存しており、政治による干渉には全く抵抗できないため、事実上、憲法一二六条が規定している「人民法院が独立して裁判を行い、行政機関と社会団体による干渉を受けない」という要求を実現できない。始まってから一〇年以上経った今、疲弊しきっているように見える司法改革はもはや前進する動力をなくし、方向を見失って、再び分かれ道に差し掛かった。一〇年前、司法改革は職業化という共通の目標を目指していた。一〇年後、最高法院は逆に少数の学者と結託して「司法の大衆化」を提唱し、ひいては延安時代の「馬錫五モデル」に逆戻りしようとした。実際には、この道に沿った「改革」は本当の意味で「人民」により大きな作用を発揮させるどころか[19]、逆に司法の威信と職業化をさらに弱め、司法の政治化を加速させ、司法に一層大きな不公平をもたらすことになる。

中国における司法改革のマクロな趨勢と斉玉苓事件批復の個別的な運命は、民間の意識と支持が欠乏する限り、憲法と法律の明文規定は「休眠」の状態を維持し、実質的な作用を発揮できないことを証明した。結局、現代憲法の核心は広範な人民の基本的な権利に対する保護であって、憲法による権利保障は人民が自ら前面に出ている場合にのみその効力を発揮しうるのである。社会に大きな反響を引き起こした孫志剛事件と違って、斉玉苓事件の夭折は法学の世界でちょっとしたさざ波を立てたが[20]、より広範な社会の中で何らかの議論を巻き起こすことはなかった。司法改革は確かに法学界の内部で絶対的多数の支持を得たが、最高法院の前院長と少数の法学者の推進の下で猪突猛進していただけであって、民衆による広範な支持を獲得したわけではなかった。人民の支持がなければ、進歩的な意義を有する改革が既得権益による強力な抵抗に遭遇すれば、必然的に失敗してしまう。

3　孫志剛事件と民間憲政の勃興

斉玉苓事件が体現した司法における創意工夫は、制度改良における政府側の努力を表している。このような努力は極めて珍しいばかりでなく、人民の覚悟と支持がなければ維持し難いものである。しかし、それは過去三〇年の間に中国が何ら憲法上の成果もあげていないことを意味しているわけではない。億万の農民を収奪する「人民公社」の廃止から、農民の基本的な自由を認める生産責任制の導入、収容強制送還制度の廃止、農民を半世紀以上にわたって農村土地に縛ってきた戸籍制度の改革に至るまで、中国の人権状況は改革開放以来、大きく改善された。何よりも重要なのは、これらの改革を推進した原動力は少数の進歩的な役人ではなく、憲法が保護する普通の老若男女である。

中国の民衆が憲政を推し進める経路における最初のシンボル的な事件は、斉玉苓事件の二年後に起きた孫志剛の悲劇である。ただし、前者と違って、孫志剛事件は持続する制度上の影響を生み出しただけでなく、民衆、メディア、中央および地方政府が協同して権利保障に努めるというモデルを作り出した。二〇〇三年の孫志剛事件は広州市の収容所で起きた公権力の濫用による悲劇である。その後、メディアによる報道を通じて、その影響力があっという間に全国に及んだ。民衆はメディア、特にネットを通じて孫志剛個人の悲劇に対して、強い社会的な同情を表すとともに、加害者に対して強い道徳的な憤慨を表した。さらに、青年法学者が全国人大常務委員会に意見書を提出するという出来事を通じて、公衆の視線を悲劇の制度的根源である収容強制送還制度およびその根底にある戸籍制度に集中させた。最終的には、社会による抗議が中央の上層部の注意を引き、自身のイメージと統治の正統性を維持するために、中央は地方に過ちを正すよう指示しただけでなく、迅速に断固たる措置を取って強制的な収容送還制度を廃止し、自主的な救助制度を導入した。

孫志剛事件は自由を剥奪し、農民を差別する悪法に終止符を打っただけでなく、中国の法制度に重要な影響を与えた一連の公民による権利保護運動を触発した。その中には、いまだに存続している都市と農村の二元戸籍、(21)労働矯正、刑事の正当手続きと死刑の審査、(22)農村における土地収用と都市における立ち退きといった問題に関する制度改革が含まれている。実際のところ、これらの改革のほとんどは本質上孫志剛事件と同様な過程を経験しているため、「孫志剛モデル」の産物だと言える。孫志剛モデルは連続した三つの段階に分けることができる。

一つ目は旧制度が引き起こした悲劇がメディアによって披露されることである。二つ目はメディアの報道が社会による強い抗議を生み出すことである。三つめは社会における反響が中央に衝撃を与え、過ちを正す措置を取り、ひいては旧制度を廃止して新制度を形成するよう促すことである。少しも大げさな話ではないが、二〇〇三年以降の中国における権利保護運動は基本的に「孫志剛モデル」の通りに展開されてきた。そして、中国社会の基本的な権力構造と政治運営のメカニズムが変わらない限り、中国的な権利保護運動は孫志剛モデルから脱却できない。

二〇〇九年の年末に起きた唐福珍事件〔7〕は孫志剛モデルの最新の注釈となり、新しい都市立ち退き制度の誕生を促すきっかけとなるかもしれない。一九九〇年代以来、中国は都市化と都市改造のプロセスを加速させてきた。土地の公有制、制御されていない地方の公権力と公正な補償原則の欠如が、地方政府に過度の土地収用と過度の開発を行う巨大な原動力を与えた(23)。公正な補償がなければ、財産の収用は必然的に公民の基本的な生計を剥奪し、大量の陳情を生み出し、かつ集団的な暴力衝突を引き起こす最大の原因となる(24)。二〇〇四年の憲法改正も、二〇〇七年の物権法も私有財産の尊重を表明したが、いずれも公平な市場価格を基準とする公正な補償を明確に規定しなかった。法律に欠陥がある上、憲法の「牙が抜けている」ため、地方政府が恣意的に都市立ち退き管理条例を利用して公民の財産を剥奪する授権行為を行ってきた(25)。二〇〇九年十二月二十三日、非人道的な都市立ち退き制度がついに唐福珍焼身自殺の悲劇を生み出した(26)。しかも、孫志剛事件よりさらに一歩進んで、携帯電話で録画された焼身自殺の現場のビデオがすぐネット上に拡散して、大きな社会反響を引き起こした。北京大学の五人の学者が全国人大常務委員会に意見書を提出し、都市立ち退き条例の廃止を要求した後、国務院法制辦公室〔8〕は公衆からの圧力に直面して、迅速に都市立ち退き条例の改正手続きを始め、速やかに意見徴集草案を公布した(27)。ところが、土地収用と立ち退きは直接地方の「土地財政」と関わるため、正式な改正草案はなかなか公布できない。

収用強制送還と違うところは、古い立ち退き条例は授権によって補償を低くし、さらに強制立ち退きを通じて膨大な既得権益の集団を生み出した。したがって、その改正は必然的に地方政府による強力な障害に直面するため、非常に困難である。(28) 法制辦公室は一度公正な補償を規定し、「公共の利益」の範囲を厳格に画定するという意向を表明したが、人民が直接参加できない中央と地方との綱引きの結果はなかなか予測できない。ひっきょう中国の地方政府はほとんどの中央の法律と政策を実施する重責を担っており、どれだけの実効性を持たせるのかに関して相当大きな自由裁量権を持っている。孫志剛モデルが土地収用と立ち退きの分野でどの程度の成果を挙げられるかについて、まだ結論は出せない。

4 孫志剛モデルの内在的な限界とその超越

斉玉苓事件がスタートさせた憲法の司法化の試みは槿花一日の栄(9)であったが、中国の憲政は依然として孫志剛事件が切り開いた民間経路に沿って発展し続けている。二〇〇三年の孫志剛事件から二〇〇九年の唐福珍事件に至るまで、中国の憲政はこの極めて困難で複雑な道の上でふらつきながら前進してきた。それに対する本稿の評価は全体的に楽観的であるが、孫志剛モデルが引き続き中国の憲政改革をけん引し、少しずつ悲劇を引き起こす制度的な根源を取り除けるかに関しては、なお前途不明で、不安要素がたくさんあると思われる。

(1) 孫志剛モデルの内在的な限界

たとえ孫志剛モデルが現在の制度環境の下で運用され続けても、その限界は一目瞭然である。まず、憲政制度の進歩の代償は極めて高い。特に各種の社会悲喜劇と集団的な事件がひっきりなしに起きている状況下において、十分な公的影響力を生み出し、中央に行動するよう促せるのは、一般的に人命に関わる驚天動地の大事件でなければならない。孫志剛も唐福珍も旧制度の犠牲者である。彼らは自分の命で中国の制度改良の道を切り開いた。これほど人の心を震撼させる悲劇でなければ、中国公衆の良識を刺激し、限定的な制度改革をもたらすことはできない。実際には、人々はすでにいたる所にある汚職と腐敗に対して動じないようになっており、見れば驚くはずの会計監査の底なし沼に対しても「醜いものを見すぎて疲れた」という状態に陥っている。社会悲劇に対する中国民衆の受忍限度も、それと同じように各地における各種の悲劇の頻発とともに向上していくのであろう。今日または近い将来におかれた場合、孫志剛ないし唐福珍事件も必ずしも当初のような大きな波を引き起こせるとは限らない。

そして、孫志剛モデルの結果はとても不確定なものである。この点に関しては、このモデルの紆余曲折した進め方を見れば理解できると思われる。まず人の心を震撼させる事件が必要で、かつ事件の真相はメディアによって広まり、十分に強い社会的な反響を引き起こさなければならない。その上、最終的には中央に衝撃を与え、関連分野の制度改良を促す可能性がようやく生まれる。しかも中央の政策は悲劇を引き起こした特定の政府または部門の行為を正さなければならないし、全国各地各級の政府がそれを貫徹して実行することを保障しなければならない。事件が発生し、社会的な影響を生み、中央の改革を促し、地方によって実行されるという長い流れの中で、如何なる段階における障害も改革全体を阻害する連鎖反応を引き起こせる。悲劇的な事件は今の制度環境の下では決して珍しいことではないし、ひいては毎日起きていると言ってもいい。ところが、社会的な悲劇と集団的な事件の経常化こそが、人民と政府の「適応」、疲労、ひいては麻痺を引き起こしつつある。また、メディアの報道は地方政府によって抑圧される場合がある。陝西省渭南市の警察が北京に赴き、地元の移民問題を上層部に伝えるために上京した作家謝朝平氏を逮捕した事件はその一例である。(29) そして、中央政府は改革の時期がまだ来ていないと感じたり、地方の圧力の前で躊躇したり、形だけの改革の姿勢を示すことで世論を落ち着かせたりして、実質的な改革を行わないかもしれない。たとえ旧制度に対する実質的な改革が行われたとしても、中央と地方との綱引きでよく見られる「上に政策あり、下に対策あり」という現象に遭遇するかもしれない。地方政府が中央と「かくれんぼう」をしてしまえば、新制度が人民にもたらす恩恵の実効性を確保するのは困難となる。

実際のところ、孫志剛事件や唐福珍事件のずっと前から、収容強制送還制度と都市立ち退き制度はすでに複数の死亡事件を引き起こしてきた。しかし、これらの事件は報道されなかったり、または種々の原因で十分な社会的影響を生み出せなかったり、あるいは中央に改革の措置を講じさせるような衝撃を与えなかった。そういう意味では、孫志剛事件が制度の進歩を推進できたのは単なる幸運な偶然である。中央がたまたま収容強制送還制度の廃止について社会と基本的な共通認識を形成し、前漢の景帝が竹鞭を規制するのと同じように、強制的な収容制度を完全に廃止するという明確な措置を取ったため、地方に自由裁量権を濫用する余地をほとんど残さなかった。しかし、その他の分野では、たとえ中央政府が政策決定をしたとしても、改革は必ずしも各地で同様な効果を収めるとは限らない。例えば、佘祥林事件[10]以降、最高法院と最高検察院はいずれも明確に拷問による自白の強要を禁止したが、近年では、各地の留置場における非正常な死亡事件の数は逆に増えた[30]。また、佘祥林事件よりずっと性質が悪い聶樹斌事件[11]は未だに解決されていない[31]。最高法院が明確に再審を要求しているにもかかわらず、河北省の高級法院は再三にわたって自らの過ちを正すことを拒んできた。結局、被害者の家族と弁護士が多年にわたって交渉してきたにもかかわらず、当該事件は未だに前進しておらず、何ら実質的な進展も見せていない[32]。

結局のところ、憲政の前進過程における不確定性は、公民の権利を保障する制度の欠如に由来する。自由民主の国においては、如何なるレベルの政府も主に周期的な選挙を通じて有権者に対して責任を負っている。それに比べて、中国の各級政府は直接に有権者からの圧力による制約を受けているわけではないため、民意に沿った措置を講じる義務を感じていない。たとえ最も明らかな悪法を正す場合であっても、それがうまくいくかどうかは一連の要素の複雑なバランスにかかっている。例えば、政府の役人自身の利益やパブリックイメージ、改革が停滞ないし後退した場合の社会的なリスクなどが含まれている。このように右顧左眄[12]していろいろな要素を考慮することの結果は必然的に不確定で、しかも社会の状況と指導者個人の特徴に応じて変化するものである。公衆が唐福珍事件に対して激しい反応を示したにもかかわらず、都市立ち退き条例の改正は地方政府による幾重もの障害の影響でなかなか進まなかった。最近になって、また立ち退きに起因する焼身自殺事件が起きたため、ようやく法改正のプロセスが動き出した[33]。実際のところ、法改正が動き出したことは都市立ち退きのペースを遅らせるどころか、逆に立ち退きの見通しに対して心配になった地方政府が歩調を速めるよう促した。各地で違法な「突貫立ち退き」が相次ぎ、唐福珍事件以上に悲惨な事件を引き起こした[34]。そして、この種の事件の大多数が農村で起きているという事実は、都市立ち退き条例がたとえ改正されたとしても、農村における土地収用と立ち退きの状況は改善されないことを示している。国務院法制辦公室は同時に農村の土地収用と立ち退き問題も考慮すると表明しているが、農村に関連する法改正のプロセスにはより多くの障害が予想されるため、結果の予測は一層難しい。

最後に、制度改革は政府による抵抗に直面しているだけではない。より根本的な問題は、中国の公衆の一般的な観念は常に現代憲政の原則を受け入れているわけではないということである。刑事分野で起きた二つの事件は我々に以下のことを気づかせた。つまり、役人の腐敗と黒社会に対する民衆の強い憎しみは必ずしも政治の民主化の原動力になれるとは限らない。逆に感情的な司法を生み出し、法治に対する根気と寛容を失わせる可能性がある。二〇〇三年の劉涌事件[13]が刑事適正手続に対する民衆の法意識が不十分であることを示したとするならば、二〇〇九年の重慶の「黒社会撲滅キャンペーン」が生み出した李庄事件[14]は民衆の法治意識がまだ成熟していないことを示した。政治運動の波風に慣れている中国民衆にとって、政治運動式の司法はある種の自然な魅力を有しているかもしれない。半数近くのネットユーザーは調査に対して、法学界では激しい議論を巻き起こした李庄事件の結果を受け入れると答えた[35]。これらの事件は中国社会が生命権や適正手続を条件付きで受け入れているに過ぎないことを示している。公衆は公権力の濫用の被害者、特に弱者層には深い同情を示しているが、メディアによって社会の敵と位置付けられた劉涌や腐敗した役人の弁護を担当する李庄といった人々に対して、公衆は公正な裁判に必要な適正手続を待ち続ける根気を持ち合わせていない。そして、法院はあまりにも弱いため、政治による干渉にも、社会による圧力にもまったく抵抗できないのである。

（2）孫志剛モデルの限界を乗り越える？

孫志剛モデルの主な欠陥は、公衆が受動的に反応する単なる機械と同じで、自分自身が特に注目している社会事件に対して感情的な判断を表明するだけだというところにある。たとえ公衆の反応が実際の効果を生み、中央を触発して過ちを正す措置を取らせたとしても、それは遅れた正義に過ぎない。そもそも孫志剛モデルは公権力の濫用を防止する制度を改善する能力を有しておらず、ただ過ちを正すプロセスを触発するメカニズムである。しかも、このメカニズム自体が予防の視点から見ると必然的に遅れて発動するばかりでなく、公権力の濫用と腐敗によって制約されている陳腐な制度設計が絶えず悪性の強い過ちを生み出し続けることをまったく防げないのである。実際には、中国の公衆でさえも、すでに「醜いものを見すぎて疲れた」という状態に陥っている。数年前に国家審計署の報告が披露した資金違法の現象は各界の人々による厳しい攻撃に晒されたが、今になってもまだ問題が解決されていないにもかかわらず、公衆の興味を引き出すのはもはや難しいのである[36]。まさに中国の諺が言っているように、「刀で水を断ち切ろうとしても、水の流れは止まらない」。根源から問題を解決するためには、人民自らが立ち上がって、積極的に公共政策の決定に参加し、その実施を監督しなければならない。

近年、中国における市民参加にはより積極的な新しい傾向が見られる。具体的には、公民が地方公共政策の決定に対して、より能動的な役割を果たせるようになった。以下では、三つの実例を取り上げる。その内の二つは地元住民が自分自身の健康、安全または生活の質を大きく脅かすかもしれない地方政府の決定に抗議する環境保護活動である。もう一つはB型肝炎ウィルス保有者が地方または政府部門における差別に対して、自発的に組織した平等権を守ろうとする活動である。前述したように、B型肝炎ウィルス保有者は確かに有利な司法判決を獲得し、中央政府が公務員の採用過程におけるB型肝炎差別を廃止するよう促したが[37]、一般的な意味におけるB型肝炎差別はいまだに存在している。例えば、大学入試において、入学前の健康診断は未だに必須とされていて、しかもB型肝炎も検査項目の一つであって、陽性という検査結果は入学拒否の根拠となる[38]。最終的には、益仁平といった非営利公益組織による絶え間ない努力によって、衛生部がはじめて教育と就職におけるB型肝炎差別を廃止する決断を下したのである[39]。しかも、公益組織は法院に訴えを提起することすらしなかった。たとえ時には訴訟が依然として政策の変革を引き起こし、あるいは有利な政策を実施させるための有効な道具として捉えられているとしても、法院が憲法における平等を守るのに頼りない以上、より効果的な方法は往々にして行政部門に直接政策改革を行うよう影響を与えることとなる。

孫志剛事件の四年後、厦門で歴史的な公民による権利保護運動が起きた。数千にも及ぶ厦門の住民が市政府ビルの前で「集団散歩」を行い、市の中心部から七キロも離れていない海滄区にPX工場を建設する決定に抗議した[40]。わずか数か月前に開かれた全国人大と全国政治協商会議において、厦門大学の著名な化学者である趙玉芬教授が一〇〇名以上の全国政治協商会議代表を率いて工場建設に反対したが、成功には至らなかった。逆に、地元政府は反対者に、意見を撤回し沈黙を守るよう要求した。また、国家環境保護総局もプロジェクトに有利な環境アセスメントの結果を公表した。エリートが公式のルートを通じて行った努力が失敗したのを見て、厦門の住民は自分自身の権利を守るために自発的に立ち上がった。携帯電話のショートメールといった方法を使って、自発的に市政府ビル前での「集団散歩」を組織し、結果として政府にプロジェクトを諦めさせた。(41)

厦門における「集団散歩」の後、生活環境に影響する地方政府の決定が全国各地で公民が参加する抗議活動を引き起こした。例えば、厦門事件の数か月後に、上海市の住民が電磁波による汚染を引き起こす可能性があるリニアモーターカーのプロジェクトに対して、同様の行動を起こし、市政府にプロジェクトを中止させた。(42)二〇〇九年、広州市政府が番禺区にゴミ焼却場の建設を計画したが、周辺住民は自分たちの生活環境が破壊されるのを心配して、ゴミ処理の代替計画について議論を展開し、市政府の前で大規模な抗議活動を行った。いろいろと躊躇した結果、広州市政府は市民の多数派が支持した代替計画を考慮することを表明した。(43)これらの事例は、能動かつ積極的な市民参加は、より効果的に政策決定の過程における地方政府による公権力の濫用を制限できることを示した。平等権であれ、環境保護運動であれ、特定の集団はいったん重要な利益が大きく侵害されると、公然と積極的な行動をとって、メンバーの利益を保護し、インターネットと伝統メディアを効果的に利用して、自身の声を大きくする可能性がある。(44)

ただし、これらの市民参加の成功例でさえも、相当な程度において孫志剛モデルと共通する内在的な限界を有している。実際のところ、厦門事件自体が紆余曲折のプロセスを経験しており、(45)後になってみれば、その成功には偶然という要素が大きい。より根本的なのは、既存の制度がその成功を保証できない以上、厦門モデルは必然的に予測可能性と再現可能性に欠けることとなる。その成功は、上海や広州といった比較的に「文明が開けている」ところでしか再現できない。そういうところの地方政府は、住民による自由な表現をより尊重し、武力の使用に対してもより抑制的である。当然ながら、如何なる地方においても、同じような尊重と自己抑制が見られるわけではない。PX工場プロジェクトは確かに厦門から追い出されたが、福建省から離れたわけではなく、漳州市へと場所を変えただけである。漳州市政府がプロジェクトを再包装して、同じような市民による集会が起きないよう細心の注意を払った(46)。厦門事件の一年後、ほぼ同様なPX工場プロジェクトが人口密度の高い成都市の「一等地」で着工した。地元住民が厦門の真似をして「集団散歩」を行ったが、結果は真逆であった。成都市政府を説得するどころか、組織者が逮捕されてひいては有罪判決をくらってしまった(47)。孫志剛モデルと違って、厦門モデルは中央による介入を必要としないが、公民による権利保護運動は依然として同様な制度的障害に直面している。

結び——民間憲政の見通し

中国憲政の経験は人民憲政に関するクレーマー教授の主張を裏付けた。つまり、人民が積極的に憲法の制定と実施に参加しなければ、憲法が憲政に転換することは不可能である(48)。マディソンが指摘したように、「人民自身」こそが自由の最も頼りになる守護者である(49)。人民がいったん政治の舞台から降りて、権利保障の任務を完全に政府に委託してしまうと、彼らはすぐ憲法がただの紙切れであることに気付くであろう。実際のところ、このような社会においては、良い法は不公平を正す手段というより、不公平を覆い隠す単なる飾りに過ぎない。司法審査制を構築する中国最高法院の試みが失敗に終わったことは、以下のことを証明した。人民による支持が不十分である以上、斉玉苓事件は決して中国版のマーベリー対マディソン事件にはなれない。憲法は確かに人民の権利保護に一定の役割を果たしているが、本文が示した通り、それには極めて高い代償が必要で、しかも確定性と再現可能性に欠いている。

中国経験は同時に、民間憲政論にも克服し難い限界があることを証明した。規範レベルで言うと、人民は勿論すべての公権力の根源である。政府は単に人民の利益のために権力を行使しているに過ぎない。もし政府が実際にこの基本目的から逸脱しているなら、それは人民の政治参加に関する憲法の枠組みに何らかの問題が生じたに違いない。この漠然としている主張は間違いなく正しいものであるが、人民はどうすれば自分の権利と自由を守れるのかという肝心の問題には答えられない。人民の支持を欠いた司法審査は明らかに力不足であるが、それでも人民が政府による侵害から自分の権利を守るための一つの具体的なメカニズムだと言える。孟子が二〇〇〇年以上も前に指摘したように、「徒法は以て自ら行うこと能わず[50]」、と。だからこそ、我々には道義と制度による制約の下で法律を忠実に執行する政府が必要である。今日の中国の日常公共生活において、孫志剛事件や唐福珍事件、厦門の「集団散歩」といった数少ない成功例も、その他のたくさんの失敗例も一つの共通点を証明している。すなわち、適切な制度による支えがなければ、人民の権利保護運動は必然的に「流れに逆らって舟を進める」ことになる。権利保護のための闘争は困難を極め、代償も高い上、勝利する可能性が極めて低い。人民はあらゆる正義の事業の最終的な原動力であるが、孤立・分散した抗議は目標を実現できないのである。逆に、抗議やデモ行進、集会といった権利保護のための表現方法は、効果的な制度設計によってしか保護されない。特に定期的な選挙、有権者の支持を獲得するために自由に形成された政治団体、異なる権力の中心による相互制約、および政治中立的な機構による司法審査が必要不可欠である。これらの制度は人民による政治と憲法の最高地位を脅かすどころか、憲法体制の下の市民参加に具体的な中身を付与することができる。実際には、憲政である以上、憲法による制約を受けている政府を通じてそれを実現するしかない。したがって、民間憲政は純然たる「民間」のものであるはずがなく、人民による推進または主導の下で実行される憲政の一種である。

憲法から憲政への転換を実現するには、中国政府が人民に対して責任を負い、忠実に憲法と法律を執行することを保障するための制度設計が必要である。最も重要なのは、人民自身が権利保障における憲法制度の役割を認識し、制度の改良に対する自らの要求を形成し、自主的に制度形成のプロセスに参加することである。憲法と法制度は間違いなく人民の利益を守るために設計されたものであるが、人民による積極的な参加がなければ実効性を持たないのである。

訳注

〔1〕**一九八二年憲法**　一九八二年に制定・施行された現行中華人民共和国憲法。

〔2〕**斉玉苓事件**　中学校卒業後、山東省済寧市の商業専門学校に合格した斉玉苓の入学許可証を同級生の陳暁琪が無断で受け取り、斉玉苓の名前を使って入学し、卒業後同市の中国銀行に就職し、計八年にわたって斉玉苓の身分を使ったため、斉玉苓が氏名権と教育を受ける権利が侵害されたとして訴訟を起こした事件。二〇〇一年に最高人民法院は憲法第四十六条第一項の教育を受ける権利に対する私人による侵害行為に対して、憲法の規定を根拠に加害者に損害賠償を命ずる司法解釈を下達し、同事件を扱う山東省高級人民法院が司法解釈に従って、斉玉苓勝訴の判決を下した。

〔3〕**批復**　最高人民法院が下達する司法解釈の一種で、高級法院・軍事法院からの照会に対する回答。

〔4〕**孫志剛事件**　広州市で就職したばかりの湖北省出身の大学新卒者孫志剛が、外出する際に身分証明書と広州市の居住証明書を携帯していなかったため、警察にホームレスとして連行され、後に体調不良を訴えたことにより広州市収容人員救助所に送られ、救助所の中で警備員の一人と同室の八人による複数回の暴行を受けて、ショック死した事件。事件の後処理として、加害者に対する刑事罰のほか、悲劇を引き起こしたとされる都市流浪・物乞い人員収容強制送還制度も同時に廃止された。

〔5〕**獄卒**　囚人を取り締まる下級役人。

〔6〕**呉思**　一九五七年北京市生まれ、中国人民大学中国語学部卒、著名なジャーナリスト・作家、自由派知識人、一九九六年から二〇一五年まで雑誌『炎黄春秋』の執行編集長、副社長、総編集長などを歴任。

〔7〕**唐福珍事件**　成都市金牛区の行政機関による強制立ち退きに抗議するため、建物所有者の前妻である唐福珍が焼身自殺した事件。

〔8〕**国務院法制辦公室**　国務院の行政立法業務を統括し、行政法規・規則の草案を起草・審査する部署。

〔9〕**槿花一日の栄**　物事の衰えやすいことのたとえ。朝顔の花一時。

〔10〕**佘祥林事件**　有名な冤罪事件。一九九四年に発見された身元不明の女性の遺体が佘祥林の妻だと認定され、妻を殺したとして、佘祥林が十五年間の有期懲役刑に処された。ところが、十一年後に、実は単に家出した佘祥林の妻が地元に戻り、生存が確認され、佘祥林が無実であることが証明された。

〔11〕**聶樹斌事件**　冤罪と疑われている有名な事件。聶樹斌は一九九四年に起きた強姦殺人事件の犯人として逮捕され、一九九五年四月二七日に死刑判決が言い渡され、二日後に死刑が執行された。ところが、二〇〇五年に逮捕された別件の強姦殺人事件の犯人である王書金が自分こそ聶樹斌事件の真犯人であると自白し、それを受けて、最高人民法院が二〇一四年に山東省高級人民法院に対して、聶樹斌事件の再審を行うよう指示した。当該事件の再審はまだ継続している。

〔12〕**右顧左眄**　周囲の状況ばかり気にして、自分の態度をなかなか決断しないこと。人の意見ばかり気にかけること。

〔13〕**劉涌事件**　瀋陽市の黒社会を牛耳る劉涌が逮捕・起訴されて、一審で死刑判決、二審で執行猶予付きの死刑判決が言い渡されたが、民衆の不満を背景に最高人民法院が自ら再審を行い、改めて劉涌に死刑判決を言い渡した事件。

〔14〕**李庄事件**　重慶市の黒社会の幹部とされる龔剛模の弁護人である李庄が、刑法第三百六条の訴訟代理人偽証罪に問われて、実刑判決が言い渡された事件。

注

（1）張千帆「認真対待憲法——論憲政審査的必要性与可行性」『中外法学』二〇〇三年五期、五六〇—五八〇頁参照。

（2）「最高人民法院関於廃止二〇〇七年底以前発布的司法解釈（第七批）的決定」法釈（二〇〇八）一五号。

（3）Larry D. Kramer, *The People Themselves: Popular Constitutionalism and Judicial Review*, Oxford University Press (2004).

(4) Bruce Ackerman, *We the People (vol. 2): Transformations*, Harvard University Press (1998), pp. 5-27.
(5)『漢書・景帝紀』、『漢書・刑法志』参照。
(6) 呉思『潜規則——中国歴史中的真実遊戯』（雲南人民出版社、二〇〇一年）。
(7) 包麗敏「政府発出強制搬遷通知書、老人手持憲法進行抵制」『中国青年報』二〇〇四年四月五日。
(8) 二〇一〇年四月十一—十七日のわずか一週間の間に、少なくとも五件もの全国的に注目された重大な事件が起きた。その中には、留置場や労働矯正収容所で起きた人権侵害事件もあれば、安全生産規定の執行について政府の不作為が疑われた炭鉱の爆発事件もある。「湖北両男子拍撮上訪被送精神病院〔湖北省の男性二人が陳情を撮影していて精神病院に〕」『羊城晩報』二〇一〇年四月十一日、「開封労教所学員被『沖涼死』、三人目睹全過程〔開封市労働矯正所の被収容者がシャワーを浴びせられて死亡、三人が全過程を目撃〕」『瀟湘晨報』二〇一〇年四月十三日、「王家嶺鉱難顕然渉嫌涜職〔王家嶺炭鉱事故は明らかに汚職と関連〕」『済南時報』二〇一〇年四月十四日、「唐山労教者『髑髏死』、一・八米重七〇斤〔唐山市の労働矯正被収容者が髑髏ほど痩せて死亡〕」『新京報』二〇一〇年四月十四日、「山東威海看守所一在押人員疑遭針刺死亡〔山東省威海市の留置場にて拘禁中の被疑者一名が針に刺されて死亡した疑い〕」『新京報』二〇一〇年四月十七日参照。
(9)「中国共産党十一届三中全会公報」『人民日報』一九七八年十二月二十四日。
(10) 許崇徳「親歴中国憲法的発展」『人民日報』二〇〇三年十月二十九日参照。当然ながら、学者は政治指導の下で憲法を起草した。「鄧小平親自指導一九八二年憲法的起草」『法制日報』二〇一〇年三月十五日。
(11) 例えば、二〇〇八年九月九日、山西省襄汾県に大規模な堤防決壊事故が起きて、地方の役人が死者数を隠蔽しようとしたところ、国家安全生産監督管理総局による調査を受けた。「山西襄汾潰〔垻〕事故発生瞞報」『南充晩報』二〇〇八年九月十八日参照。
(12) 例えば、中央編訳局は〔中国地方政府創新賞〕を設置し、本当に鋭意改革した幾つかの地方政府を表彰した。http://www.chinainnovations.org/index5.html?no=1 参照。
(13) 例えば、二〇一〇年九月に全国人大常務委員会が「全国人民代表大会与地方人民代表大会代表法」改正草案を公布した。その中には、代表が独立してその権限を行使することを制限しようとする条項も盛り込まれていて、学界とメディアによる広範な議論を引き起こした。最終的な修正案は社会の意見を取り入れなかったが、同時に改正された「村民委員会組織法」は確かに全国人大内務司法委員会が集めた専門家の意見の一部を取り入れた。例えば、基層の幹部が普遍的に村民委員会の任期を五年に統一すべきだと主張したが、改正案は村民委員会の三年任期を堅持した。「村委会組織法修改必須確保農民民主権利」『中国経済時報』二〇一〇年九月二十一日参照。

（14）周偉『憲法基本権利司法救済研究』（中国人民公安大学出版社、二〇〇四年）一〇〇頁参照。

（15）同時に無効とされたその他の司法解釈には簡単な理由が付け加えられている。「最高人民法院関於廃止二〇〇七年底以前発布的司法解釈（第七批）的決定」法釈（二〇〇八）一五号参照。

（16）「黄松有不服将上訴」『新京報』二〇一〇年一月二十九日。

（17）張千帆「転型中的人民法院——中国司法改革回顧与展望」『国家検察官学院学報』二〇一〇年三期五七—六九頁参照。

（18）最高法院前院長肖揚の言葉である。『新華日報』一九九九年十月二十五日参照。

（19）張千帆「司法大衆化是一個偽命題」『経済観察報』二〇〇八年七月二十六日。

（20）例えば、『法学』二〇〇九年三期と四期に掲載された議論を参照のこと。憲法学界の内部でも、この問題について意見がまちまちであって、一致した結論に達することができない。

（21）「南京取消農村戸口」『中国青年報』二〇〇四年六月二十五日。

（22）「佘祥林蒙冤一一載、有罪推定是禍首?」『新京報』二〇〇五年四月十四日。

（23）Frank I. Michelman, Property, Utility, and Fairness: Comments on the Ethical Foundations of "Just Compensation" Law, 80 Harvard Law Review 1165 (1967), p. 1248.

（24）趙小剣「『土地新政』背後的政治経済学」『財経』二〇〇四年二一期九〇—九三頁。

（25）例えば、憲法を手に百人以上の隣人の支持を得て強制立ち退きに抵抗しようとした老人も、最終的には自分の家を守れなかった。包麗敏「北京老人持憲法抵制拆遷追踪——房已被強制拆除」『中国青年報』二〇〇四年四月十六日。

（26）「成都拆遷戸与城管対峙三小時後自焚身亡」二〇〇九年十二月二日、http://news.163.com/09/1202/10/5PH8QC3K00011229.html 参照。

（27）新しい条例の意見徴集稿〔公衆の意見を徴集するために公布した草案〕は確かにある程度の市民参加手続きを規定した。例えば、第四条によると、収用に対する補償は政策決定が民主的で、手続きが正当で、補償が公正であるといった原則に合致しなければならない。

(28) 張千帆「拆遷変法需要人民参与」『中国経済時報』二〇一〇年七月二十八日参照。

(29) 銭昊平「陝西渭南警方進京抓走作家、称其出書渉非法経営」『新京報』二〇一〇年九月一日。

(30) もっとも悪い影響を及ぼしたのは雲南で起きた「かくれんぼう」事件である。「看守所男子死於躲猫猫」『中国青年報』二〇〇九年二月二十八日参照。その他の類似する事件について、「陝西学生受審死亡続、丹鳳県公安局長被停職検査」『京華時報』二〇〇九年三月二十二日、「安徽一七旬疑犯猝死看守所、検方已介入調査」『新快報』二〇〇九年四月七日、「河南青年看守所内死亡、警方称喝開水後突然発病」『重慶晩報』二〇一〇年二月二十六日参照。

(31) 趙蕾＝鄧江波「最高法再審審査聶樹斌冤案列『重案之重』」『南方週末』二〇〇七年十一月八日。

(32) 「男子被執行死刑九年後真凶現身、冤情至今未昭雪」『華商報』二〇〇九年八月五日。筆者がとある著名な刑事弁護専門の弁護士から聞いた話によると、最高法院が積極的にこの冤罪事件の見直しに力を入れなかったのは、河北省の全国人大の代表が人大の会議において最高法院の業務報告に対して反対票を入れることを恐れているためである。普段の「ゴム判」がこのような方法で自分の「民主的」権力を行使するとは、確かに誰にも予想がつかないことである。

(33) 「江西宜黄県強拆釘子戸爆発衝突三人自焚」二〇一〇年九月十二日、http://news.163.com/10/0912/04/6GBTTHNK00011124J.html 参照。

(34) 例えば、「安徽一拆遷公司疑故意毀房逼遷［砸］死八旬老人」『京華時報』二〇一〇年二月十一日、「武漢七旬老婦阻止強拆被活埋致死」『瀟湘晨報』二〇一〇年三月五日、「江蘇東海父子自焚阻止強拆、親属被送至野外看管」『南方日報』二〇一〇年三月二十九日、「四川村民因徴地自焚引発多人聚集、拍撮者被拘」『新京報』二〇一〇年四月二十四日参照。

(35) 趙蕾「李庄案——法廷内外的較量」『南方週末』二〇一〇年一月七日。

(36) 「履審履犯——審計署陥入審計拉鋸戦」『中国工商時報』二〇〇五年九月三十日。

(37) 魏銘言「健康乙肝帯菌者可録用公務員」『新京報』二〇〇四年八月一日。

(38) 一般的には、患者の学籍は約一年間保留される。ただし、その後もし完治しなければ、入学資格が取り消される。

(39) 楊文彦＝程贇「中国将終止入学就業『乙肝岐視』政策」http://news.163.com/09/1229/11/5RMQRFIF00011124J.html 参照。

（40）プロジェクト自体に関する議論について、「厦門百億化工項目安危争議、一〇五委員提案要求遷址」『中国経営報』二〇〇七年三月十六日参照。

（41）『南方都市報』二〇〇七年五月三十一日、六月九日報道参照。

（42）柴会群「磁懸浮電磁汚染国家尚無標準、上海市民『散歩』表達担憂」『南方週末』二〇〇八年一月十六日。

（43）劉剛＝周華蕾「広州――『散歩』、以環保之名」『中国新聞週刊』二〇〇九年十一月二十六日参照。

（44）例えば、益仁平は主にインターネットと非正式に出版されている月刊誌（正式な出版が厳しく規制されている以上）を通じて情報を発信し、反差別の理念を広めようとしている。

（45）「集団散歩」は最初に市政府によって「違法デモ行進」と位置付けられていて、地元の大学生はキャンパスから出ることも禁止されていた。市警察局に至っては、参加者に三日以内に「自首」するよう呼びかけ、さもなければ厳しく処罰すると公言していた。ところが、一か月が経つと、状況が急に一変した。厦門市政府が最終的には社会による圧力に屈服した。

（46）単士兵「漳州ＰＸ項目的南橘北枳遊戯」『華商報』二〇〇九年二月六日。

（47）「成都散歩事件六人被処罰」『新京報』二〇〇八年五月十二日。

（48）Larry D. Kramer, The People Themselves: Popular Constitutionalism and Judicial Review, Oxford University Press (2004), pp. 3-6, 73-91.

（49）James Madison, National Gazette, 22 December 1792.

（50）『孟子・離婁上』。

初出

張千帆「中国憲政的路径与局限」『法学』二〇一一年一期、七〇―七八頁。

リベラル左派の理念

周保松
本田親史・中村達雄・石井知章訳

1　顕在化するリベラル左派

二〇一四年八月、筆者は香港中文大学中国研究サービスセンターにおいて、「左翼リベラリズムと中国――理論と実践」と題する会議を主催した。参加者は石元康、[1]慈継偉、[2]銭永祥、[3]陳宜中、[4]劉擎[5]など著名な政治哲学者で、少なからぬ若年学徒もそこには含まれている。会議では熱心な議論が展開され、中国のネットメディア『澎湃新聞』でも特集されたため、中国国内の知的公共圏で幅広く注目された。[1]これは中国思想界で初めての「左翼リベラリズム」を主題とした学術会議であった（筆者はこの後の文章からすべて「リベラル左派（自由主義左翼）」との表現に統一する。このことによりそれが「リベラリズムの伝統のなかにおける左派」という意味を示すためである）。[2]この会議より前に、『共識網』において「新左派思潮における構図」と題する陳冠中[6]へのインタビュー記録が掲載された。このなかで陳は、中国「新左派」のナショナリズムに対する批判に転じつつ、もう一方では「新左派」による四点の主張、すなわちリベラリストの平等性、公平かつ正義のある社会の確立、環境醸成の重視、差異・多元性の重視を真正面から主張した。このなかで陳が提起したのは、彼のいう「新左派」と筆者の提起した「リベラル左派」が多くの理念上の点において近い、または共通するところが多いということである。[3]これと同時に銭永祥、陳宜中、そして筆者は、次々とリベラリズムをテーマとする単著を出版し、さまざまな角度からリベラル左派の基本理念についての解釈と論証を行っている。[4]二〇一四年はリベラル左派が中国思想界から比較的に注目された一年であった。[5]さらに意外なことに、筆者は最近 Facebook 上においてリベラル左派やマルクス主義に関する論考を発表したのだが、それらが香港ではきわめて珍しいことにリベラル左派に関する大きな議論を巻き起こし、今まさに隆盛を迎えている。[6]

なぜ「リベラル左派」というこの理念が中国においてかくも大きな議論を呼んでいるのか。これはたしかにざっと考えただけでは分かりにくいことである。過去数十年、ロールズ（John Rawls）、ドウォーキン（Ronald Dworkin）、ハーバーマス（Jürgen Habermas）、セン（Amarya Sen）などに代表されるリベラル左派の哲学者が西洋学術界の主流を占めており、社会主義やリベラル右派などはこれに比して少数であった。ただ、現実の世界では、大部分のリベラル・デモクラシーの国は程度の差はあれ、どこも福祉国家モデルの影響を受けており、一方で憲政民主と競争的市場制度という路線、もう一方で政府を通じての二次的配分を市民に広く提供する社会福祉路線がいわゆる左翼・右翼政党間の争いにつながっていた。ただし、社会主義路線と市場原理主義の間の路線闘争となる場合はきわめて少なく、せいぜい福祉国家という大きな枠組みのなかでの税収の高低と福祉の多寡がどの程度になるかという程度の争いに過ぎなかったのである。つまりここにおいて、リベラリズムは中道かつ普遍的に承認される政治道徳観となっていったのである。

これに対し中国の状況はまったく異なっている。まず、中国における左派とは、主に社会主義に同情し支持する者を指す。だが、社会主義は二つの大きな特徴、すなわち政治的には一党独裁、経済的には計画経済および公有制を特徴とする。リベラリストにとっては、この二つはいずれも受け入れ難い。というのも、この二つは政治的迫害と経済的困窮へとつながってしまう要因なのであり、歴史的経験もそのことを証明しているといってよいからである。したがって、中国における左派には、西側の左翼がもつような進歩的、批判的、反体制的な意味合いがまったく存在していない。一方、中国のリベラル派は、こうした状況のもとで究極的には自らを右派と自己規定せざるを得ないのだが、左派に真っ向から対立する右派にも以下の二点、すなわち政治的な自由と民主、経済的次元での市場経済、および私有財産の擁護という主張は見られない。リベラル派の理論的資源は主に、ハイエクや、経済学のシカゴ学派、オーストリア学派に依存することになるのだが、それらは「小さな政府に大きな市場、低税収に低福祉」を主張し自由放任を主張の軸とする学理なのである[7]。

中国における市場経済改革が進行し成果を挙げるにつれ、既述のような市場における自由主義の影響力と正統性もますます説得力を増してきている。そこにはたしかに、たとえば市場経済と企業の私有化が経済発展促進を可能にし、経済発展が人々の生活を改善するばかりでなく、中産階級を生み出し、その中産階級の権利保護への意識が民主化の促進に大きな助けになる、といったことへの多くの理由がある。こういった主張に基づいて、市場への拘束や制限を解除し、富の再分配を行うべきであるとする政府へのいかなる要求も、たとえそれに必要性や合理性があろうとも、往々にしてリベラリズムからの乖離として見られることになる。というのも、そうした要求は、人々の消極的自由を侵し、また憲政民主化実現への歩みを阻むものになり得るからだ。こういった背景のもとでは、リベラル派、左派ともに良い結果を得られないことはいうまでもない[8]。

だが、中国が経済的に自由化されて三〇年以上経ち、グローバル資本主義システムに組み入れられてしまった現在においては、生活のなかで市場だけがすべての問題を解決し得る万能薬ではないと感じる人々がますます増えている。政府の合理的介入がないなかで、労働者の労働環境は劣悪であり、労働待遇ではさまざまな搾取が横行している。義務教育が徹底していない状況下で、農民の子弟は教育を受ける機会に恵まれず、一般的水準の教育を受けるだけの状態にとどまっている。公的医療システムは完璧さを欠く状態にあり、貧困者は病気にかかっても医者にかかることが難しい状態にあり、さらには病人だけでなくその家族全体をも深淵のなかに突き落としていく状態になりかねない。失業保険や退職後の保障がないなかで、リストラされた労働者や退職老人はあてもなく彷徨う他なく、その状況は凄惨をきわめている。日々深刻化する貧富の格差は、さらに階級分化を深刻なものとしており、教育や就業の機会が不均等で、社会的流動性も緩慢ななかで、低下層の人々はさまざまな社会関係のなかで差別や迫害を受けつつ、怨恨の感情を累積していくことになる。

これが今日の中国社会の実情である。とくに政治理論などを読まなくても、大衆は日々この世界はなんと不公平なのかといい合っている。市場自由主義者はいかにしてこうした状況に回答し得るのか。彼らはまさか、「こうした問題はすべて政府があまりにも干渉し過ぎることに起因しているのであって、政府の放任に委ね、市場の見えざる手に委ねさえしていれば問題は自ずと解決する」とでもいうのだろうか。もちろんそれは不可能である。市場とはたんに交易と競争のシステムに過ぎず、競争の落伍者のことなどけっして考えていない。一切を市場に委ねてしまえば、結果は必然的に弱者が淘汰されることになり、財産と権力はますます一部の人間の手の内に集まってしまうことになる。そうである以上、このシステムのもとで不公平な待遇を受けている弱者は、間違いなく次のように問うことになるはずだ。「リベラリズムは何をもって、なおもわれわれの支持できる価値があるといえるのか。リベラリズムはわれわれに、人は自由平等に生まれ、国家は人間の自由・安全な生活と尊厳に責任があるということを納得させてきたのではなかったのか」、と。これは合理的な問いである。ここにおいて筆者は、今日の中国におけるさまざまな不公平はすべて過度の市場化のなせるわざであるというつもりはまったくなく、むしろ完全なる市場化はこうした問題を解決するための最善かつ唯一の方法論ではけっしてないと主張したい。ただわれわれは、一党独裁は人を圧迫し、聳え立つマーケットも同様に人間を圧迫している現在、その二つから一つを選ぶのではなく、第三の道を探るべきだといいたいのである。

筆者はこうした大きな背景のもと、本論考での議論を展開したい。われわれは自由と権利が十分に保障され、憲政民主の実行も可能で、その結果、各市民が平等に尊重され肯定的に認知され、経済協力においても公平な分配を獲得できるような制度を打ち立てられるのだろうか。さらに、「左派は平等を重視し、右派は自由を重視する」、あるいは「左派は国家に、右派は市場に重きを置く」といった伝統的二項対立思考を打破し、自由平等な市民のために正義の政治共同体をいかにして打ち立てるかについて考えられるようになるのだろうか。筆者は、リベラリズムは今日、批判性と吸引力を併せもつことが必要であり、それによってこうした問題に真剣に対峙しつつ、説得力のある回答を提起することが必要であると考える。以下その線に沿って思考を展開していきたい[9]。

2　リベラリズムの正当性の原則

政治の基本的関心は、人々がいかにしてともによく生きるべきなのかという点にある。この目標を実現するためには、一つの政治的秩序を確立することが必要であり、そのためには一連の規則が必要である。この規則は社会の基本的制度を確定させ、享受すべき権利、義務、資源の合理的配分などを含む市民の協力方式を定めるものである。近代以降の社会では、こうした政治秩序はしばしば国家という形で現れてきたのであり、既述の一連の規則や基本的制度は国家で最高の地位を占める憲法において体現されている。現在の問題は、どのような政治的秩序こそが正当性（legitimacy）をもち、またそれゆえに、われわれが追求に値するものであるのか否かということである。これはあらゆる政治理論が回答すべき問題である。

リベラリズムからの回答は以下の通りである。一つの政治的秩序が十分な正当性を備えるのは、この秩序の基本的制度が自由平等な市民から合理的に受け入れられる場合のみである。いい換えれば、それは公共圏において合理的道徳によって証明されなければならない。ロールズは晩年、このことについて明確に論じている。ロールズは、リベラリズムの想像する政治秩序において、主権は民にあり、国家権力は政治共同体のなかで自由平等な市民によって共有されるべきものであるとした。それゆえに政治権力の行使は、「憲法の要求に合致しなければならない。また人類共通の理性という観点から出発して受け入れられる原則および理想に基づいて、憲法の核心的な部分は自由で平等な市民により予め受け入れられなければならない[10]」。これがロールズのいう「リベラリズムの正当性の原則」(liberal principle of democracy)である。
この原則には、ロック(John Locke)、ルソー、カント以来のリベラリズムの伝統のもつ高邁な政治思想が反映されている。それはすなわち、われわれは国家のなかに生きているが、国家による統治の基礎は外部の権威やある種の自然の秩序から来るのではなく、自由平等な個体が共同で受け入れた結果だ、ということである。もし本当にこれが可能であれば、それでこそわれわれは一つの自由な共同体に生きているといえるのだ。われわれは制度的にさまざまな制約を受けるが、こういった制約はわれわれの自由による承認を受けているため、依然としてなおも主体的存在であり、われわれが承認する政治的義務はこの意義においても自らが自らに進んで課すものなのである。[11]著名な政治哲学者ウォルドロン(Jeremy Waldron)は、リベラリズムと他の政治理論とを根本的に分けるものは、リベラリズムが「一個の社会における政治秩序は、それがそのなかで生きる人の同意を得られなければ正当性をもたない。人々による同意もしくは協議こそが、国家がこの秩序の強制的維持を道徳的に許す(morally permissible)ための必要条件である」ことを信じている点にあると指摘している。[12]
リベラリズムはなぜ正当性の原則をかくも重視するのか。筆者が見るところ、このことはリベラリズムがどのように国家ならびに人間を見ているのかという点、さらにはどのように人間と国家の間の関係を見ているのかという点に関係している。簡単にいえば、リベラリズムは国家の強制性と人間の主体性との間にきわめて大きな緊張関係が存在していることを意識している。平等な個体による集団的同意を経てしか、この緊張関係は解消されない。
国家とはなにか。ロックによれば、国家とは法律を制定し武力によりこの法律を執行できる政治的実体である。[13]ウェーバーは国家のもっとも重要な特徴として、ある特定の領土内において唯一武器の使用できる正当性をもつ機関であると指摘している。[14]つまり国家とは、われわれに強制的に命令に服従させることのできる存在なのである。もし服従しないならば、懲罰を受け、自由を失うことになる。ルソーの有名な言葉を引くならば、「人間は自由なものとして生まれたが、いたるところで鎖につながれている」のである。[15] そうであるなら、平等な自由人としてなぜわれわれはなお国家による統治を受けたいと願うのか。ここでいう自由と平等とは、主に国家以前の自然状態において、各人が行動する自由を同じように享受し、いかなる人も他人に対し服従を要求する正当な権利をもっていないということである。[16] したがってルソーは、「いかなる人間もその仲間に対して生まれつきの権威をもつことはなく、力はいかなる権威をも生み出すものではない以上、人間の間の合法的なすべての権威の基礎としては、合意だけが残ることになる」[17] と指摘する。では、どのような合意が「力を権利へと、服従を義務へと転化」できるのか。[18] ルソーの回答は、社会契約を通じ、国家を平等な自由人が一致して同意するような状態にすべきだというものである。

「各構成員の身体と財産を、共同の力のすべてをあげて守り保護するような、結合の一形式を見出すこと。そうしてそれによって各人が、すべての人々と結びつきながら、しかも自分自身にしか服従せず、以前と同じように自由であること」。これこそ根本的な問題であり、社会契約がそれに解決を与える。[19]

この点から、ルソーの社会契約論の最大の目的は、権力の正当性をどう処理するかという問題であることがみてとれる。正当性の問題が出現してきたのは、国家による強制と個体の自由の間に大きな緊張関係が存在しているためであるが、この緊張関係は伝統的奴隷制、貴族制、あるいは君主制などでは解決不可能であった。ここで国家がそもそも存在する必要がなければ、あるいは個体の自由にそれほど大きな重要性がなければ、ルソーにとっての問題は即座に解決するのではないかとの疑問も出てくるかもしれない。前者の疑問はアナーキズムに由来するものであり、後者は個人の自由を最優先することに反対する各理論に由来するものである。[20]

リベラリズムにはアナーキズムに反対する多くの理由がある。たとえば、いかなる政治的権威も法律も存在しない状態においては、個人の権利や自由は有効には保障されない。信頼や約束を履行するメカニズムが欠け、そのために協力上の「囚人のジレンマ」が避けがたく相互に衝突が起こる場合、公正な仲裁もしくは懲罰のメカニズムがなく、それゆえに弱肉強食状態に陥ってしまうのを避けがたいなどの理由である。簡単にいえば、政治的秩序が存在しなければ、われわれの生命、自由、財産や福祉などの次元で有効な保障が得られず、公平かつ安定した社会的協力を行うことができないということだ。同様に大事な点として、人間は政治的動物である以上、政治に関連した価値観の多くは政治的コミュニティにおいてのみしか実現するチャンスをもてないということがある。たとえば、政治参加とこれに関連したさまざまな市民の徳性はそうしたものである。したがって、リベラリズムにとって、問題は国家が必要か否かにあるのではなく、どのように国家に正当性をもたせるかということにあるのだ。

リベラリズムがなぜかくも自由を重視するのかという問題は一見簡単そうに見えるが、じつはきわめて複雑さをはらむ問題なのである。ロック以降、ルソー、カント、コンスタン（Benjamin Constant）、ミル（John S. Mill）を経て、現代のバーリン（Isaiah Berlin）、ロールズ、ラズ（Raz）に至るまで、リベラリズムの伝統はこれまでけっして自由に対する思考を止めたことはない。[21] これについては紙幅の限りがあるため、逐一検討する余裕はないが、自由の価値を理解し証明するには、「自律的道徳主体」（autonomous moral agent）としての人間という観点を確実に押さえて、その観点から議論する必要があると筆者は考える。簡単にいえば、理性的反省と道徳的判断の能力をもち、自らの人生を設計・構築し、さらには自らの選択が可能で、その選択に対して責任を負うことのできる能動的存在として人間をみなすということである。このように考えるなら、人は自らの生命に対して主体的存在となれるのである。

こうした人間理解は、人間の潜在的可能性を経験的に描写するだけでなく、規範性の観点から個人の主体性の重要性を肯定することにもなる。というのも、人間の主体性を発展させ実現することは、人間の福祉と尊厳に直接影響するからである。主体的人間は自らが自分の生命の主であることを十二分に意識することができ、生活のさまざまな領域で自己を支配し、そうすることで完璧な人生を送ることを心の底から望めるものである。こうした自己理解があってこそ、われわれは職業の自由と生活スタイル上の自由を含む選択の自由、宗教の自由、政治上の自由をかくも重視するのである。まさにそうであるからこそ、われわれは他人の意志に屈して希望がまったく尊重されない場合には、自尊心が著しく傷つくことになる。[22] このため筆者は、自由の価値とは、ある種個人の主体的自己理解と不即不離の関係にあるものと考えている。[23]

ただし強調しておきたいのは、こうした自己理解はけっして永久のものではなく、人間が歴史的経験と道徳的実践のなかで徐々に発展させながら形成してきた一種の「再帰的自己意識」(reflective self-consciousness) であるということだ。ここでルソーのいう「人間は生まれながらにして自由であるが……」とはけっして自然的事実ではなく、規範的事実(normative fact)なのである。それはわれわれが再検討かつ道徳的評価を下したあとの事実なのであって、自由人としての人間は、他人に従う義務を先天的に負ってはいないのである。ひとたびこうした自己意識が社会に普及し定着していくと、自ずと政治的秩序にはある種の「正当性への圧力」が生じることになる。自らを自由人とする意識をもつ人間が増えれば増えるほど、旧来の不自由な政治的秩序が維持できなくなるのは、それがますます人々からの「再帰的承認」(reflective endorsement) を得難くするからである。[24]

ここからわれわれは「正当性」には重要な特徴があることをみてとることができる。政治秩序が正当性をもつか否かという問題は、生活のなかで人々がこの秩序をどう見ているのかという点にかかっている。もしそれが人々からの再帰的承認を得られない場合、その統治上の権威は大きく弱体化するのである。承認には理由が必要であるが、その理由は任意のものではありえず、公共の領域のなかにおいて幅広く受け入れられなければならない。したがって、人間の自由な生命、独立や平等といった価値観が現代社会において広く受け入れられた時に、リベラリズムの正当性原則は、哲学者の想像により生み出された理想を超えて、現実の政治を構成し、存在のたしかな正当性への圧力となり得るのである。米国の「独立宣言」(U.S. Declaration of Independence, 1776) やフランス革命の「人権宣言」(Declaration of the Rights of Man and Citizen, 1789) が現代世界に与えている影響を鑑みれば、「観念（思想）の力」（バーリン）がいかばかりであるかをはっきりとみてとることができるはずである。[25]

これまでの議論から以下のようなことが分かる。リベラリズムの正当性原則は、じつは国家がそれぞれの自由な個体に対し平等な尊重を与えなければならないリベラリズムのきわめて根本的道徳信念を体現しているということにある。その尊重のやり方は、各個人がいずれも独立した自主的個体であることを認め、そのベースの上に、あらゆる人がおしなべて合理的に受容できる政治共同体を打ち立てることである。自由と平等はここにおいてはけっして対立することのない価値であり、むしろまったく逆に、自由がわれわれの道徳的アイデンティティを確定し、平等がわれわれの道徳的関係を規定してこそ、両者が共同で国家の正当性の基礎を構成するのである。[26]

3　一つの理念としての契約

ここまで述べてきたところで、以下のような疑問が呈されるかもしれない。すなわち、個体の同意が国家の正当性の必要条件である以上、歴史上かつてこのような、明確に、あるいは暗示的に示された「同意」(consent) がなかったとすれば、契約論そのものが即失効するということではないのか、と。というのも、真に明確な同意がなければ、真の政治的義務は生まれないからである。これはヒューム（David Hume）がもっとも早い段階で提起した批判である。ヒュームは、現実の絶対的大部分の国家が簒奪と征服により政権を獲得し、けっして公平な同意などによっては政権を得ていないと認識している。だが、われわれが国家への服従を願うのは、もし法律と権威が存在しなければ、社会的協力が存在することは難しくなり、あらゆる人間にとって一般的利益が損なわれることをはっきりと知っているためである。[27] ヒュームの批判はシンプルに見えてきわめて鋭い。というのも、彼は契約論のなかにおけるもっとも重要かつもっとも人心を鼓舞するところに揺さぶりをかけているからである。

カントは明確にこの批判を意識していたので、自らの契約論を提出する際に、規範的国家憲章（「基本法」）を自由で平等かつ独立した市民の間で交わされた「根源的契約」（original contract）とみなし、市民の普遍的集団意思を体現しているものととらえたが、一方でこの契約を歴史的事実、また政治的権利と義務の根拠としてけっしてみなしてはならないとはっきりと述べている。そうである以上、ではその「根源的契約」は一体どのような性格をもつものなのか。カントは以下のように述べている。[28]

一人ひとりすべての立法者に対して、彼が法を制定するにあたって、その法が国民全体の一つになった意志に基づいて生じ得たかのような仕方で制定するよう義務づけられるようにすること、そして市民であろうとするかぎりでの一人ひとりすべての臣民を、あたかも彼がこのような意志に同意したかのごとくみなすこと、このことは単なる理性の理念（an idea of reason）である。とはいえ、この理念は疑う余地のない（実践的な）リアリティをもっている。というのも、それはあらゆる公法の正当性（rightfulness）の試金石なのだから。

カントのこの観点は、社会契約の伝統のなかにおける一つのモデルの転移といえるものである。第一に、彼が明確に述べているのは、この契約は一つの理念に過ぎず、けっして歴史的事実ではないということである。言い換えれば「同意」とはここにおいて道徳的拘束力と政治的義務を生み出すものではないということである。第二に、契約の目的は、なぜ自然状態から離れて国家へと進まなければならないのかを論証するためのものではなく、法が正義に合致するか否かをテストする一つの基準のためであり、ここにこそカントがその所在に関心をもつゆえんがあるのだ。第三に、そのテストの方法は、立法者が自らをあらゆる市民のポジションに置いて、彼らが果たしてこうした法律による束縛を受け入れたいかどうかを想像するというものであるが、これは一種の公正で偏りのない（impartial）な精神を体現している。

問題は、この契約が真にカントの意図していた目的に達するものであったとしても、すなわち憲法により正義の基礎を発見できたとしても、それが究極のところ真の同意でなかったとすれば、このテストをパスしたものがなぜ正当性を備えることができるのかということにある。法が十分にそれを証明し正当性を備えるのは、はたして一度限りのことなのだろうか。カントの答案はそれを肯定するものである。たとえば、彼は「国民がそれに同意することが可能でありさえするならば、その法を正当なものとみなすことは義務である。たとえ国民が現時点において、もし賛否を問われたらおそらく同意を拒むであろう心の状態や気分にあるとしても、それは関係ない」[29]と述べている。だが、この考え方には以下のような危険性がともなう。いつこのような想像上の同意に達したかを決める権威を誰がもっているのだろうか。もしこうした想像上の同意と人々の真の願望との間に衝突が生じるなら、なぜ前者が後者を凌駕し得るのか。このようなやり方は、人間の道徳的主体性を尊重していないということにはならないのだろうか。

筆者はこのことがカントの（そしてその前の時代のルソー、および後続のロールズの）直面する、理論的に矛盾した難点であると考えている。もし個人の真の願望を本当に尊重するなら、人々の間で一致する同意を達成することはほぼ不可能である。よしんばそれが本当に可能だったとしても、その結果得られるものが正義であるという確証は何もない。というのも、各個人がそれぞれの契約において交渉する能力はそれぞれ異なるからである。この困難を避けるためには、われわれはやむなくある種の理想状態において、実践的理性に照らして一致する同意点、もしくは共同意思を作り出していくという方法に訴える他はない。こうしたやり方の利点は、得られる結論が哲学者当人の考えだした道徳的にもっとも合理的な結論と合致することを保証できることにあるが、個人の願望を尊重するという要因はまったく消失してしまうことになる。「論証可能性」(justifiability)と「正当性」はここにおいてはまったくもって両立困難な矛盾として存在することになるのである。

もし「真の同意」を維持することが正当性の必要条件であるとするなら、この二つの間の矛盾は解決が難しいと筆者は考える。だが、もしこの「真の同意」を「平等で主体的な道徳主体としての人間」の尊重へと改めるならば、カントおよびロールズの契約論はこの困難を克服できる。しかも、この「平等で主体的な道徳主体としての人間」の尊重の方が「真の同意」よりも道徳的吸引力をもつと考える。「真の同意」は主体の行うところの決定が最善の形で人間の道徳的主体性に影響を与えることを保証できないことにある。というのも、現実の個人はそれぞれ、さまざまな外在的、あるいは内在的条件により制限を受けており、こうした各種の制限のために、個人が道徳的主体としての利益にとって最善の決定を下すことができなくなる可能性が高いからである。(30)

カントとロールズの契約論について、少なくとも三つのレベルから矛盾解決を図るべきであると筆者は考える。第一に、契約の立法者の立場に参画することだが、一度そうすれば自由で平等な道徳的主体とみなされる。かくして、彼らはそうした立場で、正義原則と基本的憲法の構築に加わることになるだろう。いい換えれば、自由と平等は契約の結果ではなく、契約の前提なのである。前提であるがゆえに、自由と平等は当初の段階からすでに契約の内容を拘束していることになる。たとえば、彼らは一部の人のみに自由の特権が与えられ、その他の人々が奴隷、あるいは臣民になる他ないという状態に同意するはずはないのである[31]。

第二に、契約の理念そのものは人間の主体性に対する尊重を体現している。というのも、憲法はあらゆる平等な市民が一致して同意した結果とみなされているのだが、各人がいつでも契約に入り契約の場に立つという観点から憲法が正義に合致しているかどうか検証することが可能であり、この実践的理性の証明過程そのものが人間の主体性の尊重であるからだ。もし憲法が、一部のある種の人々しか民主的選挙に参加できないと規定している場合、その法律を否決する理由がある。というのも、その法がわれわれの自由で平等な市民という立場を尊重していないからである。ただ、もし実際にその同意に訴えるという場合、人々はさまざまな利益に基づいて、ふるいにかけられた選挙結果を受容することになり、その結果「真の同意」がむしろ平等な自由人としての基本理念に反してしまうことは大いにあり得る。

第三に、われわれは自由で平等な道徳的主体であるとともに、その立場で契約の交渉に参加するのであるから、最終的に正義の原則が得られるならば、それは必然的にわれわれの主体性を尊重し、保障するものである。たとえば憲法において、われわれには一連の平等な基本的自由を享受することが保障されている。というのも、こうした自由はわれわれの個人的主体性を肯定し、発展させる必要条件であるからだ。こうした自由がないとすれば、われわれは生活のさまざまな場面で道徳的次元での自己完結性を一貫させることができなくなるのである。

契約論はこの三つのレベルでの理論的再構成を経てようやくカント、ロールズのいうリベラリズムの伝統の基本的方針をきわめてクリアに体現し得る。道徳的論証の上で、リベラリズムの正当性原則、すなわち、いかなる根本的な政治上の主張でもすべて公共圏において提起した上で公開の討論を行ない、そしてそれが自由で平等な市民により受容されるという条件を満たさなければならない。この正義原則の内容においては、自主的で平等な道徳主体としての人間の尊重をベースにしなければならず、この点から各種の制度設計はスタートしなければならない。こうした点からも分かるように、リベラル左派が自由と平等をともに重視し、時に「自由平等主義」と呼ばれたりする場合すらあるのは、その全体的な理論が平等な自由人という道徳的前提の上に立っているからである。

次にわれわれはロールズの正義論に進み、彼がいかに自由と平等から出発し、彼のいう正義原則とそれにふさわしい制度設計をどのように論証しているのかについて見ていくことにする。

4 公正な正義

ロールズの『正義論』(A Theory of Justice) は現代においてリベラル左派のもっとも重要な著作であり、著者は冒頭で正義は社会制度の枢要な徳性で、ロックやルソー、カントの社会契約の伝統を継承してリベラリズムの正義論を保障したと指摘している。[32] ロールズの問題意識は、社会が自由平等な市民間で互恵のために公正な協力を進めるのだと考えるなら、われわれは如何なる正義の原則を社会制度の基礎とし、それをもって市民の権利と義務および社会資源の合理的分配を受け入れるべきなのか否かということにあった。これはロールズが終世関心を抱いていた問題である。

読者はロールズがなぜ正義を統括性のある価値として重視し、それがなぜ自由、平等あるいは権利ではなかったのかと疑問に感じるかもしれない。筆者は、ロールズが正義を制度の枢要な徳性とみなしたとき、たしかに以下のような仮説があったのではないかと考えている。それはすなわち、われわれが制度のなかで生き、制度が各人の生活に根本的な影響力を及ぼし、このため制度に対して道徳的評価を行うに十分な理由があり、さらに制度が各人に公正に対処するよう求められているということである。こうしたことから、正義は社会制度に対する全般的道徳評価に他ならないが、そのなかには自由、平等、権利などの価値が内包されている。それでは正義にもとる制度は、いったい何を意味しているのか。それは制度の不条理な対応に傷つけられ、辱めを受ける人がいることを意味している。これは各人が社会生活のなかでみな一様に基本的権利を享受し、国家から公正な対応を受ける権利を有しているからである。これこそはロールズが提唱するすべての理論の出発点である。[33]

ロールズは、いわゆる「正義」は国家がすべての自由平等な市民に付与すべき公正な対応であると考えている。だからこそロールズは、その理論を「公正としての正義」(justice as fairness)と命名したのである。では、いったいどうすれば公正になるのか。ロールズはまるでわれわれを契約の実験にいざなっているかのようだ。ためしに「原初状態」(original position)とよばれる環境に入ることを想像してみよう。契約者は厚い「無知のヴェール」(the veil of ignorance)で家庭的背景や自然的能力、および人生観や宗教観などあらゆる個人の属性を遮られた状況で、その利益を保障されると考える正義の原則を理性的に選択する。これは政治的コミュニティの最高原則で、国家の憲法と基本制度を決定している。[34]

なぜこのような「無知のヴェール」という設定が必要なのか。それはこのようにしてこそ、各契約者が先天的能力や後天的環境など偶然の要素によって協議能力に影響を受けないように保障し、平等な立場で社会的協力の基本原則を決定できるからである。ロールズは慎重で理性的な考慮を経て、契約者が最終的に以下のような二つの正義原則に同意すると述べている。それは第一に、市民は人身の自由や良知、信仰の自由、言論、思想の自由、集会結社および政治に参画する自由など(平等の基本的自由の原則)、一連の平等な基本的自由(basic liberties)を有するとするものである。第二に、政府は教育、税収、社会福祉およびその他の公共政策を通じて、市民に対する社会的職制上の競争による公正・平等な機会(公正で平等な機会原則)の享受を保障し、さらに上述の条件を満たすという前提で、社会資源、および経済資源の分配を社会でもっとも劣勢に立たされている人々にもっとも有利（格差原理）に配分する、ということである。[35]

筆者は上述した二つの正義原則にもとづき、リベラル左派の五つの基本制度を導き出すことができると考える。すなわち、基本的権利、憲政民主、文化多元主義、機会均等、そして発展の享受である。これら五つの環境は互いに協調してリベラル左派の正義の社会図像を描き出し、公正で正義にあふれた社会はリベラルな協力者に平等の尊重を付与し、同時に十分な条件と機会を提供して市民が各自の能力をよりよく発展させ、価値のある人生を送るという信念を体現するであろう。自由は人の根本利益、平等は市民相互の根本関係であり、この二種類の価値を体現し、実現する公正な社会は正義の社会である。リベラル左派が追求するのは、リベラリストによる平等政治である。以下では、リベラル左派の主要な主張を概説し、リベラル右派、社会主義、政治儒学、そして権威主義とのきわだった違いを明らかにしたい。

（1）基本的権利

第一に、基本的権利について考察する。ロールズは、正義の社会としての主要条件は国家が個人に平等でもっとも基本的な市民としての政治的自由を保障することであるとともに、これらの自由が人の基本的権利とみなされて憲法に記され、社会的基礎を構成し、最高の優先権をもち、国家でさえも社会全体の利益の名のもとにこれを侵犯することはできないと考えている。ロールズは、ここでリベラリズムの伝統の核心理念を継承している。それは個人が一定の権利を有し、国家の正当性の基礎はこうした権利を保障し、実現することにあり、個人の権利が深刻な侵犯を受けた場合、人民は市民として抗命し、革命する権利を有する、[36]という考え方に反映されていよう。リベラリズムは個人の権利を旨とした理論であることが、ここに明確に見てとることができる。権利を保障したのは、それが自由な個人としての根本利益を保障できるからである。

一部の批判者は、貧者にはこうした自由を実践する条件がまったく備わっていないので、これらの権利と自由はたんなる形式の代物にすぎないと考えている。だが、これは誤解である。まず、リベラル左派はすべての基本的自由の実践には一定の経済的、社会的条件が必要であるから、さまざまな資源配分政策を通じて、たとえば義務教育の機会や各種社会保障を提供するなどして、これらの自由を実践するための能力と条件をすべての市民へ確保することに同意している。批判者はまた、平等や自由の前提は平等な財産や富の分配にあるので、これではお話にならないと反論するにちがいない。だが、筆者はそうとは限らないと考えている。たとえば、言論の自由や政治的自由を有効に実践するにはたしかに一定の経済条件が必須であるが、このことは財産を平等に分配せざるを得ないことを意味するわけではなく、また貧富を平準化することが公正（たとえば貢献が多く、労力を多く出した者が、なぜより多くの利益を得ることができないのかと問われるだろう）であるわけでもないのである。[37]

また別の論者は、マルクスのようにリベラリズムが市民社会（civil society）で保障する「人権」（たとえば自由権と財産権）は人を孤立分離した原子のような個体にすると指摘し、合法的に個人の欲望としての利己主義を満足させはするが、人が真のコミュニティとしての生活をまっとうし、真の人間解放を達成することはできないと主張している。[38] しかし、こうした批判はけっして的を射てはいない。個人の権利を基礎とする制度の最大の機能はたしかに信仰の自由や財産を保有する権利を含む個人の根本利益を保障することだが、個人はこれらの利益がまったく合理的で正当な追求であることから、けっして利己的ではないという。[39] しかも、これらの自由を享受するのは、結社の自由を通じて性格の異なる他者が創った社団と関係を構築することなので、けっして人がコミュニティに馴染む生活がないことを表わすものではない。リベラリズムは人の社会的属性に反対するものではないが、それが文化や宗教の名のもとであろうとも強制的にある種の団体や種族に所属させることには反対する。

マルクスはおそらく、中国でのちの世にあのような市民社会と人権を完全に破壊する集団主義の生活が出現し、人を解放するどころか反対に大きな圧迫と疎外をもたらし、無数の無辜の生命を犠牲に追いやるとは考えなかっただろう。(40) ある種の人権は法律で人と人の間にバリアを張り、それによって個人は自分の領域で安心してなんの恐れも抱かずに自ら望むことをなすことができるのだ。(41) リベラリズムの立場からいえばこれは欠陥ではなく、個人の独立性を尊重・保障し、各人が自主的に自ら望む生活を送るためなのである。

事実、リベラリズムの人権重視はすでに理念の側面だけにとどまることなく、世界で普遍的に認知され、制度として根付いている。一九四八年に公布された「世界人権宣言」は国際人権発展史上の里程標であり、第一条はその冒頭で、「すべての人間は、生れながらにして自由であり、かつ尊厳と権利とについて平等である」と謳っている。さらに三十項目の条文を細かく見ていくと、そこには生命、自由、人身の安全を享受する権利のほかに、思想、良心、宗教の自由を享受する権利も含まれ、さらに「すべて人は、社会の一員として、社会保障を受ける権利を有し、……自己の尊厳と自己の人格の自由な発展とに欠くことのできない経済的、社会的、および文化的権利を実現する権利を有する」ことも保障されている。(42) これらの理念を貫徹するために、国連は一九六六年、「市民的、および政治的権利に関する国際規約」と「経済的、社会的および文化的権利に関する国際規約」を採択して一九七六年に発効させ、権利の理念を第一代の市民と政治的権利から、経済、社会、文化領域、たとえば就職権、教育権、社会保障権などにまで拡大した。(43) これによって「人はそれぞれ自由平等に生き、一連の基本的権利を享受する」という考え方がすでに世界で共有され、各国の社会政治改革を推進するための重要な道徳資源となった。(44) リベラル左派と社会主義の比較において、リベラル左派はこれらの権利のためにいっそう合理的解釈と保障を与えている。(45)

(2) 憲政民主

リベラリズムが主張する二つ目の制度は憲政民主である。この主張は一つ目に強調した、市民は平等な政治的自由を有することに由来する。ここにはいくつかの重要な事項が含まれる。第一に、主権在民、すなわち、人民は国家の主人公、国家権力は市民全体からもたらされる。第二に、国家の基本制度は憲法によって定められ、政府権力の行使は憲法の拘束を受ける必要があり、憲法は市民が一連の基本的権利を有することを保障しなければならない。第三に、政府行政および立法機関は、定期的に公開の公正な選挙によって生まれなければならない。第四に、民主選挙は多数票制を実行するが、選出された政府はかならず憲法が保障する基本的権利を保障しなければならず、「多数派の暴挙」を避けなければならない。

憲政民主制には多くの長所がある。たとえば暴政の回避、制度を通じた制約、権力乱用や汚職の減少、選挙を通じて政権に和平転換や統治威信を増加させ、市民の自由と権利を保障し、施政に人民の願望を考慮させ、市民の国家に対する帰属感を増大させ、市民の公共参加意識を高めることなどだ。だが、民主のもっとも重要な精神は自由と平等の集団的自治を実践することであり、自由が市民の自主選挙に体現され、平等が一人一票に体現されることである。民主の基礎は市民の政治的自由を平等に尊重することにある。

平等な政治的自由の実践は、選挙民が理性的で聡明な決定を下すことをけっして保障するものではない。民主制の良好な運営を確保するためには、公正清廉な選挙法則と政党制度、完備した集会と結社の自由、新聞・通信の自由、活発な市民社会、良好な市民の素質、および積極的に公共活動に参画する政治文化など、異なる制度の組み合わせが必要である。民主とは一種の選挙制度であるばかりか、それはわれわれの文化と生活を深く変化させ、自己観と世界観に影響を与える。なかでももっとも重要なのは、国家がわれわれ一人ひとりのものであり、国家の未来の決定に参画する平等の権利を有するという意味において、われわれに主人公としての帰属感を抱かせることだ。長期にわたって専制独裁下にあれば政治的権利は実践しようがなく、真なる政治共同体に生きている訳ではないので、次第に政治の異郷人になっていく。同時に、生活の多くの要所が強制的に閉じられているので、自分自身を完成された自由人に発展させようもなく、外部世界の美しい風景をただ窺い眺めるしかないのである。

民主政治に対しては、二種類の批判が頻繁に見られる。一つ目は、民主政治は形式の上では市民に平等な投票権を付与しているが、貧富の差が大きい社会では富者は貧者にくらべてはるかに大きな政治的影響力を有し、たとえば政治献金でメディアをコントロールし、各種のロビー団体を設立して選挙結果に影響を及ぼすことができるとするものである。貧者は経済条件や教育水準、社会的ネットワークなどの制限から政治に参画できるレベルや質を相当に限定されている。ロールズはこの問題の重要性を十分に認識し、政治的自由の公正価値（fair value of political liberties）を担保するために政府が大財団の政治献金や広告を制限する必要があり、政党運営や選挙資金の公共資源からの負担、公共広告のための独立メディアの設立などを主張している[46]。ロールズはすべての市民への公正なる政治参画の機会の担保が正義原則の内在的要求であり、これによって制度選択の重要な指針とすべきことを指摘している。この理由からロールズはその晩年、「福祉国家資本主義」（welfare-state capitalism）ではなく「財産所有民主制」（property-owning democracy）に賛成することをとくに強調した。なぜなら前者は、経済と政治の権力が一部の人の手への過度の集中を相変わらず容認しているからである[47]。

二つ目の批判とは、リベラリズムは国家レヴェルでの代議選挙を重視しすぎる割には社会の他の領域、とくに経済領域には民主原則を応用していないので、重大な欠陥があるというものである。筆者はこれに対して二つの反論をしたい。第一に、リベラル左派はいかなる原則的理由もなしに直接民主に反対するものではなく、条件が許し、市民の許可を得ることができれば、民主的社会はたとえば全民投票などの直接的方法で重要な決定を下すことができる。第二に、リベラル左派はまたいかなる原則的理由もなしに民主の実践を学校や小規模コミュニティ、任意団体および工場や企業などの領域に拡大することに反対するものではない。工場や企業に拡大された場合、当然、財産権の性質は相応の変革がなされ、同時に各種の実行可能な問題が考慮されるべきである。ロールズは、「リベラル社会主義体制」(liberal socialist regime)は彼の主張する正義原則のなかにおける一つの実行可能な制度であり、その特徴は社会が「平等な基本的自由」と「公正な平等機会」の原則に合致して職業の選択の自由を獲得したのちに、企業は労働者の共同所有となり、民主的方法で企業の決定を下し、管理層を選出できると考えている。[48]

(3) 文化多元主義

リベラリズムは個人の自主を重視するので、個人に対して生命の異なる領域で十分な選択の自由を付与することを主張しているが、そのなかには思想の自由、宗教の自由、職業の自由、婚姻の自由、そして異なるライフスタイルを選ぶ自由などが含まれている。言葉を換えていえば、リベラリズムは政教分離を主張し、家長制に反対し、国家が国民に特定の宗教を宣揚し、あるいは特定の人生観を押し付けることに賛成していない。選択の自由が尊重されれば、人そのものに多様性が加わり、自由社会はかならずや多元的に錯綜した状況を呈することとなる。

ロールズは、合理的多元主義は個人が実践する自由選択の必然の結果であり、現代における民主社会の正常な現象で災難とみなす必要はないと考えている。[49] J・S・ミルはさらに、他人を害さないという前提のもとで、それが大多数の人間の目にいかに常規を逸した行動に映ろうとも、社会は個人に対して十分な空間で異なる「生活実験」(experiments of living)を行わせるべきだと主張する。ミルは、各個人がその個性(individuality)を如何なく発揮してこそ幸福に生きることができ、社会は創造性と活力に満ち、人類は進歩すると認識している。[50]

ここで読者は、そのような多元主義は社会に文化の衝突を招くのではないかという疑問を抱くかもしれない。まったくそのとおりで、リベラリズムの起源は欧州における宗教戦争と密接に関連しており、このことはなぜ寛容（toleration）がリベラリズムの重要な特性なのか、ということを説明している。では、リベラリズムは何によって信仰の異なる人を繋いでいるのか。それは主に、共有する正義原則と政治的身分である。共有する原則とはすなわち平等な自由権で、共有する身分とは市民を指している。市民の平等な自由権を尊重するという前提で、各人は自らの願望にもとづく異なる文化的選択ができるようになり、そこから異なる文化的身分の享受が可能となってくる。つまり自由社会の多元性とは、市民の権利の同一性と優先性によって維持されているのである。

リベラリズムのような多元性を尊重する制度に対して、少なからぬ人はこれを「リベラリズムの中立性原則」(principle of liberal neutrality) と称しているが、こうしたいい方は誤解を招きやすい。第一に、リベラリズムはすべての文化や宗教に対して中立を守っているわけではないが、それはそこに一つの条件が存在しているためだ。つまり、正義原則で決められた限界に従わなければならないということである。こうした平等と自由に違反した宗教や文化の実践は、自由社会が許容するラインの上には存在できない。それはリベラリズムの多元性には限度があり、異なる教派はリベラリズムが定める規範を尊重しなければならないということなのだ。これもまた、ロールズが語る「正当」(right) が「善良」(good) に優先すべき基本的な意味である[51]。第二に、平等な自由権自体が一つの政治原則であり、その背後には個人の自主と道徳に対するリベラリズムの平等を堅持する理念が含まれ、それゆえに価値は中立ではあり得ないからである。

このような背景によって、リベラリズムは権威主義や宗教原理主義と相入れないばかりか、政治儒学との間にも大きな障壁をはらんでいることが明らかになってくる。リベラリズムの神髄は人の自主性を認め、承認することであり、この基礎の上に多元的で融合的な社会を築くことにある。儒家の倫理の神髄は個人や家庭、国家がその定義する仁と礼の規範に基づいて「修養、斉家、治国」を望むものである。儒家の理想政治は君子と聖人を養うことであり、リベラリズムの理想政治は自ら決定できる自由人を養成することである。リベラリズムの立場からいえば、道徳哲学と人生哲学としての儒家はそれが平等を尊重する自由原則を望みさえすれば、おのずと多元的社会の一員になることが可能で、その他の学説と平和共存できる。ところが政治儒家は、この点において満足を得られないと徳治原則で平等な自由原則に代替し、政治権力と社会資源の分配を決定することから、両者の間には難しい調和の矛盾が生じる。ここからいえるのは、現代の新儒家が直面する最大の問題は、この種の自由人の主体意識の勃興がもたらす社会制度から倫理規範、さらには自己理解への手本の転換にいかに応えるのか、ということになるであろう[52]。

こうしたことを背景に、自由社会は文化保守主義やエリート主義にとって何ら成果として評価できるものではなく、リベラリズムがもたらした多元的世界が無秩序で善悪に対する基準がなく、個人の主観や嗜好で判断する虚無的世界であるという理由から、逆にリベラリズムはモダニティの堕落であると認識されていることが明らかとなる。こうした批判は普遍的に存在するが、けっして合理的ではない。まず、リベラリズムは人の自主的選択を尊重するが、それはすべての選択が正しく、あるいは高低や善し悪しがないということではけっしてあり得ない。選択が重要であるのは同じことだが、その決定そのものが正しいか否かはまた別の問題であり、後者は独立した評価基準を必要とし、しかもこの基準は個人の主観や好みで決定できるものではなく、それを支持する合理的理由が必要となるのである[53]。また、社会の多元化と価値の虚無化との間には何らの必然性はなく、もしも人の本性と価値が多元化すれば、異なる人が自分に合う価値を選択することになるが、それは事物の本性に符合することにもなる。最後に、リベラリズム自体は一つの政治道徳であり、すべての制度は道徳によって保障されるがゆえに、価値主観主義や虚無主義の立場を受け入れられないのである[54]。

（4）機会均等

リベラル左派の四つ目の主張は、市民が社会・経済資源をめぐる競争に際して、かならずや公平かつ平等な機会を確保しなければならないということである。機会均等をめぐる問題が生じるのは、われわれが次のような環境に位置するがゆえにである。すなわちそれは、社会的資源・職業ポストは有限だが、多くの人がより多くの資源とより良いポストを渇望しており、競争は避けられないが、われわれが公正な状況のもとでのみ競争でき、あらゆる競争者がはじめて公正な待遇を受けられるという環境である。(55)

では、何をして機会均等というのであろうか。そのもっとも基本的な考え方とは、道徳的観点からいってそれにそぐわない要素を取り除き、さらにそれと関連する要素を残しつつ、競争において誰が勝者に値するかを決定するというものである。たとえば、ある徒競走において、われわれがある個人の膚の色、種族、宗教、あるいは性的傾向などによってその参加資格を制限すべきではないのは、これらの要素が競技の性質と一致しないためである。唯一、それにふさわしいものとは、誰がもっとも速く走るかということである。同じような道理で、入学試験、あるいは就業ポストへの応募の際に、一個人の学業成績、および業務遂行能力のみを考慮すべきであって、それ以外の関連のない要因を考慮すべきではない。これは第一次的機会均等であり、われわれは「身分的差別を撤廃する機会均等」と呼ぶことができる。(56)

この条件を満たすためにわれわれにもっとも必要なのは、反差別立法を促進することであり、種族、性別、宗教、階級、年齢、性的傾向に関する差別などを含む、社会、および経済生活におけるすべての市民個人が差別を受けないように確保するということである。もちろん、たんに立法に依存するだけでは不十分であり、人々のものの考え方を変えることも同様に重要である。なぜなら、多くの差別者は皆、無知と偏見からきているのであり、己とは異なるものに対する理解の欠乏や不足、およびそれにふさわしい肯定的認識の欠如からきているためである。機会均等の目的とは、たんにさらに公平なる競争のためだけではなく、競争における他者をより多く尊重するためなのである。

だが、われわれの討論は、ここで留めておくことはできない。ためしに上述した徒競走競技を思い起こしてみれば、ここであらゆる選手は皆いかなる社会的差別も受けておらず、彼らの先天的体質もまた、ほぼ同様ではあるが、彼らの家庭的背景はまったく異なっている。選手の半分は中産階級の家庭の出身であり、幼少の頃からもっとも容易に専門的訓練、栄養豊富な最良の食事をとっているが、もう半分の選手は貧しい家庭の出身であり、あらゆる専門的指導を受けていないだけではなく、甚だしきに至っては一対のまともなスパイクを買う条件さえないのである。その結果はどうだろうか。彼らは同じスタートラインに立っていながら、中産階級出身の選手はほとんど毎回の競争で勝利を収めている。その理由は明白であり、彼らの家庭的出身がはじめから勝利の機会に影響しているか、あるいは決定さえしているためである。

実際の世界における社会的競争とは、もちろん徒競走と比べればはるかに複雑かつ残酷なものであり、競争における賞品も各個人に対してもっている影響力もはるかに奥の深いものである。家庭の出身や階級の背景と身体、心や知性の成長、理性的思惟、言語表現能力、人的交際のネットワークおよび個人的自信を含めて、はじめから人のあらゆる面での発展に影響を与えているが、それらは社会的競争に必要とされるさまざまな技能なのである。

こうした機会均等を実現するためには、許された条件のもとで、政府は必要な市民に対して、整備された社会的福利厚生（医療、住宅、障害、失業、休業補償など）という各種社会政策を採用し、階級的差異を縮小することが必要である。そのことはあらゆる若者に対して教育や訓練を公平に受ける機会を与え、また文化・コミュニティの生活において、低い階層に十分な支援を提供すると同時に、資本に対する増値税、消費税、および遺産相続税などを徴収し、社会的財や富が一部の少数者の手中に雪だるま式に過度に集中することを避けなければならない。こうした政策の目的は、政府が社会的安定を維持するという策略の道具ではなく、また富める人々の貧しい人に対する慈善事業や喜捨事業でもなく、政府の正義に対する負担を意味しているのである。なぜなら、こうした機会の不均等は、無数の貧しい家庭の子供たちに生まれた時からきわめて不公平な境地に置くことを強いるものだからである[57]。

ここでリベラル右派は、即座に異論を差し挟むかもしれない。ある人が豊かな家に生まれ、またある人が貧しい家で育ち、生活するというのは、運命が決めることであって、これに対しては誰も責任を負う必要はないのであり、政府はこの自ずと然るべき事実に対して関与するいかなる正当な理由ももたない。もしも富める者の得る財産が正当であるとするならば、彼らが自分の子供にもっとも良い教育を与え、かつ最大の競争を勝ち抜くための最大の優位性を勝ち取る自由を有するのは当然のことであり、正義の名のもとで政府によって強行される徴税は不正義であり、富める者の自由を制限し、彼らの私有財産権の損害に導くということがもっと重要なのである、と。

ロールズは、おそらく次のように答えるはずである。第一にどの家庭に生まれるかということはたしかに運であり、このことに対して責任を負う必要は誰にもない。だが、こうした運を通してある特定の制度のもとで獲得された物質的財や富、社会的地位を含む優位性とは、かえって直接他者に影響を与えるのである。したがって、それはすでに正義であるか否かという問題を生じさせていることになる。われわれは孤島に住んでいるわけでなければ、いわゆる中立的制度をもつわけでもなく、政府が関与しようとしまいと、すでに一つの立場を設定しているのである。正しいかどうかという問題は、立場があるかないかという問題にあるのではなく、その立場に合理的証明ができるのかどうかにあるのだ。第二にリベラル派は、市場において獲得した財や富がすべて正当なものであると仮定しており、したがって人々はこうした財や富を支配する絶対的自由を有しているが、このことはかえってリベラル左派が異論を差し挟むポイントとなっているのである。もし、いかなる拘束も受けない市場システムがきわめて大きな機会の不均等をもたらしているとすれば、機会均等がまた社会正義の必要条件であり、政府は税収を通して、かつその他の政策によって、こうした状況を変えるという正当な理由をもつのである。市場は制度の一部であるが、正義は社会制度の主要な価値であり、したがって市場はかならずや正義の原則的拘束を受けなければならないのである。こうしたことからロールズは、制度に先立つ財産権を認めておらず、生産手段であるところの私有財産権を市民の基本的自由とはみなしていないのである。

（5）発展の享受

問題はここにいたってもまだ終わっておらず、再度前述した話題へと戻る。徒競走に参加する人を思い起こせば、彼らはいかなる身分的差別も受けておらず、みな家庭の出身も一様であるが、先天的才能はけっして同じではなく、ある人は生まれつき走る素質を備えており、ある人は幼少から病気がちで身体も弱い。こうした二種類の人々も、本当の意味での機会均等を享受しているとはいい難い。だが、道徳的観点からいえば、こうした自然的能力の分布は、純粋に運がもたらすものであり、こうした能力の差異によって競争に優位な立場を獲得すべきであるとは誰もいえないのである。[58] これは第三次的平等であり、われわれはこれを「天賦の才能を除去する機会均等」と呼ぶこととする。[59]

そこで難題が生じてくる。身分的差別は立法を通して解決できるし、社会的背景の不公平さは資源の配分によって処理できるが、天賦の才能の分布は、それが各人の個体に内在しているとするならば、いかなる方法で除去が可能なのであろうか。ロールズは人間の自然的能力を平準化することは不可能であるし、かつそれを強行することはできないがゆえに別の方法で処理すべきだとしているが、これこそは彼が名付けた「格差原理」(difference principle)なのである。天賦の才能が高い人は、さらに多くの財や富を追求できる。その前提は、社会的にもっとも弱い立場にある人々に対してもっとも有利でなければならないということである。「格差原理」の目的とは、一つの間接的な方法で、ロールズの考え方のなかでももっとも徹底的な機会均等をめぐる理想の実現であると少なからぬ論者が考えている。この理想を実現したのち、社会の競争における人々の所得は完全に公正なものとなる。というのも、それが反映しているものこそは、人々が努力のうえで選択し、かつ獲得した成果であり、また彼らが本来獲得すべきものだからである。[60] これは、多くの場合、主流を占める一つの解釈であり、のちにリベラル左派のなかの「運の平等主義」(luck egalitarianism)の発展に影響を与えたものである。[61]

とはいえ、これはロールズの本来の意図であるとはいえない。たしかにロールズは、天賦の才能の分布が任意による偶然の結果であり、このような偶然的優位を利用しつつ、さらなる多くの社会的資源を獲得することが同じように道徳的証明を必要としている。だが、その証明の理由とは、もはやただたんにさらなる競争のためではなく、コミュニティの成員が発展的成果を享受する権利を公平にもつべきであると考えることにある。

たとえばロールズは、「格差原理」は一種の友愛精神を体現しているといっている。運の良くない人も利益を獲得するときにおいてのみ、運が良い人はより多くの利得を欲することができる。[62] このことはお互いが一つの家族であるかのように、家族関係は競争ではなく、お互いの配慮であることを意味する。ロールズはまた、次のようにいったことがある。すなわち、格差原理は実際のところ、社会において協力する成員の一種の黙契を象徴している。自然的能力の分布は、じつはコミュニティの共同資産であり、一人ひとりの個人の能力に違いはあるが、お互いの能力の補完(complementarities)によって社会的経済発展の成果を享受できるのである、と。これはいわば、社会正義の間では、もはや道具的競争関係はなく、互いが一緒に協力し合うパートナーの関係にあるということである。したがって、「次のような社会システム——代償として相対的利益の補償を与えることあるいは受け取ることがないならば、生まれもった資産の配分・分布における恣意的で無根拠な境遇もしくは社会生活を開始する地位から（不当な）利益を挙げたり損失をこうむったりする者が皆無であるような、社会システム——を創設することを願うのであるなら、われわれは格差原理に導かれるのである」[63]。

筆者の理解が合理的なものであるとするならば、われわれは次のようにいうことが可能である。すなわち、格差原理の背後にある精神は、利益をめぐるゲームではなく、お互いに欠如するということでもなく、一種の相互扶助、および社会的発展の成果を強調する協力関係にあるということだ。こうした協力関係を支持するとは、たんに正義感があるということのみならず、コミュニティの成員のお互いの間の配慮と相互扶助を有しているということである。もしそうであるとするならば、格差原理は、じつは機会均等という要求を超越していることになるが、それがなぜかといえば、後者は人と人との間に一種の競争関係が存在していることを想定しているが、競争そのものはまた他の競争者とは互いに分離しているということを想定しているからである。格差原理が期待している発展の享受を実現するために、われわれは社会を市場とはみなさず、高度な信頼によるそれ相当に強力な政治共同体であるとみなすことが必要である。こうした共同体を維持するには、たんに人に依存することはできず、一種の「互いの運命を分かち合う（share one another's fate）ことを願う」「コミュニティの意識（sense of community）」が必要なのである[64]。

「発展をともに享受する」ことを制度によっていかに実施するかについては、多くの政治経済学上の具体的討論を必要としているが、ロールズは次のようにはっきりといっている。今日の福祉国家、およびその理想とする制度は、彼の目にはけっして理想的制度ではない。なぜならば、福祉国家はただたんに資本主義的財産制度を変えないという前提のもとで、二次的分配、および制限された社会的補助によって、社会的下層のために基本的需要を提供するが、それはかえって強大な経済的不平等を許容し、それゆえに共同富裕の目標からは甚だしく遠ざかることになってしまうからである。まさにこうした背景のもとで、ロールズは「財産所有民主制」こそが可能なる解決の道であると考える。すなわち、あらゆる人に最初から資本と生産手段をもたせることによって、富と財の過度の独占という局面の打破が可能になるのである。(65)

5 「未完のプロジェクト」としての近代

上述のような討論を経て、われわれはようやくリベラル左派の基本理念にたどりつくこととなる。それは一つの正義の社会を構築するということであり、自由で平等な市民に対して公正なる処置を施し、かつ一人ひとりの個人が自主的で、価値のある生活を送るための条件をもつようにさせるということである。この理念の背後には、次のような考え方がある。第一に、われわれは理性的能力、および道徳的能力の価値主体をもつものであるということだ。こうした能力をもつことによって、われわれが自由平等な存在となるからである。第二に、国家は存在する必要性をもつが、あらゆる市民に対して公正に対応しなければならず、そうすることによってのみ、国家ははじめてその正当性をもつということである。だが、こうした条件を満たすためには、国家の基本的制度が、自由で平等な個体の合理的認可を得ることを必要とする。第三に、個人の自主性が人間の共同体の根本的利益であるがゆえに、ある合理的社会制度の調達は個体の自主性が、生命の異なった領域において、十分な発展可能性を保障されなければならない。第四に、このことに基づいて、われわれは平等で基本的な自由や権利を有し、また民主的選挙や憲政法治をもたねばならず、多面的文化環境、公平な機会均等を有し、合理的財と富の分配および社会的発展のさまざまな利点をともに享受しなければならない。これらの制度は、一つの体系を形成し、一種の自由人の平等政治を共同で実現するのである。第五に、一人ひとりの個人の自主的能力が全面的に発展できるとき、また己の本当の意思に照らし合わせ、自ら価値があると認められる人生を送ることができるとき、われわれははじめて人間の解放に到達できるといえるのだが、これこそがリベラル左派の理想なのである。(66)

こうしたリベラリズムは、たんに政治上の全体主義的専制、および人権や自由に対する侵犯に反対するだけではなく、同時にまた、社会関係におけるさまざまな種族、階級、性別、宗教、および文化的覇権がもたらす人への差別、統括支配、辱めや圧迫に反対し、同時にまた経済生活における人への疎外や搾取、不合理な財と富の分配がもたらすさまざまな弊害に反対するのである。

リベラリズムは、狭義の政治領域における理論に限られるわけではないし、また限るべきでもない。その理由は簡単である。もしリベラリズムの目標が、あらゆる人が自由で自主的生活を送れるようにすることであるならば、それは政治や経済的領域、および宗教や文化的領域、家庭や行政関係の領域などを含むあらゆる領域での人に対する圧迫を軽減し、除去することに極力努力しなければならないことを意味しているからである。自由な人間とは一人の完全な人間である。完全なる自由人の実現には、完全に自由な環境が必要なのである。だが、人は社会的存在であるから、正義を重視する理論は、社会のあらゆるリンケージ〔環節〕がすべての個体に公正な対応を極力与えられるように努めなければならない。これはつまり、リベラリズムが一つの未完成な「近代のプロジェクト」であり、また今日の権利保護〔維権〕運動、民主化運動、教育公平をめぐる運動、フェミニズム運動、文化、社会の財と富の公平な分配、および労働者と農民の合理的権益獲得運動などのために、豊富な道徳的資源を提供できるということなのである。(67)

こうしたリベラル左派は、理論上、実践上を問わず、みな批判性と進歩性を備えており、すべて今日の香港や中国にとりわけ必要な一種の政治道徳観である。われわれは、したがって伝統的「左」、「右」という枠組みを超えて、自由と平等を基礎にして、一つの公平で正義の社会を建設するのである。

訳注

〔1〕**石元康**（一九四三年―）香港中文大学哲学系教授、社会哲学専攻。
〔2〕**慈継偉**（一九五七年―）香港大学哲学系教授、政治哲学専攻。
〔3〕**銭永祥**（一九四九年―）台湾・中央研究院哲学社会科学研究所研究員、西洋政治思想史。
〔4〕**陳宜中**（一九七〇年―）台湾・中央研究院人文社会科学研究センター研究員、政治哲学専攻、季刊「思想」編集委員。
〔5〕**劉擎**（一九六三年―）華東師範大学世界政治研究センター主任、西洋思想史。
〔6〕**陳冠中**　一九五二年上海生まれの作家。香港で育ち現在北京在住、小説『盛世中国二〇一三』などで中華圏で圧倒的影響力を持つ。

原注

（1）会議は二日間開かれ、合計で八つのセッションでの討論が行われた。討議では、この二年間で発表された以下の四冊の文献をたたき台とした。銭永祥『動情的理性――政治哲学作為道徳実践』（聯経出版事業股份有限公司［台北］、2014）、陳宜中『当代正義論弁』（聯経出版事業股份有限公司［台北］、2013）、曾瑞明『参与対等与全球正義』（聯経出版事業股份有限公司［台北］、2014）、周保松『政治的道徳――従自由主義的観点看』（中文大学出版社［香港］、2014）。夜にはサロンにおいて劉擎に「左翼自由主義与当代中国思想論争」と題する講演を行ってもらった。『澎湃新聞』の報道については、李丹「中国左翼自由主義的『香港共識』」（二〇一四年八月八日）、『共識網』www.21ccom.net/articles/sxwh/shsc/article_20140808110721.html 参照。
（2）現代の英米政治哲学における議論のなかで、"liberalism" とは、筆者のいう「リベラル左派」を指す。「自由平等主義」（liberal egalitarianism）もこの「リベラル左派」をより詳細に説明するために恒常的に使用しているが、これは欧州では「社会民主主義」（social democracy）と呼ぶ場合が多い。"libertarianism" あるいは "laissez-faire liberalism" は、筆者としては「リベラル右派」、あるいは「自由放任主義」と訳出している。
（3）たとえば、陳がインタビューのなかで言及した「平等な自由人」については、「新左翼思潮的図景

——共識網独家専訪陳冠中」（二〇一三年十二月二十六日）、『共識網』www.21ccom.net/articles/sxwh/shsc/article_2013122697740.html 参照。陳冠中と周濂在は二〇一四年四月六日付の『東方早報——上海書評』上でも対談を行っている。「周濂、陳冠中対談新左翼思潮」（二〇一四年四月八日）、『共識網』www.21ccom.net/articles/sxwh/shsc/article_20140408103954.html 参照。

（4）銭永祥『動情的理性』、陳宜中『当代正義論弁』、周保松『政治的道徳』。拙著は主に過去数年の間に『南風窓』に発表した文章を収録している。これらの文章は当初、発表時点ではかなりの議論を巻き起こした。とくにそれらはリベラル右派からのものが多い。たとえば、王建勲「市場是自由与公正的天然盟友」『東方早報——上海経済評論』二〇一二年十月十六日。このほか、近年ではリベラリズムに関する以下の二篇の論文が注目に値する。劉擎「中国語境下的自由主義——潜力与困境」『開放時代』二〇一三年第四期、一〇六—二三頁、周濂「哈耶克与羅爾斯論社会正義」『哲学研究』二〇一四年第一〇期、八九—九九頁。

（5）筆者の知る限り、中国思想界においてもっとも早く「リベラル左派（自由主義左翼）」の呼称を使い、これと「自由放任的リベラリズム」や「リベラル右派」との区別を行ったのは、二〇〇〇年十月一—二日、香港『明報』に発表された甘陽「中国自由左派的由来」と題する論考である。甘陽はそのなかで、当時多くの人から「新左派」とみなされていた王紹光、崔之元、汪暉、および彼本人がじつはリベラル左派であるとし、またロールズ（John Rawls）の理論に深く自己同一化していた。意外だったのは、わずか三年後に甘陽はこの立場を基本的に放棄し、ロールズに対しても鋭い批判を加えるようになっていたことである（甘陽『政治哲人施特労斯——古典保守主義政治哲学的復興』牛津大学出版社［香港］、二〇〇三年参照）。他の三人については、筆者の知る限り、終始「リベラル左派」の立場を認めていないようである。甘陽はこのなかで、リベラル左派は必然的に、すべての市民に対する平等の自由と憲政民主の獲得を重視するのに対し、新左派は自由な人権と憲政民主をその中心的主張とはしていないと指摘した。また時間軸を遡ると、一九四九年以前の時点で中国思想界はすでに経済的平等と公正な社会民主主義、および新たなリベラリズムに注目していたことが分かる。許紀霖「尋求自由与公道的社会秩序——現代中国自由主義的一個考察」『開放時代』二〇〇〇年第一期、四八—五七頁、「現代中国的自由主義伝統」『二十一世紀』香港中文大学中国文化研究所、一九九七年八月号、二七—三五頁参照。

（6）筆者はこの論考の中で、「マルクス主義における伝統的左派とリベラル左派を混同して論じていることが、現在の論争における概念上の大きな混乱となっている。また liberalism（リベラル左派）と libertarianism（リベラル右派あるいは自由放任主義者）を混同していることで、多くの人が自らをリベラルであると認めたがらなくなっており、これもまたさらに大きな混乱を呼んでいる」（周保松「対本土論的一点反思」二〇一五年四月十日、『独立媒体』www.inmediahk.net/node/1033212）と指摘しておいた。筆者はここで、一連の大きな議論は少しも見逃すことはできないとした。というのも、わずか数週間の間で、この場においては二十数回も相互に応酬が行われたからだ。さらに貴重だったのは、この議論の参加者のほとんどが公共的議論の規範を守り、今日のウェブ上での議論につきものの悪い雰囲気がみじんもなく、ある程度の規模で対等の立場での議論を繰り広げることができたということである。これらの文章は『独立媒体』ウェブサイト（www.inmediahk.net/）で参照できる。

（7）ここで強調しなければならないのは、現代中国におけるリベラリズムの発展史のなかで、こうした自由放任主義における右派的な観点がかなり盛り上がりを見せているとはいえ、それがかならずしもリベラリズムにおける唯一の言説であることを示しているわけではないということである。実際、一九九〇年代に新左派とリベラル派が議論を始めて以来、一貫してこの立場を受け入れようとしないリベラリストは多く、彼らは社会正義の方を重要なものとして位置づけてきた。したがって、筆者のこの場での議論は全体的な次元からの描写を試みるのではなく、むしろある種代表性の観点からなされるという意味合いの方が大きい。

（8）香港においてリベラル左派は、別な次元での困難に直面している。香港は長きにわたり自由放任主義（レッセフェール）イデオロギーの支配を受けてきたために、増税や公共的福祉関係費増額に関するいかなる主張に対しても、おしなべて政府、企業家、メディアからことごとく攻撃され、抹殺されがちである。その結果、労働者の基本的な権益にきわめてかなっているはずの、たとえば最低賃金、労働時間制限、退職金などに関する主張もかなり大きな抵抗にあってしまうのである。そのため、リベラル左派というものがこうした抵抗勢力の目には甚大な被害をもたらす猛獣のように映じているのだが、市場資本主義に反感を抱いている一群の人々からすれば、それを支えているイデオロギーはリベラリズムであるということになり、その結果、彼らはあらゆる「自由主義」に関する主張を弁別せず一様に拒絶することになり、さらには“liberalism”と“libertarianism”の区別さえもできないのである。このような人々は、いかなる理由に基づいて自由放任主義に反対するのか。筆者が考えるに、社会主義の観点から出発している人はけっして多くはない。こうした人々の大部分は人権法治の擁護と民主的普通選挙の実施を望んでおり、また政府による増税や公共支出増額も支持しているのだが、かならずしも公有制や計画経済を受け入れるわけではなく、階級闘争の立場から社会的矛盾を理解しているわけでもない。筆者は、彼らの大部分がじつはある種の穏健なリベラル左派の立場を受け入れていると見ている。香港では「自由主義」といえばただたんに「小さな政府に大きな市場」と同義語として扱われてきた経緯があるために、リベラル左派はそもそもが自らの主張を展開することが困難であり、結果として少なからぬ団体や個人が長きにわたり、理論的失語状態に陥ってきただけのことなのだ。たとえば、彼らはしばしば「左翼」と自称・他称するが、その実自らの「左翼」的理論の裏付けがどこから来ているのかということをはっきりと自覚しているわけではない。まさしくこうした背景のもと、香港におけるリベラル左派の議論は中国大陸とはニュアンスとして異なる面をもちつつも、同様に切迫した意義をもっているのである。

（9）この大きな問題意識のもと、筆者はリベラリズム内部においてさまざまな理論的試みがあるのを認めつつ、同時にそれは社会主義の伝統から発展してきた民主社会主義、あるいは社会民主主義との対話を可能にするものであると考えている。また自由な権利と憲政民主を肯定するという前提のもと、経済的制度、社会的資源配分の問題について、さまざまな理論に大きな討論の空間が開かれていると考える。民主社会主義の中国における議論は、謝韜「民主社会主義模式与中国前途」『炎黄春秋』二〇〇七年第二期、一―八頁を参照。

（10）John Rawls, *Political Liberalism*, expanded ed. (New York: Columbia University Press, 2005), 137.

（11）John Rawls, *A Theory of Justice*, rev. ed. (Cambridge, MA: Belknap Press of Harvard University Press, 1999), 12; ジョン・ロールズ（川本隆史、福間聡、神島裕子訳）『正義論（改訂版）』（紀伊國屋書店、二〇一〇年）、一九―二〇頁。

（12）Jeremy Waldron, "Theoretical Foundations of Liberalism," in *Liberal Rights: Collected Papers*, 1981-1991 (Cambridge: Cambridge University Press, 1993), 50.

（13）John Locke, *Two Treatises of Government*, ed. Peter Laslett (Cambridge: Cambridge University Press, 1988), 168. ジョン・ロック（加藤節訳）『完訳――統治二論』（岩波書店、二〇一〇年）、八六―八七頁。

（14）Max Weber, "Politics as a Vocation," in *From Max Weber: Essays in Sociology*, ed. H. H. Gerth and C. Wright Mills (London: Routledge, 1991), 78. マックス・ウェーバー（脇圭平訳）『職業としての政治』（岩波書店、一九八〇年）、九頁。ウェーバーの国家に対するこの定義は学術界で広く受容されている。

（15）盧梭（Jean-Jacques Rousseau）（何兆武訳）『社会契約論』（唐山出版社［台北］、一九八七年）、五頁。ルソー（中山元訳）『社会契約論／ジュネーブ草稿』（光文社、二〇〇八年）、一八頁、および（桑原武夫・前川貞次郎訳）

『社会契約論』（岩波書店、一九五四年）、一三頁。英文版ではJean-Jacques Rousseau, *The Social Contract and the Discourses*, trans. G. D. H. Cole (London: Everyman's Library, 1993), 181 参照。

（16）ここにおける自由とは、人が自らの欲望に従ってしたいことをするということを指すのではない。自然状態のなかにあったとしても、人はなお自然の規律を守る必要があり、他人の自然的権利を侵してはならないということである。John Locke, *Two Treatises of Government*, 169-71. 前掲『完訳統治二論』八九―九三頁参照。

（17）前傾『社会契約論』（唐山出版社［台北］、1987）、一四頁。何兆武はここで"legitimate"を「合法」と訳出しているが、筆者は「正当性」と改訳した。というのも、それは一つには"legality"と混同しやすく、もう一つには"legitimate"はここでは明確に道徳的な次元での正当性を指しているからである。

（18）同、一二頁。光文社、二〇〇八年度版、二五頁では「自分の力を［他人を支配する］権利に変えて、［他人が自分に］服従することを義務とし」としている。

（19）前掲『社会契約論』（唐山出版社［台北］、一九八七年）、二四頁。前掲『社会契約論』（岩波書店、一九五四年）、二九頁。

（20）アナーキズムを弁護する最良の著作としては、Robert P. Wolff, *In Defense of Anarchism* (Berkeley and Los Angeles: University of California Press, 1998) 参照。同書は国家と主体性の間の緊張状態にいくばくかの介入を試みるものである。

（21）Immanuel Kant, *Kant: Political Writings*, ed. Hans Reiss, trans. H. B. Nisbet (Cambridge: Cambridge University Press, 1991); Benjamin Constant, "The Liberty of the Ancients Compared with That of the Moderns," in *Political Writings*, trans. and ed. Biancamaria Fontana (Cambridge: Cambridge University Press, 1988), 308-28; John S. Mill, *On Liberty and Other Writings*, ed. Stefan Collini (Cambridge: Cambridge University Press, 1989). J・S・ミル（斉藤悦則訳）『自由論』（光文社、二〇一二年）、Isaiah Berlin, "Two Concepts of Liberty," in *Liberty: Incorporating Four Essays on Liberty*, ed. Henry Hardy (New York: Oxford University Press, 2002) 166-217; アイザイア・バーリン（小川晃一［ほか］共訳）「二つの自由概念」『自由論（新装版）』（みすず書房、一九九七年）所収、二九五―三九〇頁、Joseph Raz, *The Morality of Freedom* (Oxford: Clarendon Press, 1986).

（22）より詳細な議論については、周保松『政治的道徳』第二部分四一―六五頁を参照。

（23）この点は、ロールズとラズのリベラリズム理論においては、もっとも徹底的に描写されているが、バーリンの意見は異なる。バーリンは消極的自由の基礎を個人の自由（あるいは彼がいうところの「積極的自由」）

の上に置いているからである。バーリンに対する批判は、周保松『政治的道徳』第六章「消極自由的基礎」四九―五七頁を参照。

(24)「再帰的承認」については前掲『政治的道徳』第三章「反思性認可與国家正當性」一九―二七頁を参照。

(25)この言葉は、Isaiah Berlin, *op. cit.*, 167(前掲『自由論』二九九頁)から来ている。

(26)契約論と正当性の関係についてはPatrick Riley, *Will and Political Legitimacy: A Critical Exposition of Social Contract Theory in Hobbes, Locke, Rousseau, Kant, and Hegel* (Cambridge, MA: Harvard University Press, 1982)参照。

(27)David Hume, "Of the Original Contract," in *Essays: Moral, Political and Literary* (Indianapolis: Liberty Fund, 1985), 465-87. デビッド・ヒューム(田中敏弘訳)「原始契約について」『ヒューム道徳・政治・文学論集 完訳版』(名古屋大学出版、二〇一一年)所収、三七五―三九二頁。

(28)康徳(Immanuel Kant)「論通常的説法――這在理論上可能是正確的、但在実践上是行不通的」、載康徳(何兆武訳)『歴史理性批判文集』(商務印書館[北京]、1990)、一九〇頁、英語版ではImmanuel Kant, *Kant: Political Writings*, 79. 北尾宏之訳「理論では正しいかもしれないが実践の役には立たないという通説について」『カント全集(歴史哲学論集)』第一四巻(岩波書店、二〇〇〇年)所収、一九八頁。

(29)康徳(Immanuel Kant)『論通常的説法』一九〇―一頁。前掲『カント全集』第一四巻、一九八頁。

(30)たとえば、契約のプロセスにおいて確実に各立法者として自分自身を主人公として立てるために、カントは参与者に対して財政上の独立性を求めている。康徳(Immanuel Kant)「論通常的説法」一八八頁。前掲『カント全集(歴史哲学論集)』第一四巻、一九五頁。この考え方はロールズになるとよりはっきりする。たとえば、彼の「無知のヴェール」や彼の理論全体における「カント的解釈」にはこの理念が十分に反映されている。John Rawls, *A Theory of Justice*, pp15-19, 221-27. 前掲『正義論』二五―三一頁、および三三八―三四七頁参照。

(31)自由と平等は前提ではあるが、ここでは先験的真理なのか純粋な仮説なのかは示されておらず、したがって道徳的に証明する必要もないとは、筆者自身は考えない。実際、個人の主体性と平等にはそれを支持する実質的な理由が必要であり、そうでなければリベラリズムは根無し草になってしまう。

(32)ロックやルソー、カントはリベラリズムの伝統の基礎を築いた人物であるとともに、現代リベラリズムの発展に大きな影響を及ぼしたが、筆者は彼らが多くの具体的問題で一種のリベラル左派の立場にあったとはいっていないことに留意されたい。

(33)この点については、周保松「要求正義的権利」『政治的道徳』(香港中文大学出版社、二〇一五年)所収。

二九―三八頁を参照。

(34) John Rawls, *A Theory of Justice*, rev.ed. (Cambridge, MA: Belknap Press of Harvard University Press, 1999), 6; 27-28. 前掲『正義論』三九―四一頁。

(35) *Ibid.*, 14; 87-90. 同一一九―一二二頁。

(36) 米国の『独立宣言』やフランス革命が謳った『人および市民の権利宣言』は、この理想をよく体現している。『独立宣言』はトーマス・ジェファーソンが起草し、ジェファーソンの観点はロックの影響を色濃く受けている。

(37) 自由を有効に実践するには往々にして異なる条件の組み合わせが必要であるが、それはたとえば言論の自由には公共の場、皆が受け入れ可能な討論規則、参加者の理性能力などである。一個人の経済能力はここにおいて重要だが、唯一の条件ではない。財産や富の分配が平等の条件下であってこそ、貧者にとって言論の自由が価値をもってくるともいえない。多くの社会主義者たちはこの種の理由を頻用してリベラリズムを批判して、彼らがブルジョア的とみなすこの種の自由権を否定することもあるが、法律上貧者にこれらの権利を保障することはきわめて重要であり、さもなければ富者はなにはばかることなく金銭を使って、さらに多くの特権を買いにかかることを彼らは分っていないのである。

(38) マルクスの権利批判は、主に市民社会（＝市場）の「人権」(rights of man) に照準を当てたものだが、政治領域における民主参政権を含む公民権 (rights of citizen) を相当程度に肯定している。つまり、マルクスは「権利」という概念自体を排除しているわけではない。Karl Marx, "On the Jewish Question," in *Selected Writings*, ed. David Mclellan (New York: Oxford University Press, 1977), 52-54. マルクス（城塚登訳）『ユダヤ人問題によせて・ヘーゲル法哲学批判』（岩波書店、一九七四年）、四八―五二頁。Jeremy Waldron, ed., *Nonsense Upon Stilts: Bentham, Burke and Marx on the Rights of Man* (London; Methuen, 1987), 116-36 などを参照。

(39) マルクス批判に対するロールズのより完全な反応については、John Rawls, *Justice as Fairness: A Restatement*, ed. Erin Kelly (Cambridge, MA.: Harvard University Press, 2001) 176-178. ジョン・ロールズ／エリン・ケリー編（田中成明・亀本洋・平井亮輔訳）『公正としての正義 再説』（岩波書店、二〇〇四年）、三〇七―三一一頁。

(40) これは当然マルクスの本意ではなく、人によってはこうした中国の悲惨な経験は真正の科学的社会主義とは無縁であると考えるだろう。これには「歴史的責任」の問題がある。マルクスはいったいどの程度、後世において彼の思想の名のもとに進められた社会主義の実践に責任を負う必要があるのか。この面での省察はすでに多く存在するので、ここでは繰り返さない。だが、リベラル・デモクラシーの国家における過去二百年の人権の実践から分ることは、リベラルな人権観は往々にして劣勢な社会集団に大きな法的保障を与え、各種の社会抗争に有力な支持を提供してきたということである。人種の平等とジェンダーの同権運動がその好例である。

（41）筆者はここで「ある種の」と強調している。それは権利によってはその目的が公民の政治共同体としての公共生活、たとえば結党結社、およびギルド的組織（＝公会）への参画を保障するからである。

（42）『世界人権宣言』聯合国網、www.un.org/zh/documents/udhr/index.shtml（『世界人権宣言』（仮訳文）日本外務省 HP: http://www.mofa.go.jp/mofaj/gaiko/udhr/1b_001.html）。ロールズの「基本的自由権」には、ここにある社会権と文化権は含まれていない。このことはロールズがこれらの権利に反対しているということではなく、彼にとっての基本的自由は絶対的な優先制を有しているので、その包含する範囲を狭める必要があった。

（43）中国政府は一九九七年と一九九八年に前後してこれら二つの規約に署名した。

（44）世界の他の人権規約については、Ian Brownlie, ed., *Basic Documents on Humn Rights*, 3d ed.（Oxford: Clarendon Press, 1992）を参照。

（45）放任自由主義の代表であるロバート・ノージック（Robert Nozick）も権利を重視しているが、その権利観は淡白で形式化したもので自己擁有権と私有財産権に限定され、社会権や文化権は含まれず、政治的権利に対する言及もわずかである。文化保守主義と権威主義についてはその人権政策を信頼せず、敵視している。Robert Nozick, *Anarchy, State and Utopia*, New York: Basic Books, 1974. 嶋津格訳『アナーキー・国家・ユートピア 国家の正当性とその限界』（木鐸社、一九九五年）を参照。

（46）John Rawls, *A Theory of Justice*, 一九七—199. 前掲『正義論』二六七—二七一頁、John Rawls, *Justice as Fairness*; 148-150. 前掲『公正としての正義 再説』二六二—二六六頁。

（47）John Rawls, *Justice as Fairness*; 135-140. 前掲『公正としての正義 再説』一八〇—一八八頁、Martin O'Neill and Thad Williamson, ed., *Property-Owning Democracy: Rawls and Beyond* (Malden, MA: Wiley-Mlackwell, 2012. 周濂『正義第一原則與財産所有権的民主』中国人民大学学報、二〇一五年第一期六六—七八頁。

（48）John Rawls, *Justice as Fairness*; 138. 前掲『公正としての正義 再説』二四六—二四七頁、Martin O'Neill, *Three Raulsian Routes towards Economic Democracy*, Revue de Philosophie Economique 9, no. 1 (2008): 29-55.

(49) John Rawls, *Introduction to Political Liberalism*, xxvi.

(50) John S. Mill, *On Liberty and Other Writings*, 56-74. 塩尻公明・木村健康訳『自由論』岩波書店、一九七一年、一五一―一八八頁、とくに一五二―一五三頁。

(51) John Rawls, *A Theory of Justice*, rev. ed. (Cambridge, MA: Belknap Press of Harvard University Press, 1999), 27-28. 前掲『正義論』八八―八九頁。

(52) 石元康『従中国文化到現代性――典範転移?』(東大図書公司〔台北〕)、一九九八年を参照。現代新儒家の自由主義、および現代性に対するもっとも代表的な反響については、牟宗三等「為中国文化敬告世界人士宣言――我們対中国学術研究及中国文化與世界文化前途之共同認識」『民主評論』一九五八年元旦号、二―二一頁。いかに儒学倫理と自由民主を調和するのかという現代儒学が強い関心をもつ問題については、Joseph Chan, *Confucian Perfectionism: A Political Philosophy for Modern Times* (Princeton: Princeton University Press, 2014) を参照。

(53) さらに詳細な議論については、周保松「選択的重要」『政治的道徳』第七章(香港中文大学出版社、二〇一四年)所収、五九―六五頁を参照。

(54) この問題のさらに詳細な議論については、周保松『自由人的平等政治(増訂版)』(三聯書店〔北京〕、二〇一三年)、四三―一〇一頁を参照。

(55) 筆者がここでいっている機会均等は、ロールズのいわゆる「正義の情況」(circumstances of justice) に基づいている。したがって、いかにして一つの公平で競争的制度環境を確立するかについて、とくに強調していることに留意されたい。われわれがいったん経済的領域において人が競争的関係にあることを受け入れるならば、人の利己的心理と正義感との間には解消困難な緊張関係が生じるものである。前者は、競争のなかで人が自分のために最大の利益を図ることを要求し、後者は人が競争的公平のために本来もっている優位性を対置することを要求する。このことは一つの問題をもたらす。すなわち、それは個体がいかにして競争において正義感に優先的価値を与えることができるのかである。これはあらゆる正義の理論がかならず直面しなければならない問題であり、ロールズは『正義論』第三部において、こうした挑戦に力を注いで立ち向かっている。これに関連する議論については、前掲『自由人的平等政治』第五、六章を参照。正義の情況については、John Rawls, *A Theory of Justice*, 109-12 を参照。前掲『正義論』一七〇―一七四頁。

(56) これは筆者の用法である。ロールズはこのことを形式的機会均等 (formal equality of opportunity) と称しているが、筆者は身分的差別を除去する機会均等がたんに法律上の形式的規定にとどまることはけっしてなく、実質的にも社会的平等を促進し、そうした生活において身分的差別をこうむる人にとってきわめて重大な意義をもつものであると考える。John Rawls, *A Theory of Justice*, 62-63. 前掲『正義論』一三五―一三六頁。

（57）機会均等とは、社会福祉を支持するが、それはただ一つの理由であるにすぎず、唯一の理由でないことに留意されたい。事実上、ロールズの二つの正義原則のいずれの部分も、資源および財と富の市民の間における合理的分配の意味内容を示している。

（58）John Rawls, *A Theory of Justice*, 64. 前掲『正義論』一三六―一三七頁。

（59）コーエン（G. A. Cohen）は、筆者がいうところのこうした三つの機会均等観を「ブルジョア」、「リベラル左派」、「社会主義」と分別している。G. A. Cohen, *Why Not Socialism?* (Princeton: Princeton University Press, 2009), 12-45 参照。だが、筆者はこうした定義はイデオロギー的色彩が強すぎるし、かついかなる道理もないと考える。

（60）たとえば、Will Kymlicka, *Contemporary Political Philosophy: An Introduction*（New York: Oxford University Press, 2002), 58-59 を参照。

（61）この方面での文献は数多くあるが、たとえば Elizabeth S. Anderson, "What is the Point of Equality?," *Ethics* 109, no. 2 (1999): 287-337. そのなかの代表的人物であるコーエンは、社会主義的観点から見ても、こうした三つの機会均等の条件を満たすことができれば、そのこともまた分配的正義の極致であり、もしこれ以外でさらに平等な分配を求めるのであればコミュニティ的価値に訴えるしかないのである。G. A. Cohen, *Why Not Socialism?*, 34-40.

（62）John Rawls, *A Theory of Justice*, 90. 前掲『正義論』一四一―一四二頁。

（63）*Ibid.*, 87. 前掲『正義論』一三七頁。

（64）この言葉は『正義論』の初版に準じているが、改訂版では削除されている。John Rawls, *A Theory of Justice*（Cambridge, MA: Belknap Press of Harvard University Press, 1971), 102.

（65）John Rawls, "Preface for the Revised Edition," in *A Theory of Justice*, xv. 紙幅の制限上、ここでは「格差原理」の背後に示されている、共に享受する精神について指摘できただけであるが、具体的な論証については、今後のさらなる研究に俟ちたい。

（66）マルクスは人間の解放が社会的発展の最高の目標であると考えた。何が人間の解放であり、いかにそうした解放が実現するのかについて、リベラリズムとマルクス主義とはきわめて異なった見解をもっているにもかかわらず、リベラリズムは事実上、こうした理想をもつものであると筆者は考える。この問題の討論をめぐり、筆者はここではとくに銭永祥に感謝しておきたい。マルクスの観点については、Karl Marx, "On the Jewish Question," 57. 前掲『ユダヤ人問題によせて・ヘーゲル法哲学批判』五三頁を参照。

(67)「未完のプロジェクトとしての近代」については、Jürgen Habermas, "Modernity: An Unfinished Project," in *Habermas and the Unfinished Project of Modernity: Critical Essays on the Philosophical Discourse of Modernity*, ed. Maurizio Passerin d'Entrèves and Seyla Benhabib (Cambridge, MA: MIT Press, 1997), 38-55. 三島憲一訳『近代——未完のプロジェクト』(岩波書店、二〇〇〇年)四―四五頁を参照。

第Ⅲ部　現代日本における中国リベラリズムの言説空間

劉暁波と中国のリベラリズム

及川淳子

はじめに

未来の自由な中国が訪れることに対して、私は楽観的な期待に満ちているが、それはどのような力であっても自由に憧れる人間の欲求を阻止することはできないからであり、中国は最終的には人権を至上のものとする法治国家に変わるだろう。私はそのような進歩が、この事件の審理においても体現されることを期待し、合議制法廷が公正な裁決――歴史の検証に耐え得る裁決を下すことを期待している。(中略)
表現の自由は人権の基本であり、人間性の根本であり、真理の母である。言論の自由を封殺することは、人権を踏みにじり、人間性を窒息させ、真理を抑圧することである。
憲法が付与する言論の自由という権利を実践するためには、当然のことながら中国の公民としての社会的責任を尽くさなければならない。私のあらゆる行為は罪に問われるものではないが、たとえそのために告発されようとも恨み言はない(1)。

二〇一〇年ノーベル平和賞を受賞した中国の作家劉暁波《りゅうぎょうは》は、中国政府によってその言論活動が国家政権転覆扇動罪に処せられ、懲役一一年の実刑判決を受けて現在もなお獄中にある。冒頭に引用したのは、劉暁波が拘禁中に執筆した「私には敵はいない――私の最終陳述」と題した文章の一節だ。二〇〇九年十二月二十五日に北京市第一中級人民法院で行われた第一審判決を前に執筆し、陳述書として法廷で自らその一部を読み上げた文章は、夫人の劉霞によってインターネット上に公開された。ノーベル平和賞の受賞式は、劉暁波本人だけでなく親族や中国国内の支持者も出席できないまま開催され、座るはずの人がいない椅子にメダルと賞状が置かれた。その受賞式で記念スピーチの代わりに代読されたのも、この陳述書である。

「我没有敵人（私には敵はいない）」――中国語でわずか五文字のひと言は、劉暁波の思想と行動をもっとも端的に語る言葉だ。一党独裁の中国共産党政権を痛烈に批判した劉暁波と、劉暁波を断罪した中国共産党政権について、一種の敵対関係として認識することは極めて容易だ。しかし、劉暁波は「生きるか死ぬか」という仇敵意識からの解放を目指し、「私には敵はいない」と断言した。「反体制知識人」と言われ、過激で急進的なイメージで語られることが多い劉暁波だが、平和的かつ理性的な民主化の実現を訴える主張が引用文から理解できる。

筆者は、二〇〇八年に劉暁波たち中国国内のリベラル派知識人が起草して署名運動を展開した民主化要求の文書「08憲章」を翻訳したことが契機となり、受賞前後に日本で発行された劉暁波関連の図書出版に関わってきた。一連の図書資料は次のとおりである。(2)

①劉暁波『天安門事件から「08憲章」へ――中国民主化のための闘いと希望』子安宣邦序、劉燕子編、横澤泰夫・及川淳子・劉燕子・蒋海波訳、藤原書店、二〇〇九年十二月。
②劉暁波『最後の審判を生き延びて――劉暁波文集』廖天琪・劉霞編、丸川哲史・鈴木将久・及川淳子訳、岩波書店、二〇一一年二月。
③矢吹晋・加藤哲郎・及川淳子編訳著『劉暁波と中国民主化のゆくえ』花伝社、二〇一一年四月。
④劉暁波ほか『「私には敵はいない」の思想――中国民主化闘争二十余年』藤原書店、二〇一一年五月。

これらの図書は、いずれも劉暁波の思想について紹介するものだが、編集の意図や経緯はそれぞれ大きく異なっている。ここでは各資料について個別に言及することはしないが、同時期に相次いで出版された関連書を比較検討し、劉暁波の思想と行動の本質について議論した書評をはじめ、劉暁波をめぐる現象を通して中国の政治や社会の現実をいかに読み解くかという問題を提起した論考も発表された[3]。

筆者は四書の出版を通じて、劉暁波の思想と行動について理解を深めたいと考えてきた。当時の暫定的な論考ではあるが、筆者の劉暁波論は資料④に収録された『私には敵はいない』という思想と行動――『体制外』は『反体制』ではない」で論述した[4]。冒頭に引用した陳述書を手掛かりに、天安門事件当時から一貫している非暴力主義の思想と、仇敵意識や「体制／反体制」という構図を超越した劉暁波の言説について考察した。

本稿は、筆者の劉暁波研究をこれまでとは異なるテーマで掘り下げるという試論である。具体的には、劉暁波が中国におけるリベラリズムをどのように理解し、批判してきたのかという問題意識に基づいて、劉暁波のリベラリズム論を解読したい。

1　劉暁波について語るということ

劉暁波と中国のリベラリズムについて議論を展開する前提として、やはり、どうしても触れておかなければならない二つの問題がある。

第一に、劉暁波のノーベル平和賞受賞をいかに評価するかという問題である。もとより、ノーベル平和賞の政治性については賛否両論あり、評価が分かれるところだ。加えて、中国共産党政権によって断罪された獄中作家の受賞となれば、その評価は現実の政治問題と不可分である。その意味において、筆者もまた、劉暁波のノーベル平和賞受賞を手放しで祝福したわけではない。とりわけ、受賞決定直後から劉霞夫人が法的根拠もないままに当局によって自宅に軟禁され、すでに五年近くが過ぎているという不条理を考えれば、なおさらである。

劉暁波について語るということは、劉暁波をめぐる事象の政治性から逃れられないということでもある。つまり、ノーベル平和賞の政治性を根拠として劉暁波の受賞を批判する言論も、また一種の政治性にほかならない。一方、劉暁波の受賞を祝賀する言論が、劉暁波の釈放要求や中国共産党政権に対する批判に繋がるのは必然であり、これもまた一種の政治性である。さらに言えば、ノーベル平和賞の理念として謳われている平和、人権、民主などの普遍的価値も、現実の政治問題と無縁であろうはずはなく、そうした普遍性の追求こそ、なおさら政治性から逃れられないという問題に対して、自覚的に向き合うべきだと筆者は考える。

劉暁波に対する評価や現実政治との関わりにおける緊張感については、日本の中国研究者の間でも大論争が展開された。[5] ここでは、それらの論争について再検討する紙幅はないが、筆者の理解では、主要な論点のひとつは政治性の問題に対するスタンスの相違である。

では、筆者自身は劉暁波のノーベル平和賞受賞に対していかなる立場を取るか。筆者は政治性の問題を自覚した上で、個別具体的な現実問題に対して主体的に向き合うというスタンスを取る。そして、受賞の是非について議論するよりも、劉暁波の思想と行動の本質を広く明らかにすることを一義的に考慮すべきであり、その意味でノーベル平和賞には大いに活用する価値があると考える。受賞は劉暁波に対する理解を深める契機であり、言うまでもなく、劉暁波の思想とノーベル平和賞の価値は同義ではない。つまり、劉暁波の思想の根幹に関わる問題として、受賞によってもたらされた結果と影響について、その意義を積極的に評価することこそ必要なのだ。

筆者が考える受賞の意義は、次のとおりだ。まず、劉暁波が貫こうとしている非暴力主義の思想が評価されたことである。ノーベル平和賞委員会のヤーグラン委員長が受賞式で行ったスピーチでは、「中国における基本的人権のために、長年にわたり非暴力の闘いを続けてきた」ことが受賞理由として強調された。[6] 特記すべきは、一九八九年の天安門事件の際に劉暁波が重要な役割を果たしたことが言及されている点である。民主化運動は当局の武力鎮圧によって幕を閉じ、多くの命が失われた。鎮圧される直前に天安門広場でハンストを呼びかけた劉暁波は、学生と戒厳部隊の正面衝突を避けるための調停に奔走した。学生たちの前で自ら銃器を打ち壊して見せるなど非暴力を徹底し、広場の内側では直接衝突を回避して学生たちを安全に撤退させた。天安門事件の武力鎮圧という悲劇を語る時には、それと同時に、劉暁波の貢献についても記憶されるべきだろう。ノーベル平和賞受賞の知らせを聞いた劉暁波は、劉霞との面会で「この賞は天安門事件で犠牲になった人々の魂に贈られたものだ」と語ったという。

さらに指摘しておきたいのは、ノーベル平和賞の受賞によって劉暁波という人物が世界的に広く認知されるようになり、中国国内においても再認識されたことだ。世界中のメディアが受賞について報道し、多数の関連書が発行された。天安門事件後に反革命罪で投獄された劉暁波は、一九九一年に釈放された後も亡命という道を選択せずに中国に留まったが、国内での言論活動が厳しく規制されたために、中国ではすでに忘却されていたに等しかった。その劉暁波と天安門事件の記憶を再生させたのがノーベル平和賞だ。中国当局には皮肉なことだが、受賞を非難する中国政府の声明や報道によって、劉暁波が国内で再び知られるようになったのもまた事実である。

さて、述べておかなければならないもうひとつの問題は、日本において劉暁波を語ることの困難さである。受賞を契機として、日本においても劉暁波が再認識されるようになったが、それは同時に、劉暁波の存在を通して中国の言論空間における政治的緊張を再確認することでもあった。劉暁波について語るということは、中国共産党政権の言論弾圧に対する批判や抗議と無縁ではいられない。劉暁波をめぐる事象のみならず、中国の民主化問題、ひいては現代中国の全般に関わる課題について、観察する側の視点や立ち位置が問われる緊張感を伴った問題として議論されるようになった。この問題に関心を寄せる研究者の中で、劉暁波に対する評価が一種の「踏み絵」のようになったと感じたのは、おそらく筆者だけではないだろう。

日本で劉暁波を語ることが複雑化した事由のひとつに、二〇一一年に岩波書店が出版した『最後の審判を生き延びて――劉暁波文集』（以下、「岩波本」と略記）をめぐる諸問題がある。これは前掲書②で、筆者も共訳者として参加した。劉暁波をめぐる問題として、すでに広く知られている論争でもある。

「岩波本」は劉霞夫人の委託を受けて劉暁波の支援者が編集した『劉暁波文集』決定版の邦訳で、原著はドイツの出版社S・フィッシャー社（S. Fischer Verlag）が版権を獲得した。中国語版は香港の新世紀出版社が発行し、日本語のほかに英語版も刊行されている。国内外の問題をはじめ現代中国の文化と社会について論じた評論を中心に、裁判に関わる文書や詩編も含まれており、劉暁波の思想を理解するには重要な資料だ。

問題視されて論争を引き起こしたのは、共訳者の丸川哲史、鈴木将久が連名で発表した「訳者解説――劉暁波にとっての民主、その他」である。「08憲章」に起因する逮捕からノーベル平和賞に至るまでの出来事を紹介し、文革、毛沢東、共産党をキーワードに挙げて劉暁波の現代中国観を論じた内容だ。(7)

この「訳者解説」に対し、日本思想史の専門家である子安宣邦が「この出版は正しいか」と題した抗議文を自身のブログで発表した。「劉暁波のノーベル賞受賞に因んで出版された書に、その授賞そのものを疑う『解説』が付されていることをどう考えたらよいのか。これは常識的には考えられない出版行為である」、「これは道徳的にも、思想的にも許されるものではない」と猛烈に抗議した。(8)いわゆる訳者解説問題の発端である。また、前掲書④では、「岩波書店は明らかに読者の政治的誘導を意図してこの書を刊行したのである。この刊行は法的にも、道義的にも許されないものである」と批判を続けた。(9)

ノーベル平和賞受賞以前から劉暁波と「08憲章」に注目していた子安宣邦の熱意と貢献があればこそ、日本における劉暁波論が深化したという認識と敬意は、現在でもまったく変わりない。藤原書店から出版した前掲書①

は、筆者も出版企画の当初から関わった思い入れのある一冊だ。だが、ここで正直に言ってしまえば、訳者解説問題は筆者にとってまさしく「踏み絵」の一つとなった。

「岩波本」の出版は明らかにノーベル平和賞を契機としたものだが、さりとてノーベル平和賞を無謬視し、受賞を祝賀するだけに終始してはならないだろうというのが翻訳者と編集者の共通理解であった。筆者は「訳者解説」の執筆に加わってはいないが、共訳者の一人として事前に原稿を確認し、編集会議では幾つかの点について意見を述べた。当時の読後感を思い起こしつつ、さらに現段階での考察を加え、ここでは以下の点を指摘したい。

第一に、これは結果論ではあるが、その後の論争を経て考えてみれば、読者の理解に資する「訳者解説」と翻訳者独自の劉暁波論は、機会を分けて発表すべきだったろう。

第二に、これはもっとも本質的な問題だが、「訳者解説」が検討した幾つかの「問い」が、劉暁波の思想を理解するために有用な分析や観点を提供しているかという疑問である。「訳者解説」は、一つ目の「問い」として『08憲章』に署名しなかった人々」の存在を提起した。確かに、劉暁波と親しい知識人の中にも署名しなかった人がいたことは事実だが、ここでは「署名しなかった人々」よりも、起草に関わり署名運動を展開した劉暁波についての「訳者解説」がなされるべきだろう。また、二つ目の「問い」として、「ノーベル平和賞受賞の基準に関して、ある特有の政治性が働いている」と問題視している。しかし、「政治性」を論拠として劉暁波の受賞を疑問視するよりも、読者の利益として優先されるべきは、「訳者解説」が劉暁波の思想と行動の本質を明らかにすることではないか。

では、「訳者解説」で議論された劉暁波の思想についての分析で、注目すべき観点とは何か。第三点として指摘したいのは、「暴力的対立を避ける姿勢と、言論においては敵に対して容赦ない論争を挑む態度の共存は、劉暁波氏の特徴の一つである」という一文だ。(10) これはまさしく劉暁波の思想における本質の一つといえよう。「私には敵はいない」という信念と「容赦ない論争を挑む態度」は、一見すれば相入れないように感じるかもしれないが、言論を以て思想的対立に挑む姿勢と非暴力主義は全く矛盾しない。ただし、「訳者解説」が指摘した劉暁波の「特徴」に対する分析は不十分だ。なぜなら、最も際立っている特徴は、「容赦ない論争を挑む態度」が他者のみならず、むしろ自身に向けられていることだからだ。徹底した自己批判こそが、劉暁波の最大の特徴である。

第四点として最後に述べておきたいのは、「訳者解説」が提起した問題について、筆者はすべてに同意したわけではないが、最終的には「訳者解説」に一定の意義を見出したという点だ。具体的には、「現在の中国社会では、多くの具体的な問題が、さまざまな立場において、多様な方法によって議論されている。劉暁波氏が代表しているのは、中国国内の文脈の中における、複数の立場の中の一つである。彼の文章は、そのような奥行きの中で読み込むべきであろう」という記述である。[11]

多様で複雑なのは中国社会だけでなく、中国社会を分析する言論もまた多様かつ複雑な様相を呈している。つまり、「訳者解説」と子安抗議文も「そのような奥行きの中で読み込むべき」であり、言うまでもなく、最終的な判断は読者の手に委ねられている。

訳者解説問題をめぐっては、その後も様々な波紋が広がり、論争は思いがけない展開も見せた。ここにその詳細を記すことはしないが、実は、未だに過去の問題とはなっていない。この間、筆者は講演や大学の講義など様々な機会を捉えて劉暁波について語ってきたが、劉暁波論を論文として発表したわけではなかったため、「岩波本」の関係者でありながら、結果的にこの問題について沈黙してきたという批判もあるだろう。

今回、この論文集が藤原書店から刊行されるにあたり、やはり本稿で劉暁波に向き合わなければならないと考えたのは、遅ればせながらでも自分の言葉で述べておくべきだという思いがあり、その機会が与えられた責任を果たしたいと考えたからにほかならない。

「岩波本」について、筆者がここで強調しておきたいのは次の二点である。ひとつは、訳者解説問題の影響から、諸事情により、結果的に同書の発行ができなくなったことだ。劉暁波文集の決定版でありながら初版第一刷が流通したのみで、現在は書店で見かけることもなくなった。同書を世に送り出した翻訳者の一人として、これほど無念なことはない。

もうひとつは、同書に収められた徐友漁《じょゆうぎょ》の「あとがき——劉暁波の思想」である。「訳者解説」ばかりが注目されてしまい、書評でもほとんど取り上げられなかったが、実は、徐友漁の「あとがき」こそが、日本語版における最大の特徴である。徐友漁については本書の冒頭でインタビューが掲載されており、「九〇年代の社会思潮」も訳出されているので参照されたい。

徐友漁の「あとがき」は、劉暁波の経歴と特質、ノーベル平和賞受賞の意義を明解に述べた上で、劉暁波の思想と行動を「平和的・理性的・漸進的」と評価した。さらに、日本の読者に向けて中国を理解するための助言もあり、読者が劉暁波を通して現代中国を理解する上で極めて重要な示唆となる内容だ。同書では訳者の言葉として追記したが、徐友漁はこの「あとがき」を執筆したために当局から圧力を受けた。だが、その圧力に屈することなく強い決意をもって寄稿したのである。徐友漁の勇気と誠意あふれる「あとがき」が訳者解説問題の中で完全に埋もれてしまい、現在は新たな読者の手にさえ届かなくなってしまった。このことは、日本における劉暁波研究にとって多大な損失と言わざるを得ない。

劉暁波について語ることの難しさについて、冗長な前置きとなってしまったことをお許し頂きたい。問題の困難さと筆者自身の能力の限界を痛感しながら、それでもなお劉暁波の思想と行動について論じようと考えたとき、本書のテーマであるリベラリズムという視点で劉暁波を再読することには、やはり一定の意味があるだろう。

本書の水羽論文「一九三〇〜四〇年代中国のリベラリズム——愛国と民主のはざまで」の文中、脚注45において、劉暁波に関する以下の記述がある。

アメリカ合衆国を全面的に肯定し、資本主義の無制限の競争社会を理想化する劉暁波の思想に違和感を示す下出鉄男の議論に、筆者も基本的に賛成している（下出鉄男「マルクス主義の文学理論は可能か——「〇八憲章」に因んで」『野草』第八八号、二〇一一年）。だが筆者は「自由主義」＝資本主義として、リベラリズムを社会主義と絶対的に対立するものと描きかねない下出の議論とは立場を異にしている。

水羽論文が指摘しているように、劉暁波が西洋主義に対して、とりわけアメリカのリベラリズムを全面的に肯定しているという議論は以前から聞かれるところだ。さらに言えば、ブッシュ政権が発動したイラク戦争を支持する論考も発表しており、これを論拠として劉暁波はノーベル平和賞に値するのかという批判もある。イラク戦争支持を表明した当時の文章を読む限り、筆者はその主張に賛同することはできない[12]。劉暁波がアメリカ型の民主主義を言わば無批判に信奉していた点は批判すべきだが、この問題についてはいずれ稿を改めて議論したい。

本稿は、そのように課題や限界も抱えていた劉暁波が、つまるところリベラリズムをどのように認識しているのかという問題意識に基づく試論である。以下、劉暁波がリベラリズムを論じた三篇の論考を解読し、中国のリベラリズムに対する劉暁波の認識について考察したい。テキストとして取り上げる論考の原題は、次のとおりである。

「自由的悲劇（自由主義與中国知識分子）」一九九九年

「中国自由主義的現代困境」二〇〇六年
「中国自由主義的当代困境」二〇〇七年

すでに発表された八〇〇篇近い評論の中で、劉暁波がリベラリズムを正面から議論した主要な論考は、筆者が調査した限りではこの三篇である。他に、二〇〇五年にアメリカで出版した『未来の自由な中国は民間にあり』の付録として「リベラリズムの道徳的ボトムラインの両極」と題した文章があるが[13]、道徳観についての短いエッセイであるため、ここでは上記三篇を解読する。後述するように、これらは劉暁波のリベラリズム論を理解する上で重要なテキストだが、前述した『劉暁波文集』をはじめ代表的な著書にはいずれも収録されていない。ともすればインターネット空間に埋もれてしまいかねない論文を、まずは読み解くことから始めることとしよう。

2 「自由の悲劇（リベラリズムと中国の知識人）[14]」

わずか二〇〇〇字の短い論考ではあるが、リベラリズムと中国知識人の問題を「自由の悲劇」と題して論じたところに劉暁波の主張が凝縮されている。まず、この論考が執筆された一九九九年について幾つか指摘しておきたい。いささか迷信めいた話になるが、中国では西暦の末尾に九がつく年には重要事項が多い。例えば、抗日と反帝国主義を掲げた五四運動[15]は一九一九年、中華人民共和国の成立は一九四九年である。一九九九年は建国五〇周年の節目にあたり、天安門広場では盛大な記念式典が開催された。民主化運動に関する事件では、一九七九年に北京の西単で「民主の壁[16]」運動が高まり、民主化を求めた「北京の春[17]」が厳しく取り締まられた。そして、これはもっとも重要なことだが、一九九九年は天安門事件から一〇周年にあたる。劉暁波にとって極めて感慨深い年であったに違いない。

「自由の悲劇」は四つのパラグラフで構成されており、その概要は以下のとおりである。

(1) 西洋リベラリズムの導入と中国の民族的危機

十九世紀末から二十世紀初頭にかけて、西洋の政治システムに関心を抱く中国の知識人がリベラリズムの導入に熱意を見せたのは、「民族の滅亡を憂慮したからであり、人間の価値、特に個人としての人間の価値について関心を寄せたからではなかった」と批判する。中国知識人のリベラリズムに対する理解は、西洋におけるそれとはまったく異なるもので、「リベラリズムの思想は一種の道具」として用いられ、「富国強兵というナショナリズムの目標」に従属するものだった。そして、個人の解放よりも民族の独立と富強が重視され、個人の自由よりも集団の自由が優先された。このように、「民族、国家、集団を核心的価値および優先目標として掲げる政治的指向は、一貫して中国の知識人が提唱するリベラリズムの主流であった」と劉暁波は批判している。

(2) リベラリズムと中国知識人の政治理念

中国の伝統では、「民族、国家、天下」などの観念が政治の制度から運用のレベルに至るまで浸透し、その結果、「皇権(皇帝の権力)」が「民族、国家、天下」と同一視されてきた。伝統的な士大夫と現代の知識人の相違にかかわらず、総じて中国の知識人は「伝統的な皇帝や現代の政治指導者に対する服従と忠誠を同一視している」と指摘する。さらに、長く専制政治が続いた中国において、「個人の自由のために殉じた真の啓蒙者と先覚者は多くない」と断言している。

（3）中国のリベラル知識人と中国の政治的資源

伝統的に、中国の読書人は「独立した社会的地位と政治的権利」をもつことがなかった。これは、学問が「統治集団に加わるための手段」だと考えられ、士大夫の「価値や人生の目標は、政治、道徳、知識と一体化」していたためだと分析している。

近現代の中国では、リベラリズムに基づく統治形態へと進む希望に満ちた三つの時期——①民国初期、②北伐戦争後の統一、③抗日戦争終結後、国共の平和交渉——があった。しかし、いずれの時期もリベラルな統治形態が成功しなかったのは、政治的資源の問題によるところが大きいという。知識人たちがリベラリズムを主張しても、社会的に影響力のある政治組織や圧力団体にすることはできなかった。劉暁波が特に強調するのは、「中国のリベラル知識人は、いまだかつて民衆との間で真の共通理念を有したことがない」という問題である。知識人たちが民衆の代弁者だと自称しても、民衆と知識人の距離は遠く、その状況は二十世紀末まで続いたと指摘する。

（4）中国知識人のリベラリズム思想における岐路

現代中国の知識人に対しても、「リベラリズムについての理解は、依然として岐路に立っている」と劉暁波は批判する。リベラリズムの基本理念を深く掘り下げて分析するのではなく、民族の危機から出発した「実用主義的な理解と実施」に留まっているという分析である。中国ではいまだに多くの人がリベラリズムとマルクス・レーニン主義を同列に論じ、一九四九年に誕生した中国共産党政権を「自由と民主の実現」だと見なす知識人も多いという。

毛沢東時代から鄧小平時代へと変遷する中で、西洋のリベラリズムに対する中国知識界の情熱は歴史的な高まりを見せた。しかし、一九七九年の「西単民主の壁」から一九八九年の「六四運動(18)」に至る一〇年を見ても、リベラリズムを実際の政治でいかに運用するかという問題には極めて不案内で、リベラリズムについての研究や理解も充分ではなかったと回顧している。

劉暁波の批判の矛先は、知識人に向けられている。「自由よりも平等を重視し、財産権よりも市場を重視し、個人よりも集団を重視し、妥協よりも対立を重視するのは、依然として中国知識人に共通する欠点である。最も欠けているのはリベラリズムの寛容の精神だ」と持論を展開している。政治的圧力、権力からの買収、知識人グループの分裂などによって、リベラリズムを信念とする知識人は次第に少なくなり、少数ながらもリベラリズムを堅持する知識人は、極めて大きな困難に直面していると述べている。

劉暁波が論じるリベラリズムと中国の知識人の関係は、まさしく「自由の悲劇」である。劉暁波はリベラリズムの理念や中国におけるその受容について論じるよりも、知識人自らが抱える課題と知識人をめぐる政治的情況の厳しさに批判の力点を置いている。特に、(4)で指摘されたリベラル知識人が直面している困難は、執筆当時から一六年が過ぎた現在も依然として変わらず、むしろ近頃は、さらに危機的な情況だと言わざるを得ない。劉暁波が論じた「自由の悲劇」は、現在のリベラル派知識人について考察する上でも示唆に富む内容だと言えよう。

3 「中国におけるリベラリズムの近代的苦境[19]」

この論文が執筆された二〇〇六年、筆者は劉暁波と面識を得て何度か懇談する機会があった。当時の中国では、小泉政権の靖国神社参拝や日本の国連安保理常任理事国入りに抗議する声が高まり、春には北京や上海などで大規模な反日デモが発生した。劉暁波も日本政治の右傾化を批判する時評を多く執筆した時期だった。面談の折に劉暁波から手渡され、筆者の手元に残っているフロッピーディスクには、主に愛国主義とナショナリズムの問題から日中関係について論じた評論が複数記録されている。今から思えば、当時執筆したばかりのリベラリズム論について議論する機会を逸してしまった。

この論考は、後述する論文「中国におけるリベラリズムの現代的苦境」とあわせて読むことで、歴史的な文脈から中国におけるリベラリズムの問題を読み解くことができる。二〇〇六年の「近代的苦境」は中華民国時代から現代に至るまでの長期的な視点で論じ、二〇〇七年の「現代的苦境」は今日的な課題について詳述している。(20)

「近代的苦境」の要点は以下のとおりだ。まず、劉暁波の問題意識は、中国における「リベラリズムの脆弱性」を分析することにある。中国の近代化は「内在的な改革」に基づいたものではなく、「西洋列強からの挑戦」に対応する形で進められてきた。西洋の近代化に倣う中で、リベラリズムの思想も「舶来品」であった。中国のリベラリズムは、社会情勢が不穏な中で、「社会主義とナショナリズムという二つの思潮のはざまにあった」というのが劉暁波の分析だ。

中国におけるリベラリズムの脆弱性について、劉暁波は「社会的条件の脆弱性」と「中国のリベラリズム自体の脆弱性」という二点について指摘している。

(1) 社会的条件の脆弱性

近代中国におけるリベラリズムは、「軍閥が入り乱れて戦う中に埋もれ、その後は抗日救国という主旋律に従わざるを得ず、最後は中国共産党が国民党を打ち負かした勝利の中で消失してしまった」と概括する。

五四運動時期の代表的な知識人であった胡適《こてき》(21)は、一九二九年に中国史上初の「人権運動」を呼びかけ、「中国の当面の急務は、人権を保障し、法治と言論の自由を履行することである」と主張した。そうした知識界の圧力もあり、当初、国民党政府は民主的な憲政の実施に着手したが、蒋介石は日本の中国侵略に対応するために権威主義体制を採用した。抗日戦争が勃発すると、「祖国の滅亡を救い存続を図るというナショナリズムが、完全にリベラリズムを呑み込んでしまった」と分析している。

抗日戦争と国共内戦を経て、共産党の勝利は中国のリベラリズムを徹底的に封じ込め、毛沢東の強権のもと、「ナショナリズムと社会主義の合流がリベラリズムに取って代わった」と批判する。リベラリズムは社会の共通認識にはなり得ず、「思想の啓蒙レベル」や「エリートの思想ゲーム」に過ぎなかった。

(2) 中国のリベラリズム自体の脆弱性

国内外の環境だけでなく、中国のリベラリズムには根本的な脆弱性があったというのが劉暁波の考察である。リベラル派の政治家や知識人の多くが実用主義に終始してしまい、「個人の自由という根本的な価値」が軽視された。また、リベラリズムの基本制度である「私有制と市場経済」を軽視し、「個人の権利を保障し、政府の権力を制限する憲政民主」も軽視されたと批判する。

近代中国のリベラリストたち自身にも限界があった。まず、彼らの多くは、「民主」を帝政時代の「民本」として理解していた。また、彼らは「自由のナショナリズム的価値」を強調するだけで、「自由は富国強兵の道具」だと認識していた。その意味で、厳復《げんぷく》、[22]梁啓超《りょうけいちょう》、[23]胡適という近代中国を代表する知識人たちについても、「彼らのリベラリズムはいずれも不完全だった」と批判している。[24]さらに、彼らが語るリベラリズムは、「社会民主主義に傾倒し、資本主義に反対するもの」だったと指摘している。劉暁波の批判は、「中国近代史において、真のリベラリストが現れたことはなかった」と痛烈だ。

西洋のリベラリズムが基本理念とする「個人本位」が、中国のリベラリズムでは「国家本位」に置き換えられ、「経済のリベラリズム」が「国家が統制する社会主義」に置き換えられたのは、中国におけるリベラリズムの脆弱性によると指摘している。

4 「中国におけるリベラリズムの現代的苦境」(25)

前述した二篇の論考は、劉暁波のオフィシャルウェブサイトに掲載されている。これは、ノーベル平和賞の受賞後に海外在住の支援者たちが組織した「劉暁波の友の会」によって制作、運営されているウェブサイトで、劉暁波の作品や関連資料を網羅している情報源だ。前掲の二篇とは異なり、「現代的苦境」は二〇〇七年の発表当時、ウェブサイト「人と人権」に掲載された。「人と人権」は中国の人権問題に関する情報を発信している中国語ウェブサイトで、アメリカに拠点を置いている。編集長の胡平は、一九七九年の「民主の壁」運動に参加し、「言論の自由を論ず」を発表した人物だ。ハーバード大学留学後もアメリカに留まり、雑誌『北京之春』を主催している。(26) 劉暁波とは長年にわたる友人でもある。

「現代の苦境」は、改革開放政策によってリベラリズムが活力を取り戻したことに一定の評価を与えた上で、現代の中国においてリベラリズムが直面している四つの苦境について次のように述べている。

(1) リベラリズムの回復

毛沢東時代の強権統治下でも、知識人としての独立性を堅持し続けた人物がいた。劉暁波は、梁漱溟《りょうそうめい》、(27) 陳寅恪《ちんいんかく》、(28) 馬寅初《ばいんしょ》(29) の名を挙げて、彼らは「極めて得難い人物」だったと評価している。だが、その一方で、彼らが毛沢東の強権に抵抗した際の武器は、「読書人たるもの、たとえ殺されても辱めを受けるべからず」[30]という伝統的な思考で、「リベラリズムの理念」ではなかったと分析している。毛沢東時代を顧みて、劉暁波が評価した真のリベラリストは、言論の自由を擁護するために銃殺刑に処せられた林昭《りんしょう》[31]で、彼女は「リベラル派知識人として、人格の尊厳と真理を守り抜く勇気を示した」と賞賛している。

現代を代表するリベラリストとして、劉暁波が特に重視している知識人の一人は顧準《こじゅん》[32]である。文革中の一九七〇年代、厳しい環境にありながら一連のリベラリズム論を著した顧準の功績について、劉暁波は「大陸の知識界における奇跡と言わざるを得ない」と絶賛し、顧準の次の言葉を引用している。

今日、人々が烈士の名を以て、革命の理想主義を保守的で反動的な専制主義に転換した時、私は断固として、徹底した経験主義と多元主義の立場に立ち、そのような専制主義に反対するために最後まで奮闘する。[33]

文革で打倒された顧準は、一九八〇年代初めにようやく名誉回復された。折しも、時代は改革開放政策で知識界も活気にあふれていたが、顧準のリベラリズムは当時の知識界では受け入れられなかったという。顧準が残した遺産が高く評価されるようになったのは、天安門事件後の一九九〇年代半ばのことだった。劉暁波は天安門事件前後の思潮について、次のように述べている。

リベラリズムを核心的価値とする思想の啓蒙は、明らかに一九八〇年代の知識界における主流であったし、一九八九年の民主化運動では指導的な思想でもあった。遺憾なことに、中国が自由と民主の道に向かう歩みは、天安門事件の虐殺によって終止符が打たれ、体制内外の開明的な人々やリベラル派知識人たちの多くは、徹底的に周縁化されてしまったのである。

民主化運動が当局によって武力鎮圧された天安門事件は、知識人たちにとって大きな挫折だった。だが、その挫折を痛感しながら、劉暁波は天安門事件以降の中国におけるリベラリズムの涵養については肯定的な評価を下している。西洋のリベラリズムを取り入れる翻訳や研究はもとより、リベラリズムの理念を中国でいかに応用するかという問題についても、進展が見られたという評価だ。

天安門事件後の一九九〇年代、現代を代表するリベラリストとして劉暁波が重視するもう一人の知識人が李慎之である[34]。劉暁波の考察によれば、李慎之のリベラリズム解題により、中国の知識界は西洋リベラリズム、とりわけイギリスやアメリカのリベラリズムを重視するようになったという。リベラリズムの理念に基づく経済改革を見れば、李慎之の果たした役割は大きいと劉暁波は評価し、「中国の改革の現実的な歩みというものは、つまるところ市場化と私有化のプロセスであり、経済におけるリベラリズムの自発的な実践である。市場化と私有化は、そもそも権利意識の覚醒と個人の自由の拡大をもたらすものであり、このふたつは必然的に民間勢力の増大に繋がる」と述べている。

リベラリズムの理念について、特に経済面での運用に関する劉暁波の認識は、いささか楽観的すぎるのではないかと筆者は考える。だが、経済改革が深化すれば、それにともなって「権利意識の覚醒と個人の自由の拡大」に繋がるという期待は、劉暁波のみならず、中国のリベラル派知識人に共通する態度なのかもしれない。

(2) リベラリズムの現代的苦境

経済分野におけるリベラリズムの深化には楽観的な劉暁波だが、政治分野でのリベラリズムの実践は停滞状態であるとして、中国のリベラリズムが直面している四つの困難について以下のように論じている。

①当局からの圧力　天安門事件以降、リベラリズムは経済学に寄与するものとしてのみ容認され、政治面でのリベラリズムは厳しい取り締まりと圧力を受けてきた。その圧力は、リベラリズムの理念に基づいて行動する体制外の知識人だけでなく、党内民主派など体制内の学者や官僚にも向けられ、『反自由化』と『和平演変の拒絶』[35]は、一貫して当局によるイデオロギー政策の重要任務である」と批判している。

一方、当局からの圧力が強まる中でも、リベラル派の存在と影響力は次第に顕著になっているとして、次のようにも述べている。

> 民間では権利意識が覚醒し、政府側のイデオロギーは凋落している。経済的利益の多様化と個人の空間が次第に拡大するという社会変化の中で、リベラリズムの理念はますます普及し、民主を求める民間の運動も絶えることなく、現在ではすでに中国社会の主要な思潮のひとつとなっている。

②新旧の左派による撹乱　「思想文化の領域において、リベラリズムは新旧左派の主な攻撃対象となっている」と劉暁波は指摘している。権力主導の市場化を弁護する御用経済学者たちの影響もあり、新旧の左派によるリベラリズム批判は激しさを増している。経済の市場化にともない所得格差が拡大するのはやむを得ないことだが、「新旧左派は社会的弱者の不満をリベラリズムに向けさせ、その影響力を低下させるという撹乱を行っている」と分析する。

だが、新旧左派が「権貴経済学」[36]を口実にしてリベラリズムを批判するのは妥当ではないというのが劉暁波の判断だ。経済改革がもたらした新たな問題を指摘し、独裁政治を批判して「社会の公正」を訴えているのが、まさにリベラル派知識人であるという。その代表的な論者として劉暁波が名前を挙げているのが、李慎之、李鋭《りえい》[37]、劉軍寧《りゅうぐんねい》[38]、秦暉《しんき》[39]、徐友漁などのリベラル派知識人である。新旧左派が掲げる『毛沢東という旗印』は、『偽の公正』」だと痛烈に批判している。

③ナショナリズムの強迫　「中国共産党政権の煽動と黙認によって、狭隘で盲目的なナショナリズム、あるいは国家主義がますます激しくなり、現在の中国で最も流行っている社会的潮流となってしまい、愛国主義が中国の『政治的正確さ』になってしまった」というのが、社会思潮に対する劉暁波の総合的な判断である。ナショナリズムを喧伝する人たちと新左派はほぼ同じで、西洋のリベラリズムを支持するリベラル派知識人は「文化の売国奴」、「思想の漢奸[40]」だと罵倒している。そうした中で、リベラル派知識人の中にも「中道リベラリズム」、「憲政ナショナリズム」などを主張して生き残りを図り、ナショナリズムによって民意を得ようとする人たちも現れてきたとして、批判の矛先は知識人にも向けられている。

④リベラリズムそのものが持つシニシズムの色彩　劉暁波は、「リベラリズムは思想のみならず行動でもある」と主張し、中国の知識界では、リベラリズムは理論として語られるが行動面では軽視され、それは「中国のリベラルな知識界の致命傷だ」と批判する。

ここで劉暁波が取り上げているのが、中国の知識界でよく知られているフランス啓蒙主義の哲学者ヴォルテールの名言だ。「私はあなたの意見には反対だ。だが、あなたがそれを主張する権利は命をかけて守る」というヴォルテールの言葉は、劉暁波が言論の自由について論じる際に頻繁に引用する一文で、もっとも影響を受けたと思われる思想だ。

ヴォルテールの言葉について、劉暁波は「彼の著作に記された美辞麗句ではなく、彼が勇敢に自由を擁護した実践なのだ。この名言はヴォルテールの思想から生まれたのではなく、彼が人権を擁護する具体的な行動から生まれたものだ」と強調し、ヴォルテールの言葉を理解しながらもその行動に学ぶことのない中国の知識人を強く批判している。「正義、尊厳、自由、良知、寛容」を論じながら、実際の行動を伴わない知識人の姿を痛烈に批判し、「もし、自由が言説に留まって実践を要しないのであれば、自由とは道義でもなければ、まして力でもなく、そもそも論外である」とまで述べている。

ここでは、「リベラリズムの現代的苦境」として指摘された四つの困難について概観した。劉暁波が批判しているように、当局からの圧力、新旧左派による撹乱、ナショナリズムの強迫という外的要因も確かに存在しており、その影響力は絶大だ。だが、もうひとつの困難として指摘されている中国のリベラル派知識人が抱える問題、特にシニシズムが強まっていることへの懸念が強く感じられる。

本稿では、劉暁波がリベラリズムについて論じた三篇の論考を読み進めてきたが、いずれも共通しているのは、中国の知識人に対する劉暁波の批判的眼差しである。劉暁波は西洋リベラリズムについて論じてはいるが、主張の核心的内容は、知識人の在り方に対する批判であり、自身を含めたリベラル派知識人に対する内省である。そしてもうひとつ指摘しておくべきは、劉暁波が二〇〇七年時点で論じた四つの困難は、二〇一五年の現在にも共通するもので、その傾向がさらに強まっている今日的課題だということである。

むすびにかえて――リベラリズムと中国知識人批判

劉暁波がリベラリズムを論じた三篇の論考を検討して筆者が思い至ったのは、次の二つの問いである。ひとつは、つまるところ劉暁波はリベラリズムをどのように理解しているのか、本質論がほとんど論述されていないという問題だ。劉暁波はリベラリズムを無謬の理念として無批判に信奉しているのではないか。リベラリズムについて論じながらも、議論の中心がリベラリズムの本質に対する分析や批判ではなく、中国の知識人批判に力点が置かれ、批判が展開されているのはなぜかという疑問である。

ふたつ目の疑問は、劉暁波の中国知識人批判は自身を含むリベラル派知識人に鋭い視線が注がれているが、そうであるならば、劉暁波が考えるところの知識人が克服すべき課題や目指すべき態度とはどのようなものかという問いである。

筆者の理解では、劉暁波にとってのリベラリズム論とは、すなわち現代中国の知識人批判であり、リベラル派知識人としての在り方を自らに問うための思索と行動だと言えよう。そこで検討すべきは、劉暁波の真骨頂とも言うべき中国知識人批判の言説である。一九八九年三月、劉暁波はハワイ大学アジア太平洋学院中国研究センターに滞在していた期間に執筆した評論「中国の現代政治と中国の知識人」を発表した[41]。劉暁波はこの論文を発表した直後の四月、ニューヨークで在米中国人が集う中国民主連盟に参加し、民主化運動の推進を呼びかける公開書簡を発表するなどしていたが、自ら運動に参加するため北京に戻った。この論文は一九八九年三月から香港の雑誌『争鳴』で連載が始まり、民主化運動と天安門事件を挟んで一九九一年九月号まで掲載された。まさに、劉暁波は自らの言説を自身の具体的な行動によって示したのである。この論考は、『現代中国知識人批判』と題して一九九二年に邦訳が出版され、劉暁波の人と思想を理解する上で極めて重要な資料として知られている。(42)リベラリズムについての議論で、リベラリズムに対する批判よりも中国の知識人批判に力点が置かれているのはなぜかという筆者のひとつ目の問いに対して、劉暁波はすでに次のような態度表明を記していた。以下、『現代中国知識人批判』の「あとがき」から抜粋翻訳する。

本書にかぎらず、私がこれまで発表した中国文化に対するあらゆる言論は、いずれも中国のナショナリズムに立脚しており、ある人たちが私を非難して言うような「全面的西洋化」では決してない。私が考えるに、西洋文化の最大の特徴のひとつは批判的理性の伝統であり、真の「西洋化」とは、中国文化に対する反省であるだけでなく、西洋文化に対する批判的反省であり、全人類の運命に対する関心、固体の生命の不完全さに対する関心である。西洋文化を借りて中華民族を再興しようとするのは、典型的な中国本位論であり、「西洋化論」ではない。(43)

私はナショナリズムの立場に立ち、西洋文化を借りて中国を改造しようとしてきたため、中国に対する私の批判は、西洋文化に対する絶対的理想化を前提としている。私は西洋文化の様々な弱点について、自分がすでに感じて意識している問題でさえ無視するか、あるいは故意に避けてきた。(44)

つまり、劉暁波がリベラリズムを論じる際に、西洋のリベラリズムを「絶対的理想化」して中国文化批判の参照軸とするのは確信犯的選択なのだ。劉暁波は「私がどれほど全力を尽くして西洋文化を賛美し、どれほど徹底的に中国文化を批判しようとも、私は所詮『井の中の蛙』にすぎず、手のひら程度の空しか見えていないのだ」

と吐露しているが[45]、同時に、「私にはもはや退路はなく、断崖に飛び込むか、粉骨砕身するかである。自由が欲しければ、絶境に身を置くしかない」という悲壮な決意を綴っている[46]。

では、中国の知識人が克服すべき課題や目指すべき態度について、劉暁波はどのように自らの問題として考えていたのだろうか。これが筆者のふたつ目の問いである。この問題に対し、劉暁波は『現代中国知識人批判』第四章において、自らが考える知識人の定義について「社会全体の他の階層から独立し、超越し、『超前性』のある精神的財産を想像することを己の責任とし、純粋な知識の追求を最も重要な価値とする集団」と述べている。それに続いて論述しているのは、知識人に必要不可欠な次の五つの要件である[47]。

①独立した社会的地位
②独立した価値の選択
③独立した社会的影響
④懐疑的、批判的な自省意識
⑤超越意識

ここで繰り返されている「独立」という言葉は、「自由」に置き換えることもできるだろう。知識人としていかに「独立」するか、「自由」であるかという問いかけは、現代中国の知識人という漠然とした対象に向けられるというよりも、むしろ自身に向けた批判として記されている。その特徴がもっとも強く表れているのが、④「懐疑的、批判的な自省意識」の一節だ。劉暁波は、「知識人はその懐疑精神と自省精神ゆえに、永遠に自分とも完全に協調するすべがなく、常に自分を反省の対象として批判を加えるのだ」と述べ、さらに、「知識人の自己批判は彼らが行う社会批判よりもさらに困難であり、さらに重要でもある。なぜなら、人は最も軟弱なときに自己の内面世界と本当に向き合うからだ」と続けている[48]。

筆者がここで思い至るのは、劉暁波について語る際に使用される用語の問題である[49]。ノーベル平和賞の受賞以降、日本のメディアが劉暁波を取り上げる機会も多くなったが、そこで使われるのは、「民主活動家」、「人権活動家」、「反体制派知識人」などの表現だ。英語では一般的に「Chinese Dissident（中国の意見を異にする人、反体制の人）」と言われることが多い。中国語では「異見人士」、「異義人」、「不同政見人士」などが使われ、これらは共通して「政治的に異なる見解をもつ人」という意味をもつ。だが、劉暁波が自身を語る際に用いるのは、「公共知識分子（公共知識人）」、「独立知識分子（独立派知識人）」、「自由派知識分子（リベラル派知識人）」であり、つまり、これらの特質こそが劉暁波の知識人としてのアイデンティティと言えるだろう。

しかしながら、本来、「公共」空間において「独立」し、「自由」に言論活動を行う「知識人」に、あえてそれらの言葉を付すというのは、その使命を自らに課しているとも言えるが、逆説的に言えば、それらを実行することがいかに困難であるかという中国の言論空間の実情を訴えているのではないか。

劉暁波の言論活動を国家政権転覆扇動罪として厳罰に処した中国共産党政権は、劉暁波が自ら理想とする知識人としての歩みを封じた最大の阻害要因である。中華人民共和国憲法第三五条に明記され、本来、保障されるべき言論の自由という権利を侵害した法的な問題であるだけでなく、知識人としての在り方を否定した道義的な問題でもあるだろう。そうであるならば、劉暁波は共産党政権に対して、恨みや憎しみを抱いているのだろうか。

そこで、筆者が再度読み返したのは、冒頭にも引用した劉暁波の「私には敵はいない――私の最終陳述」である。

憎しみは人の智慧と良知を腐食させ、仇敵意識や民族の精神を堕落させ、生きるか死ぬかという残酷な闘争を扇動し、社会の寛容さや人間性を破壊して、国家が自由と民主に向かうプロセスを阻害する。それゆえに、私は自分が個人的な境遇を超越して国家の発展と社会の変化を見据え、最大の善意をもって政権の敵意に向き合い、愛によって憎しみを消し去ることができるように望んでいるのだ。(50)

かつて「中国の現代政治と中国の知識人」を執筆し、民主化運動に参加するため帰国の道を選んだ劉暁波は、天安門事件によって自らの言説を自身の具体的な行動で示すことになったと前述した。それから二〇年が過ぎ、劉暁波は裁判を前にして「私には敵はいない」を執筆し、再度、自らの言説を自身の具体的な行動で示そうとしたのだ。

劉暁波が著した知識人の定義については先に述べたが、筆者は劉暁波の人と思想についての考察を通して、知識人とは「歴史と社会に対し、道義的責任を果たそうとする人」と言えるのではないかと考えている。二〇〇八年に拘束された劉暁波は、二〇〇九年のクリスマスに懲役一一年の実刑判決が宣告された。数えてみれば、あと四年余りで刑期を終え、釈放されるはずだ。獄中にいる劉暁波は、何を感じ、何を考えているのだろうか。彼が捕らえられてから今日に至るまで、中国の言論空間をめぐる政治的情況はさらに厳しくなり、リベラル派知識人はますます大きな困難に直面している。いずれ釈放の日を迎えて、再び自由を獲得した劉暁波が、獄中での思索を書き著し、中国社会の現実を観察する時、リベラリズムと知識人問題についてどのように語るだろうか。筆者が思うに、劉暁波の批判はその時もまた、知識人としてあるべき自身に向けられるだろう。

劉暁波のリベラリズム論とは、すなわち現代中国知識人批判である。リベラリズムは、劉暁波にとって理念であり、行動指針なのだ。

（文中敬称略）

注

（1）劉暁波「我没有敵人――我的最後陳述」劉霞、胡平、廖天琪編『劉暁波文集』（香港）新世紀出版社、二〇一〇年、二二八―二二九頁。筆者拙訳「私には敵はいない――私の最終陳述」『最後の審判を生き延びて――劉暁波文集』岩波書店、二〇一一年、二八六―二八八頁。なお、本稿で引用する訳文はすべて筆者による。

（2）その他の資料として、次の二点がある。
劉暁波著、野澤俊敬訳『現代中国知識人批判』徳間書店、一九九二年。

劉暁波著、田島安江・馬麗訳・編『詩集 牢屋の鼠』書肆侃侃房、二〇一四年。

（3）例えば、以下を参照されたい。高井潔司「中国のいまをどう読むか――三つの劉暁波論から（1）（2）」サーチナ、二〇一一年五月十三日。
〈http://news.searchina.ne.jp/disp.cgi?y=2011&d=0513&f=column_0513_009.shtml〉
〈http://news.searchina.ne.jp/disp.cgi?y=2011&d=0513&f=column_0513_010.shtml〉
矢吹晋「天安門事件で流血を防いだ劉暁波の思想と行動」『図書新聞』二〇一一年六月四日。
朝浩之「劉暁波に関する四書――ノーベル平和賞受賞を祝す」『東方』三六八号、二〇一一年十月。

（4）劉暁波ほか『「私には敵はいない」の思想――中国民主化闘争二十余年』藤原書店、二〇一一年五月、八五―九九頁。

（5）論争の発端は、二〇一〇年十二月四日に法政大学で開催された日本現代中国学会関東部会研究会である。「劉暁波『現象』をめぐる論争」をテーマに、筆者を含めた以下三名が報告した。
坂元ひろ子（一橋大学）「中国知識人としての「劉暁波」とどう向き合えるか」

代田智明（東京大学）「六四天安門事件と劉暁波」

及川淳子（法政大学）「劉暁波『現象』と政治体制改革をめぐる言論空間」

研究会の自由討論時間には、劉暁波の評価をはじめ政治性や普遍性の問題について激しい議論が交わされ、論争は中国研究所が発行する月刊誌『中国研究月報』に舞台を移し、さらなる発展を見せた。関連する論考は、以下のとおり。

代田智明「［光陰似箭］書評の太平楽」『中国研究月報』第六五巻第五号（七五九号）二〇一一年五月。

石井知章「［論評］太平楽論の体たらく――代田氏に反論する」『中国研究月報』第六五巻第七号（七六一号）

二〇一一年七月。

代田智明「[論評] 蛸壺のなかのまどろみ」『中国研究月報』第六六巻第五号（七七一号）。

坂元ひろ子「[論評] 劉暁波『現象』所感」『中国研究月報』第六七巻第一号（七七九号）二〇一三年一月。

（6）Thorbjørn Jagland, Chairman of the Norwegian Nobel Committee, *Award Ceremony Speech Presentation*, 10 December 2010.
〈http://www.nobelprize.org/nobel_prizes/peace/laureates/2010/presentation-speech.html〉

（7）劉暁波著、廖天琪・劉霞編、丸川哲史・鈴木将久・及川淳子訳『最後の審判を生き延びて――劉暁波文集』岩波書店、二〇一一年二月、三八二―三八五頁。

（8）子安宣邦「この出版は正しいか」二〇一一年三月三一。
〈http://homepage1.nifty.com/koyasu/remark.html〉

（9）子安宣邦「劉暁波――われわれの問題としての」前掲『「私には敵はいない」の思想――中国民主化闘争の二十余年』四三―六八頁。

（10）前掲『最後の審判を生き延びて――劉暁波文集』三九七頁。

（11）同右、四〇二頁。

（12）劉暁波がイラク戦争とアメリカの大統領選挙について論じた文章は、以下のとおり。劉暁波「伊戦與美国大選」観察、二〇〇四年十月三十一日。
〈http://www.observechina.net/info/artshow.asp?ID=33140〉

（13）劉暁波「自由主義的道徳底線的両極」『未来的自由中国在民間』（米国）労改基金会、二〇〇五年、四一三―四二一頁。

（14）劉暁波「自由的悲劇（自由主義與中国知識分子）」一九九九年十一月九日。
〈http://liuxiaobo.net/archives/179〉

（15）**五四運動**　一九一九年五月四日、北京の学生を中心に、抗日、愛国、反帝国主義を主張した抗議運動が展開され、全国的な規模に拡大した。五四運動の前後、科学と民主を求めて進展した「新文化運動」では「五四精神」が強調された。

（16）**民主の壁**　一九七八年秋から翌年春にかけて北京で勢いを見せた民主化運動（次項「北京の春」参照）で、北京市西単の街頭に壁新聞を張り出し、中国共産党の独裁批判や民主化要求を主張する運動が盛んになった。

「民主の壁運動」ともいう。運動のリーダーだった魏京生が「第五の近代化——民主およびその他」と題した壁新聞を発表し、中国共産党が進める「四つの近代化（工業、農業、国防、科学技術の分野における近代化）」に次いで、政治の民主化が必要だと主張して大きな反響をもたらした。しかし、魏京生は反革命罪で逮捕され、短い「北京の春」は幕を閉じた。

（17）**北京の春**　一九六八年のチェコスロバキア「プラハの春」になぞらえて、一九七八年秋から翌年春までの北京における民主化運動を「北京の春」と呼ぶ。一九七六年四月五日、周恩来を追悼する民衆の運動が弾圧された第一次天安門事件について、当時、毛沢東が「反革命事件」と断定したことを契機に、それ以降、民主化要求運動が高まった。「北京の春」の背景には、中国共産党内部の権力闘争があった。

（18）**六四運動**　一九八九年の民主化要求運動と当局によって武力鎮圧された天安門事件を総称して、六月四日の日付から「六四運動」という。中国語では「天安門事件」を「六四」、「六四事件」、「八九六四」等で通称するが、「六四運動」という場合は、民主化要求運動を含めて使われる。

（19）劉暁波「中国自由主義的現代困境」二〇〇六年十一月二十一日。
〈http://liuxiaobo.net/archives/2126〉

（20）二〇〇六年の論考は、原文では「現代困境」と記されている。中国語の「現代」は日本語に訳出すると「近代」あるいは「現代」まで含む比較的長い時代区分を指す。一方、二〇〇七年の論考「当代困境」の場合、中国語の「当代」は中華人民共和国成立以降の「現代」を指す。

（21）**胡適**（一八九一—一九六二年）中華民国期の思想家。アメリカ留学後、北京大学教授、同大学学長を歴任。一九四九年にアメリカに亡命し、一九五八年から死去するまでは台湾に居住した。一九一七年、胡適が雑誌『新青年』に発表した「文学改良芻議」が「白話運動（口語運動）」の契機となり、「新文化運動」の代表人物として影響力を発揮した。人権問題をめぐり国民党の独裁を批判するなど、時勢についても積極的に発言した知識人として、一九八〇年代に再評価された。

（22）**厳復**（一八五四—一九二一年）清末民国初期の思想家、翻訳家。イギリス留学後、西洋近代思想の立場から中国の現状を厳しく批判し、『国聞報』を創刊した。翻訳家としての功績は多岐にわたり、「天演論」（中国に初めて「進化論」を紹介）をはじめ、スミス『国富論』、ミル『自由論』、モンテスキュー『法の精神』はいずれも厳復の翻訳で中国に紹介された。

（23）**梁啓超**（一八七三—一九二九年）清末民国初期の思想家、政治家、ジャーナリスト。康有為に師事して戊戌変法に参加したが、政変後は日本に亡命した。辛亥革命後に帰国して進歩党を結成し、中華民国の司法総長などを歴任した。文筆活動で西洋思想を積極的に紹介し、立憲君主制と国民性の改造を主張した。

(24) 厳復、梁啓超、胡適については、本書の栄剣論文、王前論文、許紀霖論文、徐友漁論文、水羽論文、劉擎論文を参照されたい。

(25) 劉暁波「中国自由主義的当代困境」ウェブサイト「人與人権」二〇〇七年四月二十日。〈http://www.renyurenquan.org/ryrq_article.adp?article_id=645〉

(26) 胡平著、石塚迅訳『言論の自由と中国の民主』現代人文社、二〇〇九年。

(27) **梁漱溟**（一八九三―一九八八年）二十世紀中国を代表する思想家のひとり。辛亥革命に参加した後の一九二〇年代に、中国社会の特徴を活かした農村秩序の回復を呼びかける郷村建設運動を提唱し、その実践活動に従事した。一九八〇年代以降、「現代新儒家」の代表的人物として再評価された。

(28) **陳寅恪**（一八九〇―一九六九年）歴史学者。辛亥革命の前後にヨーロッパで学び、帰国後は清華大学や抗日戦争時期の西南連合大学で教鞭を執った。文革中は紅衛兵の攻撃対象となり、蔵書や著作がすべて焼却されたが、不屈の精神をもつ知識人として評価されている。

(29) **馬寅初**（一八八二―一九八二年）歴史学者。「新人口論」を執筆し、人口抑制政策を実証的に提起したが、「消費する口はひとつだが精算に携わる手はふたつある」という毛沢東の「人口資本論」に反する意見だとして徹底的に批判された。

(30) 原文「士可殺而不可辱」。

(31) **林昭**（一九三二―六八年）本名は彭令昭。北京大学の学生だった林昭は一九五七年の反右派運動で右派として逮捕され、獄中で二〇万字にも及ぶ血書を認めて人権、自由、平等を訴えたが、反革命罪で銃殺刑に処せられた。一九八〇年に無罪として名誉回復されたが、中国では現在も林昭について公に語ることは厳しく規制されている。劉暁波は「林昭が生命で書いた遺言は、現代中国にわずかに残る自由の声である」と題した追悼文を執筆しており、翻訳は「岩波本」に掲載されている。言論の自由にために闘った若き女性の物語は、胡傑監督のドキュメンタリー映画「尋找林昭的霊魂（林昭の魂を尋ねて）」（二〇〇四年）で広く知られるようになった。

(32) **顧準**（一九一五―七四年）思想家、経済学者。顧準の経歴と思想については、本書の王前論文「西洋思想と現代中国のリベラリズム――過酷な時代を生きた思想家顧準を中心に――」を参照されたい。

(33) 顧準の信念について、本書の王前論文は「二十世紀の中国史の中で最も暗い時期を経験した中国の最も批判的な思考を続けた強靭な頭脳の知見」と評価している。

(34) **李慎之**（一九二三―二〇〇三年） 中国のリベラル派知識人を代表する哲学者。周恩来の外交秘書を務めた後、中国社会科学院副院長、アメリカ研究所所長を歴任した。国際問題の研究のみならず、徹底したリベラリズムに基づく歴史研究や社会批判を行い、毛沢東の本質について「マルクスに秦の始皇帝を加えたもの」と論断した。一九九九年、中華人民共和国建国五〇周年を記念して著した論文「風雨蒼黄五十年」では共産党の革命を信奉した自身の内省に基づく批判で、中国の知識界で大きな注目を集めた。

(35) **和平演変** 平和的手段によってソ連や東ヨーロッパのように社会主義体制を崩壊させることを指す。

(36) **権貴** 「権勢をもつ高官」という意味で、「権貴経済学」とは彼らが主導し利益を享受する経済を批判した言い方。

(37) **李鋭**（一九一七年―） 中国共産党の党内改革派を代表する長老で、元毛沢東秘書、雑誌『炎黄春秋』顧問。毛沢東の秘書でありながら、毛沢東本人に対する大胆率直な物言いや毛沢東研究における痛烈な批判で知られる。政治体制改革や言論の自由について多数の評論を執筆しているが、近年は中国国内での出版活動が禁止され、体制内改革派に対する抑圧の象徴として注目された。李鋭の人と思想については、拙著『現代中国の言論空間と政治文化――「李鋭ネットワーク」の形成と変容』（御茶の水書房、二〇一二年）を参照されたい。

(38) **劉軍寧**（一九六一年―） 現代中国の政治学者で、北京大学政治学博士、中国文化研究所研究員。現代中国のリベラル派知識人を代表する人物であり、リベラリズムの理論研究のみならず時事問題に対する積極的な発言で影響力を有している。ただし、劉軍寧は自らをリベラル派とは規定せず、リベラリズムとネオリベラリズムを区別する立場から、むしろ「保守主義」を強調しており、劉軍寧の思想は現代中国におけるリベラリズムの問題を表出しているという議論もある。代表的な著書は、『保守主義（第三版）』東方出版社、二〇一四年。

(39) **秦暉**（一九五三年―） 現代中国の歴史学者、経済学者、清華大学人文社会科学学院歴史系教授。専門分野は中国経済史、農民史だが、社会問題についても積極的な発言を行っている。思想的な立場はリベラル派知識人として位置づけられるが、中国には「自由の権利と社会保障を最低限獲得するための第三の道」が必要だと主張している。代表的な著書は、『共同的底線』江蘇文芸出版社、二〇一三年。

(40)**漢奸**　「民族の裏切り者」という意味の蔑称。

(41)劉暁波『中国当代政治與中国知識分子』(台湾)唐山出版社、一九九〇年。筆者の手元にあるのはノーベル平和賞受賞後の二〇一〇年十一月に発行された第二刷である。

(42)劉暁波著、野沢俊敬訳『現代中国知識人批判』徳間書店、一九九二年。

(43)前掲『中国当代政治與中国知識分子』一五五―一五六頁。

(44)同右、一五九頁。

(45)同右、一五八頁。

(46)同右、一六二頁。

(47)同右、八六頁。なお、ここで使われている「超前性」について、同書の翻訳者である野沢俊敬は「政治・思想分野では現在の体制の制限や許容範囲をこえようと志向することをいう」と解説している。

(48)同右、八七頁。

(49)拙稿『私には敵はいない』という思想と行動――『体制外』は『反体制』ではない」前掲『「私には敵はいない」の思想――中国民主化闘争二十余年』九三頁より一部抜粋、加筆修正した。

(50)前掲、劉暁波「我没有敵人――我的最後陳述」。

「帝国論」の系譜と中国の台頭——「旧帝国」と「国民帝国」のあいだ

梶谷 懐

はじめに

中国の経済的な台頭に伴い、西洋中心の近代的国際秩序――ウェストファリア体制――に代わる、独自の文明に根ざした国際秩序をもたらす可能性があることを主張する論者が中国の国内外を問わず増えてきたように見受けられる。例えば、マーティン・ジェイクスによる著作 *When China Rules The World*(1) は、西洋由来の国民国家型のものとは異質であることを認めながら、それを単に「逸脱」ではなく、別個の経済発展モデルとして高く評価すべきである、という議論を全面的に展開し、広く話題となった。

ジェイクスの著作は、中国の政界的な台頭を、西洋の伝統から生じてきた「国民国家(nation-state)」に対峙する「文明国家(civilization-state)」という枠組みで理解しようというものである。もちろん、彼はその枠組みを手放しで礼賛しているわけではなく、特にその伝統的秩序観や人種間は西洋的な民主主義や人権思想と真っ向から衝突することを認めている。ただ、そのような問題を抱えつつも、中国の台頭はもはや「止められない」のであり、そのことを前提として中国とのつきあい方を考えなければならない、というのが、著者の姿勢である。

また、著名な批評家である柄谷行人が清華大学で行った講演を基にして二〇一四年に出版された『帝国の構造』(2)も、そのように中国の独自の文明に根ざした国際秩序を評価する議論の一つに数えられるであろう。同書は、アメリカをネーション=国家の延長に広域を支配する帝国主義国家にすぎない、と切って捨てる一方で、前近代における中国(中華帝国)に善き「帝国の原理」を見出し、さらには現在の中華人民共和国すなわち共産党政権においてその原理が再構築されているとして改めて評価を行っている。

柄谷によって強調された「帝国の原理」は、中国思想研究者である溝口雄三によって明らかにされた以下のような中華帝国の統治原理と強い親和性を持つ。例えば、溝口雄三、池田知久、小島毅の共著『中国思想史』[3]によれば、天命を受けた皇帝が地上に君臨する、というロジックが確立した宋代以降の中華帝国では、君主自らが天の意思を把握・遵守することを要請されることになった。ここに、皇帝の独裁的な権力は、実は「天命」により制約されていた、というフィクションが生じる。近代になると、そこに多数者＝人民全体の利益が明確に読み込まれることになる。すなわち、「清末における中国の革命派の思想は、少数者＝専制者を個人、私として斥けつつ、多数者＝人民全体の利益を公として標榜しながら推進された公革命であり、それはその公概念の伝統を継承することにより、当初から社会主義的な傾向をもつものであった[4]」というわけである[5]。

このような現代中国政治の統治原理としての「儒教」あるいはそれを西洋近代思想に対置させ新たに評価しようとする「新儒家」思想についての批判的な検討は、本書収録の緒形康による論考に譲りたい。本稿では、中国を中心とする前近代の東アジアにおける帝国的地域秩序、およびその後のイギリスおよびアメリカを覇権国とする自由貿易体制の形成に重要な役割を果たした、国家間の交易とそれを支えた商人のネットワークに注目する。そして、それらのネットワークに支えられた「事実上の自由貿易」が、旧帝国的な通商秩序の中でどう位置づけられるのか、またイギリス帝国主義の時代における自由貿易体制の下にどのようにして包括されていったのかを検討する。その上で、旧帝国的な地域秩序を資本＝国家＝ネーションの横暴を乗り越えるものとして高く評価する中国新左派、および西側諸国のニューレフト勢力の議論について、その問題点について改めて検討することにしたい。

1 「帝国」概念の多義性と東アジアにおける帝国的通商秩序

いささか無防備に用いられる「帝国」の用語について、既存研究を踏まえながら若干の整理と検討を行っておきたい。まず中華帝国に代表される前近代的な帝国的秩序と、近代以降のしばしば「帝国主義」と称される覇権国を中心とした国際関係との違いを踏まえておく必要があるだろう。山本有造によれば、前者は古代帝国以来の他民族広域支配の「帝政国家」をイメージしつつ、近代「国民国家」形成以前に存在し、あるいはその誕生基盤をなした国家形態を指すと考えるもので、帝国を前近代的な現象としてみるものである。一方後者は、経済的発展段階論に依拠しつつ、資本主義の最高の段階としての帝国主義段階にある国家を持って帝国と見なすもので、帝国を専ら近代的な現象とみなすものとして位置づけられる。(6)

このような近代以降の帝国について、山室信一はイデオロギー的な色彩が強い「帝国主義」という用語に対し、よりニュートラルな「国民帝国」という用語を用いることを提唱している。そのうえで、「主権国家体系の下で国民国家の形態を採る本国と異民族・遠隔支配地域から成る複数の政治空間を統合していく統治空間を統合していく統治形態」として定義している。(7) さらに山室の記述を引用するなら、この国民帝国は、「世界帝国と国民国家の拡張でもありつつ、各々がその否定として現れるという矛盾と双面制」を持っていること、「本国と支配地域とが格差原理と統合原理に基づく違法域結合として存在する」こと、などの特徴を持つ。

第四節で詳しく見るように、二〇〇一年の9・11テロ事件以降単独主義による中東などへの軍事介入の傾向を強めていったアメリカあるいはそれを中心とする国際秩序を「帝国」の一変種としてとらえる――しばしば「自由の帝国」「デモクラシーの帝国」といった一定の留保を伴いながら――議論が盛んに行われるようになった。

これらの議論は、広い意味では、山室の言う「国民帝国」の一つのバリエーション、すなわち植民地は持たないが、軍事的・経済的な圧倒的な影響力をもって異なる地域のいくつかの国々と実質的な支配―従属関係を築いた存在としてアメリカを理解しようとするものだったといえよう。

このようなアメリカ＝国民帝国という理解が正統なものであったかどうかを検証することは筆者の能力を超える。ただ、ここで注意すべき点は二つある。一つは、アメリカ＝帝国論が一時期の流行のように盛り上がった後に、二〇〇八年のリーマンショック以降を境にした米国発の世界同時不況の波の中で、急速に忘れ去られていったこと。そして、アメリカ＝帝国論の衰退による空白を埋めるように、世界第二の経済大国に躍り出た中国を、「儒教」や「朝貢」といった、優れて東アジア的な概念を「構成原理」とする「再編された帝国」としてみる見方が浮上してきたことである。(8) このような経緯を踏まえるならば、「再編された帝国」としての中国の事例を考えることは、より普遍的な課題として旧帝国、国民帝国、そして国民国家の相互の関係を考えることにもつながってくるであろう。

さて、国際政治経済学の文脈では、旧帝国であれ、国民帝国であれ、「帝国」的なヘゲモニーを周辺国に及ぼす存在の一つの条件として、「国際公共財」を提供する能力を持つ、という点が重視される。(9) この「国際公共財」の提供は、国境を越えたインフラ建設など、物質的な財の供給にとどまらず、貿易のためのルールの策定やそのための国際機関の設立・運営、さらには「自由」「民主」「人権」といった普遍的かつ抽象的な理念の提示といった行為までがそこに含まれる。

ただし、本稿が議論の対象とするような東アジアにおける経済秩序を支える公共財の提供を考える上では、むしろ杉原薫が用いている、「地域公共財」という用語を用いる方がふさわしいだろう。地域公共財とは、地域経済秩序の中で、信頼関係を増したり、安全を保障したりすることによって、何らかの形で取引コストを非排他的に引き下げる機能を持つものである。[10]

そのような地域公共財を提供する仕組みの一方の極に、西欧的な国家間システムを通じた経済秩序の提供が位置することになる。これは端的に言えば、外部の権力を認めず、領域内部の絶対主権を主張する国際法上の主権(「ウェストファリア型主権」)をもった国家間の条約などを通じた合意形成によって「地域経済秩序」を保証するものである。このような、近代的「主権」概念を通じた地域経済秩序とは、私的所有権の確立によって、資本家階級の台頭を促し、資本への投資の拡大を通じて近代的な産業資本主義の発展を準備するものである。一方で、このようなウェストファリア型主権のもとでは、国家を超えた国際秩序を、誰(どの国)が、どのようにして保障していくかという問題が常について回ることになる。

それに対置されるのが、前近代東アジアにおける旧帝国型地域(通商)秩序である。いうまでもなく、前近代の東アジアにおいては、中華帝国の圧倒的な影響力のもとに地域秩序が形成されていた。では、当時の東アジアにおける「地域公共財」とはどのようなものだったのか。杉原は、十六世紀から十八世紀にかけてのアジア社会において、軍事力の優位を背景にした秩序形成とならんで重要なものとして、必ずしも政府による法制度を通じた介入を伴わない、インフォーマルな市場秩序の維持を挙げている。[11] 前者は、安全を脅かす対抗勢力の存在を排除することによって、秩序の枠組みの中で比較的自由で安全な交易の機会を提供するものである。それに対して後者は、社会的に含意されていた支配原理と、それに基づく信頼関係に基づいて市場の参加者に対しいわば「内的強制」を与えるものである。具体的には血縁、同族集団、同郷性といった人間関係が、交易や労働過程に一定の規律を与えたことを指している。

そのような東アジアにおけるインフォーマルかつ広域にわたる市場秩序の形成はしばしば濱下武志の提起した学説に従って、「朝貢(貿易)システム」という概念で理解されてきた。ここでいう「朝貢システム」とは、皇帝に対して臣下の礼を取ることで恩寵的に貿易を許されることを意味し、以下の記述にみられるように、外交儀礼による貿易規制を通じた管理貿易体制として一般的には理解されている。

朝貢とは、近隣国の君主が中華王朝の優越性を認め、それを象徴的に示す行為として来朝して皇帝に拝謁するもので、貢物の献上のほか、一定の手順に従って儀礼を執りおこなう必要があった。こうした外交上の慣例がしだいに、今日では朝貢体制と呼ばれるものを形成した。清代には以下のような慣例があった。朝貢国の君主は清朝の位を授かり（形式的な近親関係を結ぶ）、清朝の暦を使用すると定め、決められた間隔で貢物や土地の産物を進貢し、皇城で叩頭の礼をおこない、返礼品の下賜を受けて交易特権・保護を約束される。近隣国の君主が中華文明の優越性を認め朝貢するなら、中国は基本的にその国に干渉せず、内政を君主に任せる。従って少なくとも理念の上では、行政・経済の制度というより文化・道徳に関わる制度といえる――ただし交易の面でもひじょうに重要だったのは間違いない。(12)

「帝国」を中心とした国際秩序と、承認による「ネットワーク」の組み合わせが、前近代東アジアに西ヨーロッパよりも安上がりな地域経済秩序の維持を実現した、という側面を持っていたのは事実であろう。しかし、このような「朝貢システム」という概念は、アメリカ中心のグローバル資本主義の拡大に批判的な中国の「新左派」、あるいは同じような問題関心から彼らの議論に好意的な姿勢を取ることが多い、西側諸国におけるニューレフト勢力によって、しばしばそれ以上の政治的な意味合いを負わされてきた。すなわち、「朝貢システム」は、「文明国家」である中華帝国が提供する普遍的な理念である儒教の儀礼によって制御された交易のあり方であり、それゆえに資本＝国家＝ネーションの横暴を乗り越える可能性を持っている、といった主張がなされることになる。

たとえば、新左派の代表的な論客である汪暉による以下のような記述に、そのようなグローバル資本主義への対抗概念として朝貢システム（ネットワーク）を再評価するという姿勢をみることができよう。[13]

近代においてもなお、アジア地域の朝貢ネットワークは、西洋資本主義の拡張によって完全に壊滅させられたわけではなかった。「世界システムとしてのアジア」は今日もなお存在しているのだ。（中略）地域の総体性の構成が基本的に依拠しているのは、必ずしもこのようなさまざまな朝貢のタイプというわけではなく、こうした朝貢関係によって形成される、比較的安定した「中心—周縁」フレームワークである。すなわち、主権を単位とするネイション・ステイトの関係とは原理的にまったく異なった地域関係なのである。浜下武志はネットワーク性を地域の総体性を描くための手がかりとしている。だが、こうした地域の総体性に関する観念は、ネイション・ステイトとは異なった何らかの政治文化を根拠としたものでもあり、したがって、政治的共同体の構想と関連が生じてくることにもなる。例えば、アジア地域、またはもっと具体的に言えば東北アジア地域は、ヨーロッパ連合のような政治主体を形成しうるのかという問いがすでに発せられているのである。[14]

しかし、このような「朝貢システム」に近代的な国家関係を「乗り越える」可能性を見出そうとする議論は、明代における外交儀礼と王朝による管理貿易とが一体化した「朝貢一元体制」の、極めて理念的なイメージに立脚しており、前近代の東アジアにおける交易と通商秩序の実態（を明らかにしようとした実証研究）を十分に踏まえていない点を指摘せねばならない。例えば、海禁政策によって貿易が抑圧され、それゆえに密貿易が横行した明代に対し、清代においては海禁政策を実質上廃止し、国家が直接管理しない形で行われる比較的自由な貿易である「互市」が盛んに行われ、朝貢貿易を量的に遙かに上回るようになっていた[15]。より厳密にはすでに十七世紀の明末期より、主に西洋諸国を対象に朝貢的な儀礼を伴わない貿易を広州にて行うという「カントンシステム」が始まり、朝貢的な秩序の中に含まれない諸国との自由な貿易が行われる余地が生じていた。すなわち、「清朝の対外政策は、朝貢のような中心性の強いものではなく、むしろ通商行動に遠心力をかける「互市」システムに移行しつつあったことが明らかにされつつある。朝貢であれば発生するところの儀礼的な政治コストを大きく切り下げて、交易機会を高めることを、十八世紀の清朝は志向した[16]」というわけである。

このようないわば「事実上の自由貿易」を実現した清朝の通商秩序について、それを「朝貢システム」という概念で理解することについては、近年多くの専門家から批判的な見解が提起されている[17]。それは、「朝貢システム」という用語を用いることによって、朝貢とは直接関係がない、事実上の自由貿易である互市まで含めて、国家の管理が及んでいたかのような誤ったイメージを与えかねないからである。

例えば、岩井茂樹は以下のように、清朝の貿易体制を「朝貢システム」として理解することには無理があることを強調している。「清朝が牢固たる「朝貢システム」の殻に閉じこもろうとしたことが、「自由貿易」を旗頭とする西洋諸国との対立を招いたのだとする歴史観は、歪んでいないだろうか。十九世紀の「自由貿易」を東シナ海・南シナ海に呼び寄せたのは、もう一つの自由貿易としての互市の制度であった。こうした歴史理解に立ってこそ、二つの自由貿易の差異がどこにあったのか、さらなる課題に向かって前進することができるであろう[18]」。

ここで改めて注意を喚起しておきたいのは、このような清朝を中心とした通商秩序が、いわば「事実上の自由貿易」を容認するものであったという点、そしてそれは、王朝の管理の外側に儒教的な儀礼という「理念」の中には必ずしも位置づけられない「現実」として存在していた、という点である。それは、以下に見るようなイギリスなどの国民帝国が「自由貿易」をあくまでも国際的に共有されるべき普遍的な理念として掲げていたのとは明らかな対照をなすからである。

2　イギリス帝国主義とアジア工業化——帝国的通商秩序の包摂

ここで、山本有造らによる先行研究の成果を利用しながら「帝国主義」理解の変遷を踏まえた上で、十九世紀以降のイギリス帝国主義と中国を中心としたアジアにおける工業化並びに自由貿易との関係について整理しておこう。前節でみたような東アジアにおける中国を中心とした帝国的通商秩序に対し、外部の権力を認めず、領域内部の絶対主権を主張する「ウェストファリア型主権」および「国際法上の主権」をもった国家間による地域秩序によって「地域経済秩序」を保証するのが、西欧で発展した国家間システムということになる。この国家間システムの下で生じた産業革命以降、いち早く工業化を遂げた西欧諸国の国際経済秩序における影響力が強まっていった結果、それらの先進国は海外に植民地を保有するようになり、前述の山室信一の表現を借りれば「国民帝国」化する。このことは、欧米列強諸国による「帝国主義」的な支配がアジアにおいても広がっていくことを意味する。

たとえば、『大辞林』第三版による「帝国主義」の記述は次のようなものである。「広義には、国家が領土や勢力範囲拡大を目指し他民族や他国家を侵略・抑圧する活動・政策。狭義には、資本主義が高度に発達し生産の集積と独占体がつくり出され、資本輸出が盛んになった段階。十九世紀末からこの段階に達した列強は植民地獲得競争に乗り出し、国内では反動政治・軍国主義を、国外では植民地支配と他民族の抑圧を強化させた」。この記述は、帝国主義＝欧米列強における工業・金融資本による植民地・周辺国の収奪とする、ホブソンやレーニンによる帝国主義理解にほぼのっとっているといってよい。これを以下では帝国主義論のホブソン＝レーニンパラダイムと呼んでおこう。

ホブソン＝レーニンパラダイムでは、帝国主義本国の資本主義は、新興ブルジョアジー（産業資本家）によって担われる。そして、公式・非公式のものを含めて植民地に対して本国が及ぼす経済的覇権の源泉は、その卓越した工業力（「世界の工場」）と金融資本が結び付くことによって得られる。本国はまた工業力に裏付けられた圧倒的な軍事力によって植民地への支配力を行使する。このような非対称な力学に影響され、植民地・周辺国との関係は原材料・一次産品を安価に輸入、工業品を輸出するという不等価交換になり、本国製造業の利害を守るため従属国の工業化は阻害される、というわけである。

冷戦期において、覇権国と周辺国の非対称な関係に焦点をあてる意味で提起された、ギャラハー＝ロビンソンの「非公式帝国」論、さらに従属理論やウォーラーステインの世界システム論などの議論も、ホブソン＝レーニンのように資本主義の段階論はとらないものの、「中心国による周辺国の収奪」という構図は受け継いでいる。例えばウォーラーステインの世界システム論においては、イギリスの工業化において植民地・半植民地との関係を重視しているものの、両者はあくまでも支配と従属、搾取と被搾取の関係にあることが強調される。[19] つまり、これらの議論では、アジアを含む植民地・半植民地は、本国にとっての安価な第一次産品の供給地の位置に留めおかれ、本国の工業資本にとって潜在的な脅威となる現地の工業化は結局のところ抑圧される、という理解が標準的となる。特に、中国やインドなど、旧帝国型統治システムの残滓を抱える地域は、その「負の遺産」のゆえに全国統一市場、工業化を推進するための「国民経済システム」、具体的には私的所有権、法治システム、近代的租税システム、経済活動・移動の自由などの確立が阻害されたとされる。すなわち、ブルジョア革命の不在、あるいは不徹底さのために工業化の担い手が育たなかったこれらの地域は、欧米の安価な一次産品供給地、工業製品市場としての位置づけに甘んじた、と位置づけられる。言い換えれば、中心国による周辺国の収奪を強調する旧来の帝国主義パラダイムは、「アジア停滞論」と強く結びついていたのである。

しかし、冷戦の終焉によるグローバル資本主義の時代と、その中で市場経済化路線を選択した中国など新興アジア諸国のめざましい経済発展という現実に直面し、このような旧来の帝国主義パラダイムは大きな見直しを迫られることになる。特に近年の実証的なイギリス帝国主義研究の進展によって、従来のホブソン＝レーニン的な帝国主義論はもとより、その問題意識を受け継いだ従属論や世界システム論的な帝国主義理解は徹底的に批判されることになった。

それに対してイギリス帝国主義論に新たなパラダイムを提供することになったのが、ケイン＝ホプキンスの「ジェントルマン資本主義論」である。[20] ケインとホプキンスは、それまでのイギリス帝国主義論で重視されていたイングランド北西部の産業資本ではなく、ロンドンシティに代表される金融資本と、イングランド南東部の農業資本の結合こそが、イギリスの経済覇権の源泉であったという議論を手厚い実証研究を基に展開していった。秋田茂によれば、彼らの議論はそれまでのイギリス帝国主義論とは対照的に、「非ヨーロッパ諸地域での「現地の危機」を重視する周辺理論とは異なり、イギリスの海外膨張・帝国主義の原因の説明を、本国側の経済的要因に求めて、イギリス国内史と帝国史を結びつけて共通の枠組みで理解しようとする」[21]ものであった。

彼らの展開したイギリス帝国主義論で特筆されるべきは、イギリス帝国主義の担い手とされるジェントルマン＝シティに代表される金融資本が、アジアの自立的な工業化とは利害対立関係になく、むしろ共存関係にあることを示したことにある。そこでは、国際社会に国家間秩序と共通の通商ルールという公共財を提供し、そのルールに従う地域経済の活性化を促したという、イギリス帝国主義のポジティブな面が強調されることになる。すなわち、イギリス帝国主義は、その「周縁」地域に対し必ずしも剥き出しの権力行使を行うのではなく、軍事面ではインド軍に代表される現地軍の再編を通じた「安価な支配」を行い、また経済面ではその資金力と情報収集力に根ざした、金本位制や自由貿易などにおける「ゲームのルール」の策定者となった。このようにイギリスはあくまでも「構造的権力（ソフト・パワー）」を行使して周辺国と関わり、そこから利益を引き出そうとしたと理解される。このようなイギリス帝国主義の周縁地域への関わり方は、域内の秩序形成を自前では行えない東アジア諸国にとっても、工業化のための「公共財」の供給という点で一定のメリットを持つものだった。

このようなイギリス帝国主義的な秩序、具体的にはロンドンを中心とした多角間貿易決済メカニズムの下で、たとえばインドの綿工業の発展はイギリスの貿易赤字を埋めるのに重要な役割を担わされることになったし、日本における二十世紀初頭における綿工業の発展も、大量の安価な消費財の供給を通じて、イギリスの金融・サービス部門、資本財（軍需）産業に利益をもたらしたものと理解される。さらに一九三五年における幣制改革を通じた中国のスターリング圏への編入も、中国工業化の促進とイギリス構造的権力の温存という点で一定の役割を果たしたものとして位置づけられることになるのである。[22] このような、イギリス帝国主義とその下での通商秩序を、周辺国と一方的な収奪―非収奪の関係ではなく、むしろ公共財の提供によって相互利益の追求を行うものとして理解する議論は、日本においてそれとは独自の学問的成果を上げてきた、前近代から近代にかけての東アジアにおける域内交易論自立性に着目する議論と、ある意味で極めて相性のよいものであった。[23]

特に、国民国家的な所有権・法制度に基づく「領域の支配」とは異なる、東アジアにおける旧来の帝国的通商秩序の下での、華人を中心とする商人たちの関係的ネットワークは、上記のような特徴を持つイギリス帝国主義、すなわち一方的な収奪ではなく、相互利益を追求する存在としての帝国主義の下でむしろその本領を発揮することになる。それは、イギリス帝国主義自体が、構造的な権力の行使を行使する仮定でそのような領域に縛られない商業的なネットワークを重視するという側面を持っていたからである。清末から民国期にかけての中国は、旧帝国サイズの政治単位のまま近代的な「国民帝国」であるイギリスを中心とする国際秩序に組み込まれることになるが、そこにはその新旧の「帝国」の下での通商秩序が、いずれも領域的な支配に属さない、関係的ネットワークを重視するものだったという事情が働いていたと考えられる。

実際、多くの先行研究が指摘するように中華民国が成立し、近代国家としての歩みがみられてからも、秤量銀を中心とする銀交易圏や農村の経済構造・社会原理など、旧帝国型地域経済秩序の多くの要素が温存された[24]。むしろそれらが破壊されずに温存されたことが、イギリスを覇権国とする帝国主義的な通商秩序の下でも、域内の積極的な交易を通じて、東アジアにおける一定の経済発展を可能にしたのだと言えよう[25]。

3　アメリカ＝「帝国」論と中国経済の台頭

第二次大戦後には、国家とネットワークを併用しつつ地域としてのまとまりを残した、アメリカを中心とする地域秩序が展開される。それは第一に、対等な主権国家の世界中への普及、すなわち「国民国家化」であり、第二にアメリカ中心の自由貿易体制の成立とアジア域内貿易の発展および国際分業体制の確立、そして第三に、国際分業体制の下での開発・工業化の連鎖的波及（雁行型発展）などの一連の近代化の動きとして理解できよう[26]。

戦後東アジアの地域秩序の形成に際して、アメリカは軍事・政治・経済の各方面において多くの国際公共財を提供した。特にIMF－GATT体制に象徴される自由主義的な経済秩序は、覇権国家アメリカの圧倒的な軍事力とそれを支える工業生産力がその普及を可能にした。そして、ドルを基軸通貨とする国際金融制度は、世界に中心があることの利点を生かそうとする制度であり、あきらかに「中心」「周辺」の構造を強調するものであった。

このように戦後冷戦期の東アジアでは、地域秩序における「中国の不在」の下で、アメリカが提供する自由貿易のルールの下で日本を中心とした工業製品の生産と貿易の分業体制ができあがっていく。まず日本・韓国・台湾という旧円ブロック内部の密接な分業体制の成立と工業化基盤の整備がおこなわれ、経済開発を主要な目的とする権威主義体制（開発主義）のもとで労働集約的な産業を中心とする輸出指向型の工業化が華僑資本中心が大きな役割をはたす東南アジアへと普及していく。その中でアジア域内における分業関係を主軸とした、アジア域内貿易も活発化する。さらに、これらのアジア域内貿易の結節点としての中継貿易港・自由港としての香港・シンガポールの役割も強調される。

このようにアメリカが大きな役割を果たす自由主義的な経済秩序の下で、日本を中心とした資本主義的な貿易・分業のネットワークが成立する。白石隆は、このような貿易／分業のネットワークを当時の中華人民帝国が代表する「陸のアジア」に対峙する「海の帝国」としてとらえている[27]。冷戦の崩壊は、このようなアメリカを中心とする貿易＝分業のネットワークによる地域間秩序が、市場経済化を志向する中国も取り込むことで、ついにアジア全域を覆う可能性を示唆するものであった。そして、そのようないわば「新自由主義的パラダイム」のアジア全域への浸透は、二〇〇一年の中国のＷＴＯ加盟で完成したかに思われた。

しかし、二〇〇一年九月十一日にアメリカで生じた同時多発テロ以降、ブッシュ政権は単独主義を強めていく。その中で、アメリカの「帝国主義的な」ふるまいを批判する議論が盛んに発表されるようになる。「強大な軍事大国」「他民族を支配する国家」など、これまで「帝国」や「帝国主義」を論じる際に用いられてきた伝統的な概念はどれも現在のアメリカを十分に説明できない。にもかかわらず現実の国際政治では、アメリカの突出した軍事的優位のもとで国家間の対等な地位の尊重に基づく「国際関係」が消滅する、というまさしく「帝国」的な状況が出現した、と考えられた。この状況をどのように位置づけるか、という問題意識が、このようなアメリカ＝「帝国」論の流行の背景には共有されていたとみることができよう。

その中の代表的な議論が、世界的なベストセラーとなった、ネグリ＝ハートの『〈帝国〉』である。彼らは、冷戦終結後の世界を、全ての地域がアメリカ流の新自由主義的な価値観を受け入れているためすでに「外部」が存在しないものの、政治経済上の「中心」と「周辺」関係は厳然として存在しているという意味で、ローマ帝国のような古典的な帝国の統治に近いとして、それを〈帝国〉と名付けた[28]。また、彼らはよく知られるようにこのような状況において〈帝国〉に対抗する勢力が存在するとしたら、それは特定の国家、階級組織ではなく、それらを横断する「マルチチュード」だとした。

一方藤原帰一は、そういったアメリカ「帝国」のエッセンスを、アメリカが建国以来伝統的に維持してきた「普遍的正義の追求」という姿勢に求めている[29]。その具体的イメージとして挙げられるのは、「民主主義的な政権」を実現するために東南アジア諸国の現地政権に積極的に介入し、果てはベトナム戦争という「正しい戦争」を「徹底した善意から」戦おうとするアメリカである。それは『インディージョーンズ』や『インディペンデンス・デイ』といった映画の中に体現された「自由の戦士」としてのアメリカに他ならない。

藤原は、もともと「普遍的正義」を追求する傾向を持つアメリカが、9・11のテロの衝撃から国際協調をかなぐり捨て自国の軍事的優位を頼りにする態度を露わにすることによって、まさに「デモクラシーの帝国」としての性質を完成させた、と理解する。藤原は、アメリカという国家のあり方やその普遍主義的な理念をそれだけで否定の対象としているわけではなく、むしろ冷戦終結後のアメリカがしばらくの間国際協調を重視する態度をとってきたことを積極的に評価している。その上で藤原は9・11以降のアメリカの単独行動主義が、逆説的にアメリカの「帝国化」をもたらしたことを批判するのである。

一方橋本努やデヴィッド・ハーヴェイは、アメリカを中心とするネオリベラリズムがある種の融通無碍さをもっており、それゆえ定義が難しいという認識から出発する。この融通無碍さのために、イデオロギーとしては小さい政府を掲げる多くの「ネオリベラリズム国家」において軍事費を初めとした財政支出が減らなかったり、一見

「自由」という価値観を共有していなさそうな東アジアの権威主義国家がネオリベラリズムと親和的であったり、という一見矛盾する現象が生じる。そのためネオリベラリズムの浸透は、必ずしも各国の政治体制の収斂をもたらさず、ハーヴェイの用語を借りれば「地理的不均衡」を伴ったものにならざるを得ない。(30) このほか、国家権力からの個人の自由を重視する左派勢力がネオリベラリズムの台頭において少なからぬ役割を果たしたこと、各国におけるネオリベラリズム的政策の採用は、必ずしも良好な経済パフォーマンスをもたらさなかったこと、などの点でも両者の認識は一致している。

ハーヴェイにとってみれば、そのようなネオリベラリズムの融通無碍さは、それがグローバル資本による剥き出しの弱者への簒奪行為を支えるイデオロギーであることから端的に生じたものである。それに対し橋本は、ネオリベラリズムの本質をそれが異質なものを飲み込みつつ進化する、いわば「未完のプロジェクト」であるところに求めており、その融通無碍さゆえにマイノリティなどの対抗運動をいわば「内部化」する形で、「善き帝国の秩序」として再編されることも理論的に可能だ、という立場をとる。

橋本は、その著作の中で、ネオリベラリズムとネオコンサヴァティズムの批判的検討を通じて、現在のグローバルな貿易体制の問題点を認識しつつ、それを国家間の協調によって乗り越えるという姿勢の延長線上に、善き「帝国の秩序」のあり方を求めている。(31) 具体的には、グローバルな資本の移動に対して課税されるトービン税のような国際的な公共財を、国民国家を超える何らかの枠組みを通じて提供することで、現存するグローバル資本主義の矛盾を超えるべきだ、という議論が展開される。

これらのアメリカ＝「帝国」論は、「覇権国による国際公共財の提供の下での自由貿易体制」という、イギリス帝国主義に関する一般的な理解を現在のアメリカ主導の世界経済システムに対しても適用しようとするものであった。東アジアの地域経済秩序とのかかわりについていえば、そのようなアメリカ主導の自由貿易体制の下で、東アジア地域秩序の構造的な変化をどう位置づけるか、といったことが議論されてきたといえよう。具体的には、新たな「世界の工場」としての中国を組み込んだアジア間国際分業体制の、前近代から形成されていたネットワーク型の通商秩序との連続性について、あるいはその中で中国の市場経済・取引慣行の独自性をどう考えるか、といった点が議論の対象とされてきた。

このような、二十一世紀初頭のアメリカ＝「帝国」論では、安全保障的な側面において覇権国であるアメリカが他国に対し圧倒的な軍事的優位に立っているという前提、さらには世界経済の側面では「ゲームのルールの設定者」があくまでもアメリカ（によって主導される国際機関）であるという前提が疑う余地のないものとして共有され、その中に中国をどう位置づけるか、という点が議論されてきた。しかし、その後のイラク戦争への介入の失敗およびリーマンショックとその後の金融危機によるアメリカ経済の失速が引き起こしたアメリカによるヘゲモニー低下と中国の相対的なプレゼンスの強化という状況の下で、その前提は大きく揺らいでくる。その中で冒頭に述べたように、中国のナショナルアイデンティティとしての「帝国」的な側面の強調と、アメリカ中心の「帝国的秩序」にもとより批判的だった西側のニューレフト系の知識人による、オルタナティブとしての旧中華帝国における統治原理への注目が呼応しあうという状況が生まれているのである。

4　「帝国の原理」は復活しうるか

前節でみたように、善き「帝国」に現在の近代国家が生み出す様々な問題を乗り越える原理を見出そうという議論はこれまでも数多く行われてきた。それらの議論に比べ、本稿冒頭でも紹介した柄谷行人による著作『帝国の構造』が際だった違いを見せているのは、アメリカをネーション＝国家の延長に広域を支配する帝国主義国家にすぎない、と切って捨てる一方で、前近代における中国（中華帝国）に、善き「帝国の原理」を見出し、さらに現在の中華人民共和国にその再構築を期待する、という点にある。

柄谷がこのように中華帝国の構成原理を高く評価するのは、恐らく以下のような、溝口雄三ら中国思想史研究者の展開する、中華帝国独特のロジックと深いかかわりを持っていると考えられる。

これも冒頭で紹介した溝口雄三、池田知久、小島毅による共著『中国思想史』によれば、天命を受けた皇帝が地上に君臨する、というロジックが確立した宋代以降の中華帝国では、君主各人が天の意思を把握・遵守することを要請されることになった。すなわち、皇帝の独裁的な権力は、実は「天命」により制約されていた、ということになる。近代になると、そこに多数者＝人民全体の利益が明確に読み込まれることになる。すなわち、「清末における中国の革命派の思想は、少数者＝専制者を個人、私として斥けつつ、多数者＝人民全体の利益を公として標榜しながら推進された公革命であり、それはその公概念の伝統を継承することにより、当初から社会主義的な傾向をもつものであった[32]」というわけである。

柄谷は、上記のような溝口らによる「公革命」の理解に呼応するように、毛沢東による社会主義革命を、天命＝民意による公権力の制約、という伝統的な中華帝国のロジックの延長線上にとらえ、以下のような議論を展開している。

中国では、王朝の交替は「易姓《えきせい》革命」であり、新王朝には正統性が要求されます。その正統性は、天命＝民意にもとづくこと、また、版図を維持ないし拡大することにあります。毛沢東による革命派、マルクス主義から見ると異例のものですが、中国の「革命」観念には合致しています。その意味で、毛の社会主義は「中国的な特色を持った社会主義」なのです[33]。

中国に必要なのは、近代資本主義国家に固有の自由民主主義を実現することでなく、むしろ「帝国」を再構築することです。もし中国に自由民主主義的な体制ができるなら、少数民族が独立するだけでなく、漢族も地域的な諸勢力に分解してしまうでしょう。いかに民主主義的であろうと、そのような事態を招くような政権は民意に支持されない。つまり、天命＝民意にもとづく正統性をもちえない。ゆえに、長続きしないでしょう[34]。

しかしながら、このような柄谷による善き「帝国の原理」の根拠を、中国の歴代王朝ならびに毛沢東時代の中国にもとめる議論は、以下にみるように大きな問題を含んでいる。

柄谷による帝国論の第一の問題点は、第Ⅰ節で述べてきたような、前近代東アジアの帝国的通商秩序の一つの重要な成立要件である、いわば帝国の「理念」と「現実」との間の大きなギャップについて十分に認識していない点である。このため、柄谷や汪の著作からは、すでにみたように「事実上の自由貿易」を可能にした清朝における通商秩序を、明朝の「朝貢一元体制」に近いイメージで語るという極めてミスリーディングな記述が散見されることになる。

また第二に、柄谷による帝国論では上記のような中華帝国における「理念」と「現実」のギャップについて無自覚なために、善き「帝国の原理」の実現に関する具体的な達成要件――「国民国家の原理」の達成要件として近代的憲政や議会の成立が挙げられるのに対応した――を何一つ提示できないところにある。もちろん、近代におけるイギリスやアメリカのヘゲモニー下においても、自由や民主主義と言った「理念」と現実の統治が一致しないことは極めてありふれた事態である。しかし、それらの覇権国によって提示される「理念」が近代的な普遍性を志向するものであるかぎり、その構成員（国）が「現実」と「理念」のズレについて指摘し、批判することは可能であるはずだ。

しかし、中華帝国の前近代における「帝国の原理」は、そのような普遍的な理念を提示する近代的な国際秩序とは異なり、むしろその「理念」が貫徹されないことが初めから織り込み済みであったといってよい。第Ⅰ節で述べたように、しばしば「朝貢システム」として語られる旧帝国中国における国際的秩序のイメージは、現実の中国王朝、特に清朝におけるその実態とはかけ離れた極めて理念的なものであった。逆説的であるが、この「理念」と「現実」の大きな齟齬ゆえに、現実の帝国的地域秩序は円滑に運営されていたのである。柄谷のようにこの帝国の理念のみに注目し、「資本＝国家＝ネーション」を超える原理として称揚する姿勢からは、このような「帝国の現実」の機微に触れることはできない。

さらに、このような善き「帝国の原理」の復活を求める議論は、現実における政治体制がそこに着実に向かっているのかどうかを判断する客観的なモノサシを持たないために、現政権が展開する政策について具体的な批判を行うことができない、という問題点を抱えている。言い換えれば、どこまでも現状を肯定するためのロジックとして時の権力に「政治利用」されかねないことを意味している。

総じていえば、柄谷が『帝国の構造』で展開した議論は、カントやライプニッツなどのような西洋社会における権力の分立に支えられた個人の人権を十分踏まえた上での「世界共和国」の構想と、そのような背景を持たない前近代中国における「帝国の原理」の無意識な（あるいは意識的な）混同の上に成り立っており、そのために一種の袋小路に入り込んでいると言わざるを得ない。

本稿でみたように、実際の帝国における周辺諸国間の商取引は極めてニュートラルなものであり、それ故に伝統的な帝国の通商秩序のもとでも活発化することができたし、またその後のイギリス的な帝国主義的商秩序の下でも命脈を保つことができた。同じことは近年の中国の経済的台頭についてもいえるであろう。社会主義的な統治理念を掲げ続ける政権に対し、適度な距離を保つことで自由な活動範囲を確保してきた民間の経済主体は、統治理念と大きな矛盾を来さない限りにおいて、アメリカ主導のグローバリズム（新自由主義）の中で大きな飛躍を遂げることができたのである。しかしそのことはいささかも、中国の「民間」経済が中国共産党の統治理念と一体化して、旧帝国の朝貢システムを「高度に復活させた」、グローバル資本主義を乗り越えるような政治経済秩序をもたらす可能性を意味するものではない。むしろ、前近代から繰り返されてきた統治の「理念」と、商行為の「現実」との齟齬が、近年においても繰り返され、中国の経済的台頭を支えているとみるべきであろう。その現実を見据えないまま、観念的に前近代における「帝国の原理」の復活を唱えることは、今後の東アジア情勢にさらなる混迷を招きかねないのではないだろうか。

もちろん、今後中国が国際的なプレゼンスを増すにつれて、アジアインフラ投資銀行（ＡＩＩＢ）の設立や、中央アジアからアフリカ、ヨーロッパにまたがる「一帯一路（シルクロード経済ベルトおよび海のシルクロード）」構想に代表されるように、その政治力が中国一国の範囲を超えた脱領域的な影響を及ぼす局面はますます多くなるだろう。だからこそ、これからの中国のゆくえを考える上では、前近代からかの国において繰り返されてきた統治の「理念」と「現実」との齟齬を踏まえた上で、いかにすればその強大な政治権力に、より普遍的な理念へのコミットメントを約束させられるのか、中国国内の知識人たちと共に考えぬくことこそが必要とされていよう。その道筋は、本論集に収録された中国リベラル派知識人たちの論考において、はっきりと示されているはずである。

注

（1）邦訳は、ジェイクス、マーティン『中国が世界をリードするとき（上、下）——西洋世界の終焉と新たなグローバル秩序の始まり』松下幸子、ＮＴＴ出版、二〇一四年。

（2）柄谷行人『帝国の構造――中心・周辺・亜周辺』青土社、二〇一四年。
（3）溝口雄三・池田知久・小島毅『中国思想史』東京大学出版会、二〇〇七年。
（4）溝口・池田・小島前掲書、二三〇頁。
（5）柄谷はまた、『現代思想』誌における丸川哲史との対談において、特に中国における多民族統治の観点から、歴代の王朝と現代の社会主義中国を貫く「帝国の原理」を再評価している。柄谷行人・丸川哲史「帝国・儒教・東アジア」（『現代思想』二〇一四年三月号）参照。
（6）山本有造『「帝国」とはなにか』（山本有造編『帝国の研究――原理・類型・関係』名古屋大学出版会、二〇〇三年）四―五頁。ただし山本は、これらの歴史上の特定の段階と分かちがたく結びついた「帝国論」に対し、近年の帝国論の特徴として人間の歴史に通時的に適用しうる「帝国」の概念あるいは「帝国性」の特質を考える傾向があることを指摘している。その上で、そのような通時的な「帝国」の定義として、マイケル・ドイルによる「帝国とは、ある政治社会によって他の政治社会の実効的主権上に加えられた政治的支配の関係である」という定義をあげている。
（7）山室信一「『国民帝国』論の射程」（山本編、前掲書）八九頁。
（8）本文中でとりあげたもののほかに、丸川哲史『思想課題としての現代中国――革命・帝国・党』（平凡社、二〇一三年）参照。
（9）例えば、秋田茂「帝国的な構造的権力――イギリス帝国と国際秩序」（山本編、前掲書）、二六二頁の記述を参照。
（10）杉原薫「近代的国際経済秩序の形成と展開――帝国・帝国主義・構造的権力」（山本編、前掲書）一三六頁。
（11）杉原前掲論文、一三八―一三九頁。
（12）ジェイクス前掲書、下巻四頁。
（13）また、韓毓海は、朝貢貿易を中国が周辺国に一方的に恩寵を与える仕組みだったととらえた上で、特に「貨幣覇権」に無頓着だったために、後に欧米列強による収奪を許すことになった、と位置付けている（『五百年来誰著史――一五〇〇年以来的中国与世界』九州出版社、二〇〇九年）。そして、二十一世紀におけるアメリカを中心とする国際秩序の下での貿易を主体とした中国の経済発展も、労働集約的な製品の輸出を中心とした経済成長をもたらす一方、グローバル資本の中国進出による収奪構造を許しているとして、海外の強国に付け入れられる隙を残した、「お人よし」的なものとしてその経済発展を位置付けている。新左派の論客がこのような矛盾を「外部」に求める思考をとりがちなことについては、梶谷懐『日本と中国、「脱近代」の誘惑――アジア的なものを再考する』（太田出版、二〇一五年）第二章を参照のこと。また、韓毓海・胡鞍鋼・王紹光・周建明による著作『人間正道』（中国人民大学出版社、二〇一一年）でも、柄谷行人の著作を引用しつつ、朝貢貿易の一方的な贈与としての側面が強調されている（同書八〇頁）。

（14）汪暉『近代中国思想の生成』石井剛訳（岩波書店、二〇一一年）三〇九―三一〇頁。また柄谷行人も、商品交換（交換様式C）が支配的な西洋的な自由貿易に対し、「朝貢システム」を通じた貿易はそこに再分配（交換様式B）ならびに互酬（交換様式A）の要素も含まれることを指摘し、「それによって周辺部に平和を築くことが、帝国の政策だった」としている（柄谷前掲書、一四〇頁）。

（15）岡本隆司編『中国経済史』（名古屋大学出版会、二〇一四年）第四章参照。

（16）籠谷直人「十九世紀アジアの市場秩序」（籠谷直人・脇村孝平編『帝国とアジア・ネットワーク――長期の十九世紀』世界思想社、二〇〇九年）一一頁。

（17）例えば、上田信『海と帝国――明清時代（全集 中国の歴史）』講談社、二〇〇五年、岩井茂樹「帝国と互市――十六―十八世紀東アジアの通交」（籠谷・脇村編、前掲書）、岡本隆司「朝貢と互市と會典」『京都府立大学学術報告人文』第六二号、二〇一〇年などを参照。

（18）岩井前掲論文、五二頁。

（19）川北稔編『知の教科書 ウォーラーステイン』講談社選書メチエ、二〇〇一年など参照。

（20）邦訳はケイン、P・J・、A・G・ホプキンス『ジェントルマン資本主義の帝国 ＩⅡ』竹内幸雄ほか訳、名古屋大学出版会、一九九七年。

（21）秋田茂『イギリス帝国の歴史――アジアから考える』（中公新書、二〇一二年）一三一頁。

（22）杉原薫「近代的国際経済秩序の形成と展開――帝国・帝国主義・構造的権力」（山本編、前掲書）一六〇頁。

（23）ここに、それまでイギリス帝国主義研究とは別個に行われていた、濱下武志や杉原薫らによる「朝貢システム論」「アジア間交易論」、あるいはそれらを支えた存在としての「華僑ネットワーク」論などとイギリス帝国主義研究による理解が結びつく余地が生じた。彼らの先駆的な研究としては、例えば濱下武志『近代中国の国際的契機――朝貢貿易システムと近代アジア』東京大学出版会、一九九〇年、杉原薫『アジア間貿易の形成と構造』ミネルヴァ書房、一九九六年、などがある。

（24）岡本編前掲書、第四章・第五章を参照。

(25) たとえば籠谷直人は、華人・華僑ネットワークは、「帝国―植民地」型の経済においてこそ力を発揮することを強調している(「帝国下における商人のネットワーク」『現代中国研究』第一六号、二〇〇五年)。強い植民地通貨は、華僑商人のアジア各国からの商品仕入れを容易にした。特に為替レートが低めに設定されていた日本からの商品購入は華僑商人にとって有益だった。植民地の高い為替レートは、移民労働者の本国への送金も容易にしたからである。
(26) 杉原薫「近代的国際経済秩序の形成と展開――帝国・帝国主義・構造的権力」(山本編前掲書)参照。
(27) 白石隆『海の帝国――アジアをどう考えるか』中公新書、二〇〇〇年。
(28) ネグリ、アントニオ=マイケル・ハート『〈帝国〉』酒井隆史ほか訳、以文社、二〇〇三年。
(29) 藤原帰一『デモクラシーの帝国――アメリカ・戦争・現代世界』岩波新書、二〇〇二年。
(30) 邦訳はハーヴェイ、デヴィッド『新自由主義――その歴史的展開と現在』渡辺治・森田成也・木下ちがや・大屋定晴・中村好孝訳、作品社、二〇〇七年。
(31) 橋本努『帝国の条件――自由を育む秩序の原理』弘文堂、二〇〇七年。
(32) 溝口・池田・小島前掲書、二三〇頁。
(33) 柄谷前掲書、一六九頁。
(34) 柄谷前掲書、一七一頁。

西洋思想と現代中国のリベラリズム
——過酷な時代を生きた思想家顧準を中心に——

王　前

すぐれた思想というものは根こそぎにされて弱ったり枯れたりしてしまうものではなく、新しい地盤と環境とのなかに移植されることによって却って生気を得、成長が旺盛になり、その根は一層よく土につくものを言うのではなかろうか。

原産地におけるよりも遥かに遠い外国の土地に移し植えられたものの方がずっとその場所を得て見事に繁茂しているような植物がなかなかに多くあるものだが、外来の思想にもその樹性がぴったりその土地に順応し、その表情が新しい環境によく適応するようになっているものも少なくないように思われる。

林達夫「思想の運命」(1938)

はじめに

リベラリズムは中国にとって舶来品である。厳復《げんぷく》(一八五四—一九二一。清末民初に活躍した啓蒙思想家・翻訳家)がジョン・スチュアート・ミルの『自由論』などを翻訳したのが中国におけるリベラリズムの嚆矢であろう。それまでに、著名な学者で、清朝の重臣曾国藩の友人でもある郭嵩燾《かくすうとう》(一八一八—九一。清末の政治家、学者)が英仏公使を務めた時の見聞記『使西紀程』を書いて、西欧の政治制度を称えたことがあるが、正式にリベラリズムの理念を学問的に議論したとは言い難い。何といっても、大々的にリベラリズムの理念の啓蒙に力を入れたのは、福沢諭吉と似ている厳復だった。彼はミルのほか、モンテスキューの『法の精神』やアダム・スミスの『国富論』やハクスリーの『進化と倫理』などを古典中国語で翻訳しながら、多くの評論も発表し、清末の言論界に大きな影響を与えて、魯迅を含む当時の若者に熱心に読まれていた。

しかし、この思想の外来種の運命はその後多難に満ちていた。五四《ごし》運動の時に、胡適《こてき》(一八九一—一九六二。現代中国を代表する自由主義思想家、五四運動の指導者の一人)をはじめとする知識人は、新しい世代の旗手としてリベラリズムの啓蒙と普及に力を入れたが、亡国の危機や革命の勃発の中で、穏健な手法を唱えるリベラリズムは往々にして効力が足りない理念として進歩的な青年や革命家に見下され唾棄されていた。胡適の影響力の凋落がまさにそれを物語っている。五四運動の時は、知識人の領袖として論壇と学界をリードし、多くの若者に慕われていたが、その後、時代遅れの学者と目されるようになったのは必ずしも彼一個人の悲劇とはいえない。哲学者李澤厚《りたくこう》（一九三〇―。現代中国を代表する哲学者の一人）の言葉でいえば、「救亡圧倒啓蒙」（国を亡国の危機から救うことが啓蒙の重要性を圧倒する）が原因である。結局、この現代中国最大の自由主義思想家は、内戦が終結した後は、青春時代に留学した米国に暫く移住せざるを得なくなっただけでなく、最後まで故郷に帰れず、台湾で最晩年を送ったのである。

胡適が故国を去った後の中国におけるリベラリズムの運命は、想像するまでもない。リベラリズムという言葉自体がタブーとなり、まるで中国にとってリベラリズムは全く無用の長物のような時代が三十年以上も続いた。しかし、この時代にも自由やデモクラシーの理念を思考する思想家がいた。元中国社会科学院副院長の李慎之《りしんし》（一九二三―二〇〇三。政治学者）によって、二十世紀後半の中国の知識人のために、汚名返上を成し遂げた思想家と呼ばれた顧準《こじゅん》（一九一五―七四）である。同時代の中国の思想家の中で、台湾に移った哲学者殷海光《いんかいこう》（一九一九―六九。元台湾大学教授）らはリベラリズムの中心勢力として国民党政権の高圧的な統治の下で、言論の自由などのために凄まじい努力を続けたが、大陸中国においては、その探求自体が難しく、特に文革のような過酷な時代の中でも、その探求を続けた人はまれとしかいえない。本論文では顧準という思想家にフォーカスをあてて、現代中国におけるリベラリズムの運命を振り返りたい。また、この考察を通して、現代中国におけるリベラリズムの課題と将来を探ってみたい。

1　顧準という思想家の誕生

顧準は元々思想家ではなく、革命者だった。中国共産党が政権を取った後、前途洋洋たる彼が思想家になったのは、運命の「悪戯《いたずら》」としかいいようがない。

一九一五年に生まれた顧準は、一九二七年に立信会計師事務所という上海にある名門会計事務所に実習生として入り、そこで独学で修業をして、会計学をマスターした。一九四〇年に上海を離れるまで、顧準はこの事務所で十四年間働き、初めて会計関係の著作『銀行会計』を出した時、まだ十九歳だった。その後も『簿記初階』などを立て続けに出版し、上海の幾つかの大学で兼任教授も務めた。一九三四年に革命運動に加わった後は、逮捕などから逃れるために、上海を数回離れたことがあるが、人材を大切にする上司に恵まれ、家で会計関係の著作に従事したりして、安定した生活を保つことができた。この時期に彼は後の経済学研究の基礎を築いていった。

上海で共産党関連の活動に参加した顧準は、一九三五年に入党し、江蘇省文委副書記などを歴任した。一九四〇年には江蘇省南部の抗日本拠地に赴き、ここから革命活動により集中するようになる。その後一九四九年に解放軍と一緒に上海に入り、上海市財政局局長と税務局局長を務めたことがある。しかし、仕事のやり方をめぐり、上司と対立したことにより、三反運動の中で、(1)汚職や収賄ではなく、「眼中に組織がない」、「自己中心」などの廉《かど》で、すべての役職から外された。一九五三年に北京に移り、一九五六年に今の中国社会科学院経済研究所に勤めはじめた。一九五二年から一九七四年に亡くなるまで、まさに苦難に満ちた人生だった。一九五七年と一九六五年に二回も右派というレッテルを貼られたのである。二回も右派にされるのは極めて珍しい。

不遇の中で、労働改造の時代を除いて、顧準はひたすら研究活動に没頭していた。但し、彼の研究は普通の学究とはだいぶ違うところがある。会計学者として出発し、その間革命者としても活躍した彼は、一九四九年後は政界で順調に出世したにもかかわらず、苛酷な運命に見舞われたことが、奇しくも思想家顧準誕生のきっかけとなった。人生の中で一番暗かった時期に、彼は会計や社会主義経済理論の研究をしただけでなく、シュンペーターの『資本主義・社会主義・民主主義』などの重要な学術書も翻訳した。自分の人生の挫折から生じた疑問を解決するために、古代ギリシャ史の研究をはじめ、中国史、哲学、政治学等の雑多な分野にわたる研鑽を通して、重要なノートを多数残した。一九九四年に幾多の障害を乗り越えて、『顧準文集』が江湖に迎えられたのである。ここに数奇な運命によって作られた思想家の思考の成果が濃縮されている。その後、『顧準日記』、『顧準自述』、『顧準全伝』なども出版され、顧準の全体像がより明らかになり、『読書』のような中国を代表する総合思想評論雑誌にも取り上げられ、王元化《おうげんか》（一九二〇――二〇〇八。現代中国の代表的な文芸理論家）や李慎之ら思想界の重鎮も寄稿して、顧準の思想家としての一生を高く評価した。論者によっては、顧準が鎖国の時代に独自の思考で得た結論は、同時代欧米の政治哲学者バーリンやハイエクに匹敵するものがあると高く評価している。ここで筆者は彼が残した二つの主著、つまり『希臘城邦制度（ギリシャポリス制度）』と『従理想主義到経験主義（理想主義から経験主義へ）』を中心に、この悲運な思想家の知的遺産をまず考察する。

2　理想主義から経験主義へ

(1) ユートピアの問題

歴史上の政治思想家は例外なく、その時代の課題に答えるために思考を進めてきた。周知のように、ホッブズは英国の内乱を経験して、その問題を解決するために、『リヴァイアサン』を著した。ホッブズのすぐれた解釈者で、二十世紀最大の反自由主義思想家の一人であるカール・シュミットはワイマール共和国の憲法の問題などを追究し、自由主義と民主主義を批判して、多くの力作を残した。戦後日本を代表する思想家の丸山眞男が敗戦を経験して日本の近代性の問題を強靭な思考を以て探求したのに対して、同時代の顧準ももちろん例外ではない。彼は革命者としての半生は栄光も転落も経験し、特に革命が成功した後に経験した反右派キャンペーンや文化大革命は、彼に自分が参加した革命の本質などを考えさせるきっかけを与えた。なぜ革命が成功した後、その元の主旨に反するようなことが起こったのか、特に文革のような中国史上未曽有の過酷な事件が起こったのか、これらが顧準の思考の出発点といえる。その反省の成果が主に『理想主義から経験主義へ』に結実している。その問題関心を彼自身がよく使う言葉でいえば、文豪イプセンの『人形の家』の中の主人公ノラが家出をした後はどうすればよいのかという問題である。つまり、理想主義は人心を鼓舞するには必要で大きな力を持っているが、その目標に達した後も日々理想主義の世界で暮らすわけにはいかないから、普通の政治をどうすべきなのかということである。これが顧準の問いと探求の核心である。

二十世紀初頭から始まった中国左翼の革命史は、最終的には共産主義社会を建設すること、言い換えれば、地上の天国を作ることが目標である。しかし、どういう論理の回路をたどって、文革のような極端な政治的大事件が起こったのか、どうして毛沢東のような、自分の信念と権力のために一国の経済と社会を崩壊の直前まで導いた権力者が出現したのか。これらは革命者として自ら理想のために戦った理想主義者でもある顧準にとっては避けられない問題であり、また考えるだけでも苦痛をもたらす問題であった。ゆくゆくは少なくとも大臣クラスの高官になれるはずの顧準が想像を絶する挫折を経験したあと、そういった問題を思考し、一連の洞察力に満ちた作品を残すこととなったのである。例えば、「民主与〝終極的目的〟」（デモクラシーと〝最終的目的〟）（一九七三・四・二九）の中で、彼は次のように分析する。

デモクラシーは確かに目的ではないが、社会主義をデモクラシーの目的として設定したらどうなるだろうか。問題のポイントはこれである――社会主義あるいは共産主義が実現した後はどうするのか。弁証法に基づくと、実現した後は、デモクラシーも存在しなくなる。この答えの中に、実は次の含みがある。革命の目的は、地上に天国を築き――疎外も矛盾もない社会を建設することである。私はこの問題を長い間考えていたが、私の結論はこうである――地上に天国を築くことは不可能であり、天国は徹底的な幻想である。また矛盾は永遠に存在する。だから、最終的な目的はなく、あるのは、進歩だけである。デモクラシーは絶え間ない進歩とつながっており、ある目的とつながっているわけではない(2)。

欧米を代表する大評論家のジョージ・スタイナーは最新作『ヨーロッパの理念』(The Idea of Europe: An Essay, 2015)の中で、ユダヤ教とその主要な二つの「脚注」であるキリスト教と空想的社会主義のルーツはシナイ半島にあると述べている。西洋の文化史・思想史を研鑽して似たような認識を持ち、また最終目的とキリスト教との関係もよく知っていた顧準から見れば、共産主義の目標はまさにキリスト教の最高善〔至善〕の実現である。運動を強力なものにするためには、最終目的の設定が当然あったほうがいいが、ロシア革命のように、一旦実現した後、つまりノラが家出をしたあとは、どうすべきかが問題なのである。そのような最高善が実現した社会は果たして望むべきものなのか、またそのような目標を設定したら、どういう危険が孕まれているのかについて、顧準は次のように指摘する。

最高善は一つの目標であるが、水位が上がれば船の位置もあがるように、永遠に到着できない目標である。

ノラが家出をした後も、問題は完結していない。最高善が実現したら、すべてが静止し、衝撃もなくなり、お互いの刺激もなくなるので、世界がつまらないものになってしまう。もし私がそのような世界で生きていたら、絶対に自殺するだろう。

〔中略〕

革命家は元々みな民主主義者である。しかし、もし革命家が最終目的を決めて、内心でもその目的を信じていれば、彼はその目的のために民主主義を犠牲にすることも惜しまず、独裁を実施する。スターリンは残酷だった。ただし、彼が残酷だったのは、百パーセント個人の権力のためではなく、それは大衆の福祉と最終目的のためにそうせざるを得ないと信じたからなのかも知れない。内心では善のためでも実際には悪行を行ったのは悲しいことである。

逆に、もし最終目的の存在を信じず、相互に刺激しあう力が進歩を促進することを信じていれば、それは哲学的には多元主義である。そうすると、その人は、民主主義の政治が多くの避けられない問題を抱えているとはいえ、それ自身が多くの相互に刺激を与え合う力の合法的な存在と一致すると信じているので、その制度がこれらの力の合法的な存在を許す唯一可能な制度となるのである(3)。

少し長い引用となったが、ここに彼の最終目的とスターリン主義の問題の内在的な連関についての鋭い分析があるが故に、注目すべきである。これは一九五〇年に林達夫（一八九六―一九八四）が発表した『共産主義的人間』と比べると、約四半世紀遅れているとはいえ、実に共通点が多い。林は一時的に共産主義の同伴者としての経験があったのに対して、顧準は身を以て革命の栄光と残酷を体験したのであるが、彼らが得た結論は非常に似ている。歴史家ホブズボームがいう「極端な世紀」である二十世紀の左翼革命の本質的な問題を突いているといえる。

顧準の分析は彼の同時代人で、イギリスの政治哲学者アイザイア・バーリン（一九〇九—九七）の見解ともまた基本的に同じであることも興味深い。バーリンはMy Intellectual Pathという自分の生涯の思索をまとめた文章の中で、一元論や多元主義について論じている。読み比べると、顧準の見方との相似に驚くだろう。

昔の人々は様々な神様の前に犠牲として持って行かれたといわれている。現代では、神様の代わりに、新しい偶像——イズムがそれに取って代わった。苦痛を与えること、殺戮、拷問は一般的にいえば、間違いなく非難されることになる。しかし、もし私一個人の利益のためではなく、ある主義のために行われるのだったら、例えば、社会主義、ナショナリズム、ファシズム、共産主義、狂信的な宗教的信仰、あるいは進歩、歴史の法則の実現のためだったら、これらのことは正しいこととなる。大多数の革命者はひそかにあるいは公然と理想的な世界を作るために、卵を割らなければならないが、さもなければ、オムレツは作れないと信じている。卵は確かに割られた、特に我々の時代においてはかつてないほど、猛烈かつ至る所で割られていた。しかし、オムレツははるか遠くにしか見えなく、そして無限に遠くなってしまっている。これは制約の全く効かない一元論の必然的結果の一つである。これは私の呼び方であるが、狂信主義と呼ぶ人もいる。しかし、一元論がすべての極端主義の根底にあるものである。(4)

この文章は、バーリンが最晩年の一九九六年に中国人の学者に求められて書いたものである。バーリンは中国について研究したことはなかったが、ロシア革命を幼少時に経験し、また知り尽くした思想家として、彼は当然中国の読者に何を伝えるべきか分かっていたはずである。今引用した文章を見れば、その鋭い洞察力から導いた結論は、顧準の見方と瓜二つであることが明らかであろう。二人とも二十世紀の革命史を総括した結果、一元論を捨て、多元主義を選んだのである。しかし、だからといって、相対主義に後退したわけではない。顧準は基本的に進歩の理念にこだわったのに対して、バーリンは目的論者ではないが、decentな社会を擁護する立場にあるといえる。

われわれにとって忘れてはいけないのは、顧準が孤立無援の環境の中で、それも多大な危険を冒しながら、その独自の探求からバーリンとほぼ同じ結論を得たことである。バーリンは幼いころロシア革命を目撃して、そのおかげで暴力への嫌悪感を抱くようになったが、その後はイギリスの学問の中枢で哲学の探求を生涯続けた学究人生だったのに対して、顧準は文字どおり、多くの卵が割られた革命のあらしを生きた革命者として、また彼自身もその卵にされた苦い経験からその結論を得たのである。重要なのは、彼ら二人とも一元論に内在する危ない論理を正確に見抜き、それがもたらす問題の必然性を明らかにしたことである。現代中国の鎖国時代を生きた顧準は、当然バーリンの書物を読む機会がなかっただろう。文革中、西側からの書物はほとんど輸入が途絶えたので、バーリンの思想を知る可能性は皆無といっていい。そうした見識は顧準自身の理論的な探求と実存的な経験のきしみから生まれたものである。西側からの現代の思想資源として考えられるのは、シュンペーターとハイエクぐらいであろう。ハイエク（一八九九―一九九二）の『隷従への道』は一九六〇年代に内部発行の書物として中国語に訳されたので、顧準は読んだ可能性がある。マックス・ウェーバーは名前を知っていたが、特に読んだことはなさそうだ。顧準が翻訳したシュンペーターは奇しくもバーリンも評価する思想家の一人である。そういったわずかな現代西側の思想資源と厖大な東西の歴史関連の読書をたよりに、言論の自由などが保障された環境の中で仕事をしたバーリンと基本的に同じ結論を得たというのはまさに感嘆すべきことである。

同じ「民主与〝終極的目的〟」の中で、顧準はもう一つ当時としては破天荒な議論を展開している。それは複数政党制についてである（彼が使った言葉は社会主義二党制である）。複数政党制を採用すべきと考える彼が理由として挙げたのは、一党制の社会主義国家の政治がどれもうまくいっていないという当時の現実である。また一部の東アジアの国においては個人崇拝が流行っていることや巨大な権力を手に入れた最高指導者を監督するものがないこともその主な理由として挙げている。レーニンが唱える直接民主制に対しても、顧準は大胆に異論を唱えている。彼から見れば、直接民主制は最終的に似非民主制に変身しており、その唯一の解決策は政治の舞台に本当の野党が存在することである。本当の野党が存在していれば、正真正銘の批判と自己批判が存在できる。顧準の言葉でいえば、それまでのソ連の歴史と中国の現代史はすでに事実を以て自分の考えを証明している。このような実践上の提案の根底にあるのは、いうまでもなく、顧準が擁護する哲学的な多元主義である。

直接民主主義と議会制民主主義について論じたノート「漫談民主」にも顧準の鋭い見解が沢山含まれており、カール・シュミットの論敵で、二十世紀最大の法哲学者と目されるケルゼン（一八八一―一九七三）の『民主主義の本質と価値』の論点と通じるところが多々ある。ここでその要点を考察してみよう。

ここでも、顧準は批判の矛先を直接民主制に向けている。彼から見れば、現代の直接民主制の理念は、マルクスの『フランスの内乱』から来ている。世界史の勉強から得た知識をベースに、顧準は古代ギリシャのアテネの直接民主制から話を始め、ローマ帝国における法律の伝統なども考察して、その東洋の政治世界との違う特徴について説明する。つまり、それは中国の皇帝のように天下がすべての自分のものであるという意識がそもそも古代ギリシャにもローマ帝国にも存在していなかったということである。

その次の中世がどうだったのかといえば、顧準はヨーロッパの中世の都市と中国中世の都市との違いに言及し、前者の中世における議会の発展に特に注目する。彼によれば、イギリスの名誉革命やフランス革命などは確かにヨーロッパ近代の重大な転換期であるが、古代ギリシャから中世までの制度の変化がなかったら、そもそもそのような激しい変遷を理解できないという。このような顧準の結論は、プロフェショナルな西洋史の研究者ではないとはいえ、その結論に関しては、アナール学派第二世代の総帥ル゠ゴフの研究成果とかなり一致しているところがある。ル゠ゴフによれば、現代ヨーロッパの基礎は中世ヨーロッパが築いたものである。このような歴史的な考察の目的は、当然議会制が西欧に出現した理由を説明することにあるとしつつ、顧準はその近代政党政治につながる必然性を次のように指摘する。

立法権の議会があれば、必然的に政党が現れる。ある議案を通す時の賛成派が、ゆくゆくは与党になり、反対派は野党になる。立法権のある議会があるからこそ、政治と政策がオープンな議論の対象となる。さもなければ、政治と政策は永遠に〝時代の知恵と良心〟が警備の厳しい宮廷の中に隠れて行うのである。(5)

このように対蹠的な政治の行い方を比べたうえで、複数政党制の本当の意味は、複数の政権担当能力のある政治集団が、それぞれの政治綱領に基づいて、民衆の前で選挙を通して権力を手に入れるところにあり、これが唯一可能な方法だと顧準は断言する。このように議会制民主主義を擁護する顧準から見れば、直接民主制は一種の復古的な動きで、現代では実行不可能なものである。彼は大胆にも『フランスの内乱』におけるマルクスの観点を挙げて、それらに反論する。要するに、パリコミューンのようなやり方は実際、近代文明の発達のおかげでできなくなったと結論付ける。同時に彼は、レーニンの唱えるプロレタリアートによる直接民主制の問題点にも目を向ける。例えば、レーニンは軍隊を解散し、赤い民兵を常備軍にしようと考えていたが、結局ソ連が世界で最も人数の多い職業的軍隊を持つことになったことを挙げて、直接民主制は最終的にスターリンの独裁につながったというのである。中国で革命の導師として崇められているマルクスとレーニンの見方に対して自分の主張をすること自体元々異端的な行動であるが、特に文革中という時代を考えれば、名実ともに破天荒である。福沢諭吉のいう独立不羈という精神を、顧準はまさに身を以て実践したといえるであろう。

ソ連における直接民主制がスターリンの独裁へと変わった内在的論理を析出した顧準は、アメリカを正反対の例として挙げ、ワシントンとスターリンとを比較して、その制度の設計によって、ソ連で多発した権力の問題がアメリカでは起こらなかったことの理由を探った。その目的はやはり、ノラが家出をした後、つまり革命が成功した後、いかなる政治を行うべきかという彼の最大の関心事にある。革命のあらしを称えるのに吝かではなかった顧準ではあるが――彼は革命の問題点を反省したからといって、革命の意義を完全に否定したわけではない――新しい秩序ができたら、ずっと革命を続けるわけにはいかないので、やはり「凡庸」にみえる議会制の政治を行うべきだと主張する。党内に派閥があるのは当たり前で、政党が存在している限り、そういう性格であるという。勿論、彼は議会制を手放しで絶賛したわけでなく、むしろその弊害をも意識している。しかし、現実の政治とは、ベターなものを選ぶ決断を下すということであり、人間世界に完璧なものは存在しないと考える顧準にとって、たとえ弊害が存在していても、オープンな批判をすればいいのであって、われわれにできるのは、弊害と長所を比べて選ぶということなのである。このような見方は、戦後日本の議会制民主主義を論じた丸山眞男の見方を彷彿させるところがあり、先進国では常識的なものであるとはいえ、文革中という時代を思い起こせば、極めて大胆な議論である。

この長い「漫談民主」の中には、顧準の思想家としての抱負も書かれている。

さらにいえば、人文科学のあらゆるものは、すべて理論が実践を指導するものであり、思想は永遠に教え込むものである。思想の誕生は、確かにその物質的生産方式の歴史的根源があり（例えば、航海、商業、手工業、植民のギリシャのポリスから民主主義の思想が生まれ、大陸の農業国家から専制主義が生まれるなど）、階級闘争の根源もあるが、時代の流れに適応する思想は、いつも思想家の頭脳から創り出されるものであり、政治的な集団などを通して広げられてこそ、時代の思潮となる。多元主義と複数政党制はまさにこの原理に一致するものである。ただし、教え込まれる思想は、一つしかないのではなく、百家争鳴・百花斉放である。そうすれば、違う思想が闘争を経て、思想自体がますます深化され、民衆の知性もそのような論争の中で開かれていく。民衆の知性が開かれることは科学が発達する重要な条件である。〃一つの主義、一つの政党〃による直接民主制（当然不可能であり、それは必ず独裁につながる）は、一つの主義しかないために、思想の発展を窒息させ、科学の進歩を止めるのである。(6)

思想が果たして教え込むべきものかどうかは、疑問があるところだが、顧準がいいたいのは、恐らく思想は精神貴族の仕事という意味であろう。ここに現れている見識は、バーリンだけでなく、『隷従への道』や『致命的な思いあがり』を書いたハイエクの主張とも一致するものが多いことは明らかである。時代をさかのぼると、顧準の革命の大先輩である陳独秀《ちんどくしゅう》（一八七九―一九四二。現代中国の政治家、中国共産党の初代総書記）の最晩年の見方とも通じるところが多々ある。陳独秀も革命の実践やスターリンとの渡り合いを通じて、スターリンの独裁の本質を徐々に認識し、最晩年に書いた「私の根本意見」に代表される一連の論文の中で五四運動の際のデモクラシーを擁護する立場に戻っている。顧準はどれぐらい陳独秀の思想を知っていたかは定かではないが、両者の見解の間に共通点が多数あることは実に興味をそそられる。

自由な社会で思考を進めたバーリンやハイエクと違い、顧準は独立した思想を持つこと自体が極めて危険な時代を生きていたので、その現代中国の知識人の名誉を挽回したという評価は確かである。このような自分の思想信念を広げるために、彼は「五四運動の事業は志のある人によって引き継がれるべきである。デモクラシーは恩賜から来るものではない。自ら争って手に入れるべきものである。そのために知識人がいなければならない。また犠牲を覚悟する知識人がいなければならない(7)」とも書いている。ここは彼の求道者としての面目躍如たるところであり、一九五二年から一九七四年までの彼の後半生はまさにその信念に基づくものだった。

（2）神学としての弁証法への批判

ここまではユートピア即ち革命の理想主義を信じる顧準の経験主義への「転向」を考察してきたが、哲学的な次元でも彼はさらに深いところまで思考を推し進めたことも注目に値する。その成果は、「弁証法与神学（弁証法と神学）」に書かれており、これは彼の哲学的探求の到達点を示している代表作である。この時代の中国の学者が書いた哲学的文献として無視できない価値を持っており、顧準の一連の論考の白眉といっても過言ではない。

革命者としての顧準にとって唯物弁証法を学ぶことは必須である。マルクス・レーニン主義関連の文献も熟読した彼は、前出の「民主与〝終極的目的〟」と同じ一九七三年に書いた長い「弁証法与神学」の中で、ディーツゲンの著作やエンゲルスの『反デューリング論』などを手掛かりに、弁証法への批判を展開している。これも当時の政治的な環境を考えると、あまりにも異色で異端的な探求である。

ディーツゲンというドイツの社会主義者は今日あまり知られていないが、顧準は彼の『弁証法の論理』というマルクスも称えたことがある書物にまず注目する。これはレーニンも非常に重視する本だったが、ディーツゲンはこの本の中で、弁証法を革命的プロレタリアートの神学と書いたが、マルクスにもエンゲルスにも批判されなかったのはなぜかという疑問から顧準は思考を始めている。ヘーゲル哲学にも詳しい顧準から見れば、マルクスが批判したのはヘーゲルの論理汎神論で、ヘーゲルの論理学はイコール弁証法、世界モデル論である。しかし、顧準によると、マルクスがヘーゲルを批判したのはほとんど『神聖家族』を書いた時期だけであるが、ヘーゲルの理性至上主義は基本的に批判せず、特に真理の一元論などを批判したことはなかったという。マルクス自身は本質上理性至上主義者で、革命の理想主義者もみな理性至上主義者になるしかないと顧準は見る。ディーツゲンがいうには、ヘーゲルの論理学は論理学であると同時に神学でもある。その結果、理性至上主義者は本質上神学者でもあり、理性の領域と神の領域の間は、ある種の必然的な関連性を持つこととなる。

カール・シュミットは、かつて『政治神学』の中で、近代国家学の重要な概念を見ると、それは明らかに世俗化された神学の概念であるといったことがある。前出のスタイナーも空想社会主義とユダヤ教との関係について鋭い指摘をしたが、そういう意味では、思想の構造においては、神学とマルクス主義との間にある種の類似性が指摘されてもおかしくない。顧準の分析では、マルクスの哲学はベーコンとヘーゲルの不思議な結合物であり、ヘーゲルを批判した『神聖家族』を書き終わった後、マルクスは『経済学・哲学草稿』、『フォイエルバッハに関するテーゼ』、『ドイツ・イデオロギー』などを通して、またヘーゲルに戻ったのである。このような分析をする目的は何かというと、顧準によれば、マルクスはヘーゲルから学んだのはその理性至上主義で、真理が全体であるというヘーゲルの一元論であり、「神聖性が人間性に宿る」というヘーゲルが哲学化させたプロテスタントの精神であることを強調するためである。「人間が世界の主体であり、神聖性が人間性の中に宿って、この世界は一元的に決められ、真理は不可分である。これらは革命の理想主義にとって確かに欠かせないものである」[8]と顧準は一元論と革命の理想主義関係を最も哲学的な次元において明らかにする。

顧準はヘーゲルの思弁哲学のもたらしうる重要な結果が三つあると見ている。それは（1）真と善の一元論、（2）思弁の実践、（3）思弁における真と善の一元論である。彼から見れば、マルクスはこの三つを全部受け入れたうえで、革命的改造を行った。その一は、理論と実践の一致である。そうすれば、本格的な革命につながる。その二は実践で、しかも革命の実践である。言い換えれば、地上に天国を実現させることである。その三はすなわち、今までの人類の歴史は本格的な歴史とはいえず、前史であるという主張である。この改造はどういう結果をもたらしたのだろうか。「この結合の結果は極めて大きいものである。政治的には社会主義・共産主義の革命に神聖性を付与している。哲学的にいえば、それまでの唯物論はほとんど経験主義的で、理性至上主義は唯心論的であったのに対して、今では理性至上主義と唯物論が一体となった。それは唯物弁証法あるいは弁証的唯物論と呼ばれているものである(9)」。

このような発展を遂げた弁証法は現代社会で一体どういう役割を果たしているのか、特に科学との関連で見ると、その指導的な効果はどれぐらいあるのだろうか？　顧準はそれをあまり評価していない。弁証法は批判の武器としては、巨大な価値を持っているが、支配的な地位を占めると、その全体的な真理、一元論のために、科学の発展にとっては大きな障害物となると顧準は見ている。弁証法が存在している限りでは、ソ連は電子計算機のような画期的な発明を行える国にはなれず、哲学の問題が解決されなければ、永遠に自主的創造もできないとして、唯物弁証法の問題性をさらに追及し、本当の首尾一貫した唯物論は経験主義でなければならないと結論付ける。これは現代科学の発展を振り返れば、まさに顧準が批判した通りであり、アインシュタインの相対性理論を含めて、唯物弁証法の指導のもとで行われた大発見は皆無であろう。

哲学の論文ではないとはいえ、かなり綿密にヘーゲル哲学とマルクス主義の内在的な分析をしたことは、顧準にとって自分の長年の思想信条を解剖したことにもなった。下記の言葉は彼自身が到達した新しい信念で、二十世紀の中国史の中で最も暗い時期を経験しながらも最も批判的な思考を続けた中国の強靭な頭脳の知見で、引用する価値があるだろう。

理性主義者、特に革命家たちは、革命の理想主義者でもある。彼らは〝理想〟が唯物論的で、根拠もあると同時に、絶対的に正しい（あるいは控え目にいって、絶対的真理の重要な一部をなしている）と信じてこそ、彼らは安心できるのである。彼らはまた真理が善なりと信じてこそ、理論と実践を一致させながら、勇気を以て前進できる。これは道徳哲学の原因であり、本来なら敬意を抱くべきものである。

私自身もそのように信じてきたのである。しかし、今日、烈士の名義で、革命の理想主義を保守的反動的専制主義に変えた時、私は徹底的な経験主義、多元主義的な立場で、そのような専制主義に反対するために、最後まで闘う(10)。

このような見識は、主に二十世紀前半の中国で活躍していた胡適のようなプラグマティズムの影響を深く受けた自由主義者にとっては、あるいは今日の中国で自由主義の立場に立つ学者らにとっては、さほど新鮮味があるものとは思えないかもしれない。しかし、これは文革という異常な時代の中で、元々は強い信念を持っていた革命の理想主義者の頭脳から考え出されたものなので、その勇気と洞察力にはやはり敬服すべきであろう。これは林達夫の『共産主義的人間』やトニー・ジャットによる極左思潮への一連の批判と肩を並べられる知的作業だからである。特にその哲学的な次元での批判は、林達夫やジャットに勝るとも劣ることなく、顧準の思考の深さを物語っている。

(3) 比較文明論的な中国文化批判

これまで考察してきた顧準の哲学的な思考は、実は彼の厖大な世界史と中国史の比較的な探求の上に成り立っているものである。彼は右派になった直後にすでに十年間かけて世界史と中国史を研究する決意をしたのである。その後、特にギリシャ史に力を入れて、グロートの古典的な *A History of Greece* など、当時手に入る限りのギリシャ史関連の書物を読み漁った。なぜそのような研究をしたかといえば、彼は中国の専制主義の歴史的なルーツを探ろうとしたからである。中国史の特徴を際立たせるために、古代ギリシャ史を選んだわけである。その読書と研究の成果が主に『ギリシャポリス制度』というギリシャ史を読んだノートにまとめられている。前出の『理想主義から経験主義へ』にも数点重要な文章が収められている。『ギリシャポリス制度』が文革終了後の一九八二年に出版された時、多くの読書子を魅了し、鎖国が終わったばかりの中国で西洋文化の啓蒙に一役果たしたといえる。

顧準は高度に早熟したギリシャ文明に魅せられ、その中国史との大きな違いに強い関心を持っていた。またギリシャ文明を西洋史の発展ないしマルクス主義の誕生との関連でも考えていた。『ギリシャポリス制度』の中で、彼は詳しくポリスの歴史を説明し、主権在民と直接民主制の理念と実践に注目する。ポリスのような狭いところでしか直接民主制がなりたたず、また近代西欧の立法、行政、司法の三権分立は、古代ギリシャ人が知らなかったことだと指摘する。古代ギリシャの立法に関しては、中国古代の立法との大きな違いをとりあげ、ギリシャの立法者は貴族の政体を基本的に民主政体に変えたのに対して、中国の管仲《かんちゅう》、商鞅《しょうおう》などは君主の顧問と大臣で、君主の富国強兵のために法律を作り、彼らが作った政体は専制政治のための政体であるとし、顧準は歴史の初期における東西文明の極めて異なる特徴を取り上げる。春秋戦国時代という中国史の大きな転換期に際して、殷、周からの長い「神授王権」の伝統を持っていたために、絶対的専制主義でしか中国の統一を完成できなかったと見る顧準は、宿命論的には考えなかった。彼にとって重要なのは、独自の文明を築いた中国は古代ギリシャと比べてどこが違うのか、その原因は何なのかを探り当てることである。その詳しい経緯は縷説するのを省くが、結論からいえば、彼は古代ギリシャやローマ帝国に代表される初期の西洋文明を「海上文明」と呼び、中国の伝統文明は「史官文化」と呼ぶ。顧準の定義によると、史官文化とは、政治権威を至上の権威とし、文化を政治権威に従属させ、政治的権威を超える宇宙や他の問題に絶対に触れてはいけない文化である。古代ギリシャ文明はまさにその正反対で、プラトンのイデア論など、のちの西洋精神史のバックボーンを構成している。知性の面だけでなく、キリスト教のためにも知的装置を提供したのは周知のとおりである。そのような高度な文化を築いた古代ギリシャと比較すると、中国の古代文明は、礼法以外の一切の学問の発展の道を閉ざされた史官文化からは、数学も論理学も生まれることがなく、宗教を迷信だと考えているが、キリスト教の神は哲学化された神で、真理を体現することも理解できなかったと、顧準は自分の文化伝統を手厳しく論評する。また、ここがその後の東西文明の分かれ道であるとも指摘する。

このような顧準の古代ギリシャ史研究を見ていると、西洋かぶれという感じがしないでもないが、彼の目的はむしろ両者の違いを正確に認識したうえで、中国の将来のためにどうすべきかを考えるところにあり、決して完全に中国文化の独自の価値を否定したわけではない。海上文明と史官文化のそれぞれの長所と短所について彼はこのように書いている。

> 私は史官文化に反対するというわけではない。歴史に特に反対することもない。ましてや、史官文化が中国人にある種の大きなメリットを残している。つまり、そのおかげで神秘的な理性主義（教条主義は愚昧にすぎず、理性主義ではない）の泥沼に陥らせなかったということである。中国人は伝統的に経験主義である。理性主義の最大の長所は論理の一貫性を追求することで、これはまさにすべての科学に欠かせないものである。……史官文化の中の歴史主義は実は中国思想の長所でもある。変えるべきなのは、歴史主義が史官になること、つまり、政治の権威に仕える史官になってはいけないということである。人類あるいは人類の中のある民族は、決して当代の政治的権威によって僭越的にその全権代表を務めるべきものではないのである。[11]

このような東西文化比較論に関する顧準の見方は、今日でも色あせないものがあるだろう。中国の伝統に対しては、彼は確かにかなり厳しい見方を持っている。科学と民主主義を確立させるために、中国の伝統思想を徹底的に批判すべきであると考える顧準は、五四運動の時のリーダーの陳独秀や胡適らとあまり異なるところがない。中国文化の問題性を十分に意識しているが、同時にその歴史主義の長所も認めているところである種のバランスを保っている。今日の観点から見れば、西洋中心的なところがあることは否めないが、昨今の中国の儒教ブームのように、変に文化的自信を煽《あお》るのではなく、冷徹なまでに自国の文化の奥深いところに隠れている問題を解剖するその科学的な姿勢は、やはり肯定すべきであろう。「中国思想には道徳的な教訓しかない。中国には論理学もなければ哲学もない」という彼の痛烈な批判は、今時の中国の文化保守主義者たちに批判されそうだが、二十世紀中国を代表する文化保守的な立場に立つ高名な歴史学者陳寅恪《ちんいんかく》（一八九〇—一九六九。現代中国の最大の歴史家の一人）の判断と実はあまり異ならない。陳氏はかつて先秦時代の中国の諸子百家と古代ギリシャの哲学思想や美術などを比べて、後者にはとうてい及ばないと指摘したことがある。中国の伝統文化を一身に背負いながら、日本と欧米で十数年も留学したことがある中国文化本位論を唱える大学者の判断が、一歩も国の外へ出たことがない顧準と基本的に一致しているのである。そうした意味では、顧準の中国文化批判はいまだに継承されるべきところもある。

3　顧準の知的遺産と今後の中国のリベラリズム

顧準の知的遺産は文革が終了してほぼ二十年後にようやく日の目を見ることができたが、その遺産を生み出したのが反右派キャンペーンや文化大革命であるというのは、何という歴史の皮肉であろう。文革は極左の最悪の一面を中国人に見せつけたので、五四運動の際のキーワードとして流行っていた「徳先生」（デモクラシー）と「賽先生」（サイェンス）が文革終息後によみがえったのである。歴史がまるで一巡したかのように、未完のプロジェクトとしての啓蒙があることに中国の知識人が気付いたのは一九八〇年前後である。その目覚めから、文化熱（文化ブーム）が起こり、ある意味では、五四運動の未完の課題を新たに引き継いだともいえる。この文化熱の時代には、外国の諸思想が怒涛のように入り、顧準が生きていたら、羨ましがるほど沢山の翻訳が上梓されていた。カッシーラー、ハイデガー、サルトル、フロイトなど、鎖国の時代の中国の知識人には全く縁がなかった現代思想の巨匠たちが一気に中国の読者に温かく迎えられ、顧準が文革中に予想した新しい時代が始まったのである。

リベラリズムに関しては、一九八〇年代はそれほど紹介や研究が多かったわけではない。文革の関係で、この時代においては人道主義や実存主義が脚光を浴びていた。また、この時代の最も重要な関心は近代化と啓蒙に向けられたからである。ロールズの『正義論』は翻訳されたが、あまり注目されなかった。バーリンに関しては、紹介の論文があったが、読める翻訳は特になかった。『ロシアの思想家』が若い学徒の間で大変強い共鳴を以て読まれていたそうだが、恐らく原書で読まれたのだろう。本格的なリベラリズムの紹介と研究は顧準の遺稿が出版された九〇年代に入ってからである。この九〇年代は論客によっては、リベラリズムが本格的に水面上に浮かび上がった時代だと評価されている。確かに、中国経済の高度成長期が始まったこの一〇年間には、少なくとも民間の学界においてリベラリズムはある種の市民権を得たといえる。ハイエクやポパーなど冷戦時代の代表的なリベラリズムの思想家が紹介されただけでなく、ロールズ、ノージックなど、彼らより若い世代の思想家も多く紹介されていた。また法学などの分野にも及んで、実に多種多様な翻訳と研究がおこなわれるようになった。このような時代の中で、顧準は自国のリベラリズムの象徴的な人物として高く評価され、その思想に注目する学者も増えていたのは本論文の最初の部分で触れたとおりである。

これまでの考察から明らかなように、二十世紀半ば頃の中国において、ほとんどの中国の知識人が沈黙を余儀なくされていた時代に、顧準はまさに孤立無援の中で、自由やデモクラシーなどに関する研究を続け、その成果は精緻な面においては、ハイエクやバーリンや丸山のような同時代の西側の政治思想家に劣るだろうが、その結論や見識の面においては、決して劣らないレベルに達している。今日の中国の現実に照らして考えると、顧準の未完の課題は引き続き未完のままであるものも少なくない。彼の未完のプロジェクトを今後どう引き継ぐべきかが、後の人びとにとっては重要な課題だろう。

確かに最近二、三十年の間、中国には洪水のように外国の思想が流れてきた。リベラリズムを語ること自体はもうタブーではなくなった。とはいえ、その思想を自分たちの血肉とするためには、まだ相当の道のりがあるようだ。思想の深さなどにおいて、顧準の思想は新しい思想の外来種と比べると、それほど魅力的ではないかもしれない。特にいわゆる最先端の欧米の思想と比較すると、彼の思想の多くは常識としか思えないと多くの論客は見る。しかし、丸山眞男はかつて『日本の思想』の中で、思想評価の際、進歩派においても反対陣営においても西洋コンプレックスと進歩コンプレックスゆえに、日本の地盤で現実にもつ意味を顧みずに、しばしば西洋史の上で生起した時代の先後によって思想相互の優劣が定められることを批判している。そして、「両者の論理の用い方に共通していることは、もろもろのイデオロギーを日本の現実の場で検証する手続きを経ないで、社会的文脈ぬきに思想の歴史の進化や発展を図式化することで、そこからして「超進歩的」思想が政治的超反動と結びつくというイロニイが生まれるのである」[12]と思想的後進国の運命を見事に指摘したことがある。この中の日本の二文字を中国に変えてもまったく同じである。顧準の思想が新しくないというのは簡単だが、問題は顧準のように独自の手法で中国文化を批判し、革命の理想主義の問題を克服するために経験主義を選んだその思想をどう活かすのかであろう。もしその課題がまだ残されているのであれば、もう乗り越えたとは決していえない。これはまさに今日の中国におけるリベラリズムの重要な課題でもある。

一元論を批判することを主眼とする顧準の思想を考察してきたが、今日の中国のリベラリズムの課題と関連させて考えると、幾つかの問題もある。例えば、顧準も認めるように、科学もデモクラシーも舶来品である。勿論リベラリズムもそうである。このような思想、学問の外来種を中国の伝統とどううまく共存させるべきか、また中国の伝統文化は果たして顧準が述べたように、専制的なものばかりで、それを徹底的に批判することはどこまですべきなのか、今日の文脈で再考すべきところもあるだろう。実際、自由、平等、博愛というスローガンの発祥の地であるフランスでも、リベラリズムが定着するにはかなりの困難を伴っていた。アメリカでさえ、十九世紀の内戦が終わるまではリベラルな国とはいえなかった。そういうことを考えると、中国の伝統の重みを過大視する必要はなさそうだ。

確かに顧準の史官文化という指摘はなかなか鋭い。中国文化の重要な側面を極めて正確に分析できている。そのような中国伝統文化は唾棄すべきものばかりで、リベラリズムの定着に役立つものはないのか、あるいはリベラリズムを中国に定着させるためには、伝統の中から思想資源を探るべきではないのか。これが最近の中国のリベラリズムの立場にある一部の学者の関心事である。海外で長年活躍してきた中国の思想文化研究で知られる大学者の余英時《よえいじ》（一九三〇—。中国系米国歴史学者、Kluge Prize の受賞者）も若い時は顧準に劣らぬくらい、中国の伝統文化を厳しく批判したことがあるが、最近の彼の発言にはこのような注目すべき言葉がある。

歴史を指南として使えれば、中国文化と西洋文化は基本的な価値観において多くの重なる共通認識を持っているようだ。何といっても中国の〝道〟が主張するのは、人類共通の価値と人間の尊厳を認めることである。今となって、私はもっと固く信じている——中国文化が一旦主流の〝道〟に戻れば、中国と西洋が対立

する一連の問題も終わりを告げるだろう。(13)

余英時はリベラル・デモクラシーの立場に立つ大学者であるが、彼の長年の研究が明らかにしたのは、中国文明の独自の貢献であり、その目指す方向は、西洋かぶれでもなく、また安易に中国的回帰をするわけでもない、第三の道といっていい。台湾などの例を見れば、中国の伝統文化と顧準が唯一取るべき道といった議会制民主主義とは特に齟齬をきたすことなく共存できることが分かるだろう。リベラリズム、デモクラシーのような舶来品とキリスト教との関係もよく指摘されるが、全くそのような伝統がないところでは、それらを根付かせるために、儒教リベラリズム、あるいは道教の思想資源を援用する動きなどもあるが、いずれも中国という環境の中での工夫であり、論理的にリベラリズムの定着に絶対に必要であるとはいいきれないだろう。また注意すべきなのは、われわれがここで文化と制度を混同していけないということである。トクヴィルがいう mœurs（心の習慣）は確かに重要であるが、制度的な決断もそれに劣らない重要性を持っているはずである。

今日の中国を代表するリベラルな学者の一人で、ヘーゲルとハイエク研究で著名な高全喜《こうぜんき》（一九六二―。政治学者、法学者）は次のように中国におけるリベラリズムの可能性について語っている。

中国の教条的な自由主義は、中国の憲政政治へと変わるメカニズムを認識できず、憲政システムを促進させる政治的要素を培うことも怠っている。特に権威主義的政治の決断の役割を無視している。実際、中国の自由民主的な憲政国家の建設に対して、われわれは盲目的な楽観主義を抱いてはいけないが、同時に悲観、絶望する必要もない。現在の憲法体制の内部においても、進歩の種が育まれており、法治の要素も育ち、市民社会も拡大し、国民が憲法に基づいて自分の権利を守る平和的な請願も高まっているという事実を認識すべきである。場合によっては、将来的に権威主義的な政治が憲政の改革を推進する日が来るかもしれない。もし、中国の自由主義が胸襟を開いて、シュミットの理論を逆手にとって利用すれば、彼の教えはわれわれにある側面から自由主義の政治法学の本質を全体的に把握する必要性を促せるだろう。(14)

これは顧準と基本的に同じ目標を持っている新しい世代の代表的なリベラルな学者の思考で、今後の中国におけるリベラリズムの可能性や前途について、筆者から見れば、恐らくこの論断ほど政治的に現実的なものはないだろう。つまり、開かれた姿勢を以て、それを促進させる積極的な要素を培うことを怠ることなく、その可能性を広げていくと同時に、権力者による政治的決断の役割も無視してはいけないということである。いうまでもなく、それに過大な期待を寄せるのは禁物であろうが、顧準の残した課題を考えたとき、そうした可能性を考慮に入れなければ、政治的思考としては非現実的というそしりから免れないことになるであろう。

米国で活躍していた歴史家であり、胡適の弟子でもあった唐徳剛《とうとくごう》（一九二〇——二〇〇九。中国系米国歴史学者）は、アヘン戦争から始まった中国の大方向転換を歴史の三峡ダムを通過することに例えている。唐によれば、順調ならば約二百年はかかるという。勿論、正確には誰も予言できるものではない。これは前出の高全喜が絶望すべきではないが、楽観視すべきでもないといった理由でもあろう。われわれが依拠できるのは、近代社会に入った後の一種の主要な趨勢として、社会を統治する理念としてのリベラリズムの可能性である。筆者は李慎之のように、世界および中国の近現代史はすべての理念の中で、リベラリズムがもっともすぐれていることを証明したとまで高らかにその価値を称えるものではないが(15)、李慎之の指摘はそれなりに根拠がある判断と見ていいだろう。冷戦時代のブルガリアからフランスへ亡命し、フランスで思想家として大成したトドロフは『越境者の思想——トドロフ、自身を語る』の中で、バンジャマン・コンスタンの政治思想を取り上げた時、コンスタンをルソーの人民主権の思想とモンテスキューの三権分立の思想を総合した思想家として高く評価している。[16] トドロフがいうには、今日のリベラル・デモクラシーは基本的にこのコンスタンの理想に沿って成り立っている。コンスタンが中国に紹介されたのはまさに顧準が思想家として中国で「発掘」された九〇年代で、これは偶然ではないだろう。ある意味では、顧準は自分の探求を以て、コンスタンの政治的理念の普遍性を証明したといえる。

思想の外来種としてのリベラリズムが中国という土壌に果たしてうまく適応するかどうか、確かに楽観はできないかもしれない。この百年の受容と実践は平坦な道ではなかったからである。最近中国で発表された社会主義の核心的価値の中に、自由と民主が含まれているのを見て、中国は米国と同じ価値観を共有していると判断するのはナイーヴであるが、そのような価値観は今日の中国ですでに無視できないものとなっている事実も認識すべきである。その定義に関しては、当然バーリンや丸山らとは異なるが、そういった価値観を認めていること自体が何らかの意味を持っていることも知るべきであろう。清末から始まって中国の紆余曲折を経てきた啓蒙は、決して何も残せなかったわけではない。思想の外来種の種は間違いなく撒かれている。中国が鎖国の時代に戻らない限り（経済などを考えると、事実上不可能である）、諸外国から様々な情報や知識が引き続き中国に流れるので、少しずつその精神風土を変えることになるだろう。リベラリズムの出自は確かに中国ではないが、台湾や香港を見ていると、中国的な風土に合わないようなものでは決してないようだ。現代中国史上、一番過酷な時代を生きた顧準のような知性、あるいは「生涯にわたる反対派」（胡適の言葉）である陳独秀を思い起こせば、われわれはその可能性に対して悲観する必要は全くないだろう。

注

（1）**三反運動**　一九五一年から一九五三年に中華人民共和国で実施された政治キャンペーン運動。「三反」は一九五一年に提唱された国家機関または国営企業に対する指針。①「反貪汚」（反汚職）、②「反浪費」、③「反官僚主義」を指す。

（2）顧準『顧準文稿』（中国青年出版社、二〇〇二年）、三九二頁。本論文の訳文はすべて筆者の手によるものである。

（3）同、三九七頁。

（4）Isaiah Berlin, *Power of Ideas* (Pimlico, London, 2001), Edited by Henry Hardy, p. 14. これは林達夫の「ちぬらざる革命」の中の革命論と異曲同工の趣がある。林達夫「ちぬらざる革命」『林達夫セレクションⅠ　反語的精神』（平凡社、二〇〇〇年初版）、九四―九九頁。

（5）『顧準文稿』三七九頁。

（6）同、三九〇―三九一頁。

（7）同、三八八頁。

（8）同、四四〇頁。

（9）同、四四二頁。

（10）同、四五三―四五四頁。

（11）同、二四九頁。

（12）『丸山眞男集』（岩波書店、一九九六年）第七巻、二〇九―二一〇頁。

（13）余英時『人文・民主・思想』（海豚出版社、二〇一一年）、「前書きに代えて」。

（14）高全喜「中国語境下的施米特問題」（『中国のコンテキストの中のシュミット問題』）（http://www.aisixiang.com/data/10787.html, 2015.1.2 アクセス）。

（15）李慎之、「弘揚北大的自由主義伝統」劉軍寧編集『北大伝統与近代中国』四―五頁参照。

（16）トドロフ『越境者の思想――トドロフ、自身を語る』（法政大学出版局、二〇〇六年）、三〇九―三一一頁。

一九三〇～四〇年代中国のリベラリズム

——愛国と民主のはざまで——

水羽信男

はじめに

近代中国では近代的な「個」が集団から分化し自立することがなかったため、欧米起源のLiberalismは本来的な姿で移植されることはなく、Sino Liberalismとも言うべきものが生まれた。つまりロシアと同様、中国社会では欧米流のリベラリズムは根付かず立ち枯れたという評価が、中国近代史研究の主流となっていた(1)。

こうした中国のリベラリズムに対する厳しい評価は、中国の民主化の可能性を論じるラナ・ミッターにおいても、基本的には引き継がれている。すなわち彼によれば、今日の中国は「国内で選挙を行うという意味で民主的になるのは容易かもしれないが、政治的な多様性を許しにくい一枚岩になるかもしれない(2)」。他方で人と人との絆を無くすことで病理的な問題を生み出す可能性もある今日の個人主義（利己主義ではない！）の窮状を憂えて、儒教的な調和を重視し、欧米流の民主主義制度にかかわるAsian Wayを強調する人々もいる。

欧米のリベラリズムと中国の「自由」、デモクラシーと「民主」とを本質的に異なるものとみなす立場は、それを批判的・否定的にとらえるか肯定的にとらえるは別として、日本でも中国でも、いまだに根強い影響力をもっていることは否定できないだろう。

こうした研究状況のなかで、筆者は、リベラリズムは欧米起源とはいえ、「個の尊厳」の保障など地域を問わずに実現すべき普遍的な価値を含んでいると考えている。そして挫折したとはいえ、リベラルな諸価値を中国へ定着させるために努力した一群の知識人たちについて考察してきた。その際、一九二〇年代から一九五七年の反右派闘争までを、一九四九年で断絶する歴史過程ではなく、一貫した思潮史として考察することを目指してきた。それはSino Liberalism論への批判を企図するものであり、またリベラリズムそのものについて、我々の理解を深めることも目指していた。

筆者の研究の一端は『中国近代のリベラリズム』(東方書店、二〇〇七年、以下、拙著Ⅰ)、『中国の愛国と民主——章乃器とその時代』(汲古書院、二〇一二年、以下、拙著Ⅱ)として上梓した。[3] 本稿は本書の成果にその後の知見を加え、中国近代のリベラルの知的営為の軌跡を概観する。ただし紙幅の関係もあり、一九四九年革命までしかとりあげられない。とはいえ、拙稿でとりあげる知識人のほとんどは中華人民共和国にとどまり、国際的・国内的な状況のなかで苦悩しながらも、リベラルとしての立場を貫徹し、それゆえに反右派闘争あるいはプロレタリア文化大革命で、彼らの思想的な活動を閉じられることになった。本稿は人民共和国時代のリベラリズムを考察するうえで、前提となる知識を提供したいと願っている。

1　本稿の視座

リベラリズムの問題を考えるために、なぜ「愛国」と「民主」という課題の設定が必要なのだろうか(以下、「」は省略する)。この点を説明するあたり、まず確認しておきたいのは、筆者はこれまで何度も指摘してきたように、二十世紀中国を貫く基本的な政治課題は国民国家(Nation State)の樹立であると考えてきたことである。周知のように国民国家とは、主権の及ぶ範囲を国境で確定し、理念的には祖国のために死を選びうる「国民」によって支えられる国家である。[4]

(1) 愛国について

国民国家樹立の最も根源的な動力として愛国意識を位置づけることは、一般に認められていることであろう。

たしかに筆者も、Patriotism と Nationalism とを区別すべしという議論があることは知っている。しかし郷土や家族への愛を前提としない、民族・国家への愛が存在しえないことはいうまでもなく、郷土や家族への愛に基づき、いかにして、いかなる意識形態のもとに、国民を組織するのか、これが国民国家樹立をめぐる思想的な課題であると理解している。(5) その意味で Nationalism を意味するものとして、拙稿では愛国というタームを使用する。

この愛国意識は政党やそのリーダーの指導によって、極めて暴力的で統制不能な激情のほとばしりとして政治化することもあるし、人々の愛国意識が理性的な民主化闘争へと組織化されることもある（人々の愛国意識が指導者の政治性に影響を与えることも当然である）。この点を議論の前提として、筆者はこれまで「冷静」な愛国意識との表現を使ってきたが、それは理性的な制御を自・他の愛国意識に及ぼそうとする意思の在否を基準としたものであった（その意思が成功するか否かは、重要だが別の検討課題であろう）。また筆者はこの理性的な自・他の制御をおこなうとする愛国のありようを、「道具」としての愛国とも表現した。愛国的な意識はどんな形であれ、熱を帯びることは当然だが、その熱情を国民国家の樹立という課題に向けて、どのように方向づけようとしたのかを問題としたのである。

筆者が愛国のありようを重要だと考えている今ひとつの要因は、二十世紀日本の中国認識に関わっている。たとえば竹内洋は、満州事変直前（一九三一年七月）の段階で東京帝国大学の学生に対する「満蒙に武力行使は正当なりや」というアンケート項目に対して、「然り」と答えたものが八八％もおり、さらに「直ちに武力行使すべき」とするものが五二％いたことを紹介している。(6) 東京大学の学生の反中国意識の根底には、国際条約を無視し日本の権益を侵害する中国の民衆の愛国行動の激化と、その激化を制御できない（あるいは裏面で扇動しているとみられた）中国政府に対する苛立ちがあったことは容易に想像できる。二十世紀中国の愛国のありようは、同時代の日本人の中国理解の琴線に触れるものであった。とすれば、二十世紀中国の愛国のありようを、今一度、再検討することも必要であろう。

(2)「民主」について

清末の中国では前述のように国民国家の形成が必須の課題とされ、そのために国内の凝集力を高め、民衆個々の力を最大限に動員することが必須の課題となり、「君主」にかわり、民主が必要とされた。それは十九世紀なかばから本格化した先進資本主義の侵略をはねのけ、国民国家により形成された国際秩序のなかで、自国の地位を向上させたいと考えた後進国にとって、当然の対応であった[7]、その民主化のありように、当該の国・民族の国民国家建設の個性が示される。その意味で愛国が国民国家建設の動力ならば、民主化の構想のありようは、国民国家の性格を決定づける設計図であろう。これが本書において民主に着目する理由である。

だが筆者はこれまでナショナリズム、リベラリズム、ソーシャリズム(広義の意味であり、マルクス・レーニン主義に限定はしない)を中国近代の三大思潮と位置づけ、デモクラシー=民主をその一つには入れてこなかった[8]。というのは上述のようにナショナリズムと民主が密接に関連しているだけでなく、中国の民主は、広義のソーシャリズムに共鳴する人々からも主張され、リベラリズムをなによりも重視する人々にも重視されることになったからである。

さらにいえば、民衆を自らの政治闘争に巧妙に動員するために、「人民のための」あるいは「人民による」民主を実現すると宣伝する人たちも登場したが、彼らのなかには「人民の」という基本的立場を認めない、自らの姿勢を巧妙に隠蔽した人々もいた。したがって、民主は近代中国を特徴付ける思潮ではなく、その意味は三大思潮との緊張関係のなかで問われる必要がある。

その意味で筆者は、民主をリベラリズムなど三大思潮の下位概念として位置づけている。そのうえで中国の民主の特質を考察するために、拙著Ⅱでは民主を「人民の人民による人民のための政治」と位置づけ、この三つの分析視角から検討を進めた。(9)

こうした筆者の議論に対して、民主を中国の思潮の一つと考える人のなかからは、「人民の」権力としての民主については、それを公然と批判する人は二十世紀にはほとんどいないのでは、という批判も提起された。だが「人民の」政治を中国知識人の共通理解だとしてしまえば、先知先覚の聖賢に対して、愚劣の民を想定した孫文の民主をDemocracyといえるのか、それは主権の所在を曖昧にしたがゆえに、徹底したDemocracyたり得なかったのではないか、といった民主主義に関する真摯な検討を放棄するものになりかねない、と筆者は考える。

for the peopleについても、国民生活の向上の追求とみなすべきで、社会民主主義的な政策（「経済的民主」）と理解することへの疑義も出されている。だが筆者が扱うのはリンカーンの時代の米国ではなく、アナーキズムからレーニン主義、さらには英国労働党の思想に至るまで広範な「社会主義」が伝播し、資本主義経済の発展のもとで、格差が広がりつつある一九二〇―四〇年代の中国の思想界である。筆者はfor the peopleを論じるものは、いかなる立場をとるにせよ、権力による富の再分配問題から目を背けることはできなかったと理解している。

ところで中国の民主も、愛国と同様、日本人の中国認識において極めて重要な意味を持った。たとえば満州事変後、国際連盟のリットン調査団の報告書について、リットン報告書は「支那ガ現在尚、欧米諸国ト同等ニ取扱ハルベキ、単一組織的国家ナリ（as a single organized state）トノ擬制（fiction）ヲ固執セント」しているが、それは「日本ノ死活的必要ガ問題トナル場合ニ於テハ」「右擬制ヲ検討シ、之ガ限界ヲ設ケ」ざるをえないと日本政府は指摘している。(10)すなわちここには中国は国民国家＝近代国家ではない、との認識が示されているが、こうした中国理解の根底には、政党政治と普通選挙が実施されている立憲国家日本＝民主日本との対比において中国の後進性、すなわち混乱と独裁を強調する立場がみてとれる。(11)民主の問題もまた二十世紀日本にとって、中国を理解するうえで鍵となる価値観だったといえよう。

総じて、リベラリズムはアナーキズムとは異なり、国家の存在・存続を前提として構想されるものであり、二十世紀の世界史において、リベラリズムが政治的に問われる場が国民国家であることは疑いなく、中国のリベラリズムを考えるうえで、中国の国民国家の質を考察する必要があるが、そのためにこそ中国の愛国と民主が問われなければならないのである。

2　中国の愛国

国民国家の樹立を課題とした愛国の問題を考えるためには、まず対外的な愛国と対内的愛国の問題を分ける必要がある。

対外的な愛国の問題とは、国民国家間の競合のなかで、いかにして中国の国際的な地位を向上させるのかという点に収斂し、富強化のための方策が対内的な愛国、つまり中国の歴史と現状に対する評価と密接に絡みながら模索された。二十世紀に入ると、一方の極として全面的な西欧化が目指され、その反動として中国の伝統文化の西洋文明に対する優位性を強調する立場（本位文化論）も示された。ただし両者ともに中国の欧米流の工業化を必須の課題としていたことに違いはない。両者の違いは、思想的なものであり、民族のプライドに関わる問題であった。

また対内的な愛国のいま一つの問題とは、愛すべき「中国」とはどこで、誰が中国の国民なのかをめぐって議論された。周知のように清末の「排満主義」者たちは、小さな中国＝漢族のみの国民国家の形成を追求するかのような議論も繰り広げたが、結局は大勢にはならず、清朝の版図を継承する多民族国家（「五族協和」）の形成が目指されることになった。しかし漢族とその他の民族の関係については、漢族への同化論から分離の自由を認める連邦論までさまざまな議論が展開されるのである。

これまでの通説的な理解では国民党にあれ共産党にしろ、中国では実質的には党＝国家（Party State）の樹立が目指され、国内では少数民族の権利が奪われ、同化圧力がかかったことに議論が集中しがちであった。そしてこうした強権的な国家作りのために、ときに政治指導者は対外的な危機を過度に強調することさえして、民衆を統制したことを強調してきた。

だがこうした愛国を相対化するような議論も、中国の内部にはあった。その典型的な例が、共産党から帝国主義を免罪する議論として厳しく批判される胡適《こてき》(12)の議論である(13)。だが、こうした愛国主義を相対化する立場は、一九四九年以後も大陸にとどまることになるリベラルたちにも共有されていた。すなわち拙著Ⅰで扱った施復亮《しふくりょう》は(14)、次のように述べている(15)。

> 愛国主義・愛国運動は、完全に搾取階級が地位を保持し権利を拡張するものである。……私たちはただ山東人が日本の奴隷になることだけを畏れ、まさか満蒙・西シベリアの人民がすでに日本人により惨殺され掠奪されている事実を放っておくつもりではあるまい。……愛国運動は、すなわち強権を擁護する運動である。

愛国的な情熱が高揚した一九二五年の五三〇運動のさなかでも、王造時《おうぞうじ》(16)は、「現在および過去のいわゆる国家主義とは、「本国を愛し」、「他国を害する」主義であり、それは帝国主義の原形で、軍国主義それ自体であり、戦争の種であり、世界の紛争の根源である」と述べている(17)。

同様の議論は、拙著Ⅱでとりあげた章乃器《しょうだいき》(18)においても確認できる(19)。彼は一九二八年に次のように述べている。

国家主義と民族主義の違いは、はっきりとしている。前者は人為的な国家の権威を用いて、本来的な民族の自由を制限し、後者は本来の民族を保って世界の大同を求めるのである。前者が示すものは反動的な圧迫と侵略であり、後者が表現するのは反動的な圧迫からの解放と、侵略に対する抵抗のみである。

確かに一九三〇年代に入り、日本の侵略が強化されると、胡適を含めて中国のリベラルも愛国的な言説を強めてゆく。しかし章乃器が日中全面戦争の前夜においてさえ、日本との戦争の目的を、単なる排外主義と区別し、この戦争を通じて大衆の政治上・思想上・経済上の解放、つまり中国の民主化を志向したことは注目に値すると考えている。[20]

一九三七年に日中戦争が始まると、リベラルもときには愛国を過度に強調することはあった。だが、リベラルにとって、愛国は中国を変革するための手段であって、決して、李沢厚《りたくこう》が[21]指摘するような「救亡が啓蒙を圧倒する」式の愛国論ではなかった、と筆者は考えている。[22]すなわち彼らは愛国の世論を組織することで、自らの要求を国民政府に突きつけるための戦術的対応を行ったと考えている。

たしかに愛国を民衆動員の手段とした点においては、リベラルも共産党などと同様であった。しかし共産党の議論には、民衆自身に自らの愛国意識を相対化するように促し、その暴走にブレーキをかける方向性は弱かったのではなかろうか。いずれにしても中国のリベラルは、後述するように、抗戦時期において、さらには人民共和国初期においても集団に対する個の尊厳をあくまで重視し続けたのである。

また漢族と他民族との関係についていえば、蒋介石が強調した中華民族論が、実質的には漢族中心主義的であり、少数民族に対して同化を求めるものであっただけでなく、共産党の対少数民族政策も、最終的には区域自治

を認めても、中華人民共和国からの分離独立は認めない、というものとなった。(23)

だが第三勢力と呼ばれ、民主同盟など小党派(24)に結集した人々のなかには連邦制への志向もあった。連邦制は周知のように一九二〇年代の中国共産党も一度は承認したことがあったが、一九三〇―一九四〇年代においては小党派の知識人に継承されることになったのである。(25)

たとえば抗日戦争に勝利し、中国の国家編成について具体的に論じることが現実的な課題となった段階で、黄《こう》道庸《どうよう》(26)は次のように述べている。(27)

地方での民選の実行は、全国の民主制度の実行のための初歩的な基礎であり、将来、全国での民主制度を有効に実行するためには、まず初歩的な基礎をしっかりと打ち立て、堅牢にしなければならない。

また民盟の最高幹部の一人で、一九二〇年代には連省自治運動に従事した沈鈞儒《しんきんじゅ》(28)も、「世界の強国の条件」としてアメリカ合衆国およびソ連が連邦制度を採用していることを指摘し、中国が統一を求めることは当然だが、「民族から論じれば連邦とすべきであり、省から論じれば連省とすべきである」と述べている。(29)

こうした立場は左派系の論者からも次のように提示され、相応の広がりをもっていたことがうかがわれる。(30)

今日の世界では、中国は社会主義を実施してこそ〔経済発展の〕足場を固めることが出来る。ただし〔発展から〕落伍した地方は、社会主義を要求する力量は極めて小さい……〔現実の中国社会は地方ごとに〕現代化の程度が同じではなく、計画経済もある程度、異なることが出来る。

今日においては区域自治しか許さず、国内の少数民族の問題に対して極めて厳しい対応をとり続ける中国政府であり、またそれを肯定的にとらえる漢族が多いことを筆者とて否定しない。また中国政府の安全保障政策や資源政策などを考えとき、ただちに少数民族に対する政策が根本的に変更されるとも思えない。だが歴史に学ぶことに意味があるとすれば、一九三〇年―一九四〇年代にかけての左派をも含む知識人の連邦構想について、今以上に関心が払われてもよいように感じている。

3　中国の民主

プロレタリア文化大革命に際して、民衆＝多数者による統制のきかない剥き出しの暴力を「大民主」として受け入れざるを得なかった中国の知識人にとって、本来的に多数の支配を意味する民主主義を内省的にとらえることとは、あるいは日本の知識人以上に求められたことだったかも知れない。たとえば胡偉希は一九九六年に「手段」としての民主主義を、「目的」としての自由と対比して捉える視点を提示していた。(31)たしかに多数決原理を過度に強調することで、公平性や正義、あるいはマイノリティーの人権が不当に犯される危険性は、今日においても確認される必要がある。(32)こうした問題意識を共有しつつ、筆者は中国におけるリベラリズムに着目してきた。だが筆者のリベラルの範囲は広いのではないか、との批判は拙著Ⅰから行われてきた（この点についての筆者の立場は、前掲「毛沢東時代のリベラリズム」で示している）。拙著Ⅱに対しても、章乃器の思想はリベラリズムと評価しがたいのではとの批判を受けている。

諸氏による批判を筆者なりにまとめれば、次のようになる。個の尊厳を守ることをリベラルの最低限の要件とするならば、「個」の自由を守るための制度的な保障なり、共産党のイデオロギーに対する警戒と自衛策なりを追求する必要がある。しかし章乃器は結局、平等の実現を優先するために中共の政策を支持し、あるべき正しい立場に皆がともに立つことを民主と理解することで、共産党の独裁を大筋で容認してゆく。それは結果的に自己と他者の尊厳を失うことになるのであり、リベラルというには値しない。

筆者も、章乃器たちは同時代の胡適の次のような指摘に対して反論できない、と考えている。(33)

徹底した改革を主張した人で政治上絶対的な専制の道を歩まなかった人は一人もいない、ということを〔世界の近代史は〕明白に示しています。……〔というのも〕絶対的な専制政治だけが、手段を選ばず、代価を惜しまず、最も残酷な方法で彼らが根本改革だと考える目的を達成できるからです。彼らは彼らの見解に誤りがあるかもしれないことを認めません。彼らは反対する人に、考えるに値する理由があり得ることも認めません。それゆえに彼らは自分と異なるものを、そして自由な思想と言論も、絶対に容認することができないのです。

胡適は確かに反共主義者ではあったが、国民党の一党独裁にも批判的でありつづけたのであり、その後の中華人民共和国の歴史を踏まえたとき、ハイエクやバーリン流の消極的自由の尊さを強調し続けた点において、中国思想史上、特筆すべき存在である。(34)

だが胡適が批判する積極的自由をリベラリズムの範疇から排除することも間違いであろう。いかにして両者のバランスを取るかが、世界史のなかでリベラルに問われつづけている、と筆者は考えている。というのも、圧倒的な格差の前で平等を求める貧しき多数の怒りを保守的な政治家が利用し、全体主義的な政治を実現しようとする歴史が何度も繰り返されてきた以上、リベラルな価値を重視する人々も、平等＝「公平」実現の問題を考慮せざるを得ないからである。

この点に関して筆者は、リベラルを愛国論との関係で仮説的に次の四つに区分してきた。

Ⅰ　より自由を重視し、全面的西欧化論に立つ人々　胡適ら

Ⅱ　より自由を重視し、本位文化論に立つ人々　張君勱ら[35]

Ⅲ　より平等を重視し、全面的西欧化論に立つ人々　羅隆基ら[36]

Ⅳ　より平等を重視し、本位文化論に立つ人々　梁漱溟ら[37]

この仮説には少数民族問題を議論に組み込んでいないという大きな欠点がある。しかしⅠとⅡに属する知識人の多くが中華人民共和国成立以後、大陸を後にしたことを踏まえれば、平等をどうみるのかが、さしあたり彼らにとって一九四九年革命をどう評価するかの思想的な根拠の一つとなったことが示されている。たしかに個々の知識人の現実に即せば、当然、「革命」に対する対応を決定するうえでは、人間関係を含め、ありとあらゆるさまざまな要素がかかわっているのであり、思想的な要因だけが突出して語られるべきではない。楊絳[38]が描くように、全ての知識人が「革命」を熱烈に支持して大陸にとどまったのではない[39]。しかし、この点を前提として思想に問題を限定すれば、平等の問題がクローズアップされると筆者は考えている。

ではこの平等と「個の尊厳」とはどのような関係にあるとみなすべきだろうか。たとえば王贛愚[40]は、国民党が個人ではなく国家の自由を強調する日中戦争期において、次のように述べている[41]。

西欧のリベラリズムの要は、「人」を目的とし、人を手段としないことである。……個人に相当十分な自由

があってこそ、生命のうちに宿る価値を引き出すことができ、同時に世界の人びとと調和し、共に歩むことを求めさせるのである。……個人の自由に対する切実な保障が、民主政治の成功の条件である。

さらに彼は戦後には次のように全体主義を批判している。[42]

［全体主義者にとっては］少数の人が自己の主人となることができるだけでなく、一切の人の主人となるべきなのである。なぜならば、彼は利益を弁別でき、集団を代表して、その無上の利益を実現することができるからである。

王贛愚にとって自らの自由を争わないのは実際には自由だけでなく、個性と人格を放棄することであり、自己の個性と人格を放棄することは、自らの生命を殺すことであり、自らの精神の搾取を認めることであった。[43]この「自己利害に関する当事者優位の原則」[44]を重視する立場は、拙著Iでも論じたように民主同盟を率いて共産党を支持するに至る羅隆基や施復亮にもみられるものであり、彼らの主観においては、新民主主義を報じる共産党を中心とする連合独裁の政府は、自らも参加した民主的な権力であり、この権力による平等の実現と個の尊厳とを両立することはできるはずであった。

章乃器に典型的に示されるこうした立場を、胡適と比べて共産党を信じるナイーブな議論だと批判的に評価することは可能だし、胡適の積極的自由に対する批判は的確であった。しかし胡適も自由中国を樹立することはできなかった。なによりも当時の思想世界において、貧困からの脱出のために強力な執行権を有した政府による経済建設を求め、平等の実現のためにその政府による富の再配分を求めること自体は、多くの知識人にとって選択肢の一つと考えられてきた。その事実を無かったことにすることは、歴史学的な態度とはいえまい[45]。

たしかに章乃器が個の尊厳を制度的に守ることを可能とする政治的なビジョンを持ち得なかったことは、拙著Ⅱで何度も指摘した点であり、拙著Ⅰで紹介した羅隆基と比較しても章が民主的な制度設計について不十分な認識しか持ち得なかったことは明白である。さらにいえば、章乃器と同じく実業界出身の馮少山[46]と比較しても、その思想的な不十分さは言うまでも無い[47]。

だが筆者が章乃器に注目したのは、彼が強烈に個の尊厳を強調したためであった。それは「自己利害に関する当事者優位の原則」が、「日本の功利主義信奉者」には十分に重視されなかったことを問題とした宮村の論点にヒントを得ている。宮村の論点を筆者なりに敷衍すれば、日本では知識人の民衆の政治的な能力に対する不信感が強く、結局、彼らにかわりエリートが正しい判断をすることが当然視されてゆき、大衆運動が共産主義思想と共鳴しつつ高揚する中で、知識人は個の尊厳を根底におくリベラリズムを貫くことができなくなっていった。

章乃器の思考パターンには、彼が考える正しい道を人々が主体的・自律的に選択し、「清一色」の団結を求めるという、積極的自由を強調する人々の陥穽が存在している。しかし筆者は今日の日本においても問題とされる「当事者主権」――「自分の身体と精神に対する誰からも侵されない自己統治権、すなわち自己決定権」――を重視する立場と共鳴する部分が、章乃器の思想と行動にはあると考えている[48]。

この「当事者主権」という用語は極めてアクチュアルな運動論のなかで議論されており、それを「自己利害に関する当事者優位の原則」に相当するものと読み替え、中国近代史研究に持ち込むことに、強い違和感が示されることは当然である。実際、「当事者主権」を論じる人々の政治性・イデオロギー性を筆者が全面的に支持しているわけではないし、ここでその問題を議論したいとも考えていない。

しかし「当事者主権」に関わって示される次のようなエリート主義批判は、「専門家」を共産党と読み替えれば、章乃器が一九五七年にピークを迎える百花斉放・百家争鳴において、商工業者には自らのことを決める能力があり、またそれは彼らの権利でもある、と強調しつづけたことと相通ずるもののように感ぜられる[49]。

専門家には、ふつうの人にはない権威や資格が与えられている。そういう専門家が「あなたのことは、あなた以上に私が知っています。あなたにとって、何がいちばんいいかを、私が代わって判断してあげましょう」という態度をとることを、パターナリズム（温情的庇護主義）と呼んできた。

章乃器は「当事者主権」を、少なくとも「自己利害に関する当事者優位の原則」を堅持し続けたがゆえに、右派分子として弾圧されたのである。この点を、二十世紀中国の問題点とは「未だに現代的な意味での自覚、主体性と独立した思考能力が樹立していないことである」とする王雨の指摘とあわせ考えたとき[50]、個の尊厳を強調し続けた点では、拙著Ⅰ・Ⅱで取り上げた三人——羅隆基・施復亮・章乃器や、個別に論じた儲安平[51]や王贛愚、そして王造時らは共通している。章乃器をリベラルとする根拠が弱い、杜撰に過ぎるという批判は甘んじて受けるが、彼らの経歴の多様さを踏まえれば、中国近代史における個人主義的な思想の広がりと深さを再検討する必要は首肯されるものと筆者は考えている。

おわりに

今日の中国の現状をめぐる問題では、少なからぬメディアが、中国は愛国の面では対外的にはありもしない危機を作り出し、対外的な膨張を試み、アメリカの戦後秩序に挑戦しているとみなし、国内問題については、共産党の独裁を維持するために民主化の動きを抑圧し、漢族の少数民族に対するレイシズム的な態度も収まらず、資源、安全保障、台湾の問題などもあり、少数民族の自立傾向に弾圧で臨んでいると批判する。また愛国の文化的な面では、国内外で伝統文化を称揚し復活させ、他方で共産党政権のもとで経済発展を継続し、抗日戦争の記憶をテコとすることで、鞏固な国民国家形成をめざしていると理解され、こうした見解を強化する報道が日本では重視される。

だが本稿で論じたように、中国のリベラルは愛国者でありながらも、対外的な愛国の面ではその運動を合理的にコントロールすることを目指し、国内的には連邦制を構想した人々もいた。彼らの構想が潰えたこと、彼らのなかには自らの構想をいともたやすく放棄したようにみえる人々も含まれることなど検討すべきことは少なくない。しかし今日の中国の愛国を論じるうえで、彼らの示した「もう一つの可能性」を無視することも、中国に対する全面的な理解を妨げることになろう。

その点を踏まえたうえで、以下、今後の研究課題について二点に絞り備忘録を残しておく。まず、中国のリベラルが伝統とどう向き合ったのかという問題がある。先の知識人の四つの分類でも触れたが、中国の伝統文化を肯定的にとらえたリベラルも決して少なくない。この点については中国でも一九二〇年代から今日に至るまで論争が続けられ、日本の学界でも全面的な西欧化しか中国にとっての再生の道はないという議論があった[52]。筆者も、こうした啓蒙的な市民思想による西欧化論がもつ、真摯な現状批判の意義を否定できない。しかし木に竹を接げないことも事実である。「西洋的近代社会が「近代」の一つの典型であることは間違いないが、「或る特定の社会の『伝統』の内的革新の結果」と規定せざるを得ない、と筆者も考えている[53]。

かかる立場に立ったとき、中国の文物を収集し故宮博物院にそれらを寄贈するなどした章乃器の伝統文化に対する態度は、ひとつの研究すべき典型ともいえる[54]。彼は気功を自身の健康法として位置づけ、『科学的内功拳』（一九二八年初版、一九三五年再版）を著した。拙著Ⅱでも紹介したが、彼はこの書物の「自序」において、西洋と東洋を絶対的に対立的にとらえ東洋＝精神文明という二分法に立つことに反対し、「表面上は欠陥があり不完全な東方文明」のなかに、重大な科学的価値が潜んでいると見なし、「科学的な方法で文化遺産を整理する」ことの必要性を説いているのである。(55)

もう一つは、中国のリベラリズムを支える社会的基礎の形成の問題である。この点についても、周知のように、中国における資本主義発展にともなう中間層の形成に期待をかける議論から、そうした期待を批判するものまで、さまざまな議論が提起されてきた。(56) その議論は複雑でここで簡単に結論をくだせるようなものではないが、知識人研究の立場から一点だけ問題を提起して、読者諸賢の批判を待ちたい。それは中国の基層社会における相互扶助の展開と、民主化運動との関連についてである。

一九八九年の民主化運動とその弾圧（「六四」）を描いたドキュメンタリー映画『天安門』のなかで、梁暁燕（一九五七—）は次のように指摘している。(57)

民主主義の基本は個人の尊重よ。個を認めないなら、あなた方が批判している〔共産〕党と同じじゃない。……中国では物事はいつもこう。目的達成のために異物を排除しようとするの。

ここには前述した「自己利害に関する当事者優位の原則」を重視しようとする梁の立場が明確だが、彼女は「六四」以後、中国における民間の環境保全「自然の友」のリーダーとなり、また現在は北京市西部陽光農村発展基金会秘書長でもある。(58) 彼女は「六四」以後も中国にとどまり、基層社会における生活改善を通じた民主化運動を、彼女なりに継続しているといえよう。

また労働者・韓東方（一九六三―）は映画『天安門』の中で、「誰も言動に責任を取らない。僕はそれが心苦しかった。僕は率先して、まず名乗ってから話した。言葉に責任を負う意思表示だ。社会を変えるには、まず自分を変えなければ」と述べ、個人としての自律性・自主性を行動の根底におこうとしている。彼は米国での病気治療ののち帰国を希望しながら拒まれ、現在は香港で労働者の待遇改善のための運動に従事している。(59)

こうした民主活動家の基層社会におけるリベラルな価値を定着させようとする動きは、民間におけるボランティア団体の活動(60)ともあいまって、新たな中国の動きを生み出しつつあるかのようにみえる。たしかに、こうした動きを過大評価することは、厳に慎まなければならない。だがかつての日本の中国研究が、たとえば日中戦争時期の平野義太郎のように、西洋の物差しで中国を測定して中国の可能性を見誤ってきたことなどを想起する必要もあろう。(61)

筆者はリベラルな思想潮流は、一九四九年以前にも存在し、一九四九年以後も大陸・台湾・香港において存続し、一九五〇年代まで国共両党に対してリベラルな要求をつづけ、結局は厳しく弾圧され伏流したと捉えてきた。すなわち大陸における一九五七年の「反右派闘争」であり、台湾における一九六〇年の「雷震事件」である。だが二〇一四年の台湾の「ひまわり運動」と香港の「雨傘運動」は、中国におけるリベラルの潮流が湧水してゆく契機となるのかも知れない。そして大陸の民間社会における細やかな湧水の動きも否定できないように思われる。我々はこうした民主化のうねりを今後どう評価し、その動きとどのような関係を持つのか、アジアに住む一人の市民として問われているといえよう。

注

（1）この点については拙著『中国近代のリベラリズム』（東方書店、二〇〇七年）で詳しく論じている。本書は現在「ウェブの書斎」オンデマンド本として購入できる（http://item.rakuten.co.jp/shosai/c/0000000648/）。

（2）ラナ・ミッター・吉澤誠一郎訳『五四運動の残響――二〇世紀中国と近代世界』岩波書店、二〇一二年、二八三頁。

（3）拙著Ⅰについて多くの人々によって論じていただいた。そのコメントへの回答の意味も込めて執筆したのが、水羽信男「毛沢東時代のリベラリズム――「百花斉放・百家争鳴」をめぐって」（日本現代中国学会編『新中国の六〇年――毛沢東から胡錦濤までの連続と不連続』創土社、二〇〇九年）であった。また拙著Ⅱについては、味岡徹（『現代中国』八七号、二〇一三年）、中村元哉（『史學雜誌』第一二三巻第三号、二〇一四年）、三品英憲（『東方』三八六号、二〇一三年）、森川裕貫（『史学研究』第二八一号、二〇一三年）、吉澤誠一郎（『歴史学研究』第九一九号、二〇一四年）、林礼釗（『広島東洋史学報』第一九号、二〇一四年）の各氏による書評がある。本稿は書評で指摘していただいた個々の論点の全てに論及はできないが、諸々の批判・疑問に対する筆者の回答を含むものである。ただし紙幅の関係もあり、個別の論点に関して指摘してくださった方のお名前をあげることはできなかった。極めて失礼な対応であることは、筆者として忸怩たる思いであるが、ご理解・ご海容いただければ、幸甚である。

（4）国民国家の定義は木畑洋一「世界史の構造と国民国家」（歴史学研究会編『国民国家を問う』青木書店、一九九四年、五頁）を参照されたい。祖国のために死をも選び得る存在という国民の象徴的な定義については、村田雄二郎「二〇世紀システムとしての中国ナショナリズム」（西村成雄編『現代中国の構造変動』第三巻、東京大学出版会、二〇〇〇年、五五―五六頁）によっている。

（5）この点について、筆者は丸山眞男の古典的な定義――ナショナリズム運動とは「大衆の無定形《アモルフ》な国民感情を基盤としてこれを指導者が多少とも自覚的な意識と行動にまで組織化していく過程」（『増補版　現代政治の思想と行動』未來社、一九八一年、二八三頁）という定義を現在もなお支持している。

（6）竹内洋『丸山眞男の時代――大学・知識人・ジャーナリズム』中公新書、二〇〇五年、二九〇頁。ここで竹内氏が参照しているのは、大学新聞連盟『現代学生の実態』（鱒書房、一九四八年、五九頁）である。

（7）国民国家にとって、国民的アイデンティティを確立するために民主化が必要であることを拙著では指摘したが、国際的にみても、後発の諸国が欧米を中心とする国際社会のなかで地位を向上させるためには、国内政治の民主化が必須であった。後発国の民主化の国際的契機については、たとえば曽田三郎『立憲国家中国への始動――明治憲政と近代中国』思文閣出版、二〇〇九年）を参照されたい。

（8）この三つを三大思潮とする議論は、胡偉希・高瑞泉・張利民『十字街頭与塔――中国近代自由主義思潮研究』（上海人民出版社、一九九一年）、陳儀深『近代中国政治思潮――従鴉片戦争到中共建国』（稲郷出版社、一九九七年）などによって、すでに二〇年前には提起されている。

（9）リンカーンの the government of people, by people, for people についても、さまざまな理解があるが、筆者は「そもそも国政は、国民の厳粛な信託によるものであって、その権威は国民に由来し、その権力は国民の代表者がこれを行使し、その福利は国民がこれを享受する」という『日本国憲法』の「前文」と同様な理解を行っている。

（10）西村成雄「二〇世紀中国を通底する『国民国家の論理』とナショナリズム・社会主義」『歴史評論』五一五号、一九九三年、五―六頁。

（11）子安宣邦『「アジア」はどう語られてきたか――近代日本のオリエンタリズム』藤原書店、二〇〇三年など。

（12）**胡適**　一八九一―一九六二年。米国へ留学し、日中戦争中は駐米大使、戦後は北京大学の校長となる。中華人民共和国成立後は、大陸を離れる。

（13）胡適「国際的中国」『努力周報』二二期、一九二二年十月一日、同「我們走那条路？」『新月』二巻一〇号、一九三〇年四月あるいは五月、四頁など。『新月』の実際の発行時期は、周知のように雑誌の奥付と相違していることもある。この点については王錦泉『新月』月刊出版日期考」（『中国現代文芸資料叢刊』第八輯、上海文芸出版社、一九八四年）および稲本朗『新月』著訳者別索引」（『左連研究』第四輯、一九九六年）を参照した。

（14）**施復亮**　一八九九―一九七〇年。日本へ遊学するも、強制退去処分にあう。一九二七年に中国共産党を離党、その後民主建国会の指導的メンバーとなる。

（15）存統（施復亮）「把『愛国運動』変做『社会運動』」『覚悟』（『上海民国日報』副刊）一九二〇年四月十八日。なお施復亮については、拙稿Ⅰのほかに平野正『政論家施復亮の半生』（汲古書院、二〇一〇年）がある。平野書に対する筆者の立場は、『社会経済史学』第七七巻第四号（二〇一二年）の書評を参照されたい。

（16）**王造時**　一九〇三―七一年。米国で政治学の博士号を獲得し、英国で労働党の理論的指導者でもあったラスキの指導も受ける。一九三六年には抗日運動に従事して逮捕された（「抗日七君子」）。

（17）王造時「新国家主義――救国良薬（一）」『上海惨劇特刊』（三）（『京報』副刊第一七五号）一九二五年六月十日。なお王造時については、水羽「一九三〇年代中国における政治変動と政治学者――王造時を素材として」（村田雄二郎編『リベラリズムの中国』有志舎、二〇一一年）を参照されたい。

(18) **章乃器**　一八九七―一九七七年。留学経験はないが、元浙江実業銀行の副頭取で「抗日七君子」の一人。民主建国会の指導者の一人として活躍する。

(19) 章乃器「非〝国家主義的愛国思想〟」『新評論』第一六期、一九二八年七月三十日、一一頁。

(20) 章乃器「為和平而戦！　為民族解放而戦！」『生活星期刊』第一巻第二五期、一九三六年十一月二十二日、三四八頁。

(21) **李沢厚**　一九三〇―。北京大学を卒業した哲学者で、一九八九年の民主化運動では政府を批判した。現在はアメリカで生活している。

(22) 李沢厚・坂元ひろ子ほか訳『中国の文化心理構造――現代中国を解く鍵』平凡社、一九八九年、二四二頁など。以下、拙著Ⅱ二一四頁などもあわせて参照のこと。

(23) 松本ますみ『中国民族政策の研究――清末から一九四五年までの「民族論」を中心に』多賀出版、一九九九年。

(24) 共産党の支持者であることにプラスの価値観を付与して、民盟などを「民主党派」と呼称することに対して、ニュートラルに「小党派」と呼ぶべきだとした、最も早い例は管見の限り Edmund S. K. Fung, "Recent Scholarship on the Minor Parties and Groups in Republican China", *Modern China*, 20-4, 1994 であった（水羽信男「近年の米国を中心とする中国現代知識人の思想史研究に関する覚書」『広島大学文学部紀要』五五巻、一九九五年、六三―六四頁もあわせ参照のこと）。筆者も「小党派」という表記を使ったこともあるが、叙述に一貫性は無かった。Fung に従って「小党派」と表記すべきだと考えていることを、ここで改めて表明する。

(25) 共産党内部に形成され、そして弾圧された連邦制をめぐる議論については、厳家其『聯邦中国構想』（明報出版社、一九九二年）を参照のこと。

(26) **黄道庸**　生没年不明。日中戦争時期は四川省で教鞭をとった中国共産党員の歴史研究者で、清代史が専門であった。

(27) 黄道庸「現行地方民選制度平議」『文萃』一〇期、一九四五年、一二頁。なお、以下は水羽「一九四〇年代後半期における中国民主派知識人の国家統合をめぐる論調」（横山英・曽田三郎編『中国の近代化と政治的統合』渓水社、一九九二年）も参照のこと。

(28) **沈鈞儒**　一八七五―一九六三年。清末の官吏任用試験の最高レベルの合格者で留日経験者。「抗日七君子」の一人で、人民共和国の初代の人民最高法院院長。

(29)「沈鈞儒在政協討論修改憲章問題的発言」(一九四六年一月十九日)中国民主同盟中央文史資料委員会編『中国民主同盟歴史文献』文史資料出版社、一九八三年、一三六頁。

(30) 静遠「論地方自治」『周報』二七・二八期合刊、一九四六年三月十六日、二二頁。中国民主促進会の柯霊の回想「《周報》滄桑録」によれば、静遠の原名は潘斉亮と言う。彼は一九四五年段階で西南連合大学の哲学系の学生で、上海で人気を博した『周報』の特約撰稿人として最も多くの原稿を書いた論者の一人となり、国民党のブラックリストに入ったと言われる(http://www.mj.org.cn/zsjs/hsyj/hsgc/201109/t20110915_129879.htm 2015/03/05 閲覧)。

(31) 胡偉希「理性与烏托邦——二十世紀中国的自由主義思潮」許紀霖編『二十世紀中国思想史論』(下)東方出版中心、二〇〇〇年、一七頁。なお初出は高瑞泉主編『中国近代社会思潮』(華東師範大学出版社、一九九六年)である。

(32) たとえば野村修也氏は「多数決のパラドックス」(『東京新聞』二〇一四年二月十九日)で次のように指摘している。「五階建てマンションで、エレベーターの改修費が議論となった。普段エレベーターを使わない一階の住民は負担を拒んだが、五階の住民は均等割を主張した。多数決で決めることになり、過半数ではしこりが残るので五分の四が賛成する案に従うことになった。一見良さそうだったが、……五階の住民の提案と、負担したくない他の住民の思惑が合致し、一階の住民だけが負担する案に五分の四が賛成したという。笑えない話だ。多数決の結果が常に正義とは限らない。多数派になった時こそ肝に銘じたい教訓だ」。

(33) 胡適「自由主義」『世界日報』一九四八年九月五日(拙訳は砂山幸雄『世界冷戦のなかの選択——内戦から社会主義建設へ(新編原典中国近代思想史 第七巻)』岩波書店、二〇一一年、一三三—一三四頁に掲載されている)。

(34) 水羽信男(鄭暁琳訳)「中国自由主義者的分岐——一九三〇年代的胡適和羅隆基」潘光哲主編『胡適与現代中国的理想追尋——紀念胡適先生一二〇歳誕辰国際学術研討会論文集』秀威資訊科技股份有限公司、二〇一三年。

(35) **張君勱** 一八八七—一九六九年。早稲田大学で学び、のちにドイツへ留学しオイケンに学ぶ。一九四六年の「中華民国憲法」の制定に尽力し、一九四九年以後は大陸を離れる。

(36) **羅隆基** 一八九六—一九六五年。米国で政治学博士号を獲得、英国でラスキに学ぶ。一九二〇年代から人権派といわれたが、一九五七年に最大の右派分子として批判された。

(37) **梁漱溟** 一八九三―一九八八年。伝統思想を重視し、農村の復興による中国の再建を求め、中国民主同盟の幹部となる。新儒家の一人と言われる。

(38) **楊絳** 一九一一―。『結婚狂詩曲』(岩波文庫)で有名な銭鐘書の妻で、文学研究者。セルバンテスのドンキホーテを翻訳した。

(39) 楊絳・中島みどり訳『風呂』みすず書房、一九九二年。

(40) **王贛愚** 一九〇六―九七年。ハーバード大学で政治学博士号を獲得し、日中戦争中には昆明で教鞭をとり、一九四九年以後は天津の南開大学の教授となった。

(41) 王贛愚『民治独裁与戦争』中正書局、一九四一年、一一頁。彼については、水羽「王贛愚の民主主義思想――「自由」論を中心として」『中国――社会と文化』第二二号、二〇〇七年)を参照されたい。

(42) 王贛愚『新政治観』大東書局、一九四六年、一三頁。

(43) 王贛愚『民治新論』大東書局、一九四六年、五頁。

(44) 宮村治雄『新訂日本政治思想史――「自由」の観念を軸にして』放送大学教育振興会、二〇〇五年、三一〇頁。なお拙著Ⅱでは宮村を典拠にあげながら、「自己利害に関する当事者優位の原則」を「近代日本の自由主義者が容易には受け入れられなかった」と指摘しているが(二一九頁)、以下で論じるように、宮村が問題としたのは「日本の功利主義信奉者たち」である(同前)。

(45) この点においては、アメリカ合衆国を全面的に肯定し、資本主義の無制限の競争社会を理想化する劉暁波の思想に違和感を示す下出鉄男の議論に、筆者も基本的に賛成している(下出鉄男「マルクス主義の文学理論は可能か――「〇八憲章」に因んで」『野草』第八八号、二〇一一年)。だが筆者は「自由主義」＝資本主義として、リベラリズムを社会主義と絶対的に対立するものと描きかねない下出の議論とは立場を異にしている。

(46) **馮少山** 一八八四―一九六七。上海の資本家団体を率いて活動するが、一九二八年に蔣介石により弾圧される。戦後は民主促進会の創設メンバーの一人となる。

(47) 馮少山については、金子肇「馮少山の「訓政」批判と「国民」形成」(曽田三郎編『中国近代化過程の指導者たち』東方書店、一九九七年)が参考になる。

(48) 中西正司・上野千鶴子『当事者主権』岩波新書、二〇〇九年、三頁。

(49) 同前、三頁・一三頁。

(50) 王雨「〝群〟和〝个〟的最後較量——歴史視野与比較視野中胡風理論的再認識」（吉林大学修士論文、二〇〇四年、三四頁）。王の議論を筆者なりに敷衍すれば、胡風もまた主観的には自らをマルクス主義者と認識しながらも、客観的にみれば、彼なりにリベラルな価値を中国で定着させようとした思想家の一人といえる。王の論点のユニークさはこの点にあり、筆者も基本的に同様の視座から分析を進めてきた。

(51) **儲安平** 一九〇九—六六年。英国でラスキに学び、国民党の機関紙の編輯に関わり、一九四六年創刊の『観察』の編者として論壇の寵児となる。

(52) たとえば板野長八は半世紀以上前に、梁啓超の大同思想が「伝統の下に新たなるものを包摂し、そのために新たなるものを歪曲すると共に、伝統を観念化せしめつつも伝統を温存する体制である」と批判している（板野長八「梁啓超の大同思想」『東洋史論叢——和田博士還暦記念』講談社、一九五一年、八四頁）。

(53) この点は市井三郎・布川清司『伝統的革新思想論』（平凡社、一九七二年）に示唆を受けて展開された嵯峨隆の議論を参考のこと（嵯峨隆『近代中国アナキズムの研究』研文出版、一九九四年、四頁）。

(54) 故宮博物院編『捐献大家章乃器』紫禁城出版社、二〇一〇年。

(55) 章乃器「「科学的内工拳」初版自序」（一九二八年）、同前「「科学的内工拳」再版自序」（一九三五年）、章立凡編『章乃器文集』（下）華夏出版社、一九九七年、三二一、三四頁。

(56) この問題についての文献は枚挙にいとまがないが、さしあたり高橋伸夫ほか編『市民社会（現代アジア研究 第二巻）』（慶應義塾大学出版会、二〇〇八年）をあげておく。

(57) 本作の監督・製作はカーマ・ヒントンとリチャード・ゴードン、一九九五年米国アプリンク配給。なおこの映画の内容については、同映画のパンフレットに採録されたシナリオに依る（四、七頁）。水羽「リベラリズムとナショナリズム」飯島渉・久保亨・村田雄二郎編『グローバル化と中国（シリーズ二〇世紀中国史 第三巻）』（東京大学出版会、二〇〇九年）もあわせ参照されたい。

(58) 彼女の経歴については、http://zh.wikipedia.org/zh-tw/ 梁暁燕（2015/04/29 閲覧）を参照した。

(59) 韓東方については、ウェブサイト「中国労工通訊」（http://www.clb.org.hk/schi/）を参照されたい。

(60) 西本紫乃「中国における民間の公益活動とメディア——ソーシャル・メディアと社会関係資本に関する広東省の事例」『中国研究月報』第六七巻第三号、二〇一三年。

(61) この点については長岡新吉『日本資本主義論争の群像』ミネルヴァ書房、一九八四年、同「「講座派」理論の転回とアジア認識——平野義太郎の場合」『經濟學研究』第三四巻第四号、一九八五年、岸本美緒「中国中間団体論の系譜」同編『東洋学の地場』(「帝国」日本の学知・第三巻)岩波書店、二〇〇六年などを参照した。

「秘教的な儒教」への道

――現代中国における儒教言説の展開

緒形　康

1　近代儒教運動の三つの型

「儒教」という言葉でわれわれ日本人が連想するものは何であろうか。それは、春秋期の思想家、孔子の唱えた仁義道徳の思想であったり、隋唐時代に頂点に達する古典解釈学であったり、朱子学や陽明学が論じた天理や人欲の諸関係であるのではないだろうか。いずれにせよ、日本語における「儒教」とは、優れて人文主義的な概念であり、社会諸関係を巡る理性的な装置を意味してきた。

しかし、「儒教」を中国の文脈に置き直せば、その含意するものはかなり違った様相を見せる。まず、「儒教」は、「儒家」「儒学」「漢学」「宋学」といった語彙系列の中にある。孔子が創設した「儒家」は、諸子百家と総称される多様な思想家集団の一つであり、漢帝国の武帝期に董仲舒《とうちゅうじょ》が国教化したものが「儒教」である。それは儀礼に基づいた人倫の諸関係を国家統治へと応用した政治思想であり、礼教を通じて国家を支配するイデオロギーの全体である。宋代にいたると、仏教学の影響の下に儒教の大規模な再解釈運動が起こり、国家や社会の統治思想に特化されたそれまでの「儒教」は、形而上学的かつ哲学的な総体性を完備した思想となる。それらの教義は「宋学」と称された（日本では「朱子学」「陽明学」と呼ばれる）。大清帝国（ダイチン・グルン）時代には、漢帝国の時代の「儒教」を「漢学」として再発見し、仏教の影響以前の土着的な本来の姿を復興する思想運動が沸き起こる。近代になると、特に一九一九年の五四運動以後の近代知識人にとって、儒家の仁愛の思想は、人権思想や社会契約論の観点から再解釈すべきものとなった。かれらを駆り立てたのは、欧米の自由・民主・博愛といった近代思想に相当するものが、中国固有の文化にも存在したことを証明しようという情熱であった。四九年以後、人民共和国の共産イデオロギーに対抗する目的で、香港や台湾では、そうした儒家の近代的再解釈がさらに追求された、一九五八年の儒教を通じた民主と科学の宣言以後、これら一群の人々は「新儒家」と呼ばれた。

こうした語彙のコロラリーが暗示するのは、中国における「儒教」が人文主義的な概念である以上に、国家統治に関わる政治概念であったことだけではない。漢代に国教化された儒教は、「天人感応」という讖緯《しんい》思想に支えられていた。自然災害は皇帝の統治の良し悪しやその道徳的評価を象徴するものだという前提下に、自然環境の変化に関する呪術や迷信に基づく恣意的解釈が、帝国の政治権力闘争に大きな影響を与えた。春秋戦国時代の人文主義的な「儒家」思想は影を潜め、呪術的かつ宗教的な秘教イデオロギーへと「儒教」は再編されたと言えなくもない。正統「儒教」は「邪教」と水面下で手を結んだのである。この「儒教」の持つ秘教的な性格は、中華帝国における征服王朝期にはさらに強化された。特に大清帝国（ダイチン・グルン）の皇帝たちは、「儒教」をチベット仏教（ラマ教）と融合させ、漢民族を皇帝として統治する一方、マンジュ族やモンゴル族にはチベット仏教の守護神として君臨した。郷村社会においても、「儒教」は道教・仏教との間で三教合一化し、一七二四年に雍正帝《ようせいてい》が公布した『聖諭広訓』は、これら三教のみならず、十八世紀に広範に組織化されることになる民間秘密結社（小刀会や天地会）の宗教教義をも融合したシンクレティックな統合イデオロギーとして機能した。(1)

日本人は総じて「儒教」は宗教ではないと考える傾向にある。だが、中華帝国の国教である「儒教」は、われわれが想像する以上に宗教的であり、時に秘教的と呼ぶのが適切なほど情動的な要素を含んだ擬似宗教思想の体系に他ならない。人民共和国における儒教の運命を考える上で、このことの確認は極めて重要な意味を持つのである。

いわゆる西洋の衝撃に遭遇した中国知識人が、西欧の価値体系に対抗するために動員した文化資源は、これまで述べたような「秘教的な儒教」であった。この「秘教的な儒教」を近代的に改造する上で、かれらは大きく分けて次の三つの型を選んだ。

まず、一八九八年の中国初の体制改革運動（戊戌変法）において、康有為《こうゆうい》や梁啓超《りょうけいちょう》は、「儒教」を「孔子教」として国教化する方向を模索した。西洋の宗教改革と明治日本の天皇制国家の経験を踏まえながら、かれらは儒教を個人カリスマが創造した宗教へと解釈し直すことで、偶像破壊主義的でドラスティックな革命を準備し、中華帝国を近代国家へと急転換しようと試みた。この試みは失敗に終るが、「秘教的な儒教」を、革命思想に通じる宗教イデオロギーに再編成しようとした彼らの構想は、現代中国の近代化運動に少なからぬ陰影を与えることになる。

儒教改造の第二の型は、五四運動で提起された「国故整理」の考え方に見て取ることができる。胡適を筆頭に日本や欧米留学経験を持つ若い知識人は、文献学の方法論を用いて儒教の文化遺産の中から一つの思想体系が生まれる系譜を再構成しようとした。文献の真偽を判断し、文献の生成過程を時系列に置き直す中で、儒教と呼ばれる思想体系の原初形態やその展開過程が明らかにされた。かれらによれば、儒教の起源は葬儀を司る神官であり、繁文縟礼に精通するその姿勢が、礼教を講ずる学派へと発展したのである。仁と礼こそが、この学派の主要概念であり、人倫の調和的な持続を目指すこの学派の中心思想は、自由の追求であって、のちの時代の複雑な政治哲学や高度な形而上学は、儒教の本質ではない。胡適の考えをさらに発展させながら、馮友蘭《ふうゆうらん》は、英文による『中国哲学史』（一九三四年）の中で、仁・義・礼・理・気といった主要概念の展開を探求するという方法によって、広く欧米世界に、儒教の思想としての体系と歴史を説明することに成功した。馮友蘭の成功に、香港・台湾を拠点とする新儒家の流れが続いた。

儒教改造の第三の型は、やはり五四運動の中から生まれたものである。それは、第二の型が、儒教の概念史の展開を追求するのとは対照的に、儒教における社会実践の歴史的性格を考察することの重要性を強調した。儒教は国家イデオロギーとして機能しただけではなく、郷村社会の秩序を維持する上で大きな役割を果たした。郷紳と呼ばれる儒教の教養を身につけたエリート層が、国家から相対的に自立した郷村社会を運営する方式は、西欧のような「階級本位」ではなく「倫理本位」に基づいていた。階級社会の前提となる経済的な利害・支配関係ではなく、儒教の道徳的な価値体系に根ざした人倫の諸関係に基づいて郷村社会が維持されてきた以上、郷村社会を国家に従属させる国民国家の統治方法は中国では実現しえず、国家から相対的に自立した郷村自治の方法こそが、中国の近代化を可能にすると、かれらは考えた。故溝口雄三にならって、梁漱溟《りょうそうめい》らが描いたこうした郷村社会の統治原則を、本論では「礼治システム」と呼ぶことにしよう。かれらが唱導した郷村自治運動は、そうした考え方に立って、三民主義や毛沢東思想とは異なる角度から、郷村社会という下位レベルの革命を志向したのである。一九三八年一月、梁漱溟が延安を訪れ、かの地で進められていた土地改革の実態を調査するとともに、毛沢東との間で中国改造の方法について激論を交わしたのは、儒教の政治哲学の現代的意義をめぐる論争における一つのクライマックスであった。(2)

2　毛沢東と儒教

このような近代儒教運動は、四九年の人民共和国の成立によって大きな転機を迎える。儒教の新たな国教化という第一の試みが、完全に頓挫したことは言うまでもない。宗教を阿片と考えるマルクス・レーニン主義政党が、儒教を新国家の教義として容認するはずはなかったからである。また、第二の人文精神の探求という儒教運動も、階級闘争を主要な運動方針とする中国共産党の文化政策には反するものだった。五〇年代半ばに狂気のごとく吹き荒れた胡適批判キャンペーンは、胡適文人集団と呼ぶべき人文精神や自由民主主義の崇拝者を中国大陸から一掃する試みであった。このキャンペーンの最中に表明された馮友蘭の激しい胡適批判と、儒学の仁愛の思想を奴隷制社会のイデオロギーとするかれの思想告発は、第二の儒教運動の自己破産を無慈悲にも証明するものだった。

他方、第三の「礼治システム」復興としての儒教運動は、毛沢東の文化政策と微妙な関係を保ち続けた。五三年九月に開催された政治協商会議において、中国農民が解放後も悲惨な境遇を脱することができない現実が「階級本位」の文化政策にあることを梁漱溟は指摘した。毛沢東は激怒した。梁漱溟に対する批判キャンペーンは、やがて来るべき反右派闘争の重要な前哨戦の役割を果たした。しかし、毛は梁漱溟を完膚なきまで粛清することはなかった。人民公社構想は、ある意味において、梁漱溟の「礼治システム」に対する毛の代替案の提示であったと言うことができる。興味深いのは、五八年八月の毛沢東による人民公社決議が、漢帝国の道教集団である五斗米道の革命プランを重要な発想の原点としていることだ。衣食住の費用を負担することなく日常生活を謳歌するという五斗米道が提唱したユートピアは、儒教のビジョンというよりは、道教（黄老）のそれであって、これらは讖緯思想という「秘教的な儒教」の中の不可欠の構成要素に他ならなかった。文化大革命を始めるに当たって、工農兵という理想の人間像を提示した「五七指示」も、同じ考えに基づいていた(3)。

注意深い読者であれば、毛の人民公社構想や「五七指示」には、五斗米道と並んでもう一つ重要な思想的藍本《らんぽん》があることに気付くであろう。それは、春秋戦国時代の儒家のテクスト群の中で出自が不明な「礼記・礼運編」である。ここには、大同という中国式ユートピアが語られている。歴史の流れが拠乱世、昇平世、太平世という三つの段階を経るという歴史発展論とともに、孔子こそは、太平世の実現を胸に秘め、周王朝の転覆を構想した革命家であることが示唆されている。この書物は、前漢から後漢への幕間に登場した、王莽《おうもう》クーデターの重要な思想的根拠になった後は、長く儒教の教義の中で周縁に追いやられていた。しかし、大清帝国の後半期の十八世紀に、経済先進地域である長江下流域の知識人がマンジュ政権打倒に向けた戦略を練る中で、黙示録的な影響を与えるようになった。一八九八年前後に孔子教を創設した康有為《こうゆうい》は、この黙示録的なテキストを革命思想として読解した近代最初の思想家であり、かれの手になる『大同書』は、「礼記・礼運編」に近代的解釈を施し、中国の政治体制改革の方向性を指し示した書物と考えて良い。

『大同書』のモチーフが何時生まれたかははっきりしない。虚言癖のある康有為は自説の成立をいつも早期に設定したから、大同説の最初の提示は一八八四年であるというかれの主張をそのまま信じて良い理由はない。事実はと言えば、『大同書』は一九一三年に初めてその数章が雑誌に発表され、康有為の逝去より実に八年が経った三五年に、ようやく一〇巻本が出版されたのであった。そうはいっても、若き毛沢東が、一七年夏の黎錦熙《れいきんき》に宛てた書簡で、人々が衣食住にも困らず、道に落ちた物を拾う人さえいないという大同世の議論に言及したとき、康有為の『大同書』の一部をかれが読んでいたことを疑うことはできないのである。

人民共和国は確かに孔子教という康有為の国教創造の試みは一顧だにしなかった。しかし、そのことは、人民共和国が、近代儒教運動における第一の型である「秘教的な儒教」を排斥し続けたことを意味するものでは決してない。事実はむしろ逆で、人民共和国ほど、雍正帝が『聖諭広訓』を用いて推進した郷村社会における布教方法や、民間秘密結社をも包み込んだイデオロギー政策、そして「礼記・礼運編」を手掛かりにした儒教教義の革命化という戦略の影響を深く被った政権はない。ここで重要なのは、人民共和国が注視した儒教が、孔子の教義である「儒学」のみならず、その周縁に位置する黄老・道教、讖緯思想、『大同書』などを広く包含していたことだ。人民共和国と毛沢東が奉じる社会主義思想とは、「儒家、道家、墨家、農家、陰陽家、仏家の総称である」と述べても良い。これは、私の勝手な言述ではない。梁啓超《りょうけいちょう》が一九二二年の『先秦政治思想史』に書き留めたフレーズに他ならない。

毛沢東と儒教との関係で、もう一つ忘れてならないのは、文化大革命期、特に七一年の林彪《りんぴょう》事件後の「批林《ひりん》批孔《ひこう》運動」をどう評価するかという問題である。これまで述べたことから分かる通り、狭義の儒教である「儒家」

に対する毛沢東の評価は高いものではなかった。しかしながら、「秘教的な儒教」をかれが全面否定したことは一度もない。人民公社を含め、かれの政策は、中国政治思想史の長いタイムスパンにおいては、広義の儒教概念である「秘教的な儒教」の共産主義化という側面を有したことは否定し難い。

林彪事件の後、毛沢東の後継者に一度は指名された林彪が政権転覆を企てた理由を人々に合理的に説明することは困難を極めた。林彪の極左主義にその理由を求めた毛沢東は同時に、極左主義批判が文化大革命の否定に結びつくことを避けるのに懸命だった。林彪のいた毛家湾から「克己復礼」という儒教の復古思想を讃える掛け軸が押収されてやっと、毛は、極左ではなく極右という観点から林彪を批判する手掛かりを見出したのである。批林批孔運動は、儒家を貶め法家を宣揚する儒法闘争キャンペーンや、孔子を崇拝した郭沫若《かくまつじゃく》が封建制を批判した柳宗元《りゅうそうげん》には及ばないとする毛沢東の郭沫若批判、五四運動以来の尊孔復古言論（孔子を尊び古代に復帰しようとする言論）の学習などを伴っている。この時期の毛沢東が、儒教の持つ復古主義的な側面を批判することに重点を置いていたのは確かである。特に郭沫若について毛が述べたように、奴隷制社会のイデオロギーである孔子の儒教が、周代の封建制という下部構造に支えられている以上、尊孔とは共産主義や社会主義から資本主義を飛び越えて封建主義へと退行する反動思想であり、「プロレタリアート階級独裁下の継続革命」という文化大革命の中心思想を根底から覆す考え方であって、投降主義として非難されるべきものだった。毛による激烈な儒教批判は、一見すれば、儒教の共産主義化というかれの本来の志向を真っ向から否定するかに見える。だが、儒教の中から、封建主義へと回帰する精神構造を取り除くことこそ、かれの本来の目的だった。

この「批林批孔運動」が「水滸伝批判キャンペーン」に収束した点も、毛沢東の儒教批判が決して「秘教的な儒教」の否定を意味するものでないことの傍証である。水滸伝の舞台である梁山泊は、『大同書』が描く中国的ユートピアを具現化したもので、人民公社のもう一つのモデルでもある。この梁山泊のリーダーによる皇帝帰順命令は、毛においては人民公社を含めた文化大革命の遺産を放棄することと二重写しにされていた。水滸伝批判は一九七五年八月に始まり、そのときの主な標的は鄧小平だったが、実は、七三年末に周恩来の対米投降戦略が激しい非難にさらされた際、毛沢東が周恩来の修正主義を非難する目的で初めてこの書物に言及したことに注意しなければならない。毛の国際戦略である「三つの世界論」が述べる通り、第三世界の一員である中国は、第一世界のアメリカ・ソ連と対峙し続けねばならなかった。儒教は共産主義化されるべきであって、決して封建社会へと中国を後戻りさせ、アメリカとの対決姿勢を放擲する目的で援用されてはならなかったのである。(4)

これは、毛沢東が現代中国に残した遺言となった。

3　ポスト毛沢東時代における毛沢東思想と儒教批判

一九七七年に始まるポスト毛沢東時代の課題は、文化大革命のイデオロギーである継続革命論を、毛沢東思想の威信を失墜させることなく、いかに脱却するかであった。

これは、現代中国を論ずるほとんどの書物が当然の前提としている仮説である。

しかし、私はこの仮説は誤っていると考える。改革開放期のイデオロギーは継続革命を真の意味で否定するものではない。そのことを儒教言説という文脈から読み換えると、どうなるだろうか？

すでに書いたように、毛沢東の遺言とは、儒教を共産主義化することであり、その主要な文化資源を、狭義の「儒家」ではなく、道教や民間宗教を含んだ「秘教的な儒教」に求めることである。一九七八年五月、「実践は真理を検証する唯一の基準である」と題する文章が『光明日報』に発表された。「特約評論員」という署名を持つこの文章は、『新民主主義論』や『実践論』といった毛沢東の著作を引用しながら、真理を検証する基準は実践ただ一つであり、第二のものはないことを主張した。だが、毛沢東の実践論は、かれの独創というよりは、儒教という文化資源の中から着想を得たものだった。延安革命根拠地において、毛沢東は、マルクス主義の中国化という一九三八年に「新段階論」で提唱した構想を現実化することに着手した。かれは、マルクス・レーニンの著作の中に典拠を求めるとともに、『漢書』の河間献王劉徳伝の「実事求是」という言葉を手掛かりに、整風運動と呼ばれた思想改造運動を推進する中心スローガンに「実践」を据えたのである。「実事求是」の思想は、毛の故郷である湖南において、社会的実践を重んずる思想家たちが重視した考え方であり、青年毛沢東が深く傾倒した曾国藩の行動指針でもあった[5]。

真理基準論争は、儒教の伝統を背負った毛の実践論を用いて、継続革命という考え方が実践という観点からは今や時代遅れとなったことを証明しようとした。しかしながら、改革開放の「総設計師」鄧小平は、それとは異なる考え方をしていた。かれは、すでに七七年、毛沢東のあらゆる遺訓を忠実に守ろうとする極左主義者を批判して、「正確で全体的な毛沢東思想によって全党、全軍、全人民を指導する」必要性を訴えていた。鄧小平において、毛沢東思想とは分割できない「全体性」としてある。「全体性」とは何か。七五年十月四日の中央主催の農村工作座談会で鄧が述べたように、それは「古典を現代に活用し、西洋を中国に応用し、百花斉放を行い、新陳代謝を行うこと[6]」、すなわち、穏健的政策と急進的政策をバランス良く推進することに他ならない。鄧小平はこのことを文革が終わる前から熟考していたのである。

「全体性」とは、別の文脈においては、近代の儒教が西欧の衝撃を前に放擲した理念でもあった。先に整理したような近代儒教の三つの型のうち、第一の「秘教的な儒教」を除けば、人文精神としての儒教や「礼治システム」は、儒教の持つ体系性を犠牲にした断片化された観念や実践でしかなかったからである。そのことを念頭においておけば、鄧小平が毛沢東思想の「全体性」に固執した意図はきわめて明確であった。儒教が中国的な価値や理念を代表することを止め、土着に根ざしたモダニティを見出すことに失敗し、長期にわたって信念の危機が生まれた状況の中で、鄧小平は毛沢東思想の「全体性」に価値や理念を担保する役割を求めたのである。かれが七八年の「北京の春」を弾圧したのは思想的な転向などではない。毛沢東思想の堅持を求めた「四つの基本原則」、八一年に公布された党の新しい「歴史決議」、「科学的体系」としての毛沢東思想、「中国の特色を持った社会主義」は、完璧な論理的整合性の中に配置されるものである。

鄧小平は確かに、真理基準論争において、実践を真理判断の基準とする観点には賛成し、極左主義者を退場させる上で強い援軍となった。しかし、鄧小平と極左主義者は、毛沢東思想を分割できない「全体性」として捉える点では共通している。文化大革命をこの「全体性」の不可欠の一部と考えるか否かで、両者は鋭く対立したにすぎない。一方、真理基準論争を推進した胡耀邦ら政治体制改革の旗手たちは、実践こそが唯一の価値判断基準である以上、実践の名の下に、文革はおろか、共産主義社会の特徴と言われるものの幾つかを否定しても良いと考えた。毛沢東の晩年の儒教批判の言葉を借りれば、社会主義から封建主義へと後退することも場合によっては必要だと考えたのである。継続革命は否定される他はない。これは毛沢東の考えでなかったと同様に、断じて鄧小平の取るところではなかった。そのことが明らかになるのが、八三年の人道主義批判キャンペーンであった。

マルクス逝去百周年を記念した中央党校の理論問題検討会において、文革期まで文化官僚として君臨し、文革で失脚はしたが、今や劇的な復活を遂げた周揚《しゅうよう》が、社会主義社会においても疎外現象は存在し、人道主義を議論することは資本主義社会に特有のものではないことを強調した。青年マルクスによる『経済学哲学草稿』など、欧米のマルクス・ルネサンスで取り上げられた新しい資料がそこでは用いられていた。これに対する鄧小平の批判は注目すべきものである。周揚の用いた資料が、資本主義社会における所有に関する議論にすぎないことを指摘した上で、かれはこう述べた。「社会主義自身が疎外されているのなら、共産主義に到達できるだろうか。始めの段階から自分で自分を否定している。否定してどこに行くのか。社会主義は疎外されてどこに行くのか。疎外されて資本主義に行くのか。封建主義に行くのか。いずれにせよ社会主義が疎外されて共産主義に行くとは言っていない！[7]」

鄧小平によれば、疎外論は、資本主義を否定できないばかりか、場合によっては封建主義への退化をもたらすような精神構造を指していた。これは、批林批孔や水滸伝批判を発動した毛沢東と全く同じ継続革命論の観点である。改革開放期の思想の要点は、実践を真理基準にしたことではなく、毛沢東思想の「全体性」を定義し直したことにあると言って良いであろう。それは、プラグマティックな実践論というよりは、儒教の「実事求是（証拠に基づき合理的に事実を究明すること）」の思想に基づいた実践の「全体性」の主張だと見なして良いものであった。

一九八四年、中国共産党が建国三五周年を迎えたとき、改革開放の諸政策は絶頂期にあった。人々は自由を謳歌し、希望に溢れていた。国慶節パレードに登場した「（鄧）小平、御機嫌よう」というスローガンは、知識人の党への信頼を象徴している。文化熱（文化フィーバー）という現象は、この思想の高揚期に生まれた。文化熱を牽引したのは、次の三つの思想グループである。[8]

第一のグループは「走向未来（未来に向かって）」という思想叢書を編纂する編集委員会で、編集長の金観濤《きんかんとう》を代表としていた。かれらの現状認識は、中国社会が超安定システムにあるというものだった。この超安定システムは中国封建社会の特徴であり、その分析はあくまで歴史的なものであるとかれらが宣言していたのは確かである。しかし、かれらが中華帝国の旧伝統（儒教）との対比で、「新伝統」（建国から文革終結に至るまでの極左思想）という新語を生み出し、この「新伝統」を「封建主義の復活」と定義していた以上、旧伝統の超安定システムの考察には、現代中国が依然として中国封建社会の延長にあるという自己認識や、そこからの脱却の可能性の探求という意図が隠されていたことは明らかだった。

では、現代に続く中国の超安定システムとは何か。かれらは、西欧社会との対比で、そのことを論じた。社会システムは「政治システム」「経済システム」「イデオロギー」という三層構造から成る。西欧においては「封建貴族政体と教会の連合」「封建領主貴族」「キリスト教」であり、中国においては「官僚政治」「地主政治」「儒家正統」がそれに当たる。西欧にあって、これら三つのシステムの間には、システム相互の衝突を調整し最適値を求めるメカニズムが欠けていた。政治・経済・イデオロギーが、それぞれの利害関係を最大化することを特徴としていたからである。しかし、中国は違った。中国において政治、経済、イデオロギーを緊密に結びつける役割を果たしたのが、儒家の含意する正統論と国家論であった。「大一統」という言葉に示されるような、持続の帝国として中華帝国が機能するのに決定的な役割を果たしたのが、儒教言説のこの二つの内容だった。もっとも、この超安定システムは、奇跡的な修復能力を有する反面、周期的な反乱と停滞性という代償を払わざるを得ない運命にあり、長期的に見れば、社会システムの漸次的な衰弱と保守化を免れなかった。「走向未来」叢書はこうした自己認識のもとに、超安定システムの克服を目指す社会啓蒙運動を展開した。

第二のグループは、「文化」という雑誌の編集委員会で、甘陽《かんよう》を代表としていた。「文化」は「中国と世界」という副題からも分かる通り、雑誌の主要テーマを伝統とモダニティの省察に設定していた。サイバネティックスや社会工学論に基づく「走向未来」叢書が科学主義を標榜したとすれば、「文化」は、ガダマーの解釈論を使った主体による解釈の地平の拡大という人文主義的な手法に支えられていた。ガダマーに倣って、伝統を「制作や創造の途上にあるもの」と定義した彼らにとって、伝統の継承とは、過去の文化をそのまま受け継ぐことではなく、過去と対話し、過去の理解の地平を広げることでなければならなかった。伝統の継承は、伝統の批判であるという逆説的な表現によって、かれらが目指したのは、儒教の人文精神を解釈学によって現代に甦らせ、これまでの儒教が含意してきた政治性を脱却して、中国文化の伝統をモダニティへと転化し、新しい形態として創造することだった。継承は批判であり、創造は断絶であるという観点から、甘陽たちは、五四運動のスローガンである全面的西欧化という方法論を再発見し中国文化の新しい可能性を探求した。

第三のグループは、文革の迫害から生き残った梁漱溟を院長に擁する中国文化書院で、李沢厚《りたくこう》を代表としていた。救亡が啓蒙を圧倒したという、このグループが提起した仮説は激しい論争を引き起こし、六四天安門事件を陰で使嗾《しそう》した元凶だと後に批判されるものである。近代中国には一貫して啓蒙と救亡という二つのライトモチーフがあった。しかし、五四運動期に急進的ナショナリズムが登場すると、啓蒙のモチーフはしだいに救亡の前に圧倒されてゆく。日中戦争の勃発はこの流れを決定的にし、個人の解放や、自由・民主・人権といった政治目標は、国家の独立戦争を前に二義的な意味しか持たなくなった。解放後もこの傾向は続き、文革に至って、個の解放とは対極にある極権体制が確立するにいたったのである。第二グループが全面的西洋化という考え方を五四運動から引き継いだように、このグループも、「民主と科学」という五四の標語を現代に実現することを目指していた。

文化熱によって改めて浮き彫りにされたのは、現代中国の分水嶺である五四運動の遺産をどう評価するかという課題であった。金観濤は五四の科学主義を継承し、封建社会の批判に向かった。甘陽は五四の人文精神を継承し、伝統をどのように創造的に転化するかを省察した。李沢厚は五四の救亡と啓蒙という両義性を明らかにし、個の解放や自由・民主・人権といった新しい主張を骨抜きにする悪しき政治主義の跋扈に注意を促した。そして、救亡によってこれまで隠蔽されてきた啓蒙の課題を取り上げることの必要性を訴えたのである。

ところで、五四運動が激しい孔教（儒教）批判を伴っていたことは周知のところである。近代儒教運動における人文精神の考察や、「礼治システム」の探求は、そうした五四の孔教批判との思想的な対決という側面を有する。八〇年代中国の文化熱は、五四における孔教批判を、文化大革命にいたる二十世紀中国史の全過程の中に改めて位置付けた。彼らはこのとき気付かなかったが、五四と文革を結びつけることは、両者が実は同じ思想の傾向から生まれたという重要な発見をもたらすはずであった。思想や文化を「全体性」から評価し、全肯定と全否定を繰り返すという傾向そのものが、五四の遺産であり、また文革の遺産に他ならなかったからである。しかし、五四を振り返り、建国後の文化政策を批判した文化熱の推進者たちは、「正確で全体的な毛沢東思想」という鄧小平の思考の枠組みを打ち破ることができなかったし、この「全体性」そのものが有する問題点を意識することもなかった。

かれらが、そのことを痛切に自覚するのは六四天安門事件の後である。

4 文化保守主義から儒教の国教化宣言へ

一九八八年九月に在米華人である余英時《よえいじ》が「中国近代史上の急進主義と保守主義」と題する講演記録を発表した[9]。中国大陸で呆れるほどの反響を呼んだこの記録は、六四天安門事件以前の作品であるにもかかわらず、八〇年代の啓蒙の時代から、六四の挫折を経て、九〇年代の文化保守の時代へという現代中国の思想潮流を見事に予言するものであった。

余英時は、六四民主化運動が前提としていた啓蒙主義の問題点を指摘したのである。あたかも、学生の運動が無残な敗北に帰着することを知っていたかのように。

かれは意表を突く問いを投げかけた。現代中国において啓蒙主義が根付かないことはさして重要ではない。保守主義が根付かないことの方がはるかに重要なのだ、と。

このような現象が生まれた理由は、思想の「全体性」を担うことができなくなった知識人の「周縁化」と無縁ではない。科挙の廃止、帝国の崩壊、学制の始動によって、儒教教義を身につけた伝統知識人の覇権は終わった。

二十世紀前半すでに、かれらは国家や社会の制度面で周縁化されていた。人民共和国の反儒教キャンペーンは、さらにこの周縁化された知識人の文化的矜持を打ち砕いて、かれらは制度面のみならず精神面でも周縁化されるに至ったのだった。文化大革命はその極限の姿であった。

知識人の喪失した最大のものは、討論を行う上での「共通の土台」(common ground)であった。そうした共通の土台は、他者の議論に耳を傾ける寛容の思想によって築かれるものだが、三民主義や毛沢東思想という政治主導のイデオロギーは、自由主義や偶像破壊主義を排他的に唱えはしても、両者の衝突を調整する中間地帯、つまり共通の土台を欠いていた。そのため、あらゆる考え方が穏健な形態の対極にあるようなドグマ化や硬直化を免れることができなかった。この結果、現代中国ではあらゆる思想は急進化の一途をたどり、伝統とモダニティは全く異なる範疇のものと考えられ、伝統は完全な悪とみなされ、保守主義の健全な発展が損なわれたのである。穏健な保守主義と、中国の思想は決して無縁であったわけではない。余英時がここで念頭に置くのは、明末清初以来、儒教・道教・仏教を融合する中で形成された三教合一の民間宗教である。それは保守主義の土壌であると同時に、商業資本主義を発展させる原動力であった。

現代中国で保守主義が消滅した過程を以上のように跡付けた上で、余英時はアメリカのニュー・ライトのような保守主義が中国で市民権を獲得するための方策を提唱する。それは、伝統とモダニティを対立的に見るのではなく、伝統の中にモダニティの可能性を追求することである。そのためには、金観濤が批判的に捉えていた「大一統」のイデオロギーである儒教を再評価しなければならないと、余英時は言うのである。

余英時が、思想の共通の土台を準備することとの関連で、保守主義の重要性を提起したことは、現代中国において画期的なことであった。その際、大陸の現政権が進める独裁体制(新伝統)にきわめて批判的な余英時が、「大一統」のイデオロギーである儒教(旧伝統)については、モダニティへの創造的転化の可能性を秘めたものとして、高い評価を与えているのである。

余英時の作品はこうして、八〇年代の啓蒙から九〇年代の文化保守への転換を準備することができた。「九〇年代中期に、中国市場社会が全面的に確立するにつれ、知識人の地位は周縁化し、特にポストモダンが現れてからは、知識人は死んだと宣言する者もいた[10]」時代にあって、周縁化され、死滅の淵にあった知識人が新しい市場社会で生き残る道として、余英時が文化保守主義を提唱し、儒教の全面的擁護を主張していることは明らかである。しかしながら、ここで見失われているのは、新伝統の独裁体制を生み出したものが、他ならぬ旧伝統の文化遺産なのだという、八〇年代の文化熱の提唱者たちが堅持していた観点ではないだろうか。

八〇年代のそうした観点を捨象した場面に登場するのが、「国学」という言説である。

ここで読者に一つの文章をお目にかけたいと思う。やや大げさに言えば、これは、紀元前二世紀に董仲舒《とうちゅうじょ》が儒教を国教化した宣言に匹敵する意味を持つ[11]。『人民日報』九三年八月一六日の文章はこう書いている。

北京大学の指導者や多くの教員は、社会主義精神文明建設と物質文明建設は車の両輪、鳥の両翼であって、いずれか一つを欠いても脱線し飛翔できないと考える。精神文明建設は我が国の文化伝統を離れることはできないし、いわゆる「中国の特色を持」つことの、一つの重要な含意は中国の文化伝統である。北京大学の学者は、中国の伝統文化が中華民族の偉大な知恵と創造力の結晶であると考える。それらは悠久の歴史の過程で中華各民族を凝集し、中国人の生活様式を支配し、今もなお現実の生活の中に浸透しており、中国人の思想と行動に対して暗黙の支配を及ぼしている。中国伝統文化を深く探究することは、社会主義の新文化を繁栄させ、中国人の自尊心と自信を高め、民族の凝集力を増強させることなどに対して、いずれも基礎的な支えとなる。中国伝統文化の研究を「国学」と尊称することは決して間違っていないと、かれらは考えている。

『人民日報』は八月一八日にも同様の記事を掲載し、同年一一月一四日には、中央テレビが『東方時空』において「国学の啓示」を特集し、一二月一日には、北京大学の季羨林《きせんりん》による東方文化と国学に関する報告を報道した。中国共産党が公式に国学（中国伝統文化の研究）を、したがって儒教を、マルクス・レーニン主義・毛沢東思想と並ぶ国家イデオロギーであると宣言した瞬間だった。

九三年に注目された言説としては、「国学」の他に、「経学」がある。「経学」を構成する主要テキストである「四書五経」を"Five Classics"と翻訳することに異議が申し立てられたのである。西欧社会はキリスト教の聖書をそのように表現してきただろうか。「四書五経」は正しくは"Five Holy Bibles"と書かねばならない。儒教の経典とは古典である以上に、規範であり、教典であった。

九三年にこのような議論が始まった理由ははっきりしている。その前年に、鄧小平は南巡講話を行って、ソ連崩壊後の社会主義陣営の生き残りを賭けて、改革開放政策をさらに徹底させる方向に舵を切った。六四後、停滞していた経済体制改革が息を吹き返し、政治体制改革についても社会主義市場経済という概念に市民権が与えられた。自由主義に関する討論が復活し、自由・民主・公正の実現を目指す自由主義グループが形成される。しかし同時に、国家イデオロギーの根幹を再び動揺させることは許されなかった。こうして、新左派と呼ばれるアメリカ主導のグローバリズムを強く非難する思想グループが自由主義グループの対句に生まれるのである。

ソ連社会主義がもはや存在しない現在、中国の特色を持った社会主義は、愛国主義の色彩を強め、土着の資源とより強く結び付く上で、もはや大きな障害に出会うことはなかった。国学や経学に関する言説は、普遍的価値を信じる自由主義グループ以上に、原理的ナショナリズムの集団である新左派とより強く結び付く必然性がそこにあった。

新左派の論客である汪暉は、アメリカ主導のグローバリズムを批判する際、新しい世界秩序の原理として「儒教文明」に言及する。二十世紀の民族国家やそれを生み出した西欧文明システムは、複数の民族・宗教・言語の共同体が国家内に共生していることを認めなかった。そうした複数の民族・宗教・言語を効果的に統治する政治技法を創出したのが、毛沢東時代の民族識別政策であった。そして、中国が民族識別政策を施行できた理由は、大清帝国における皇帝権力の多民族統治体制が、そうした政治技術を世界史に先んじて発見していたからである。民族・宗教・言語の対立を越え、それらに調和をもたらすのが、「儒教文明」なのである。(12)

もっとも、新左派の論客たちは、大清帝国の多民族統治体制が、なぜ、民族・宗教・言語の複数性を効果的に統治できたかを、これ以上深く説明していない。けれども、多民族統治体制が大清帝国で可能になった理由は、すでに書いた通り、皇帝とハーンという二つの政治的正当性を保証するシンクレティックな統合イデオロギーが存在したからである。これは康有為《こうゆうい》が見出し、毛沢東が密かに樹立したいと考えていた「秘教的な儒教」の姿そのものである。一方、共産党による民族識別政策が可能だったのは、十九世紀までの多民族統治体制を踏襲したからというよりは、党委員会制度によって基層社会へと権力の強力な介入が行えたからである。共産党に、皇帝とハーンの二重の政治的正当性を求めることなど、そもそもできるはずがない（もし、それができるのなら、新疆ウイグル地域における宗教反乱は起こり得ない）。したがって、大清帝国と現代中国を結びつける新左派の論理は最初から破綻している。

にもかかわらず、新左派が「儒教文明」の再生という主題に固執する意味は明らかである。それは、大清帝国の「秘教的な儒教」の再発見に他ならない。そして、この試みが、毛沢東の遺言である統治の原理としての儒教の復権を可能にすることを、新左派は十分に了解しているのである。中国新左派は、五四運動以後、解体されてしまった儒教モデルの全総体性を回復しようとしているのであり、その点において、鄧小平が述べた「正確で全体的な毛沢東思想によって全党、全軍、全人民を指導する」という方針を堅実に実行しつつあるともいえる。

　この儒教モデルの復権は、東アジアという地域に、中国の夢、あるいはシルクロード構想という名の下に、現在の習近平政権が実現しようとしている、中華民族の新たな多民族国家モデルを生み出すことに繋がってゆくだろう。

5　大陸新儒家の登場

五四運動以後、新儒家による儒教復興の懸命の努力にもかかわらず、儒教が政治・経済・文化を基礎付ける全体性という往年の輝きを取り戻すことはなかった。しかし、九三年の儒教の国教化宣言以後、ＧＤＰが日本を追い抜き世界第二位となった現在において、儒教を語る現代中国の言説空間には新しい流れが生じている。五四運動期の儒教復興論者を第一期新儒家、人民共和国の共産イデオロギーに対抗した香港・台湾の儒教再興論を第二期新儒家とすれば、儒教の国教化宣言後に現れた共産中国の儒教論者は、「第三代新儒家」「大陸新儒家」と呼ばれる。

　その代表的論客は康暁光《こうぎょうこう》、蒋慶《しょうけい》、陳明《ちんめい》の三名であった。康と蒋は「政治儒学」を、陳は「市民儒教」を提唱した。

　康暁光は、六四天安門事件の衝撃から政治文化への関心に目覚め、九三年にはサミュエル・ハンチントン『文明の衝突』を翻訳発刊し、九四年の『戦略と管理』創刊を機に同誌の編集に参加、民族文化の諸問題に関する著述を始めた。二〇〇一年の九・一一以後は、ワシントンにてアメリカ宗教史の研究に従事した。

　かれは、グローバル時代の文明の衝突という問題意識から出発する。そして、モダニティは元来が多元的なものであって、単一文明の勝利に帰着するものではないという観点から、西洋の影響を排した「改良主義」的モダニティこそが、中国の文化民族主義の未来を約束すると述べる。中華民族はこうした文化民族主義から再出発し、儒教をグローバルな現代社会に相応しい「現代宗教」として復興しなければならない。

中国において、政治と宗教、政治と文化は一体であって、国家は儒教文化を推進し、同時に儒教文化は国家を支持してきた。国家は教会であり、教会はすなわち国家だった。しかし、五四運動が始まると政治民族主義が勃興して、伝統中国の文化民族主義である儒教を圧倒し、七六年に文革が終焉するまで、中華民族はユダヤ民族にも比すべき精神的ディアスポラの境遇に置かれた。こうした窮地を脱するには、儒教を宗教化せねばならない。そのために必要な措置は次の三つである。第一に、儒学教育を正規の学校教育体系に組み入れること。第二に、儒教を国教とし、エリートの指導と全人民の参加による組織システムを創設して、人民による自治を実行すること。第三に、儒教を日常生活に浸透させ、日常レベルの宗教とすることである。(13)

蒋慶は、文革時代、雲南の楚雄で兵役に服した。西南政法学院、深圳行政学院での教鞭を経て、二〇〇一年、職を辞して、王陽明《おうようめい》が心即理を体得した貴州の竜場にて陽明精舎を創設、自ら山長として王道政治の実践を始めた。

蒋慶が思索の出発点とするのは、現代における中国アイデンティティの喪失だった。かれがこの問題を検討する上で最も参照したのは、牟宗三《ぼうそうさん》の「心性儒学」の思想である。牟も含めた第一期新儒家は、民主と科学という西欧の価値観を儒教の中に探求したが、儒教のもう一つの特徴である国家統治学については意識的に言及することを避けた。しかしながら、牟宗三はその中にあって、例外的に自由や民主と国家の問題を結びつけて考えようとした。

儒教には「内聖外王」という言葉がある。倫理的に正しい行為を行う者が聖人であり、かれは内面世界の陶治に専心すべきだが、その内面陶治に成功した者は、外部世界の国家や社会における統治者として君臨することができるという考え方である。また、「天人合一」という言葉もある。讖緯思想に基づく「天人感応」が、呪術や迷信を動員して、儒者が時の為政者の意のままに国家統治の原則を変える機会主義の表現であったとすれば、「天人合一」は、皇帝と儒者の間で政治統治や民衆支配に関する対等な契約関係を取り結ぶことを、理想型として提示するものだった。残念なことに、中国においては、道徳的に善である行為が優先され、そのことを法律に明文化することは二義的な意味しか持たなかったから、明清期に皇帝独裁体制が完成したときには、「天人合一」の原則は、儒者の自由な行為と民主的な制度設計を保証するものとして機能することを止め、「天人感応」の機会主義へと転落してゆくことを避けられなかった。

牟宗三は、儒教における「内聖外王」と「天人合一」の思想を、ドイツ観念論（カント）の定言命法に基づいて再構成しようとした。そして、道徳的に正しい行為とされるものを、儒教の文脈において、どのように為政者の統治原則に結び付けるかについて思索を巡らした。

ところが、蔣慶から見れば、牟宗三は、儒教の「心性儒学」の領域に閉じこもったままだった。何よりも、孔子を「祖述者」としか見ていない。しかし、『春秋』というテキストの解釈学派の一つである公羊学が述べるように、孔子は「素王」であり、国家改造の意思を秘めた革命家であった。「心性儒学」から「政治儒学」への転換が図られる必要がある。あるいは、同じことだが、「道統」は「政統」へと収斂される必要があった。もはや明らかであるが、蔣慶は「秘教的な儒教」の復権を試みているのである。そのためには、超越的な合法性・民意の合法性・文化の合法性という「三重の合法性」の基礎を明らかにしなければならないと言うのである。そして、これらの合法性を現実化するために、庶民院・通儒院・国体院で構成された儒家三院制度の実現を国家に向けて提案した[14]。

陳明は一九九四年に、儒教を専門的に論じる学術誌『原道』を創刊したことで知られる。二〇〇五年には、研究員を務める中国社会科学院世界宗教研究所に儒教研究センターを創設し、二〇〇七年には首都師範大学に儒学研究センターを作った。

かれは、国家と国家の構成員（これを陳明は、孫文に倣って「国族」と呼ぶ）の安全保障のためにこそ、儒教が必要なのだと考えている。儒教の「内聖外王」は、五四運動以来、科学と民主という西欧的価値観から検討されてきた。けれども、儒教の原義において、それは外圧（夷狄、異民族）から自らをいかに防御するかという国家や国族アイデンティティの問題として捉えられたのではなかったか。実際、現代中国における「内聖外王」の課題は、もはや民主や科学を実現するといった範囲を大きく越えている。また、それは、自由主義グループや新左派が争点としている諸問題でもない。新疆・チベット問題、オキュパイ運動、向日葵運動といった、エスニック紛争や学生民主化運動への対処に始まり、制度変革のレベルでは知る権利の拡充が必要であり、政治参加のレベルでは市民の参政権の拡大が求められている。そうした観点から、陳明は、自らの儒教再興運動の目標を「市民儒教」の確立に定めた。

陳明が儒教を市民宗教と呼ぶとき、かれの念頭にあるのは、ルソーが『社会契約論』に記した自由や平等といった市民的権利を保障する理念の総体であった。康曉光や蒋慶は、八〇年代の儒教を巡る「啓蒙言説」を乗り越えることに躍起となっているが、陳明にとって必要なのは、「宗教言説」としての儒教を打ち立てることであった。儒教は漢族だけの文化遺産ではない。チベット族やウイグル族と漢族の融合を図る知恵を、そこから汲みとらねばならない。儒教は“ethnicity”を“nationality”に再編成する装置なのである。ただし陳明は、フランス革命後に、革命暦の制定、革命モニュメントの建設、フランス語の強要など、革命的熱狂の下で暴力を伴う国民国家への同調が正当化された事実をどう評価するかという問題には答えていない(15)。

西欧からのお仕着せのモダニティを拒絶し、「文化民族主義」「政治儒学」「市民宗教」といった目標を掲げることで、大陸新儒家は、革命の遂行や文化の啓蒙といった領域から踏み出して、「文化主権」の主張を代弁する運動へと向かいつつある。かれらにおいて、国学や経学の中心概念は、抽象的な愛国主義（ナショナリズム）ではなく、制度や権利に関わる具体的な政治目標であった。康暁光は儒教を「現代宗教」と呼び、蔣慶はその「国教化」を目指し、陳明は儒教が「市民宗教」であると言う。大陸新儒家は、革命や啓蒙を飛び越えて、「秘教的な儒教」の懐へと飛び込むにいたった。

おわりに――人を迫害する儒家について

九三年における儒教の国教化宣言以来、儒家社会主義という言葉は完全な市民権を得るにいたり、また現代中国の国家指導者の儒教への傾倒も、習近平政権になってからは、もはや抜き差しならないものになった感がある。それは、二〇一三年から一四年にかけて劇的に展開された。

二〇一三年一一月、習近平党総書記・国家主席が、山東省曲阜の孔廟を参観し講話を行ったことは、大きなニュースとして取り上げられた。翌一四年五月四日、五四運動九五周年に当たるこの日、運動の策源地であった北京大学で開催された五四記念セレモニーに習近平が現れた。北京大学孔子学会会長の湯一介の手を携えて会場に入場したのである。同じ年の九月二四日、国際儒学聯合会は、孔子生誕二五六五周年を記念する大会を北京の人民大会堂で挙行したが、そこにも習近平が出席したことは関係者を驚かせた。一九四九年の建国以来、この三度にわたる表敬訪問や講話は、共産党指導者が孔子に対して示した最高の礼遇と言える。

だが皮肉なことに、ここに来て、第二期新儒家として現代世界における儒教の復権に取り組んできた長老たちから、大陸で進められる儒教再興運動への疑念が表明されるようになった。

一四年一二月、李明輝《りめいき》は復旦大学哲学院の招聘で、「中西哲学における悪と原罪」と題する学術講演を行ったが、彭湃ネットのインタビューに応じて、大陸新儒家への強い違和感を語っている。李明輝は牟宗三の著名な受講生である。かれは蒋慶と陳明に代表される大陸新儒家の言説は自己顕示のため以外のものではなく、「心性儒学」と「政治儒学」の分離を説くかれらの方法は、儒教の真実の内容とは何の関係もないと述べる。事実は、両者は儒教の中で不可分なものであった、と。

李明輝とは比較にならないほど辛辣な大陸新儒家批判を展開したのは、一九八八年に中国保守主義の必要性を論じた、あの余英時である。一四年九月二七日に行われた、かれの講演題目は「大陸が儒家を提唱するのは、儒家への死の接吻である」。

儒家のお話しをさせてもらいたいのです。この問題については、いろんな場面でいつも言ってきたのですが、香港では、これほどたくさんの聴衆のみなさまに直接お話したことがなかったので、少し話してみます。儒家は利用されるものなのです。伝統的な儒家、つまり皇帝が尊重した儒家は、三綱五常の儒家で、お上をおかして乱をおこすのを許さない儒家。これは伝統的な王権や王朝が尊重したものです。これを、われわれ西洋で研究する者は「制度的儒家」と呼んできました。"institutional confucianism"です。これは本物の儒家、今言った高度な批判精神を持った儒家とは別物です。

中国の歴史には二つの「儒家」があった。一つは迫害を受けた儒家。もう一つは人を迫害する儒家です。ですから、大陸のある組織が儒家を尊重するなどというのは、私から見れば、「人を迫害する」伝統と同じであって、つまり、この組織は、以前なら、儒家をもっとも激しく批判した団体であり、孔子のことを孔の次男坊と呼び、孔の次男坊はほんとうにダメな人物であったとか、孔の次男坊を入党させたのは誰かなどということを問題にする者までいたぐらいで（笑）、あの頃の侮辱といったら、これ以上ひどいものはなかったのです。

ところが、あっという間に、孔子が大流行となって、現在、世界中に何百という孔子学院があり、中国では儒家が大々的に唱えられ、新儒家を称する者がたくさんいる。

先ほど申し上げましたが、唐君毅《とうくんき》先生のような人が、本当の意味で新しい儒家を創造したのであって、唐先生やかれの友人たち、牟宗三先生、徐復観《じょふくかん》先生、張君勱《ちょうくんばい》先生などですね、かれらが提唱した儒家は、真に学術的な儒家、批判的な儒家でした。お上をおかし乱をおこしてはならないとは決して口にしない儒家でした。

ですから、私が常に言うのは、大陸で現在、儒家を唱えているのは、少なくとも私に言わせれば、たいへん大きな困難をもたらすものです。私はすでに儒家という二文字を口にしないことにしています。と言いますのも、私が儒家を語ると、他の人たちは当然、大陸当局の儒家に対する態度と、私が同じなのだと思ってしまうからです。そこで、大陸のある組織が儒家を提唱するのは、私個人からすれば、死の接吻ですね。Kiss of Death. OK!

というわけで、われわれは厳密に、誰が本物の儒家かを、誰が儒家を借りて政治的利益を得ようとしている「いわゆる」儒家思想かを見分けなければならない。つまり、もし見分けられれば、われわれも、ためらうことなく、儒家について引き続き議論したり、儒家の文化に対する見方、社会批判のやり方や、西洋の人権・民主・自由とどのように結合できるかを提唱できます。

少しここで問題提起したいのですが、西洋の自由・民主・人権・平等などの観念、西洋の普遍的価値はどのように中国に伝わったのでしょうか。あなた方がもし歴史を研究して十九世紀半ばまで遡れば、それはすべて中国儒家が自分で運び込んだことが分かるはずです。

（中略）

別の方面から考えますと、ヨーロッパのプロテスタントやキリスト教は、民主の観念に反対することがとても深かったので、ゆっくりゆっくりとしか克服できなかった。こうして克服してやっと、プロテスタントも民主の発展を助けて、民主の発展に干渉することがなくなったのです。

ですから、私が考えるに、儒家が大陸で出会う問題など実際は極めて浅薄なものです。なぜなら、儒家の名声が上がったから、人々に利用され、利用されるや、儒家とはあたかも自分のことだとなる。実際は、かれが何をするか、どんなことをするかを見て、それは孔子が言ったことだとなりますよね。その人の行動を見て、かれがどんなことをする人かを見て、儒家かそうでないかが分かるはずです。

儒家とは寛恕ですよ。道とは忠恕です。忠恕の二文字は、忠とは自分のできることを尽くすこと、恕とは他人に寛容な態度をとること（己の欲せざるところを人に施すことなかれ）です。これが儒家の基本精神です。ある党や政府が、自分の政策に少しでも批判的な人を監獄に送りこもうとするなんて、これが儒家と言えるでしょうか。ですから、私が思うに、儒家かそうでないかを見分けるのは、とても簡単なのです。けっして文字に騙されたり、言語のわなにはまってはいけません。

余英時のこの批判に、大陸新儒家がどう応えたかを、私は寡聞にして知らない。ただ、余英時がここで「制度的儒家」と呼ぶものは、大陸では、康有為を再評価する新儒家の一グループ（唐文明、曾亦、干春松）を指す呼称（「制度化儒家」）を想起させる。現代中国の儒教運動の軌跡は、どうやら「秘教的な儒教」への道、人を迫害する儒家への道をひた走っているようである。

注

(1) 緒形康「大清帝国の言語政策」『紀要』第四〇号、神戸大学文学部、二〇一三年。
(2) 陳晋『毛沢東的文化性格』中国青年出版社、一九九一年、第五章。
(3) 陳小雅『中国〝牛仔〟――毛沢東的〝公案〟及行為・心理分析』(上冊)、明鏡出版社、第三章。
(4) 高文謙著、上村幸治訳『周恩来秘録　党機密文書は語る』(下巻)、文春文庫、二〇一〇年、第十章。
(5) 汪樹白『伝統下的毛沢東』中国青年出版社、一九九六年、第十章。
(6) 中共中央文献研究室編『毛沢東年譜　一九四九―一九七六』第六巻、中央文献出版社、二〇一三年、六一一頁。
(7) 鄧力群『十二個春秋(一九七五―一九八七)』博智出版社、二〇〇五年、二七二―七三頁。
(8) 賀桂梅『〝新啓蒙〟知識档案――80年代中国文化研究』北京大学出版社、二〇一〇年、第四章。
(9) 余英時「中国近代思想史上的激進与保守」(同『銭穆与中国文化』上海遠東出版社、一九九四年、所収)。
(10) 許紀霖『另一種理想主義』復旦大学出版社、二〇一〇年、二〇一頁。
(11) 雷頤「「国学熱」、民族主義転向与思想史研究」『二十一世紀』総第一四一期(二〇一四年二月号)が、こうした観点に立つ。
(12) 以下の文献を参照。汪暉「一九八九年の社会運動と中国の「新自由主義」の歴史的根源」『思想空間としての現代中国』岩波書店、二〇〇六年。同「中国における一九六〇年代の消失」『世界史のなかの中国　文革・琉球・チベット』青土社、二〇一一年。
(13) 康曉光『中国帰来――当代中国大陸文化民族主義運動研究』八方文化創作室、二〇〇八年を参照。
(14) 蒋慶『政治儒学』生活・読書・新知三聯書店、二〇〇三年を参照。
(15) 陳明『儒教与公民社会』東方出版社、二〇一四年を参照。

現代中国における封建論とアジア的生産様式

福本勝清

1　封建制をめぐる逡巡

十年にもわたる混乱、人と人が無慈悲に打倒しあった文革（一九六六―一九七六）が終わった直後、文革を主導した林彪《りんぴょう》(1)や四人組《よにんぐみ》(2)は封建ファシズムにもとづく暴政を行なったと非難された。また、改革開放政策が始まった一九七九年、新しい時代の指導者として中央の政治舞台に登場した胡耀邦《こようほう》(3)は文革の悲惨さを、長期にわたって維持されてきた封建専制主義の余毒に侵された結果とし、封建専制主義の一掃を主張した。林彪や四人組のいったいどこが封建的であったのか、また、文革の蛮行のどこが封建的であったのか理解に苦しむところであるが、これらは現代中国社会における封建という言葉の用法の際立った特徴の一つでもある。封建専制主義とはいかにも矛盾したことばである。本来、封建と専制とは矛盾した関係にある。それが、如何にして結びつくのであろうか。

周知のごとく、封建制は西周封建制を指すほか、日本の武家社会を表わす用語としても使われ、さらに、中世ヨーロッパの政経の支配システムとしてのフューダリズム feudalism の訳語としても使われている。フューダリズム feudalism は、中国語に訳せば封建主義である。混同を避けるためには、封建制を西周封建制のみを指す言葉として使用し、日本の鎌倉以降の支配システムには別の用語を当て、さらに西欧中世の feudalism の訳語を、それらとはまた別の言葉にすればよかったのであろう。

だが、近代の日本の歴史家が、武家社会をなんらかの政経の支配システムとして捉えようとしたら、まず中国古代史から西周封建制の名を借りて封建制と呼び、ついで西洋から feudalism の概念を導入するにいたる筋道は、多分それほど間違ったものではなかったであろう。類似物が同じ名称で呼ばれるのはやむをえないであろうし、時にはそれは必然でもある。ましてや、互いの文化についてあまり理解がない時代に、どうしても訳語を選ばなければならなかったとしたら、類似したものへの連想により、feudalism＝封建は容易に成立したであろう。日本であれ、中国であれ、遅かれ早かれ、そうなったはずである。かくして中世西欧と中・近世の日本は、同じ封建社会と呼ばれ、当然にもそれは、西周社会と同じ封建制の名称で呼ばれることになった。

伝統的な中国人の歴史家の用法においては、西周以来の封建制（分国状態）を廃したのが秦の郡県制であり、それによって秦漢以後の皇帝専制統治が切り開かれたとされた。それゆえ、秦漢以後の歴史をも封建主義と呼ぶことは本来ありえなかったはずである。

だが、ヨーロッパにおいても、日本においても、近代以前の社会は、封建制にもとづく社会であった。それゆえ、ヨーロッパにおいても、日本においても、ブルジョア進歩派や改革派は、悪しき旧制度（アンシアン・レジーム）、すなわち封建制の一掃を呼びかけていた。辛亥革命以後、陳独秀《ちんどくしゅう》(4)など留学帰りの中国の革命家たちは、旧制度を封建的なるものと呼び、その打倒を呼びかけた。さらに、決定的であったのは、ロシア革命以後の社会主義の祖国ソ連の動向であった。前近代のロシアは農奴制社会であった。そしてその農奴制は専制を支えていた。農奴制＝封建制と捉えれば、封建制と専制は両立可能な概念であった。事実、レーニンはいう、世界は奴隷制→農奴制→資本主義へと発展した（『国家について』一九一九）。スターリン独裁の確立とともに、レーニンが聖化され、レーニンの言説は誤りなきものとされた。人間の歴史は原始社会→奴隷制→農奴制（封建制）→資本主義へと発展する。資本主義以前の、あるいは近代以前の封建社会が皇帝専制であって何の問題があろうか、ということになる。

一九三八年、スターリンは『弁証法的唯物論と史的唯物論』において、人間社会の歴史は、原始社会→奴隷制→封建制→資本主義→社会主義へと発展すると述べ、それがマルクス主義歴史学の公式――戦後日本のマルクス史学の用語では「世界史の基本法則」――となった。何よりもそれは、普遍的な歴史法則として、どの国、どの民族にも適用されるものとされた。社会主義の祖国、ソ連の最高指導者が下した決定は絶対であった。何であろうと、それに従うしかなかった。

　それゆえ、中国のマルクス史家が中国の歴史を、原始社会↓奴隷制↓封建制↓資本主義↓社会主義へと発展したと描くは当然であった。だが、中国の歴史はそれ以上のものでなければならかった。中国の奴隷制も封建制も、特殊な奴隷制、封建制ではなく、ヨーロッパと同じもの、それと同格のもの、あるいは完全に匹敵するものでなければならなかった。少なくとも、劣るもの、未熟な・未発達なものであってはならなかった。

　郭沫若《かくまつじゃく》(5)、田昌五《でんしょうご》(6)ら中国を代表するマルクス史家は、そのために闘い続けた。彼らの敵は中国の歴史を奴隷制が欠けたもの、封建制が欠けたものとみなす歴史観ばかりではなかった。ソ連東洋史学の主流派のように、中国の歴史に奴隷制を認めたとしても、共同体的諸関係の残存により未熟なものに終わり、古典古代のような発達した奴隷制には至らなかったとする古代東方型奴隷制説や未発達な奴隷制説もまた、郭沫若や田昌五らにとっては警戒すべき学説であった。なぜなら、それらは中国の歴史がヨーロッパの歴史とは異なった特殊なものであることを示唆しているからであった。さらには、農奴制を中心にすえた封建制概念にも意義を唱え、封建制には、領主制的封建制と地主制的封建制があり、農奴制に代表されるヨーロッパの封建制は前者であり、中国の戦国時代以降の封建制は後者である。しかも、前者より後者の方が進んだものだと主張した。封建地主制とは、中国に封建制を容易に見出すために考えられた御用理論であった。

　中国のマルクス主義者の実践がマルクス主義にもとづく正しいものであったがゆえに、革命の成功がもたらされたと考える以上、中国革命はマルクス主義の真理を体現したものとなった。中国の歴史が普遍的な歴史法則とは無縁の、極めて例外的なもの、特殊なものであったとしたら、何ゆえ、マルクス主義にもとづく革命が成功したのかを説明できない。あるいは、中国革命の勝利も、特殊なもの、例外的なもの、偶然の重なり合いによって生じた価値の低いものとなる。「農村による都市の包囲」などといった中国の党の革命戦略を他国に輸出することもできなくなる。

一九六〇年前後からの中ソ対立は、ソ連の党と中国の党が、マルクス主義の普遍的真理をどちらの党が継承実践しているのかを争ったのであり、自らの革命が特殊なもの、例外的なものだと認めたとしたら、社会主義の祖国を代表するソ連の党に対し、中国の党は初めから勝ち目のない闘いを強いられることになる、中国のマルクス主義者がそう考えたのは当然であった。

2　文革後の歴史論争

一九五〇年代以後始まった、ソ連流マルクス主義の後退とともに、五段階論は次第に力を失い、さまざまな代案が出された。西欧マルクス主義を中心に多系的な発展論が主流となったが、マルクス主義を教義として教えていた中国では、その変化にほとんど対応しえなかった。改革開放後、ようやく、歴史発展の五段階論の再検討が開始された。

一九七九年以後、一九八〇年代を通じて、中国にも遅ればせながらアジア的生産様式論争が行なわれた。ようやく再開された感のある論争は、アジア的生産様式概念が、長い間、異端の嫌疑をかけられ、タブー視されていたことをうけ、恐る恐る、極めて慎重に進められた。この論争に最大の刺激を与えたのはメロッティ『マルクスと第三世界』(中国語版 1981) であった。この書物を見出し、出版を働きかけた呉大琨《ごたいこん》(7)は、同書の、直線史観に代わる多系的な発展論の展開に魅されたのであろう。メロッティは社会主義諸国家の支配システムを、アジア的生産様式以来の、専制君主を中心とした中央集権的官僚制の継承とみなしていた。訳書の刊行を後押しした呉大琨は、彼らを苦しめた文革の暴政が封建的であるというよりも、アジア的専制主義に由来するものであることを、メロッティの著作を介して、広く認識させようとしていたのだと思われる。だが、一〇年におよぶこの論争を通じて、アジア的生産様式論の画期をなすような著作——たとえば侯外廬《こうがいろ》(8)『中国古代社会史』(1947)のような著作——は生れなかった。むしろ、この論争は、直接的な成果というより、歴史学をめぐる、その後の、多くの、様々な論争に影響を与え、それらの論争の弾みをつけることに一役買っていたということに意義がある。

その一つが、中国奴隷制に関する論争であった。郭沫若以来の殷周期を奴隷制にもとづく社会とする中国奴隷制論には、当初より批判があった。殷周時代にかぎらず、中国古代史における奴隷の役割は、農業生産において決して主要なものではなかった。主要な生産者はあくまで共同体農民であったからである。公式説は別として、学界の大勢において、中国史に奴隷制段階を認めない無奴学派と呼ばれる人々が次第に優勢となっていく。

一九八〇年代のアジア的生産様式論争を引き継ぐ形になったのは、東方社会理論をめぐる論争であった。この論争が、マルクス「ザスーリチの手紙への回答下書き」(一八八一年)に記載されているFourches Caudines(カウディナのくびき、またはカウディナ峠)の文言をめぐる論争であることから、「カウディナ峠資本主義跳び越え論」とも呼ばれている。マルクスはこの「下書き」のなかで、ロシア農村への資本主義の浸透がすすむなか、ロシアの共同体が生き残るすべがあるのかどうかを考察し、ロシアの共同体が西欧資本主義と同時代にあることから、幾つかの条件のもとで、資本主義の浸透のなかでも生き残り、かつ社会主義への土台となる可能性があることを示唆しようとしていた。「カウディナのくびき」(カウディナ峠)は、ロシア農村に浸透しつつある資本主義とそれに侵食される農村の悲惨さを象徴する言葉として使われていた。

このマルクスの文言から、中国独特のカウディナ峠資本主義跳び越え論が派生したのである。中国のマルクス主義者は、マルクスは晩年、東方の遅れた社会は資本主義を経なくとも社会主義に到達することができると考えるにいたった、と解したのである。それは、一般に、東方社会理論と呼ばれることになる。この理論の端緒は一九八〇年代後半にあった。ところが、経済の改革開放路線を推進してきた鄧小平指導下の中国は、一九八九年の天安門事件以降、国際的な孤立に陥る。政治的には民主化を拒絶したにもかかわらず、経済の改革開放路線は継続しなければならなかった。そのような矛盾した状況に、この東方社会理論はうまく適合した。

中国の場合、一九九二年の南巡講話以降、再び経済発展が始まっていた。彼らは、先進国に対し、資本や先進技術は求めても、自らの国情を盾に、民主化を含めた欧米文化の受容を拒絶した。この東方社会理論の意図は、伝統中国社会の異質性を強調することにより、かつその遅れた社会システムがかえって進んだ資本主義を跳び越え社会主義へと向かう道を老マルクスが発見したこと、その道を辿って中国が近代化しつつあることを主張するものであった。また、その道を理論化した東方社会理論は、中国のマルクス主義者のナショナルな心情を満足させるものでもあった。彼らの社会主義の道が、「ザスーリチの手紙への回答下書き」におけるマルクスの意図とも合致しているとの理解は、彼らの民族的な自負心を満足させるものであった。

カウディナ派は、近代以前の伝統中国の社会に、異質性の核として、農村共同体・土地共有制・専制主義の三位一体を発見した。だが、その場合においても、カウディナ派の旗手たちが、アジア的生産様式論の立場にたったわけでもない。むしろ、アジア的生産様式論を利用し、その概念装置を拝借しただけであった。彼らにとって、中国の前近代が、ロシアのそれに近いことが証明できれば、アジア的生産様式ではなく、実際には、通俗的な、封建専制主義でもよかったのである。

二十一世紀に入り活気づいたのは、封建制をめぐる論争であった。論争は馮天瑜《ふうてんゆ》(9)『〝封建〟考論』の出版によって俄然熱を帯びる。彼が問題にしたのは、中国のマルクス主義者が封建制概念をルーズに適用し、封建制ではないものも封建制とみなすことであった。それを彼は封建制の一般化（泛化封建観）と呼び、封建概念のインフレーションに対し、厳しい批判を繰り返した。なによりも、彼は、秦漢以後の専制にもとづく社会を封建制に含めていることを問題にしている。馮天瑜は、封建制についてのマルクス主義の創始者の言説を検討し、インドおよび中国に関して封建制概念を適用するのは、マルクスの原意にもとるものと批判している。そこで問題にしているのは、中央集権的な君主専制は封建制とは両立しないということのほかに、農奴制の不在をあげている(マルクス『コヴァレフスキー・ノート』)。農奴制が領主への農奴の人身的従属にもとづいていること、かつそのような社会において土地を自由に売り買いすることはできないことを挙げ、直接生産者である農民が人身的に自由であり、土地を自由に売買できた中国社会は、「封建」的な社会ではなかったと述べている。

馮天瑜のほかに、侯建新《こうけんしん》(10)、黄敏蘭《こうびんらん》(11)なども封建論批判の論陣に加わったが、上記の馮天瑜の観点は、後二者にも共通したものである。彼らは、西欧、日本などの議論とも対照しながら、共産中国の諸論争のなかでは、諸外国に対し偏見の少ない、目配りの広い議論を展開している。かれらはブローデルやマルク・ブロックなど多くの西欧の歴史家の文献に親しむことで、ブロックらが描く中世西欧世界が、マルクスのそれに極めて近いことに気づく。意外にも、経済決定論であると思われていたマルクスの封建制概念が、荘園制、恩貸地や知行制、家臣制、農奴制といったものと強く結びついており、地主制が封建制の根幹であるなどといった単純なものでは決してないことを、彼らはともに理解している。侯建新は、とくにマルク・ブロック『封建社会』から、封建社会が、非血縁的な、さほど強くはない国家権力の支配による社会であること、支配の核あるいは細胞としての荘園制の存在、支配階級としての武をたっとぶ武士層、そして、領主をめぐる諸関係(従属関係)に原始的契約の要素が見られることなどが、きわめて重要なポイントであることを学んでいる。

黄敏蘭は、上記の領主と農民の間において、双方、権利と義務を有していたこと、領主も農奴に義務を負い、農民も自己の権利を有していたと述べ、かつ中世西欧の君主が自ら移動し、自分の領地に赴いて農産物を消費しなければならなかったこと、それに対し中国の皇帝とその官僚は、漕運によって大量の人力を動員し、彼らのために糧食を運ばせたことを挙げ、両者の社会の質的な違いを明らかにしている。以前のような一般的な原則（たとえば土地を通した搾取と経済外的強制）により、すべてを押し切るような乱暴なやり方ではなく、中世西欧社会の特質を理解した上で議論していることが顕著である。恐らく、その背景には、留学を含めて欧米への長期滞在が可能となり、西方社会と東方社会の種差、文明の相違が、肌を通して理解しえるようになってきたことが大きく関係している。

さて、奴隷制論争において優勢を占める無奴学派は、中国古代に奴隷制にもとづく社会が存在しなかったとしながらも、奴隷制に代わりどのような社会が存在したのかについて、一致した見解を提示しえていない。たとえば、無奴学派を代表する論客の一人である張広志《ちょうこうし》[12]は郭沫若以来の殷周奴隷制説を否定し、封建制説を唱える。さらに、夏、殷、西周期は、共同体的封建社会であり、戦国以降を地主・小作制にもとづくものとしている。だが、土地私有が存在せず、かつ共同体が丸ごと上位の共同体（包括的統一体）に従属するような社会は、封建制でも、マルクスのいう封建的生産様式でもない。無奴学派を代表するもう一人論客、沈長雲《しんちょううん》[13]は、戦国時代に始まる専制主義の伸張を理由に、アジア的生産様式を適用している。だが、それ以前については、アジア的生産様式ではなく、部民制《ぶみんせい》にもとづく社会であるとしている。戦国時代以前の種族的な共同体にもとづく初期国家をどのように規定してよいか決めかねているが、どうして、小共同体を緩やかにまとめ、その上に君臨する「包括的統一体」（マルクス）のイメージを想起しないのか理解に苦しむ。

カウディナ派は、中国の封建制が極めて独特であったこと、中世西欧の封建制とは異なるものであったことを堂々と主張したことにおいて独特な位置をしめる。だが、上述のごとく、彼らの中国封建制の扱い方は便宜的なものでもある。カウディナ派の議論は、アジア的生産様式論の専制主義論（農村共同体・土地国有・専制主義の三位一体）を借りながら、アジア派（アジア的生産様式論の提唱者）が意図したような中国の民主化ではなく、経済の改革開放路線の維持と、現状の党体制の擁護を理論的にサポートしようとしているところに力点がある。アジア的生産様式論を現体制の擁護に利用するその手法は、きわめてプラグマティックであり、アジア的生産様式論は東方社会理論の下僕として扱われているだけである。彼らカウディナ派の議論が隆盛を極めたとして、侯外廬、呉大琨といった従来のアジア派の旗手たちの理論的成果が見直されたり、高く評価されたりするわけではない。

中国封建論批判の論陣をはる馮天瑜、侯建新、黄敏蘭もまた、無奴学派と同じ立場にある。すなわち、近代以前の中国から、奴隷制も封建制も追放したとしたら、一体、中国史をどのように描けばよいのか、古代あるいは前近代の、中国の生産様式や社会構成体を如何に規定するのか、という大きな問題が残される。それに対して彼らは明確には答えていない。だが、彼らは、マルクスの中国論がアジア的社会論の枠組のなかにあることを、はっきり自覚しつつ議論を行っている。そこが、無奴学派やカウディナ派と、馮天瑜たちの違いである。

以上、文革後に開始された諸論争を振り返れば、アジア的生産様式論争は当然のこととして、奴隷制、東方社会理論、封建論をめぐる論争もまた、依然として、アジア的生産様式が隠されたテーマ、焦点であったことが理解できるであろう。

3　アジア的生産様式論の再構築

中国=アジア的生産様式論には長い系譜がある。中国人のアジア的社会論は侯外廬、呉大琨を中心として、それなりの歴史と理論的水準を有している。アジア的生産様式論をめぐる議論は、一九二〇年代後半のソ連を中心に始まったが、すでに、マジャールやウィットフォーゲルによって中国の専制主義は、水の理論に結びつけられていた。

戦後、ウィットフォーゲルは、大著『オリエンタル・デスポティズム』(1957)を発表し、その独特な水の理論をもって反共を唱え、当時の進歩的な文化人より大きな批判を招いた。ウィットフォーゲル・パニックから半世紀以上が過ぎた今日、彼の水の理論を再評価する必要がある。残念ながら、大規模水利事業の必要性が専制国家の成立を招来したとするウィットフォーゲルの水の理論には、小規模な水利社会を、大規模水利とは異なった価値をもつものと見る視点はない。

小水系の水利をも射程に入れているのは、木村正雄である。彼は邑制国家の小規模水利によって成立する農地を第一次農地と呼び、戦国時代以降の領域国家によって主導された大規模水利によって成立した農地を第二次農地と呼んだ。第一次農地は、それぞれの邑の周囲に拡がる田地のことであり、それに必要な水は渓流などを利用した自然灌漑(重力灌漑)によって得られる程度のものであったと思われる。この程度の小規模水利であるならば、邑支配下の共同体農民を動員することで十分可能であったと思われる。

中国における水の理論にとって、中国文明とその歴史が、いかなる農業景観のもとにあったのかが、問題となる。木村正雄が、邑制国家の周辺を荒蕪地と理解しているのは、おそらく乾燥化した後の華北を想定してのことであろう。だが、実際には殷代、西周時代には華北は森林や草原で蔽われていたと想定されている。森林が存在する社会において、散在する小国家あるいは首長の勢力圏を隔てていたのは、荒蕪地よりもむしろ、森林あるいは、森林を流れる河川や、森林に覆われた山地などであろう。

灌漑であれ、あるいは治水であれ、小規模灌漑がコミュニティを基盤として作られ、維持される時、その水利に参加する農民、共同体成員相互の協働連関の可視性は最大となる。水路、堰、排水溝、堤防、溜池など、たとえ小さくとも水利施設の築造と維持管理は、共同体農民の労働供出によってなされる。邑制国家の誕生により、労働供出は次第に賦役的な性格のものとなるが、小規模であるかぎり、そのメンバーの協働連関の可視性は維持される。個々の水利を指導する族長あるいは在地首長は、支配階級の一員であると同時に、現地社会の一員でもあり、その円滑な支配維持のためには、共同体の共同労働の慣行に配慮しつつ水利事業を進めなければならないからである。このようなコミュティ・ベースの水利システムは、社会に特有の性格を与える。この小規模水利社会がもつ社会的性格を、ランシング（Lansing, 1991）はバリ島の水利組織の例から hydraulic solidarity と呼んだ。水を介した連帯である。『詩経』には、西周期から春秋時代の中原地帯の農村社会の様子が反映されているが、我々はそこに hydraulic solidarity の名残を読むことができる。『詩経』に溢れる農民たちのあけすけな情感、性愛を偽らずに語ること、そしてきどらない隣人どうしの親しさ、それらはおそらくマルセル・グラネが指摘した歌垣の慣行によって制度的に支えられている。歌垣は、近隣への信頼がなければ成立しえない。また、これらを文字にし、記録として残そうとした人々と歌垣を行なっていた村人との距離は、当初、非常に近しかったと考えるべきであろう。それぞれの地域の民俗を謡った「国風」ばかりでなく、宮廷儀礼の書とされた「小雅」や国君に関わる「大雅」にまで、性愛を謳う詩が含まれていることは、それらを文字に記載し残した当時の人々（後の士大夫にあたる人々）もまた、そのような民衆が唄に載せた情感に違和感を持たなかったことを示しており、初期にあった距離感の近さを、いっそうよく示していると考えられる。

『詩経』には、水辺、河水が多く描かれている。おそらくは森林、草原、湿地帯に覆われた世界だったのだろう。水に恵まれた日本にでもしばしば日照りがあるように、水不足に悩まされることもあったであろう。だが、『斉《せい》民要術《みんようじゅつ》』(14)に代表されるような旱地農法の世界ではないことは間違いない。華北の乾燥化は、戦国以降の鉄器普及により始まった。大平原の急速な開発、そしてそれに伴う森林の消失とともに、旱地農業への転換がゆっくりと開始されたと考える。

小規模水利社会は必ずしも大規模水利社会に発展するわけではない。とくに小水系、あるいは小平野や盆地か

第1ステージ	第2ステージ	第3ステージ
共同体のコントロールが可能な規模	共同体のコントロールを超えた規模	
	専制主義を発生させない規模	専制主義を発生させる規模
協働連関の可視性が維持される	協働連関の可視性が次第に失われていく	協働連関の可視性の喪失

＊この三つのステージは、大枠として、マルクスの「人工灌漑は、共同体か、地域政府か、国家の仕事である」に対応している。

らなる水利社会は、もともと大規模水利社会への展望をもたない。[15] 日本や東南アジアにおいては、小規模灌漑から大規模灌漑へ発展する可能性が少ない。まったくないわけではない。たとえば、古代日本において、関東平野全体に及ぶような水利事業が行なわれた場合など、大規模であるといえるだろう。あるいは、タイやビルマにおいて、当初よりチャオプラヤ・デルタやイラワジ・デルタの水利事業を展開した場合がそれにあたるだろう。[16] それに対し、照葉樹林地帯に属する中国西南からインドシナ北部にかけての山岳地帯には、壩子（bazi）と呼ばれる河谷盆地、山間盆地が多数存在するが、それらには大規模水利への展望は存在しない。おそらくジャワ島などインドネシア、フィリピンなど東南アジア島嶼部において同様であろう。

では、何が小規模で、何が大規模といえるのであろうか。その決定的なメルクマールをどこに求めればよいのだろうか。まず、コミュニティ・ベースの水利システムが小規模であることは説明を要しないであろう。単独の共同体によるものか、共同体連合によるものなのか、首長あるいは大首長によって統制されているのかなど、様々議論の余地はあっても、基本的には共同体によって水制御が行なわれているといってよい。水利施設、水路、堰、堤、排水溝などは共同体成員の共同労働によって作られる。このような労働は、個々の経営にとっては剰余労働であっても、それなしでは個々の経営も成り立たない以上、共同体のための必要労働と呼ばれる。また、水利事業における共同労働は参加する個々人にとって、参加者相互の関連が明確であり、それぞれの共同労働の成果は、参加した個々の共同体成員にとっても、個々の経営にとっても、明確に把握される。筆者は、そのような状態を、先ほど述べた共同体成員の共同労働において、協働連関の可視性が保たれていると考える。

水利システムが拡大し、共同体や共同体連合によっては統制しえなくなる場合がやってくる。言いかえれば、既存の水利システムを拡大するためには、より大きな指導力あるいは権力が必要な時がやってくる。より長い水路、より大きな堰や堤を築造するためには、より多くの農民を、より長期にわたって動員しなければならない。必要とされる水利技術も高度化する。そのためには、技術に長けた人間を育てるか、あるいは外から呼び寄せなければならない。いずれにせよ、それらは個々の共同体の力を超えた問題である。日本や東南アジアの古代に見られるように、盆地や小平野を中心に初期国家が成立した場合、いずれも、このような課題にぶつかったに違いない。

だが、上記のごとく、このような時期においても、既存のコミュニティ・ベースの水利システムは以前と同じように維持される。また、それらが拡張される場合においても、労働を供出する共同体（首長）のイニシアティブは維持されるか、そうでない場合にいても、それぞれの共同体の事情に配慮されたものになる。

初期国家の成立以後、おそかれはやかれ共同体のための必要労働は賦役の性質を佩びたものになる。それを共同体のための賦役労働と呼ぶ。共同労働は次第に強制的な性質が強まるが、労働を供出する側からみた、協働連関の可視性は何とか維持される。

だが、中原における第一次農地から第二次農地への転換が進むにつれ、大きな転換が訪れる。水利事業は大規模化し、国家の関与がいっそう強まる。労働の供出は国家もしくはその地方官衙による割り当てが主流となる。規模がそれほど大きくないものでも、共同体を超えたものについては、国家の関与が強まり、官吏が利害調整を行う。大規模水利事業の特徴は、共同体は受動的な存在となる点にある。国家もしくは地方長官が事業を計画し、個々の共同体およびその長は、水利事業主宰者の命令を聞き、人員や資材を提供するだけの存在でしかない。

戦国時代における、魏の西門豹《せいもんひょう》(17)による漳水十二渠(西門渠)、秦の李冰《りひょう》(18)による、四川盆地における都江堰の設置、そして秦の鄭国渠は、小水系の水利から大規模水利事業への過渡を象徴するものである。これらはみな官主導による水利システムであると同時に、時代とともに規模が拡大され、官の主動性がいっそう強化されていく様子をみることができる。外から官が介入することで、在地における協働連関の不可視性が増す。だが、大規模化しつつあるとはいえ、西門渠の場合、水利施設の建設や管理は、完全に地域社会から分離したものではなく、地域社会のメンバーにとって、これらの水利施設の建設およびシステムの維持から、協働連関の可視性がすべて失われたわけでもない。だが、鄭国渠は、完全に官主導により、外から先進水利技術を持ち込み、大量の農民を動員し、三百余里(一里は約四一三m)にも及ぶ水路を建設し、あらたな農地を切り拓き、都江堰によって大きく拡大された四川盆地の田地とともに、秦国家の経済的基礎を形成するものとなった。秦の国土統一の後、湘水と灕水(西江)を結ぶ霊渠が作られ、華中・華南を運河で繋ぐと同時に、北方政権の華南浸透を容易にした。統一された国土の大半は、まず水路で結びついていたのである。

王権の強化および国土統一事業と並行し、始皇帝は、次々と王都・王宮・王陵の建設を命じ、さらには匈奴対策のため万里長城の建設を進めた。それらはすべて、公民(農民)の苛酷な大量動員をもって行われたのである。秦漢期の大規模土木事業の典型は万里長城であり、隋唐期のそれは大運河の築造がもっとも代表的である。

大規模な水利事業として、時代は大きく下るが、宋代の黄河治水を例として挙げることができる。大規模な水利事業において、農民たちは自らの居住地の労働に従うわけではない。決壊した大河の河川修理の場合、被害を受けた農民たち、今後被害を受けそうな農民たちだけが動員されるわけではない。たとえば、黄河の治水工事には、黄河の洪水とは無縁な農民たちも動員される。工事に必要な資材の割り当ても黄河とは無縁な地方にも課せられる。このような場合、賦役に従わなければならない農民たちにとって、なぜ、この工事に動員されるのか、あるいはこの場所で賦役労働に従事しなければならないのか、納得のいく答えはないであろう。難工事であれば、負傷する可能性、最悪の場合には死に至る可能性もある。さらに、工期が長引けば、春耕の時期に戻れない可能性もある。また、資材の供出も、自らの居住地ではなく、遠く離れた場所の工事のために供出しなければならないのか、納得することは難しい。あるのは、お上の命令に逆らえば罰せられる、ということだけである。結局、彼らにできることは、知恵を働かせ、負担を他人に押しつける、負担回避策しかない。このような事態にいたれば、動員される農民の側からの協働連関の可視性は、ほぼ存在しなくなる。構成員が互いに負担を押し付け合うだけの村落は、共同体ではない。村落はあっても、それはもはや共同体ではないのだ。[19] 以後、それに代わり、血縁にもとづく宗族組織が発展する。

農民が本来依拠すべき小共同体のない社会において、共同体のための賦役労働という表現は、ふさわしいものではない。従来、農民たちは、もともとは共同体のための必要労働だからという理由――自分たちにとっても必要不可欠なものだという理由――で、やむをえず従っていた。だが、協働連関の可視性が存在しない公共事業における公民の賦役労働は、国家の側から公民に割り当てられる力役でしかなくなる。

大規模水利には、ウィットフォーゲルが強調した農業管理階級の存在という問題がある。個々の大規模水利事業は国家の関与のもと行なわれる。それを指導するのは農業官僚である。ウィットフォーゲルが主張するように大規模水利事業の必要が国家を生じさせ、かつ官僚機構を増大させたと考えるのか、それとも、国家が成立し、国家機構が整備されたがゆえに、大規模水利事業を行うことが可能になったと考えるのか、との問題に関して、筆者は、それは鶏と卵の問題であり、水利事業とそれを指揮する力は、互いの相互作用によって、互いの規模を拡大させるように働いたと考えている。

上述したように、アジア的社会において公民を賦役へと動員する公共事業は水利ばかりではない。水利事業が始原にあるとはいえ、とくに初期国家の成立以後、公民を国家もしくは王の権力が増大にするつれ、膨大な公民を様々な公共事業へと動員する体制が作られ、かつ体制強化される。官僚機構全体における水利官僚の占める割合や位置づけから、国家成立や国家機構拡大に対する水利事業の影響を測り、水の役割を過小評価するのは早計、拙速である。

西欧中世の王や諸侯は、年中旅をしていたが（巡回王政）、その理由の一つに、家臣を伴い自分の各所領を回ることによって、所領の食糧を消費するという目的があったといわれる。すなわち、王は王領の農民（農奴）に、生産された主穀を王都にまで搬送させることができなかったのだ。王領の農民はたとえ彼らが農奴であったとしても、各王領の王の館まで農産物を運べばよく、わざわざ遠方の王都まで運ぶ義務はなかった。それゆえ、逆に、王が家臣を率いて各王領を回って食料を費消したのである。さらに言えば、年中各地を巡回している王の治世の在り方を考えれば、王都や王宮は、我々が想像するものとはかなり異なったものである。各所領を、家臣を率い巡回するのは、諸侯も同様であった。

それに対しアジア的社会においては、王が土地および水の所有者である以上、王都への主穀の搬送は臣民あるいは公民の義務であった。中国において、王都への主穀の搬送は、漕運と呼ばれ統治者から特に重要視された。中国において重要な交通手段は河川および運河であった。主穀の王都への搬送のために必要であるがゆえに、運河は公民を動員して造られた。それゆえ、灌漑のためにではなく輸送のために運河が造られたとしても、それがその社会が水利社会ではない、などという、決め手にはならない。むしろ逆であろう。漕運のための運河開削は、その社会がアジア的社会であることを示している。なぜなら、アジア的社会においては、公共事業に公民を使役することができるからである。そして、そのような公民の使役は、水利社会における土木事業により培われたものだからである。

中世西欧世界とアジア的社会における、主穀の搬送をめぐる農民の負担の相違をどのように考えるべきであろうか。この相違の背景にはあるのは、共同体のための賦役労働の範囲が、水利社会とそうでない社会との間において、大きく異なるという点である。古ゲルマン社会および中世西欧の農民たちは、農業経営の上においては、基本的には他人との協業を要しない、小経営的生産の主体であった（この点においては古典古代世界の農民も同様であった）。ポリスの市民や中世初期の自由農民などのような自立性の高い生産者たちからなる社会において、公共の福利のためにと称しメンバーに賦役や貢納を課すことは難しい。そこには自から限界があった。市民を動員できるという点において、都市防衛（城壁の建設や補強）はその数少ない例であろう。公共事業を起こすためには、予め財源がなければならず、人を働かせるためにも、資材を入手するためにも、対価を支払わなければならなかった。公共の井戸や水道、あるいは神殿建設など、公共事業の主宰者はつねに公衆にアカウンタビリティを求められると考えて良い。

市民や自由農民ではなく、奴隷や農奴を使役すればよかったのであろうか。ローマ帝国後期には市民もまた公共事業に服したが、自分の奴隷を代わりに働かせてもよかったとされる。だが、奴隷は誰かの奴隷である以上、国家が、直接、奴隷に労働を強制することはできない。農奴も同様であった。農奴を使役できるのは領主であり、領主自らが公共事業に関与しないかぎり、農奴を動員することはできない。また、農奴を人身的に従属せしめている領主であったとしても、農奴の使役には限度があった。領主と農奴の関係は双務的であって、領主が農奴に対し一方的に増加した負担を押しつけることはできなかった。

それに対し、水利社会のルールは異なる。治水にせよ灌漑にせよ、農業において水制御が決定的な重みをもつ社会においては、水利のための労働は、共同体のための必要労働であり、かつ初期国家の成立後には、公民による賦役労働となった。すなわち、君主は、公共の福利を理由に臣民に労働を課すことが可能となる。公民に対する労働の強制である。逆に言えば、共同体農民もしくは公民は、長期にわたり、公共事業における賦役労働になれるように訓練される。そしてこの賦役は次第に膨らんでいく。

渡辺信一郎によれば、古代中国において、王もしくは国家は、公民（直接生産者）に対し、個々の経営にとって必要な、一般的生産諸条件――それらは「直接的生産過程の発展段階に応じて異なる形態をとるが、一般的に言えば道路・橋梁・通運・水利・治水・通信防御施設、あるいは土地・共同団体そのもの」――の維持・再生産のために、農民を徴発し、それらを様々な事業に投入した。一般的生産諸条件のための様々な事業とは、より具体的には、辺境防衛、財物・穀物輸送、城郭の補修、道路・橋梁の維持、ため池の開鑿、水渠の維持（治溝渠）などが含まれる[20]。渡辺は徴発された農民が従ったこれらの賦役を社会的必要労働と呼んでいる（渡辺，2010）。この社会的必要労働とは、共同体のための賦役労働を国家の側から見たものと言うことができる。そして、これらの国家の使役に対し、農民たちが徹底的に受動的に対応していることが特徴的である。

この受動性が、専制国家の官吏・農民の間の信頼を損ない、社会全体として低信頼社会を招来せしめたと考えられる。たとえば、『詩経』とくに「国風」にみられる領主（族長もしくは首長）と共同体農民の関係は、相互的なものである。つまり、領主は支配者であり、共同体農民は被支配者ではあるが、共同体関係がいまだ色濃く残存している当時においては、その共同体関係は両者に様々な交渉の余地を与えている。支配者である周王あるいはそれぞれの地域の王や公は、このような首長層を介して統治している。このような交渉を介した支配・被支配関係において、動員される側は共同体のための賦役労働であるかぎり、たとえ已むを得ざるものとして従っていたとしても、一応の納得や了解をもって参加する。それは、先の徹底した受動性とは異なるものである。

大規模公共事業への動員が、農民の側の徹底的な受動性に特徴づけられる所以は、動員される農民たちが、ただ、処罰を怖れて従っていることによる。たとえ強いられた労働であっても、もし、そこになお協働連関の可視性が維持されていれば、引き受け方が異なっていたであろう。このような徹底した受動性において、動員される側はできるかぎり動員から逃れ、負担を同じ村落の他人、あるいは他の村落のものへ押し付けようとする。国家による負担の強制と、負担する側の無責任な対応が呼応する。

国家が専制化するにつれ、国家からの農民に課せられる負担は増大するばかりであり、かつ賦役と貢納は峻厳な処罰をもって強制される。上述のごとく、それらの負担を共同体内で押し付け合えば、共同体は共同体でなくなる。すでに、地方における国家の代理人は在地首長ではなく、王都から派遣された官吏である。地方官と農民の関係は、以前のような在地首長と共同体成員のような共同体関係を介しての統治とは異なり、そこでは共同体関係を介した交渉の余地のあるものではなくなる。最終的に地方官衙は農民に対し、税収と治安にのみ関与し、それが滞りなく実効さえされていれば、後は在地の力関係のままに放置することになる。だが、これは地方自治や村落自治などではない。中国に特有な、土豪劣紳や土皇帝を生む地域社会の在り方といった方がよい。

この公民（農民）の受動性の対極にあるのが、公的機関における私人性である。水利社会の権力は、その権力行使に関して、アカウンタビリティを求められない。特に公共事業については、それが公共の福利のためと称している以上、動員される側は従うしかない。しかし、それでも小水系を中心とした政治支配と、大河や大平原に成立した政治支配との間に区別が存在する。

小水系の連合からなる初期国家において、政権は不安定であり、中心となる勢力は他の勢力に対し相対的優位にあるだけである。このような場合、大規模な公共事業を行うことは難しい。政権が安定したとしても、他の勢力を圧倒するだけの権力の集中は難しく、したがって仮に大規模な公共事業を行うにしても、地方勢力の離反を

おさえるため様々な配慮を施さなければならない。また、動員される共同体農民に対しても、彼らの個々の農業経営に差し支えるほどの負担を課すことは、一時的には可能であっても、長期的には不可能である。そこに、農民を徴集し、それを指揮して公共事業を行う公共事業の主宰者側から、動員される側に対する配慮（具体的には、中央に代わって農民を動員する地方勢力に対する配慮）が、アカウンタビリティに似たものになる可能性はある。

それに対し、中央政府に周囲に圧倒的な軍事力が集中する――（それを支えるべく主穀も王都に集中する）――大河・大平原に成立した専制国家においては、公共の福利のための大規模土木事業に関して、動員される側への説明責任など存在しない。なぜなら、公共の福利の事業は、まずもって公民への恩恵だからである。また、中央に代わって農民を動員する地方勢力なども存在しない。中央の意志を代理するのは地方官吏であって、地方に根を張る在地首長、地方実力者などではない。華北平原・江淮平原・長江中下流平原から水路を通して集まってくる主穀が、中央への軍事力集中を支えている[21]。中央政府の圧倒的な軍事力および経済力（主穀の集中）を想像し得るであろう。また、王朝の衰退期を除いて、地方に根を張る実力者など存在しえないことを理解できるはずである。

そのような中央の圧倒的な優位、中央集権的国家機構の優位からは、それぞれの施策について、公民に対しては命令あるのみであり、説明責任のようなものは出てこない。皇帝がその政策を遂行する宰相に対しアカウンタビリティの必要性をもたないように、諸官衙も下位機構に対しアカウンタビリティの必要性を持たない。諸官衙の長も、その部下に対し同様の態度をとる。逆に上位の者は下位の者に対しつねに責任を問う立場にある。このような関係が上位の者の施策執行上における恣意性を許すことになる。

さらに重要なことは、下位もまた上位に絶対的に服従することにおいて、つねに受動的な立場にある。また、公民も諸官衙の命に、従わなければ罰せられるがゆえに、やむをえず受動的に従うのみである。そこに、「上に政策あれば、下に対策あり」と呼ばれる、命令には受動的に従う下位のものの無責任な対応が存在する理由があ

る。

低信頼社会においては、誰もが、無責任である以上、社会的秩序を維持するために、公的機構は無条件に必要となる。無責任な公民に対しては、必要なのはアカウンタビリティではなく、強制である。さらに、アジア的社会に特有の、公共事業のもつ重要性があり、それを主宰する公的機関の長は、公事を理由に私事を図る大きな裁量をもつ。重要なことは、たとえ公私混同が必然であっても、公的機関、政府は存在しなければならないということである。そうである以上、公職につくものは、公権力を利用して私財の蓄積に励むことに何の痛痒も感じない。

村松祐次（1949）は、中華民国期の政府機構の経済への関与の在り方を分析し、それを中国社会における政府の私人性と呼んだが、そのよってきたるところは、上記の事由から説明しうると考える。

4 小括

最後にもう一度、「ザスーリチの手紙への回答下書き」に戻ろう。手紙の草稿は四度書き直されたが、第四原稿は、ザスーリチの手元に届いた簡潔な内容のものと、ほぼ同じものであるので、第三草稿が思索を深めた最後の草稿と考えて良い。

マルクスはザスーリチへの返信で、ロシアの共同体（オプシチナ）が、「ロシアにおける社会再生の拠点」と確信するにいたったと述べている。すなわち、マルクスは、オプシチナ＝ミールは新しい共同社会の細胞となりうると考えていたことを示すものである。これを協働連関の可視性の視点からみると、新しい共同社会＝共産主義社会とは、それぞれの産業が複雑な関係をもちながら、直接生産者にとって、その協働連関の可視性がもっとも

鮮明な社会であることを意味する。そのような社会に向けた変革の担い手（革命運動の担い手）もまた、広汎かつ複雑な諸産業の関連に通じ、革命政権においては、それらの自立的な活動を認めつつ、全体をゆるやかに統御しうる可能性（アソシエーションの連合体）をもつ、新しい労働者＝生産者でなければならなかった。

だが、実際に最初の社会主義革命を成功させたレーニンの党は、このような協働連関の可視性の視点とはまったく無縁の集団であった。レーニンの党は、専制国家の治安維持装置＝秘密警察との闘いに自らの組織を適合化させ、かつ、ライバルの革命党派を出し抜くことに長けた党であった。それゆえ、党組織は、中央にすべての権力、決定権が集中する、一極集中の官僚機構となった。このようなレーニンとスターリンの党が作り上げた社会主義諸国家が、伝統的なアジア的専制国家に類似したのは当然であった。そのような国家における農村細胞――コルホーズ、ソホーズ、人民公社ら――の成員にとって、建国初期の熱狂に包まれた――幻影の――時期を除けば、すべての諸事業において、協働連関の可視性が回復されることはなかった。事態は逆であった。中ソ両国の農村細胞は、均田制下の農民と同じく負担の担い手にすぎなかった。さらには、革命政権の失政による大飢餓の主要な犠牲者でもあった。

先のマルクスの第三草稿の最後は、「分割地……」（La parcelle ....）で終わっている。これは、マルクスがロシアの共同体の分与地を、西欧のゲルマン的所有（個人的所有）の継承である分割地と同じものとみなし、論考を進めていたことの挫折であった。マルクスはロシアの農民たちがアルテリ契約に慣れていること[22]が個別耕作から集団耕作への移行を容易にすると考え、さらに、ロシアの共同体が、発展しつつある西欧の工業とその労働者と同時代にあることに、ロシア変革の希望を見出していた。

だが、ロシアの農民たちがオプシチナの分与地を持つことは、国家から強制的な奉仕義務を強制される根拠でもあった。外面的な形態は類似していたとしても、中世西欧から近代市民社会への展望を切り開いた農民分割地所有の分割地とは、その由来も、機能も異なるものであった。そこに気がついた時、マルクスの筆が止まった、と筆者は考えている。だが、それでもなお、マルクスは、実際に出されたザスーリチへの返信の中で、オプシチナは「ロシア再生の拠点」だと書いた。マルクスはオプシチナが原始共同体を起源にもつものと信じていた。それゆえ、条件によっては始原の状態を回復すると考えていたのであろう。マルクスの返信は短くそっけないものだったので、ザスーリチばかりか、同僚のプレハーノフをもがっかりさせるものであったのだが。

注

(1) **林彪**(一九〇七―七一) 人民解放軍十元帥の一人。一九五九年、彭徳懐に代り国防相となる。毛沢東思想を鼓吹し、文革期の六九年には毛沢東の後継者となったが、次第に孤立し、七一年反毛沢東クーデターを起こし失敗、ソ連に逃亡の途中、モンゴル上空で墜落死したとされる。

(2) **四人組** 文革期(一九六六―七六)に台頭し極左路線を遂行した、江青、張春橋、姚文元、王洪文に代表される政治集団のこと。

(3) **胡耀邦**(一九一五―八九) 文革後、鄧小平派の中心としてとして趙紫陽等とともに改革開放を主導し、一九八〇年党総書記に就任した。八七年初、保守派の巻き返しに遭い、その任を解かれたが、中央政治局委員としての地位は保った。八九年四月心筋梗塞で倒れ、死去。その追悼デモが民主化運動に転化し、第二次天安門事件へとつながった。

(4) **陳独秀**(一八七九―一九四二) 一九一五年、雑誌『新青年』を刊行し、新文化運動の担い手となる。中国共産党設立準備に参加し、二一年、党設立とともにその総書記となる。二七年、中国革命の敗北の責任を取らされ辞任、その後、コミンテルンに対する疑問からトロツキーに接近、党を除名される。

(5) **郭沫若**(一八九二―一九七八) 文学者、歴史学者。一九二一年、郁達夫らとともに文学結社創造社を結成し、中国近代文学の旗手となる。三〇年、『中国古代社会研究』を発表し、中国におけるマルクス主義史学の創始者となり、その後一貫して、文学・史学の領域において指導的立場にあった。

(6) **田昌五**(一九二五―二〇〇一) マルクス主義史学理論家。郭沫若を継ぎ、アジア的生産様式否定論の立場から、中国の史学理論を牽引した。

（7）**呉大琨**（一九一六―二〇〇七） 経済学および経済史研究者。一九四六年、アメリカに赴き、西海岸のワシントン大学で学ぶ。その折、ウィットフォーゲルの講義を聞く機会があったといわれるが、本人はそれを批判的に回想している。

（8）**侯外廬**（一九〇三―八七） 歴史学者、思想史家。一九四七年発表した『中国古代社会史』（後に『中国古代社会史論』と改題）は、もっとも早い時期に、マルクス『資本制生産に先行する諸形態』を理論的に吸収し、歴史研究に応用した著書として知られる。

（9）**馮天瑜**（一九四二― ） 武漢大学歴史系教授。主著『「封建」考論』のほか、『千歳丸上海行――日本人一八六二年的中国観察』（二〇〇一）など多数の著作がある。

（10）**侯建新**（一九五一― ） 天津師範大学歴史文化学院院長。主著『資本主義起源新論』（二〇一四）。

（11）**黄敏蘭**（一九五三― ） 中国社会科学院近代史研究所副研究員。

（12）**張広志**（一九三七― ） 青海師範大学歴史与社会学系教授。主著としてほかに『三代社会形態――中国無奴隷社会発展階段研究』（二〇〇一）がある。

（13）**沈長雲**（一九四四― ） 河北師範大学歴史文化学院教授。『中国古代国家起源与形成研究』（二〇〇九）など著書多数。

（14）**斉民要術** 北魏の賈思勰《かしきょう》が集成した総合的農書。現存する中国最古の農書といわれる。

（15）ここでいう初期国家を成立させる盆地や平野の規模は、おそらく一〇〇km^{2}から一〇〇〇km^{2}ぐらいのものであろう。古代王権を発生させた奈良盆地四五〇km^2、昆明盆地（一〇七一km^2、滇池三〇〇km^{2}を含む）、大理盆地（六〇一km^2、洱海二四八km^{2}を含む）、チェンマイ盆地（京都盆地二七〇km^{2}より一回り大きいと言われている）などはいずれもその規模である。古代日本における畿内政権の優位性は、奈良盆地、京都盆地、近江盆地および大阪平野を基盤とした古代政権が、他の地方勢力に対し相対的に優位であったことに負っている。四大文明の中央政府の圧倒的優位に比較すれば、古代日本の中央政府の優位は限られたものであったことが理解できる。

（16）江戸期の利根川改修のように、水利技術が発展した後、大規模な水利事業を行うようになった場合、その事業が、水力社会（ウィットフォーゲル）を構成する基盤となるわけではない。

（17）**西門豹** 戦国時代、魏の人。前四世紀頃、魏の文侯につかえ鄴の県令となり、漳水から十二条の用水路（西門渠とも呼ばれる）を引き、田地を灌漑しその地を豊かにしたといわれる。

（18）**李冰**　戦国時代、秦の人。前三世紀頃、秦の昭王につかえ、蜀（四川）の太守となり、その子とともに、都江堰と呼ばれる独特の堰堤を築き、灌漑・治水事業に力をつくしたといわれる。

（19）中国社会に、部族的なものにせよ、村落ベースのものにせよ、共同体のようなものが存在したのは遠い昔のことであった。そのような小共同体は専制国家の負担に耐え切れず共同体の性格を失い、その後には家父長制的家族以外に残らなかった。その家父長制的家族は後に宗族として再編成され、中国社会の基盤となった。中国農村に村落共同体がないことは、一九三〇年代から四〇年代初頭にかけての満鉄調査部による中国農村慣行調査によってようやく明らかになったことであった。

（20）公民の賦役労働が投じられるのは、治水・灌漑など水に関わるもの、公路・橋梁・運河の建設、交通路や駅亭の維持、国防あるいは治安維持のための城壁や要塞の建設などであるが、さらに王都・王宮・王陵の修築、神殿の修築と祭儀、義倉や社倉といった共同の備蓄のための労働などに関してもまた、公民の賦役によって実施された。何が社会的必要労働なのかは、国家によって決められた。なお、これらの賦役は専制主義段階にいたって初めて、広範囲に課せられたのではない。むしろアジア的社会に共通のものであるといってよい。というのも、一般のアジア的国家においても、広く存在するからである。

（21）華北平原三一万km^2、ヒンドスタン平原七〇万km^2、メソポタミア平原三二万km^2、ナイル峡谷およびそのデルタ三〜四万km^2などと、上記注（1）の古代国家発祥の盆地と比較すれば、その相違は明らかである。

（22）**アルテリ**　ロシアにおける農民や手工業者など小生産者、または労働者の経済的目的追求のための自主的な共同組織。

参考文献

ウィットフォーゲル『オリエンタル・デスポティズム』湯浅赳男訳、新評論、一九九一年。

木村正雄『中国古代帝国の形成』不昧堂書店、一九六五年。

グラネ『中国古代の祭礼と歌謡』内田智雄訳、平凡社、一九八九年。

侯建新『〝封建主義〟概念辨析』中国社会科学、第六期、二〇〇五年。

黄敏蘭「従四種〝封建〟概念的演変看三種〝封建社会〟的形成」中国社会科学院歴史研究所など編『封建名実

問題討論文集』江蘇人民出版社、二〇〇八年。

呉大琨『関于亜細亜生産方式研究的幾個問題』学術研究、第一期、一九八〇年。

沈長雲『亜細亜生産方式在中国的産生与相関歴史問題』天津社会科学、第二期、一九九一年。

谷口義介『中国古代社会史研究』朋友社、一九八八年。

張広志『中国古史分期討論的回顧与反思』陝西師範大学出版社、二〇〇三年。

鶴間和幸『秦帝国の形成と地域』汲古書院、二〇一三年。

馮天瑜『「封建」考論』武漢大学出版社、二〇〇六年。

村松祐次『中国経済の社会態制』東洋経済新報社、一九四九年。

望月清司「「共同体のための賦役労働」について」『専修大学社会科学研究所月報 No. 88』一九七一年。

吉岡義信『宋代黄河史研究』御茶の水書房、一九七八年。

渡辺信一郎『中国古代の財政と国家』汲古書院、二〇一〇年。

Lansing, J. Stephen（1991）*Priests and Programmers: Technologies of Power in the Engineered Landscape of Bali*, Princeton University Press.

K・A・ウィットフォーゲルと近代

――「封建的」なものと「アジア的」なものとの間――

石井知章

はじめに

ソ連崩壊後に生きるわれわれにとって、マルクスのアジア的生産様式論は、現存する（あるいは現存した）「社会主義」国家をめぐる諸問題を考察するうえで、ますます今日的な重要性を帯びつつある。それは過去の遺物どころか、グローバリゼーションの進展とともに再検討が迫られている世界史認識の根底を揺るがす喫緊の課題として提起されている。そもそも、後進国ロシアに本来の意味での「社会主義」が実現できたのだとすれば、資本主義が高度に発展することで世界的規模での革命が生じ、その高度な生産力と自由で民主的な諸制度（市民社会）を基礎に「社会主義」が成立すると予測したマルクスの考えが間違いであったことになり、仮に後知恵的評価という誇りを免れないとしても、ソ連の崩壊自体はマルクスの理論に「忠実に」起きたできごとであったとすらいえる。だが、ここで問うべきなのは、マルクスのアジア的生産様式論に依拠し、かつ後進国としての「アジア的」社会から「社会主義」社会へいたるまでの二段階革命論を擁護しつつ、「アジア的」なものの意味について自らの生涯をかけて追究したK・A・ウィットフォーゲル（一八九六―一九八八年）に代表される社会科学者らの根本意想とはいったい何だったのか、ということである。それは恐らく、以下のようなアジア社会論において、前近代的非合理性へと立ち向かうマルクスその人との問題意識の共有であった。

「われわれは過去の牧歌的な村落共同体がたとえ無害に見えようとも、それがつねに東洋的専制政治の強固な基礎となってきたこと、またそれが人間精神を迷信と無抵抗な道具にし、伝統的規則の奴隷とし、人間精神からすべて雄大さと歴史的勢力を奪ったことを、忘れてはならない。……問題はアジアの社会状態の根本的な革命なしにそれができるのかどうかということである。できないとすれば、イギリスの犯した罪がどんなものであるにせよ、イギリスはこの革命をもたらすことによって、無意識に歴史の役割を果たしたのである」[1]。

この記述に見られるように、マルクスにとって「アジア的」なものとは、たとえば現代アジアの経済発展の基礎となるエートスとしての「アジア的」価値といったときのポジティブなものではなく、むしろ「前近代的」非合理性を象徴するネガティブなものである。停滞的な土台としての村落共同体とその上部に聳え立つ東洋的専制主義が長期にわたり存続してきたことが仮に事実であったとしても、マルクスは自らのアジア社会論において、イギリスの資本主義が「アジア的」社会の根底に浸透していく過程で及ぼす「資本の文明化作用」によって、やがてこの「前近代的」非合理性が内側から突き崩されるだろうと考えていた。

マルクスは、一八五〇年代に著した「インドにおけるイギリス支配」、「インドにおけるイギリスの二重の使命」などの論考において、アジアの遅れた諸民族・諸国家にとって、資本主義化、植民地化は不可避であると論じた。つまり、その資本主義化＝植民地化を媒介にしてはじめて「前近代的」政治経済システムが破砕（「解体」）できるのであり、ここではそうしたポジティブで、かつ限定的な意味でのみ、植民地化が肯定されていたことになる。だが、晩年のマルクスは、そうした考え方を一部変更しつつ、アジアの遅れた諸民族・諸国家による資本主義を「跳び越えて」の社会主義への発展を認めていた。すなわち、いわゆる「ザスーリチの手紙への回答」（一八八一年）においてマルクスは、ロシアが資本主義（＝カウディナ山道）を越えて社会主義にいたることが可能であるとした[2]。このことこそ、西欧を中心とする社会主義革命とは異なった、アジア社会に「独自な」社会主義への道を可能にし、二十世紀のロシア革命と中国革命がまさにマルクス晩年の構想の正しさを実証するものである、と理解されたのである。とはいえ、マルクス自身は「もし、ロシア革命が西欧プロレタリアート革命に対する合図となって、両者がたがいに補いあうなら、現在のロシアの土地共有制は共産主義的発展の出発点となることができる」としていたのであり[3]、この両者のたがいに補うことが、高度に緊密な関連をもった世界革命の「同時性」について述べたものである以上、ここで主導的な働きをなすのは周辺の「遅れた」諸国家ではなく、中心の「先進的」資本主義の成果を継承した西欧中心のプロレタリアートであり、「遅れた」国家、民族は、それに依拠しなければ「跳び越え」自体があり得ないことになるであろう。それゆえに、マルクスのアジア社会論においては、やはり第一義的には「前近代的なもの」に対して「近代的なもの」がポジティブなものとして対置されていたということになる。

だからといって、マルクスのアジア社会論における基本スタンスそのものをたんなる「近代主義」として否定し、捨て去ることはもとより不可能である。そもそも、西欧の市民社会のみが生んだ「近代」(M・ウェーバー)とは、いわば人類史的な意味において「普遍的なもの」である。マルクスにとって資本主義的「近代」とは、それを乗り越えてはじめて成立可能な協同体社会(ゲノッセンシャフト)への「跳び越え」不可能な一つの重要なプロセスであっただけでなく、「前近代」との対比においては人間精神そのものの大いなる跳躍を意味したのであり、それ自体が「普遍的価値」にもとづくものであったといわなければならない。このことをとらえて、マルクスを、あるいはウィットフォーゲルを偏った「近代主義者」ときめつけるとすれば、それはあまりも無謀であるといわざるを得ない。なぜなら、このようなマルクスの構想からみれば、歴史的事実としてのロシア革命や中国革命、そしてロシアや中国の社会的現実がそうした「普遍的価値」から大きくかけ離れたものであった以上、カウディナ山道による資本主義の「跳び越え」論によって、両国の革命がマルクス晩年の構想、アジア社会論にもとづくものであったとはけっしていえないからである。

ここでは「近代」へと突破していく「封建的」なものと「前近代的」状態にとどまろうとする「アジア的」なものとの対概念が、マルクスの歴史理論において世界認識を根本的に左右してしまうほど巨大な意味合いをもっているにもかかわらず、そのような問題意識はいまだに一般的なものとはなっていない。ここで「封建制」＝「前近代」とされる図式は、いうまでもなくスターリンによる「史的唯物論」のいわゆる「五段階発展論」からアジア的生産様式が排除されたことに由来しており、いいかえればその悪しきスターリニズムの影響力は、今日の世界でもなお深く影を落としているといわざるを得ない。本来的にはこの「封建制」こそが、商業ギルドや職人団体などの独立した「政治的市民共同体」を自由都市において育み、その結果としてトータルな近代市民社会を開花させることとなったにもかかわらず、「正統派」マルクス主義はそれとはまったく逆に、倒錯したロジックによって「封建制」を「普遍的」前近代とみなし、たとえば本来「アジア的」社会であるはずのロシアも中国も、この「封建制」のカテゴリーで均しく理解してきたのである。したがって本稿では、今日的な問題関心からウィットフォーゲルの主著、『東洋的専制主義』でのアジア的生産様式論をめぐるテクストに内在しつつ、ウィットフォーゲルにおける錯綜した近代の意味を問うこととする。

1　マルクスにおける「アジア的」なものの系譜とウィットフォーゲル

ウィットフォーゲルによるアジア的生産様式論の再検討とは、マルクスらの原典に徹頭徹尾内在することによって再構成されるテクスト・クリティークのプロセスそのものである。したがって、それはマルクスやエンゲルスのアジア社会論の形成過程の分析から入って、やがてその理論を実践に移していったレーニン、そしてスターリンの言説の内在的批判へと向かっていくこととなる。こうしたプロセスにおいてウィットフォーゲルはまず、マルクスのアジア的社会をめぐる概念が主としてリチャード・ジョーンズ（Richard Jones）、およびジョン・スチュアート・ミル（John Stuart Mill）など、古典派経済学者の見解に基づいていたことを明らかにしている。これら二人の学者は、さらにアダム・スミスやジェームズ・ミル（James Mill）の一般的考え方を発展させていたが、なかでもアダム・スミスは、中国やその他アジアのいくつかの政府との水力事業の間に類似性のあることに注目しつつ、中国、古代エジプト、インドにおける統治者の「収取権力」（acquisitive power）についてとくに論評している。ジェームズ・ミルは「アジア型政府」を一般的な制度形態の一つと考え、ヨーロッパ封建制度との間に無理な類似を求めるやり方を排していたし、リチャード・ジョーンズは一八三一年、「アジア的社会」の全貌を描き出し、ジョン・スチュアート・ミルはマルクスが『共産党宣言』を出した一八四八年、この社会を比較研究の枠のなかに組み入れていった。だが、マルクスが「アジア的」概念の熱烈な支持者として登場したのは、ロンドンで古典派経済学の研究を再開してからのことである(4)。

このようにウィットフォーゲルは、マルクスが一貫してアジア概念を初期の古典派経済学者たちの「アジア的」用語とともに支持していたことをテクスト内在的に論証する。マルクスは「東洋的専制」という定式化のほかに、制度的秩序全体についてジョン・スチュアート・ミルの用いた「東洋的社会」やリチャード・ジョーンズの用いた「アジア的社会」という呼び方を採用している。マルクスは土地所有の「アジア的体制」、「アジア的生産様式」、「アジア的生産」といった言葉で、「アジア的」社会の経済的側面に特別の関心を示したのである。さらに特定のアジア社会をめぐる新発見（revelation）によってマルクスを突き動かしたのは、一八五〇年代に入ってからのことであった。

ウィットフォーゲルの見るところ、マルクスは一八五〇年代にはすでに、中国の皇帝が大部分の小農民に対して、ごく限られた範囲で各自の土地の完全なる所有財産としての保有を許していたという事実を理解していた。

たとえば、『資本論』（第三巻、第二〇章）では、中国における「共同体的土地所有制」の消滅が「アジア的生産の経済的基盤」を大きく掘り崩さなかったことを示している。『ニューヨーク・デーリー・トリビューン』（一八五三年四月十九日付）掲載の論文では、ロシアははじめ「半アジア的」と呼ばれていた[5]。さらに、一八五三年八月五日付けの論文のなかで、マルクスは帝制ロシアを含む一定の「半東方的」発展を中国の「完全に東方的な」事態と対比しつつ論じていた。マルクスとエンゲルスがロシアについて用いた「半アジア的」という言葉は、最初からその国の「地理的」地位ではなく、「伝統と制度、性格と状態」を指していたのである[6]。

一八五三年の諸論文はロシアの制度的特徴を詳細に論じたものではなかったが、マルクスは一八八一年、ロシアのたがいに孤立した農村とこの基礎のうえに随所に出現した強度に中央集権化された専制の形態とについて論じている。これはエンゲルスが一八七五年、次のように記したことにも表れている。すなわち、「個々の村落共同体がかくもたがいに完全に孤立している状態は、国内全体に、同一の、しかしたがいに対立し合う利害をつくり出したのであるが、これが東洋的専制の自然的基礎であって、インドからロシアまでこの社会形態が支配的になったところではどこでも、それが専制を生んだのであり、またつねにそこにその補充を見いだしたのである。ロシアの国家一般だけでなくその特殊な形態であるツァーの専制政治さえもべつに中空に浮いたものではなく、ロシアの社会状態の必然的な論理的な所産なのである」、と[7]。こうしたことをうけてマルクスは、これらがインドからロシアまで繋がる「前近代的」国家形態としての東洋的専制主義の基礎をなしていると考えるにいたった。

この時期の著作のうち、とくにマルクスが一八五七年から五八年にかけて著した『資本論』の最初の草稿（『経済学批判要綱』）は、彼が「アジア的」概念に大きく刺激されたことを物語っている。この主著の最初の草稿のなかでも、またその最終稿のなかでも、マルクスは農耕社会の三つのおもなタイプ（アジア的、古典古代的、封建的）と近代産業社会とにおける一定の制度を系統的に比較した。マルクスによれば、「アジア的」国家を生み出したものは政府によって指揮される水利事業の必要性であった。きわめて長期間にわたって存続を可能にしたものは、「東洋民族」の「分散的」状態と「自足的」村落（小農業と家内手工業との結合した）への集結（agglomeration）とである。ウィットフォーゲルは、こうした「分散的」である東洋的村落の役割に関するマルクスの考え方を念頭においてはじめて、マルクス自身はもちろん、エンゲルス、あるいはレーニンの東洋的専制に対する解釈が十分理解可能になるのだとした[8]。

一八五〇年代以後のマルクスは、中国をインドと同様、「アジア的」制度によって特徴づけられたものと見ており、中国社会の経済構造は小農業と家内工業との結合に依存すると考えていた（一八五九年）。『資本論』（第三巻第二〇章）のなかでマルクスは、インドと中国に与えたイギリス貿易の衝撃について論じる際、再びこの点にふれている。しかし、この個所で彼はまた、当時の中国には共同体的な土地保有制度がなかった点に注意を払っている。すなわち、インドと中国では、「生産様式の幅ひろい基礎が小農業と家内工業の統一によって形づくられており、インドの場合は、それに共同体財産を基にした村落共同体というパターンが付け加えられた。ついでにいえば、それは中国の場合もやはり最初の型態だったのである」[9]。さらにマルクスは、当時のインドにおけるイギリスの直接の介入による自足的な農村経済の緩慢な解体現象と、中国における農村経済のいっそう緩慢な解体過程（「ここにはその過程を促進する直接的な政治的権力というものは何もない」）とに言及していた[10]。

アジア的生産様式の全般的問題についていえば、東洋における土地所有の正確な性格をマルクスがどのように考えていたにせよ、それを「封建的なもの」ではないとしていたことだけはたしかである。エンゲルスが一八五三年、「東洋諸国は土地所有制の方向に進まなかったし、封建的なそれにさえ向かわなかった」と指摘したとき、マルクスは東洋的土地所有制の欠如をあまり断定的に推論することに対して警告していた[11]。この点をめぐり、ウィットフォーゲルは、マルクスがその当時インドで、また少し遅れて中国でも、私的土地所有の若干の証拠を

見いだしつつも、それらの土地保有制度をけっして「封建的」とは呼ばなかったという事実を突き止めている。

このようにして東洋では、国家がその臣民の労働と財産の双方を最高度に支配した。マルクスは専制君主の地位を水力的、その他の共同事業のための全住民による労働の実際上の、そして厳然たる総括者（coordinator）であるとしており、また個々の土地を占有する小農民を東洋的共同体の首長の「本質的には所有物である奴隷」であるとした。マルクスはこうした考え方を貫いて「東洋の全般的奴隷制」という概念をアジア的生産様式論の中心にすえつけたのである。古典的古代の「私的奴隷」と対照させ、また「封建的」コントロールという「分権的」諸形態とも比較しつつ、マルクスは東洋的専制と人民のなかの最大の集団との間の関係を「全般的（国家）奴隷制」の関係であると考えた。[12]これらの概念は、今日でも「進歩的」と秘かに自認している日本の中国研究者らによって前近代的「封建」解釈として使われているものであるが、本来はそれとはまったく反対の概念であるにもかかわらず、実際にはそのことに気づかないままか、あるいは仮に気づいていても「西洋中心的」概念として退けられることの方がむしろ一般的である。

2　レーニンにおける「アジア的」概念の形成と「アジア的復古」

社会民主主義運動に参加していた若きレーニンは、マルクスとエンゲルスの著作を熱心に学んだのち、一八九四年、「アジア的生産様式」を社会の四つの主要な経済的構成の一つとして認めるにいたった。一八九九年に出版された彼の最初の重要著作である『ロシアにおける資本主義の発達』のなかで、レーニンははじめてその国の「アジア的」諸条件である「アジアチナ（Aziatchina）」、すなわち「アジア的体制」と記していた。そして、土地と農民に対するツァーの支配を「国庫的土地所有制」（fiscal landownership）と呼んで、一九〇〇年には、伝統的な中国

の政府に対して「アジア的」という言葉を使ったのである。さらに、ヨーロッパとアジアとの制度の同等視を「パリサイ的」（形式的な偽善）であるとして排斥した。レーニンは一九〇二年、「アジア的」圧制の破砕的な性格に注目し、そして一九〇五年には、「アジアチナの緊縛の呪われた遺産と人間に対する恥ずべき取り扱い」を公然と非難し、また「アジア的資本主義」の遅れた発展をヨーロッパ的資本主義の全面的な急速な発展と対照させた。(13)

ウィットフォーゲルによれば、レーニンは「アジア的」概念について、一方では「アジアチナ」や「アジア的」といった言葉を使うことによって積極的に表明すると同時に、他方では「封建的」という言葉の伝統的ロシアへの適用を避けることによって消極的にそれを表明していた。レーニンは一九〇二年、ロシア社会民主党の綱領草案を批判した際、それが中世ロシアを「封建的時代」(feudal craft period) とすることによって「ほとんど意識的」に問題を混乱させたと非難しており、すでにここでその「アジア的」なものをめぐる立場をはっきりさせていた。彼は「封建制」という言葉を中世ロシアに適用することが妥当かどうかを問題にしなければならないとし、その結果、それはロシアにはまったく適用できないと結論づけたのである。(14) そして一九〇五年にも、再びロシアに言及して、「封建制」の代わりに「隷農制」という言葉を使用すべきであると主張し、さらに一九一一年には、ロシアに関して「封建的」という言葉をあてることが「あまり正確でない、一般的なヨーロッパ的表現」とことわりつつも、なおもこの言葉にこだわり続けていた。(15)

3 「アジア的復古」をめぐるレーニンとプレハーノフとの論争

ウィットフォーゲルによるアジア的生産様式論、とりわけその中心に位置づけられるのが、レーニンとプレハーノフ (Plekhanov) との「アジア的復古」をめぐる論争である。一九〇六年のロシア社会民主党ストックホルム党

大会の準備をしていたプレハーノフは、メンシェビキの側に立って、レーニンの土地国有化に反対を唱えていた。この大会での論争そのものとその後のレーニンの発言は、ロシアの「アジア的」遺産を想起して「アジア的復古」の可能性を警告するプレハーノフの議論から、彼が深刻な衝撃を受けたことを示唆している。レーニンは一九〇五年の経験に自信を得て、社会民主党がその背後でロシアの小さな労働者階級と数的には強大な農民階級とを動員できれば権力を握ることができると確信した（いわゆる「労農同盟論」）。そこで農民層の支持を獲得するために、土地の国有化を革命綱領に加えることを提唱したが、プレハーノフは社会主義者の権力掌握の考えを「時機尚早」であるとし、土地国有化の計画を「反動的」可能性のあるものとして反対していく。そのような政策は、土地およびその耕作者の国家への隷属を廃止することにならず、「この古い半アジア的秩序の存続をそのまま」に見送り、その復古を助けることになるとしたのである。[16]

これこそが当時、本来のマルクス主義者らの間で広く共有されていた歴史的展望であり、レーニンはそれを「アジア的生産様式の復活」、「わが国の古い、半アジア的秩序の復活」、「ロシアの半アジア的国有化の復活」、「半アジア的秩序の復活」、「アジア的なものの復帰」、あるいはまた、「ロシアの、アジア的復古」といったさまざまな呼び方で表現している。プレハーノフは、ロシアがモンゴル人の支配下で「半アジア的」となり、ついに「解放」後までもその状態にとどまったというマルクス・エンゲルスの見解に「忠実に」従って自らの議論を展開していたのである。[17] 国家（官僚）はそれぞれ以前の勤務地（service land）の「所有者」にされ、しかももはや政府に仕える義務がなくなったが、一方小農民はやはりそれぞれ土地を国家によって「割り当て」られていた。この不公正な状態に憤慨した小農民が、もとのような土地に対する国家管理の制度が復活されることを希望したことはいうまでもない。プレハーノフは、こうした局面の革命的性格を認めると同時に、その「反動的」意味合いに気づいて、それがもたらし得る否定的結果について危惧していた。なぜなら、古いロシアの経済的、かつ政府的秩序の復活

を通じて、「ロシアの歴史の歯車は強く、きわめて強く逆に回ることになろう」と考えたからである。[18] 国家をすべての土地の所有者にし、国の官吏をすべての生産の管理者にしようとしたと伝えられる中国の政治家王安石の例をひいて、プレハーノフは「ロシアにおける王安石のたぐいの計画にわれわれは損害以外の何ものも期待することはできない。われわれは全力をあげてそうした計画を経済的にも政治的にも不可能なものにするよう努力している」[19]として、「アジアチナ」ならぬ「キタイチナ（中国の制度）」を欲しないと主張していったのである。[20]

これらの経験を念頭においたプレハーノフは、「アジア的復古」を阻止する力になり得ない少数のプロレタリアートを基礎に独裁政府を樹立しようとするレーニンの計画と闘っていくこととなる。その代わりにプレハーノフは、土地の自治体所有（municipalization）、すなわち「公共的な自治組織に……土地を所有」させ、それによって「反動に対する防波堤を築く」ことを提唱していった。[21] では、自治体所有の「防波堤」がレーニンの創設しようとした新しい国家の無限に大きくなる権力に対抗するほど強力になり得たかといえば、けっしてそうではない。また、それがプレハーノフによって将来おこりうる復古状態の受益者とみなされていた旧式な「専制的官僚制」の一変型を縛っておくだけ強力なものになり得たのかといえば、そういうわけでもない。しかし、自治体所有の効果がいかなるものであったにせよ、プレハーノフがロシアのアジア的遺産を指摘し、また「それを通してわが国民がますますアジア的国民に近づいたその経済的基礎を排除することの必要性」を強調したのは、[22] たしかな根拠のうえに立ってのことであった。

ウィットフォーゲルは、こうした発言にはプレハーノフが同じ論争で、マルクス・エンゲルスの見解に従ってはっきりと述べていた内容が含まれていると見る。すなわち、ロシアにおいては、かなり弱体化していたとはいえ、東洋的専制が「解放」後もなお存続していた、ということである。そしてプレハーノフが、待望される革命の崩壊は「アジア的復古」をもたらすだろうと警告したのも、以上の前提から当然の結論を引き出したものであっ

た。その議論の重要さは、レーニンがストックホルム党大会でも、その後の「ペテルスブルグ労働者への手紙」のなかでも、一九〇七年に発表された党の農業綱領に関する長文のパンフレットでも、さらにポーランドの社会主義新聞に寄せたこのパンフレットの要約のなかでも、つねにこのプレハーノフの議論に立ち戻ったことの理由を説明している。レーニンの革命への見通しは、その当時まで彼にとってマルクス主義の一つの公理であったロシア社会の「アジア的」理解そのものから挑戦していた。彼は、プレハーノフの議論に強く反対しながらも、一方では「わが国の古い半アジア的秩序の復活はフランスで資本主義を基礎に起こった復活とはっきり区別しなければならない」[23]と主張して、ロシアのアジア的遺産という現実を認めている。レーニンが古い秩序の「殻」は「農民改革においてもなお強かった」としたり、さらに八〇年代以後でさえ農業ロシアのブルジョア(市民的)的発達は「きわめて緩慢」だったと述べたとき、彼は基本的にそれを認めていたのである。[24] またレーニンが、土地国有化は「アジア的制度の経済基盤を自治体所有化よりはるかに急速に排除する」だろうと主張したときにも、それを認めていたといえる。[25]

これらの主張は、マルクスが「もしロシア革命が西欧プロレタリアート革命に対する合図となって、両者がたがいに補いあうなら、現在のロシアの土地共有制は共産主義的発展の出発点となることができる」としていたように、[26] レーニンがロシアの後進性ゆえに原社会主義革命のために一つないしそれ以上の西側先進工業国の社会主義革命によって支援されるのでなければ必ず失敗すると確信していたことを示唆している。したがって、いいかえれば、復古を防ぐ唯一の保証は西側における社会主義革命であるということになる。これについて、ウィットフォーゲルは次のようにいう。

「プレハーノフは、レーニンが受け入れていたのと同じ社会主義理論に立ってレーニンの権力奪取の計画を

『ユートピア的』であると非難した。そしてあらゆる好条件の同時的発生を当てにする将軍は悪い将軍であるというナポレオンの言葉を引用した。しかし、レーニンはすでに『大ばくち』を打つ決意を固めていた。ストックホルム党大会中からその直後にかけて、彼がロシアのアジア的遺産を極力矮小化しあいまいにしたのはこのためであった。彼はストックホルムでの最後の演説と、ポーランド紙に寄せたその後のパンフレットの要約で復古の問題を論じたが、アジア的復古の可能性には一言も触れなかった。『ペテルブルグ労働者への手紙』ではこの問題に触れているが、しかし、ロシアにおけるアジア的生産様式を過去の現象であるとしてその重要性を小さくみせた。すなわち、恐れられた復古が万一おこるとしても、それはアジア的生産様式の復活でもなければ、十九世紀型の復古でさえもないだろう。なぜなら、ロシアでは、十九世紀の後半以後資本制生産様式が強くなり、二十世紀にはそれが絶対的優位を占めるにいたったからである[27]」。

このようにレーニンは、マルクスのテクストへの沈潜によって、「アジア的」概念の承認を積極的に表明し、「封建的」という言葉を伝統的ロシアに適用することに躊躇しつつも、なおも消極的にそれを使っていた。ウィットフォーゲルによるテクスト・クリティークの貢献は、まさにこれまで隠されてきたこうした事実を明らかにしたことにある。つまり、「アジア的なもの」をめぐるレーニンの態度決定には、当初から少なからぬ迷いがあったということである。その結果、プレハーノフとの論争ではその議論に強く反対しつつ、「アジア的復古」を防ぐ唯一の方法として、結局は段階的運動や政策でそれを乗り越えるという現実的方法ではなく、西側先進工業国における社会主義革命との連動という「大ばくち」で解消するという道を選択していったのである。

4　スターリンにおける「アジア的」なものの排除と「アジア的復古」

一九〇六年のストックホルム党大会でスターリンは、地主の土地の小農民への「完全」な移転を擁護する点でレーニン以上に積極的であった。しかし、レーニンとプレハーノフを深刻に動揺させた「アジア的復古」の可能性について、スターリンは一言の論評もしなかった。彼は一九〇六―〇七年にマルクス主義の解説書を執筆したが、そこでは原始共産制、母系家長制、父家長制の水準以上の社会形態のなかに、奴隷制、隷農制（bondage）、および資本主義をあげている。[28]

一九二〇年代の中期以後スターリンは、中国の農耕的秩序の「封建的」性質を強調しはじめた。一九二六年には「中国の中世封建的残存物」という言葉を使ったし、また一九二七年には「封建的残存物」という標準的な定式をいっそう詳説して、中国における「搾取と抑圧の中世封建的形態」や「封建的官僚的装置」という表現を用いた。仮にスターリンがその初期に「アジア的」概念を完全に受け入れていたとしても、そのことはのちにもそれを放棄しなかったことを意味するわけではない。レーニンは、戦略上必要があれば長年抱いてきた考え方も棄てたが、スターリンは「アジア的」概念について確信や知識のなかったことで、むしろそれだけ容易に「封建的」見解を抱くようになっていった。これについてウィットフォーゲルは、「それは概して彼にこまかい微妙な感情の欠けていたことが、それだけ容易に一貫性を顧慮することなく、『封建的』観点というその目的を達成させたのと軌を一にしている」と分析している。[29]

かくしてスターリンは、「地理的環境」を「社会発展の決定的原因」と見ることに反対した。「数万年もの間ほとんど変化することのないものが発展の主原因になり得るはずはない」というのである。[30]そして、他の人々のようにマルクスによる「不都合な」記述を避けて通るのではなく、傲然とそれを引き出して削ってしまった。スターリンは、階級社会の三つの型（奴隷所有、封建制および資本制）だけしか含まない「単線型」発展図式を、あたかも教皇のような権威をもって提示していった。そしてマルクスが一八五九年にその有名な『経済学批判』への歴史的な「序説」のなかで示した「史的唯物論」の本質の輝かしい定式化を褒めたたえつつ、その「歴史的」文章を逐語的に、マルクスがアジア的生産様式に言及している文章の直前のところまで引用した。[31] このようにスターリンは、すべての関係者に、必要があればマルクスでさえ「編集」できることを実証していったのである。スターリンがアジア的生産様式に関するマルクスの決定的な発言に手をかけたのは、伝統主義者たちの大部分を清算した大粛清（一九三五—三八年）のあとのことであった。

政治的にいえば、東洋的社会の「封建的」解釈の提唱者たちは、スターリンが一九二六年以来、中国の農耕的秩序を「封建的」と繰り返し主張してきたため、強い立場に立っていた。しかし、中国の「封建的」諸条件について語る場合、スターリンの態度は確信的というよりむしろ断定的であった。彼は中国の経済と社会をめぐる既知の事実を引用して自分の考えを実証したことがなかったし、またアジア的体制とアジア的生産様式に関するマルクス、エンゲルス、およびレーニンの発言をどう扱うかということを明らかにしたこともなかった。[32]

このようなアジア的生産様式をめぐる討議がレニングラードで行なわれたのは、一九三一年二月、すなわち、スターリンの指導する新しいソヴェト官僚を異常に強化した強制的集団化の直後であると同時に、党長老を無残に処刑した「粛清」の前のことであった。ウィットフォーゲルが見るところ、この日付こそが、なぜリャザノフ、ヴァルガ、ブハーリン、そしてマジャールといった「アジア的」概念の提唱者らが討論に参加するよう招かれなかったかという理由を説明している。同時にそれはまた、偉大なアジア文明を「封建的」と呼んだ人々が、「アジア的生産様式」論の擁護者を攻撃するとき、なぜ控え目だったかという理由を説明するものでもあった。

このような指導上の欠陥は中国、インド、その他の「アジア的」諸国に関するコミンテルンの見解に反映している。そしてそれはまた、スターリンの「封建的」見解を推進した人たちが、レニングラード討論の際きわめて慎重に行動した理由でもある。深刻な理論上の困難をはらんだ党の路線を支持するのは容易なことではなかったが、レニングラード会議の過程で、いくつかの問題点がはっきりしてきた。すなわち、「アジア的」概念に対する批判者たちは、(1)機能的官僚制が支配階級であり得るという考え方を非マルクス主義的であるとして拒否し、(2)中国の「郷紳階級」(gentry)に対するアジア的・官僚制的解釈を拒否し、(3)アジア的生産様式論がアジアの植民地・半植民地諸国におけるコミンテルンの活動を危うくした、などと主張したのである。[33]

5　中国共産党(コミンテルン)第六回大会とアジア的生産様式の現代的意義

アジア的生産様式論をめぐるイデオロギー上の浸蝕作用は不均等に進行していった。中国共産党はレニングラード会議以前、上海クーデタ(一九二七年)を契機として、すでに伝統的中国についてアジア的生産様式の概念を拒否していた。彼らは一九二八年、中国共産党第六回大会(モスクワ)での「中国における農村問題および土地闘争に関する決議」のなかで確固たる政治的地位に立ったわけだが、その論調からウィットフォーゲルが判断するところでは、マルクスの中国に対する「アジア的」見解より、彼らがスターリンの「封建的」見解に魅かれていたことは明らかであった。この決議の最初の草案はアジア的生産様式の概念を採っていたものの、[34]この瞿《く》秋白《しゅうはく》[35]に先導されたと見られる悲痛な努力は、結局は無駄に終わり、ただたんに中国の共産主義運動における本来のマルクスの思想・伝統の欠如を表明しただけであった。

しかも、ここできわめて重要なのは、この二七年の政治状況を引き起こすそもそものきっかけになっていたのが、農民に対する「土地革命」を媒介とした基本的革命路線の転換による「アジア的」なものへの後退であったという点である。すなわち、中国共産党が「中国農民に告ぐる書」(一九二五年十月十日)で、孫文のスローガンである「土地を耕す者の手に」(「耕者有其田」)という政策を提案したことは、かつてレーニンが「土地分配の綱領」を社会革命党から横取りするかたちで農民から支配の正当性を調達することで「労農同盟」を完成させたことと、ほぼパラレルをなしていたといえる。だが、それはまさにプレハーノフが警告した「アジア的復古」が、旧ソ連においてばかりか、中国においてもまったく同じようにもたらされつつあったことを意味している。しかも、それは中国共産党の独自の決定ではなく、コミンテルンのそれであり、この問題に対するモスクワの基本的態度を示すものですらあった。とりわけ、「中国農民に告ぐる書」(一九二五年)が、土地の分配は革命的労働者、農民、および一般の人民が、軍閥政府の打倒に成功した時にはじめて行なわれるものであると述べた際、それは逆に、「ブルジョア民主主義」の段階においては、まだ行うべきでないことを意味しており、中国共産党内における「アジア的」、すなわち「前近代的」なものの復活への動きは、当時はまだ、近代ブルジョア政党である国民党によってしっかりと牽制されていたといえる(36)。

だが、ここで根本的に問うべきなのは、ブルジョア(市民)革命としての辛亥革命(一九一一年)が達成することのできなかった前近代的遺制を一挙に克服しようとした、いわば「時期尚早」ともいうべき一九二六―二七年の革命のただなかから「アジア的」なものをめぐる問題が提起されたのは、いったいなぜなのかということである。しかも、ここで決定的に重要なのは、蒋介石の反共クーデタを経て、いったんは同年の党中央委員会決議でアジア的生産様式＝アジア的専制主義の残存を認めながらも、翌年の第六回大会では「半植民地・半封建」という中国社会の規定の中でアジア的生産様式が急遽、全面否定されるにいたったのはいったいなぜなのか、という点にある。

筆者の見るところ、それは中国共産党とスターリンの指導するソ連を中心とするコミンテルンが、「封建的」という言葉の中にマルクスのいう近代市民社会へと導く「封建的」(feudalistisch)なもの——それはきわめて奇妙なことに、言葉の上ではその反対物である中国の前近代的＝「封建的」(fengjian)なものでもある——を仮に「半」分であっても中国社会にも当てはめることによって、「アジア的」特殊性(専制主義と停滞)論を排し、あるべき中国革命の路線を「普遍史」としての「世界史」的発展のプロセスへと「恣意的に」載せ、西側の先進資本主義国において来るべき革命との理論的、実践的一体化を図ったものである。だが、このことは本来的に、「前近代的」遺制を克服するというブルジョア革命としての歴史的課題をすでにして「半ば」放棄するものであった。のちに「主観的能動性」とも称されることとなる毛沢東による人民の「自発的」動員によって、こうした「前近代的」遺制が「一挙に」克服できるほど容易なものでなかったことは、のちの反右派闘争・大躍進という名の暴政、文革での「前近代的」非合理性の噴出、天安門事件での暴力的弾圧、ポスト天安門事件期の人権抑圧など、それ以降に現実として展開していった中国現代史のさまざまな負の局面が如実に物語っている通りである。

こうした問題の背後には、ソ連や中国をはじめとする後進国革命論、そしてその根底に置かれたアジア的生産様式論をめぐり、二つのまったく異なるパラダイムにある言説間のいわば「共約不可能性」(incommensurability)ともいうべき、認識主体の内部で築かれた社会認識のパラダイムの本質的相違、そしてそれがもたらす巨大な思想的懸隔が横たわっている[37]。じつはこのこと自体が、アジア的生産様式そのものをいかに理解するのかをめぐる解釈論上の問題性と深く結びつきあっている。そして、この「共約不可能性」の背後の奥深くに隠されているものこそ、ウィットフォーゲルの主張する「アジア的復古」という前近代的遺制をめぐる「不都合な真実」なのである。いいかえれば、一九二八年を境にして生じたこの思想的大転換とは、「半植民地・半封建」というコミンテルンの規定を媒介とする社会認識のパラダイムそのものの転換として解釈することによってのみ可能になるといえる。

ここで実際の中国社会で起きたことを端的にいうならば、次のように要約できる。すなわち、中国革命は本来、伝統的村落共同体と専制国家とによって成り立つ「前近代的」社会構造を「近代ブルジョア的」なそれへと根本的に転換させるという課題を担い、なおかつ民族解放闘争（統一戦線）の目標としての「民族主義革命」という課題と「同時に」、しかも「同じ比重で」追求されるはずであった。それにもかかわらず、ここでアジア的生産様式が排除されたことで、「民族主義革命」だけが前面に押し出されることとなり、その結果、「アジア的」なものの復古へと導いた「農民革命」への大転換がもたらされたのだといえる。つまり、「前近代的」なものとの全般的な闘争という課題は完全に後景に退き、そしていつの間にか「反封建」という言葉が、きわめて矮小化された「反国民党（＝反蒋介石）」という意味にすりかえられ、「前近代的」なものがまるごと「解放」後にまで温存されることとなったのである。これは原理的には、スターリンが「前近代的」である「アジア的（asiatisch）」なものと、本来、「近代」へと向かっていく「封建的（feudalistisch）」なものとを形式的には等価に扱い、実質的には両者をすり替えて定式化したことによって実現されたものである。より具体的にいえば、毛沢東による「労農同盟」論から「農民革命」論への大転換（二八年）を経たうえでの井崗山《せいこうざん》闘争[38]への着手、そして長征をはさんでの日中戦争（三七年—）、さらに国共内戦（一九四五年—）へといたる中国革命論をめぐるパラダイム転換の「過渡期」、そして国共内戦終了後の「社会主義」中国の成立、さらに「新民主主義」、「過渡期の総路線」という、これら現行パラダイムの「定着期」という、大きく分けて、二つの段階的プロセスを経て、このパラダイムの転換は着実に進められていったのである。

6　東アジアにおける「近代」の再考――平田清明の市民社会論との関連で

戦前・戦中の「旧パラダイム」では、「現行パラダイム」とは異なり、「前近代と近代」という対立軸が前面に出ており、「前近代的」遺制の問題も正当に析出されていた。たとえば、丸山眞男が引き継いだのも、基本的にはそうしたパラダイムであったといえる。だが、戦後日本を代表する中国研究者である竹内好、溝口雄三、加々美光行といった人々によって構築、かつ維持されてきた中国認識の「現行パラダイム」では、「伝統と近代」というもう一つの対立軸の中で、「前近代」の問題性はいとも簡単に「中性化」され、「前近代的遺制」はあたかも「社会主義革命」によってすでに克服済みであるかのように扱われてしまう。ここでは「専制国家と市民社会」（＝「前近代と近代」）という対立軸がまったく消失し、「前近代的」遺制が現存するという事実そのものがまるごと隠蔽されるのである。

だが、これはまさに、中国における「未完のブルジョア革命」の意義を否定し、「前近代的」非合理性を暗黙裡に肯定する言説である。なぜなら、溝口にせよ、加々美にせよ、「近代」をもっぱら「西欧近代」のこととしてしか理解しておらず、「中国独自の近代」（溝口雄三）なる「近代」の概念において、普遍的近代が本来的に有している一定の「規範性」をまったく骨抜きにしているからである。そこでは、いわば「擬似近代」とでもいったものが「中国独自の近代」なるものとして扱われ、普遍的啓蒙としての近代という概念がほとんどないがしろにされてしまうのである。そうした意味でいえば、よほど竹内の方が「東洋の力が西洋の生み出した普遍的な価値をより高めるために西洋を変革する」とする観点から、「西欧近代」とは厳密に区別された普遍的近代についてて理解していたといえる。[39]

しかるに、マルクスが念頭に置いた未来の「共同体」(コミューン)とは、けっして「前近代的」ゲマインシャフト(「共同社会」)のことではなく、それを「近代的」原理でいったんは昇華させたゲノッセンシャフト(「協同体」)の概念であったはずである。そうした意味で「前近代性」を克服するという課題は、アジア的生産様式論を媒介しない限り、「前近代性」のもつ本来の意味内容が十分に析出されることはなく、それゆえに、その目的を達成することはきわめて困難であろう。

こうした今日的コンテクストで再評価すべきなのが、平田清明による市民社会論にもとづくアジア的生産様式論である。平田によれば、戦前においてその存在が知られながら公表されていなかったマルクスの未完の草稿、すなわち、『経済学批判要綱』が公刊されて以来、戦前から戦後にかけて有力となっていた「アジア的生産様式」否定の見解は、もはや完全に力を失うこととなった。というのも、この草稿においてマルクスが「本源的所有の三形態」の一つとして「ローマ的形態」、「ゲルマン的形態」とともに、「アジア的形態」を明示的に語っていたことが明らかになったからである。とりわけ、ここでは「アジア的生産様式」やアジアにおける「総体的奴隷制」という用語が使われたものの、それまで支配的であったマルクス主義概念としての「階級関係」が直接的に語られず、むしろ「所有形態」として扱われた。すなわち、「アジア的生産様式」が本源的所有の「第一形態」(アジア的形態)として語られるとき、それは「ローマ的形態」=「第二形態」、および「ゲルマン的形態」=「第三形態」との対比において明示されたのである。(40)

ここでは自給自足的小共同体が社会的実体をなしており、生産は農工未分化の単純協業であり、この共同体内部ではそれを構成する諸成員の間に「私的占有」関係が成立しているものの、「私的所有」関係の成立にはいたっていない。つまり、「私的個人」(private Eigentumer)は存在せず、したがって「商品交換」は成立していなかった、ということである。なぜなら、この小共同体の成員にとって、個体の「対他的」(für sich)な意識は、小共同体のいずれにとっても必要な「用水路」や「交通手段」等の建設過程においてであり、しかもそれはこれらの小共同体に共通な生存条件としての潅漑・運輸など「社会的な生産と生活の諸条件」を具体的に建設維持する「総括的統一体」としての「専制君主への帰一意識として」成立していたからである。かくして、諸共同体共通の「種族本体」としての「神」への讃えは、このような「神」への同化として成立していった。こうした意識のもとで「共同の生産と生活」が営まれ、「生産と交通（das Verkher）」と意識、そしてそれらを通じての享受の仕方が本源的所有の「アジア的」形態とみなされたのである。しかも、ここで所有とは、この「生産と交通」、および「享受＝消費」の総体であり、この総体において成立する意識的社会関係のことであった。というのも、所有を権利としての意識的社会関係だと見るのは、所有を所有権としてのみ理解することを、かつマルクスにとっては「近代市民」的地平に属することを意味したからである。[41] 平田はそのことについて、次のように詳述している。

「しかし、ここでの総括的統一者としての専制君主は、おのれのもとに、『神』への貢ぎ物として捧げられる単純協業の剰余生産物を、たんに蓄えているだけでなく、その一部を他の社会へ商品として販売し、それを貨幣に転化して、それを蓄蔵（thesauliser）します。彼は唯一の商品所有者＝販売者であり、貨幣蓄蔵者であります。つまり、彼は唯一の私的所有者であります。この唯一の私的所有者の下で、共同体が土地を占有し、諸個人はこの共同体の一員としてのみ生産し生活するのであります。つまり、共同体が占有者であり、諸個人は無所有者であります。しかも、この諸個人は、『神』たる専制君主に帰一しているのでありますが、この専制君主が私的所有者であるかぎり、諸個人はこの専制君主の下に集められる商品と同様に、この専制君主の『所有物』とみなされます。このことをマルクスは、『総体的奴隷制』と言ったのであります。したがって、『総体的奴隷制』とは、東洋的専制主義に固有な人格的関係であります。この点の理解について特に重要なことは、土地の直接具体的な利用関係とその意識的法的関係とが奇妙にずれた形で重なっているということであります[42]」。

このように平田清明は、とりわけ戦後のマルクス主義がアジア的生産様式論を「階級」論として理解してきたのに対して、「所有」論として、しかも東洋的専制君主とその臣民との間における「人格的」支配―被支配関係としてとらえていた。ここでは専制的君主とならんで、地方の「大主」が私的所有者として自立化するとき、この両者の間の対立関係が発生していった。また、諸専制的君主間・諸大主領間・諸共同体間の間で剰余生産物交換が行われるとき、それを媒介する商人が私的所有者として自立化し、私的所有者間の対立が錯綜していった。共同体とその成員、共同体と専制的君主との間は下位・上位の人格的依存関係によって特徴づけられているとはいえ、私的所有関係が影を落としている。したがって、共同体そのものは解体しないにしても、アジアにおいては、「固有の私的所有者間の対立」が共同体的生産力の上昇、すなわち剰余生産物の増大にともなって展開するのであり、そこに「アジアに固有な歴史の運動」が存在し得るというのである[43]。

こうした平田によるマルクスのアジア社会論において、「本源的所有」の「第一形態」がアジア的生産様式であることが正当に認識されていたという事実は、とりわけ重要である。しかも、「アジア的、古典古代的、封建的、市民的という生産様式のプログレシーヴな諸エポッヘンというものが、*Kritik* 序言において記述されたとき、そこにはそれらのプログレシーヴな諸エポッヘンを整序する論理的基準が明示されていない」とする平田の指摘は[44]、この克服されるべき「前近代性」の問題を考えるうえで、きわめて本源的な意味をもつものである。

とはいえ、日本でアジア的生産様式といえば、その欠くべからざる構成要素の一つである「東洋的専制主義論」よりも、アジアへの侵略を正当化したとされる「停滞論」がまっさきに想起されるほど、そこには払拭しがたい、否定的印象がこびりついている。たしかに、かつて竹内好が批判した日本の戦前・戦中のマルクス主義とは、まさにこうした「停滞論」にもとづくものであった。だが、この竹内による批判とは、戦前の旧パラダイムとしての社会認識の一部にすぎなかった「停滞論」とともに、アジア的生産様式そのものをすべて排除してしまい、「東洋的専制主義」をめぐる歴史的事実としての諸問題をまるごと押し流してしまった。いいかえれば、戦後マルクス主義のパラダイムは、アジア的生産様式を西洋中心主義的「偏見」、あるいは一種の「オリエンタリズム」であるとしつつ、結果的には、中国において現存する専制独裁政治をまるごと容認してしまったのである。また、六〇—七〇年代にかけて繰り広げられたアジア的生産様式論争のなかで主に問題となったのも、その上部構造としての専制政治システム、あるいはイデオロギー論というよりは、むしろ「停滞した」土台としての所有形態にもとづく経済制度（ウクラード）論に対する批判であったという側面が強い。そうした観点に立つ限り、すでにこの三〇年余りの間に高度資本主義的経済発展を遂げ、GDP世界第二位にまでのし上がった中国のいったいどこが「停滞」なのかといった、いかにもありそうな潜在的批判へと結びつくこととなる。

だが、これはアジア的生産様式を単線的発展段階論に当てはめた場合にのみ有効な理論的前提であり、本来のマルクスから引き出された立論ではない。既述のように、「アジア的、古典古代的、封建的、近代市民（ブルジョア）的」という生産様式の「プログレシーヴな諸エポッヘン」というものが仮に「前進的」であったとしても、まさに平田が指摘したように、ここには「整序する論理的基準が明示されていない」以上、それは「古典古代的」段階ですでに「アジア的」なものがすべて克服されたわけでなければ、「近代ブルジョア的」生産様式のもとで「アジア的」なものがすべて清算されたことを意味するわけでもない。S・アミンが指摘したように、周辺資本主義諸国においては、その社会構成体は「外部市場」に依存するがゆえに、そこでの資本主義的生産様式とは、けっして「専一化傾向」をもつことはなく、むしろ現実的には、非資本主義的生産様式との「接合」（articulation）による「混成形態」にならざるを得ないのである。[45] そうした意味で、仮に現代中国社会を理論的にとらえるならば、それはいわば「国家資本主義的生産様式」と「アジア的生産様式」との「異種混合体」であり、しかも「近代的」資本主義でもなければ、「前近代的」官僚制でもない、「官僚資本主義」（中嶌太一）として現実化している、ということになる。[46] これこそが平田清明らの市民社会派の視点にあっても、戦後マルクス主義には決定的に欠落した、現代東アジアの政治社会を理解するうえでもっとも重要な視座である。ここでさらに問題になるのは、より本質的な部分を占めるのが「アジア的」なものなのか、それとも「資本主義的」なものなのかということだが、前者こそが中国政治社会の「基底」をなしていると考えるのが、上記「接合」論に即した、もっとも合理的理解であることはいうまでもない。

おわりに――二つの「普遍性」概念をめぐり

すでに述べたように、西欧の市民社会のみが生んだ「近代」（M・ウェーバー）とは、いわば人類史的な意味において「普遍的なもの」である。マルクスにとっても、資本主義的「近代」とは、それを乗り越えてはじめて成立可能な協同体社会（ゲノッセンシャフト）への「跳び越え」不可能な一つの重要なプロセスであっただけでなく、それ自体が「普遍的価値」にもとづくものであった。だが、こうした「普遍性」をめぐる問題意識は、いまだに多くの人々の世界観をめぐる理論的かつ具体的関心のなかに埋没したままである。本来的にはこの「封建制」こそが、トータルな近代市民社会を開花させたにもかかわらず、「正統派」マルクス主義はそれとはまったく逆に、「五段階発展論」からアジア的生産様式を排除し、かつそのことによってスターリニズムそのものを生んだ「アジア的復古」を正当化していったのだといえる。

このように、かつての国際共産主義運動の政治過程で決定的に歪められた「史的唯物論」は、「封建制」をいわば「普遍的」前近代とみなし、本来「アジア的」社会であるはずのロシアも中国も、この「封建制」のカテゴリーで均しく扱いつつ、もう一つの虚偽意識としての「普遍性」概念を生み出していった。この概念は、中国共産党とスターリンによって指導されるソ連を中心としたコミンテルンが、「封建的」という言葉のなかに含まれる近代市民社会へと導くマルクスの概念を本来のそれとは真逆の意味で中国社会に当てはめることで現実化した。それはさらに、「アジア的」特殊性(=専制主義と停滞)論を排しつつ、あるべき中国革命と社会主義の路線を虚偽の「普遍史」としての「世界史」的発展のプロセスへと「恣意的に」載せ、西側の先進資本主義国において来るべき革命(「大ばくち」)との理論的、実践的一体化を図っていったのである。かくしてそれは、反右派闘争・大躍進という名の暴政、文革での「前近代的」非合理性の噴出、天安門事件での暴力的弾圧、ポスト天安門事件から現在にいたるまでの人権抑圧など、中国現代史のさまざまな負の局面を西洋近代のそれと同質のものとみなすもう一つの「普遍性」概念によって少なからず相対化・正当化し、そして最後に隠蔽していった。だが問題は、きわめて遺憾なことに、こうした悪しきスターリニズムの影響力が、今日の世界でもなお深く影を落としていることであろう。いわば、この長い歴史をもつ虚偽の「普遍性」概念は、とりわけ「進歩的」とされる人々が本来の「普遍性」概念へたどり着くことをいまだに根強く阻み続けているのである。(47)

だが、今日の東アジアにおける劇的な変化は、ウィットフォーゲルの提起した問題性が現実的根拠のともなうものであったことを自ずと証明しつつある。とりわけ、そのアジア的生産様式論の理解なしに、ソ連を中心とした国際共産党体制が崩壊した現在、なぜ中国だけが、むしろ代表的な「世界の超大国」の一つとして躍り出ることになったのかについて解明することは不可能であろう。中国やその「アジア的」分析に関するウィットフォーゲルの著作は、マルクスのアジア社会論が大きく影響力をもっていた旧パラダイム下にあった戦前の日本では広く翻訳され、読まれていたにもかかわらず、戦後においてその読者は極端に減り、しかもその評価をめぐっては、ウィットフォーゲル自身が認めるように、「もともと彼ら（＝日本の「進歩的」知識人――筆者）が肯定的であったのと同じくらい、否定的であることが支配的」となっているのである。[48] このこと自体、すでにしてウィットフォーゲルの言説のもつ政治的に深い意味を考えさせるに十分な問いを投げかけている。いずれにせよ、その社会認識の基底にある「アジア的復古」という概念を中心にして世界史のパラダイムを組み直すことが、ポスト「社会主義」時代にグローバリゼーションが急速に突き進んでいった現代においてこそ、まさに現実的政治社会認識論、さらには存在論の一部として問われているのである。

注

（1）「インドにおけるイギリスの支配」（一八五三年六月二十五日）『マルクス・エンゲルス全集』（大月書店、一九七八年）、第九巻、一二六頁。

（2）これについては、福本勝清「中国的なるものを考える――カウディナのくびき（その一―三）」『21世紀総研』(http://www.21ccs.jp/soso/chinateki/chinateki_42.html) を参照。

（3）マルクス・エンゲルス「共産党宣言・一八八二年ロシア語版序文」『マルクス・エンゲルス全集』第四巻（大月書店、一九六九年）、五九二―五九三頁。

（4）Karl August Wittfogel, *Oriental Despotism: A Comparative Study of Total Power* (New Haven: Yale University Press, 1957), pp. 372-373. 湯浅赳男訳『オリエンタル・デスポティズム』（新評論、一九九一年）、四六八頁。

（5）MEGA, III, Pt. 1: p. 450, Marx and Engels, *Gesammelte Schriften 1852 bis 1862*, ed. N. Rjasanoff, 2 vols, Stuttgart, 1920, I: p. 475（エンゲルス［マルクスが署名］「トルコ問題」『マルクス・エンゲルス全集』大月書店、一九七八年、第九巻所収、二二頁）cited in K. A. Wittfogel, *op cit.*, p. 375. 前掲『オリエンタル・デスポティズム』四七一頁。

（6）Marx and Engels, 1920, I: p. 160（マルクス「戦争問題――議会情報――インド」『マルクス・エンゲルス全集』大月書店、一九七八年、第九巻所収、二〇九頁）cited in *ibid.* 同。

（7）Marx and Engels, "The Russian Menace to Europe," *A Collection of Articles* ed. Paul W. Blackstock and Bert F. Hoseliz,

1952: p. 223（マルクス「ロシアの社会関係」『マルクス・エンゲルス選集』第一三巻、大月書店、一九五〇年所収、一四三—一四四頁) cited in *ibid.*, pp. 375-376. 同。

（8）K. A. Wittfogel, *op cit.*, pp. 373-374. 同、四六九—四七〇頁。

（9）Karl Marx, *Das Kapital.* 4th, 2nd, and 1st ed. 1: p. 318, Hamburg, 1890-94（マルクス『資本論（九）』第三巻第二分冊、岩波書店、一九六二年、二〇五頁) cited in *ibid.*, p. 375. 同、四七〇頁。

（10）K. A. Wittfogel, *op cit.*, p. 375. 同。

（11）*Ibid.* p. 376. 同、四七二頁。

（12）*Ibid.*, p. 377. 同、四七三頁。

（13）*Ibid.*, p. 378. 同、四七四頁。

（14）*Ibid.*, p. 380. 同、四七五—四七六頁。

（15）*Ibid.* 同、四七六頁。

（16）*Ibid.*, p. 391. 同、四八九頁。

（17）Plekhanov, "On the Agralian Question in Russia," *Dnevnik Sotsial Democrata,* No. 5, March 1906, 12ff, *Protokoly*: p. 44 cited in K. A. Wittfogel, *op cit.*, p. 392. 同。

（18）Plekhanov, 1906: p. 16 cited in *ibid.* 同、四九〇頁。

（19）Plekhanov, 1906: p. 14 cited in *ibid.* 同。

（20）Plekhanov, 1906: p. 17 ited in *ibid.* 同。

（21）Plekhanov, 1906: p. 45 cited in *ibid.* 同。

（22）Plekhanov, 1906: p. 116 cited in *ibid.* 同。

（23）Lenin, *Sochinenia,* 4th ed. 35 vols. Moscow, 1941-50), XIII: p. 300, cited in *ibid.*, K. A. Wittfogel, *op cit.*, p. 393, 同、四九一頁。

（24）Lenin, *op cit.*, XIII: p. 302, *Ibid.*, 同。

（25）Lenin, *ibid.*, p. 301, *Ibid.*, 同。

（26）前掲『マルクス・エンゲルス全集』第四巻（大月書店、一九六九年）、五九二—五九三頁。

（27）K. A. Wittfogel, *op cit.*, pp. 393-394, 同、四九二頁。

（28）*Ibid.* p. 407. 同、五〇六頁。

(29) *Ibid.* 同。

(30) Joseph. S. Stalin, "Dialectical and Historical Materialism," in *History of the Communist Party of the Soviet Union* (*Bolshevics*), *Short Course*, ed. by a Commision of the Central Committee of the CPSU, and authorized by the Central Committee of the CPSU, New York, 1939, p. 118ff（スターリン『弁証法的唯物論と史的唯物論』石堂清倫訳、大月書店、一九五四年、一二〇頁）cited in *ibid.*, p. 408. 同、五〇七頁。

(31) Joseph. S. Stalin, *ibid.*, cited in K. A. Wittfogel, *op cit.*, p. 408. 同、五〇七頁。

(32) *Ibid.*, p. 402. 同、五〇一—五〇二頁。

(33) *Ibid.* 同、五〇二頁。

(34) *Ibid.*, p. 405. 同、五〇四頁。

(35) **瞿秋白**（一八九九—一九三五年） 中華民国初期の革命家、作家、文学評論家。中国共産党の初期最高指導者の一人。一八九九年、江蘇省常州府城内（現在の武進区）生まれ。一九一九年、五四運動に参加し、李大釗、張嵩年が主催したマルクス主義研究会に参加。一九二〇年、北京の『晨報』と上海の『時事新報』から特約通信員として雇われ、モスクワに赴任。一九二二年、コミンテルンが開催した極東諸民族大会に参加する。この年、モスクワにて同郷の張太雷の紹介を経て中国共産党に入党。一九二七年四月の上海クーデターにより第一次国共合作が崩壊するなか、同年七月十二日に陳独秀は職務を停止させられ、張国燾が代理として共産党中央の責任者となった。一九二八年、中国共産党第六回大会（モスクワ）に出席し、陳独秀の「右傾妄動主義」とともに、蜂起失敗の責任を問われ「左傾妄動主義」と批判される。一九三五年、香港に逃れる途中で、福建省長汀県水口鎮にて逮捕され、銃殺刑に処された。

(36) K. A. Wittfogel, "A Short History of Chinese Communism," in *General Handbook on China, 2 vols.*, edited by Hellmut Wilhelm, Human Relations Area Files, Inc. (New Heaven: 1956), p. 1144ff. 拙書『中国革命論のパラダイム転換——K・A・ウィットフォーゲルの「アジア的復古」をめぐり』（社会評論社、二〇一二年）、第二章「農民問題と『アジア的』復古」参照。

(37) T・S・クーン『科学革命における本質的緊張』（安孫子誠也・佐野正博訳、みすず書房、一九九八年）、XXIV頁。

(38) **井崗山闘争** 湖南省と江西省の境に位置する山で、中国共産党が土地革命のために最初の農村根拠地を築いた地区での武装闘争。中国共産党は一九二七年、井崗山根拠地の建設を開始した。第一次国共合作の崩壊を受けて、一九二七年八月、中国共産党は江西省南昌で初の武装蜂起を発動。その後、「武装蜂起による土地革命の実現」を大方針として採択し、九月、湖南・湖北・広東・江西などの省で秋収蜂起を決行した。

(39) これについては、前掲『中国革命論のパラダイム転換――K・A・ウィットフォーゲルの「アジア的復古」をめぐり』終章「中国におけるアジア的なもののゆくえ」、および子安宣邦『帝国か民主か――中国と東アジア問題』（社会評論社、二〇一五年）第八章「『アジア』という抵抗線は可能か」を参照。

(40) 平田清明『市民社会を生きる』（晃洋書房、二〇〇七年）、二二頁。

(41) 同、二三頁。

(42) 同、二三―二四頁。

(43) 同、二五頁。

(44) 同、二七頁。ちなみに、望月清司は、マルクス『経済学批判』、「序言」における当該部分を次のように訳している。「経済的な観点からみた社会をいわば成層［地層群］と見立てて、それを大ざっぱな輪郭でえがいてみると、その成層［地層群］の中に、アジア、古代世界、封建社会、近代市民社会というそれぞれの時代の諸生産様式が、地層が古い順に重なって累乗的な諸世をなしていくように、つみ重なっている、というふうに言える」（『マルクス歴史理論の研究』岩波書店、一九七三年、五五三頁）。この市民社会論を背景にした「アジア的なもの」についての理解の的確さは、マルクスが「ヴェラ・ザスーリッチへの回答の下書き」で、「われわれの地球の始源的あるいは第一次的成層は、それ自体、つぎつぎに累積してきた、さまざまな時代に属する諸単層（couche）を含んでいる。それと同じく社会の始源的構成は、累重的な諸時期を画する、さまざまな型の一系列をわれわれに啓示している」（『マルクス・エンゲルス全集』第一九巻、四〇一―四〇二頁）と記していることからも裏付けられる。

(45) サミール・アミン『周辺資本主義構成体論』（野田祐・原田金一郎訳、柘植書房、一九七九年）、五六、二四三頁、およびピーター・リムケコ、ブルース・マクファーレン編『周辺資本主義論争――従属論以後』（森章孝・岡田光正訳、柘植書房、一九八七年）、一〇二―一〇三頁参照。

(46) 中嶌太一『中国官僚資本主義研究序説――帝国主義下の半植民地的後進資本制の構造』（滋賀大学経済学部、一九七〇年）参照。

(47) そうした現代における典型例が、「進歩的」知識人の旗手的存在である柄谷行人の昨今の中国社会論に見られる。柄谷は『帝国の構造』（青土社、二〇一四年）で、共産党政権の中国を「王朝」に見立て、その「前近代的」帝国のあり方を基本的に擁護しつつ、世界の社会主義国家が崩壊していった一九八九年以降にも同政権が維持してきたことが「文化大革命の遺産」の残存ゆえであるとしている。つまり、毛沢東による悪しき「平等」主義の原理にもとづく大衆動員（＝扇動）という中国的「民主主義」概念を擁護しつつ、一千万人を越える犠牲者を出した文化大革命という「前近代的」非合理性の噴出をめぐり、そのことをもたらした執行政権の維持そのものを正当化しているのである（同、一七〇―一七一頁）。さらに柄谷は、現代の「東洋的専制国家」を間接的に擁護しつつ、次のように述べる。すなわち、「中国に必要なのは、近代資本主義国家に固有の自由民主主義を実現することではなく、むしろ『帝国』を再建築することです。もし中国に自由民主主義的な体制ができるなら、少数民族が独立するだけなく、漢族も地域的な諸勢力に分解してしまうでしょう。いかに民主主義的であろうと、そのような事態を招くような政権は支持されない。つまり天命＝民意に基づく正統性をもちえない。ゆえに、長続きしないでしょう。のみならず、そのような方向をとることは、世界史的な観点からも見ても愚かしい」（同一七一頁）、と。ここで柄谷は、あたかも溝口雄三が「中国に独自の近代」を評価したように、中国と西洋という二元論のなかでしか、中国における「自由民主主義」の具体的なあり方を模索できないでいる。それゆえに柄谷は、近代リベラル・デモクラシーの価値をもっぱら西洋近代独自の「自由民主主義」としてしか理解できず、それが本来的に有している一定の普遍的「規範性」を意識的に排除していった。その結果、柄谷はただでさえ人権抑圧の契機が「永続的政体」（モンテスキュー）の内部に根付いている「専制国家」のさらなる「長続き」に期待し、それを世界史の枠組みのなかですら擁護するという倒錯を、すんなりとやりとげてしまう。こうした柄谷による昨今の虚偽に満ち溢れた中国社会論は、既述のような、戦後日本の中国研究者らによって設定された「伝統と近代」というもう一つの対立軸の中で、「前近代」の問題性が「中性化」され、「前近代的遺制」がまるで「社会主義革命」によってすでに克服済みであるかのように扱われたのと軌を一にするものである。ここでは「東洋的専制国家」の成立が、アジア的構成体の「交換様式」論による構造の解明としてなされているように見えながら、実際のところ、それはあたかも「生産」なくして「交換」そのものが成立しているがごとき、いわば物象化された「錯視」を体系化した虚偽意識にすぎない。それゆえに、この「交換様式」によって成り立つ「社会構成体」には、「生産」を媒介する「労働」の概念が完全に欠落し、この「労働」の主体たる近代労働者＝プロレタリアートが消失し、したがって、そうした「生産」に携わる近代的主体によって構成される「市民社会」も存在しない、ということになる。たしかに、柄谷は平田清明らがかつて強調したマルクスの「交通」の概念を多用してはいるものの、それをもっぱら「交換関係」に還元してしまい、その結果、人間の個体的労働によって媒介された「生産関係」と不可分ものとしてあった「交通」、さらに市民社会的アソシアシオン（連帯）を可能にする人と人との「交通関係」を完全にないがしろにしてしまうのである。本来「交通」とは、「分業としての生産諸力が発展して、商品生産という形態での社会的生産の様式が成立・展開することによって、社会の支配的な交通様式になる」（平田清明『市民社会と社会主義』岩波書店、一九六九年、五七頁）ものとして、「生産」そのものと切っても切れない関係にある。これに対して、柄谷による「交換関係」にもとづく「社会構成体」とは、仮に存在し得たとしても、せいぜいのところ従属論的途上国にその生産拠点と市場を擁する西側先進資本主義社会においてのみであり、そこからアジア的生産様式を導き出すこと自体、土台無理があるというべきであろう。つまり、ここには「専制国家と市民社会」（＝「前近代と近代」）というアジア社会論における対立軸が最初から消失しており、「前近代的」遺制が現存するという事実がまるごと隠蔽されてしまうのである。それは端的に一言でいえば、柄谷が「交換様式」の第一次性を強調することによって、マルクスの「生産様式」論をスターリニズム的なもう一つの「普遍性」概念によって完全に換骨奪胎してしまったことに由来している。柄谷において、「アジア的専制国家」とは、たしかに世界システムとしての世界＝帝国として定位されているように見えなくもないが、それは子安宣邦が指摘しているように、実際上、「帝国的支配なのか、帝国主義的支配なのか見分けることができない事態になっている」（前掲『帝国か民主か――中国と東アジア問題』七五頁）というべきものであろう。しかしながら、ネグリとハートが主張したように、本来、世界システムとしての「帝国」の生成とは、「帝国の頽廃と衰退を特徴付けるのと同じ条件にもとづいて実現するもの」であり、「今日『帝国』は、生産的ネットワークのグローバル化を支え、すべての権力諸関係をその世界秩序の内部に包み込もうと包括的な大網を投げ広げるような中心としてその姿を現している――だが、それと同時に『帝国』は、その秩序を脅かそうとする新しい野蛮人たちと反逆的な奴隷たちに対抗して、強力な保安（警察）的機能を配置する」（水島一憲他訳『帝国』以文社、二〇〇三年、三七頁）という共通の「近代的」プロセスをともなうものである。それにもかかわらず柄谷は、世界システムとしての「帝国」概念が本来、こうした「下から」の市民社会的「反逆」を抑圧する単体国民国家としての「専制国家」に対する根源的批判を企図したものであるという事実を、完全に黙殺しているのである。

（48）前掲『中国革命論のパラダイム転換――K・A・ウィットフォーゲルの「アジア的復古」をめぐり』（社会評論社、二〇一二年）、第六章、「『東洋的専制主義』「前文」への解題とその全訳」参照。

〈跋〉「公的自由」と人間的幸福——『現代中国のリベラリズム思潮』に寄せて

子安宣邦

「公的自由を経験することなしにはだれも自由であるとはいえず、公的権力に参加しそれを共有することなしには、だれも幸福であり自由であるということはできない。」

ハンナ・アーレント『革命について』

ハンナ・アーレントの『革命について』が刊行されたのは一九六三年である。その六三年にアメリカのケネディー大統領が暗殺された。ケネディーによって回避された〈キューバ危機〉の構成者であったソ連のフルシチョフが解任されたのは翌六四年である。そして六五年にアメリカはベトナムに〈北爆〉を開始した。安保改定後の沖縄の基地からベトナムに向けてB52爆撃機が飛び立っていったのである。そして中国の文化大革命が発動されるのは六六年である。中国各地で紅衛兵の闘争が開始されたのはその年の十二月であった。ちなみに日本のベ平連の運動が全国的に広がったのも同じ六六年である。われわれは中国における文革の進行を深刻に見つめながら、ベ平連の運動の列に加わっていった。六〇年代後半の日本はベトナムにB52爆撃機を飛び立たせながら、一方文革的動乱下の中国をも見つめながら、高度経済成長期を迎えようとしていた。やがて六八年のパリの五月革命に始まる世界的な学生の反乱がこの日本をも襲うことになる。この六〇年代の世界をどう見たらよいのか。第二次世界大戦の「戦後」的世界が、「近代」という時代とともに、地響きを立て、地煙を上げながら、その終焉から再編へと進んだ一〇年というべきだろうか。〈開発〉と〈革新〉とが、戦争と反乱をともないながら世界を覆っていった一〇年であった。

　アーレントが近代の「革命」とその精神の二十世紀世界における歴史的末路というべき喪失過程を記していったのは、その六〇年代の始めの時期であった。六三年に出版された『革命について（On Revolution）』が志水速雄氏によって合同出版社から翻訳出版されたのは一九六八年である。それは後に改訂されて中央公論社から七五年に再版された。その時期に私はこの書を読もうともしなかった。かりに読んだとしても、アーレントによる近代「革命」とその精神の末路というべき喪失過程の記述に共感することもなく、その深甚な意味を理解することもなかったであろう。だが二十一世紀のいまに及んで、すなわち「その独裁制、寡頭制的構造、内部的な民主主義と自由の欠如、全体主義的になる傾向、無謬性の主張」（第六章「革命的伝統とその失われた宝」）といった近代政党政治の末路の特徴を内外の現前する政治世界にあらためて見るにいたって、アーレントのこの書は私に深い共感をもって読みうる書となった。

　アーレントは序章「戦争と革命」の最後で重い問いかけの言葉を記している。「革命の現象に、はじまりの問題がどのような意味をもつかは明白である。このようにはじまりが暴力と密接に結びついているにちがいないということは、聖書と古典が明らかにしているように、人間の歴史の伝説的なはじまりによって裏づけられているように思われる。すなわちアベルはカインを殺し、ロムルスはレムスを殺した。暴力ははじまりであった。暴力を犯さないでは、はじまりはありえなかった。」この言葉は重い予言のようにこの書を読む私を規定した。永久革命とはこの暴力のはじまりのたえざる再生をいうのだろうか。革命党の政権的保持とはこの暴力的はじまりの体制的護持をいうのだろうか。私はこの予言的言葉に導かれるように『革命について』を読んでいった。

アーレントの『革命について』はフランス革命の痛恨の失敗を記述する。それはフランス革命史として革命の否定的評価を記述することを意味するものではない。「戦争と革命」の世紀といわれる二十世紀の政治世界にフランス革命の失敗、すなわち「自由」創設の失敗の痛恨の刻印を読み取り、記述することを意味している。それはこのようにである。

「十九世紀と二十世紀の一連の大激動を中心に考えてみると、われわれに残されている二者択一は、その目的——自由《フリーダム》の創設——を達成しない終わりなき永続革命を選ぶか、それとも革命的激動ののちに市民的自由《リバティーズ》を十分に保障し、君主政であれ共和政であれ、とにかくただ制限された統治の名にあたいするにすぎないような或る新しい「立憲的」統治の樹立を選択するか、そのどちらかであるように思われる。第一の選択は明らかにロシアと中国の革命にあてはまる。このばあい、権力を握った人びとは、革命的政府を無制限に保持してきたということを認めているだけでなく、それを誇っている。第二の選択は、第一次大戦後、ほとんどすべてのヨーロッパ諸国を襲った革命的激動や、第二次大戦後ヨーロッパから独立した多くの植民地国にあてはまる。」

二十世紀近代の政治世界をだれがこのようにえがいただろうか。ここでは社会主義か民主主義かといった体制イデオロギーの別がいわれたりしない。社会主義的体制であるか、民主主義的体制であるかを問わず、現代の政治世界が「自由の創設」に失敗したフランス革命の再生としてある悲惨な歴史的結末がいわれているのである。一九六〇年のアーレントのこの記述はあまりに早すぎた歴史的告発であった。ソ連の崩壊を民主主義の体制的勝利として「歴史の終わり」がいわれたのは三〇年後である。アーレントが「第二の選択」をいう政治的激動として敗戦後日本の激動をみれば、戦後日本の選択としての立憲主義的政治体制における失敗、すなわち「自由の創設」の失敗という痛恨の結末をわれわれはいま二〇一五年の日本の安倍政権の寡頭制的政治支配に見出すことになるのである。そして革命政権を一党独裁体制として持続させている中国共産党政権は一二〇人にのぼる人権派弁護士らを拘束しながら（二〇一五年七月十四日現在）、抗日戦勝利七〇周年の軍事パレードを天安門広場に展開させている（九月三日）。アーレントのあの文章の意味が痛切にもう一度理解し直されるのは二十一世紀のいまなのである。

アーレントが「自由の創設」という「自由」とは「公的自由」を意味している。この「自由」の政治的構成としてアメリカの共和政をアーレントは高く評価する。その共和政の制度的基盤の創設を志向したジェファーソンの考えをアーレントは次のような言葉としていっている。

「公的幸福を共有することなしにはだれも幸福であるとはいえず、公的自由を経験することなしには誰も自由であるとはいえず、公的権力に参加しそれを共有することなしには、だれも幸福であり自由であるということはできない。」

フランス革命が革命精神として担いながら、その創設に失敗した「自由」とはこの「公的自由」である。それはやがて立憲的統治が人民に保障し、保障しながら制限する「市民的自由」ではない。この保障された自由をもつ市民は「公的自由」の行使者ではない。多数市民の政治的意見や要求はいま政党によって代表される。だが代議制的政党政治はいまますます寡頭制的な少数者による多数者の支配になっているとアーレントはいう。「今日われわれが民主主義と呼んでいるものは、少なくとも観念の上では多数者の利益のために少数者が支配する統治形態だからである。この統治は人民の福祉と私的幸福を主たる目的にしているという意味で民主主義である。しかし同時に、公的幸福と公的自由がふたたび少数者の特権となっているという意味で寡頭制なのである」と。

この言葉は議会制民主主義というわれわれの政治世界における市民的多数者の現状を衝撃的に照らし出す。市民的多数者の「政治的自由」は世論の形成と投票行為に限定され、市民はただ議会政党に代表されるだけの被治者に矮小化されている。かくて「公的自由」も「公的幸福」も市民的多数者から奪われて、少数者の手に帰している。市民的多数者における「公的自由」の喪失という議会制民主主義社会の現状からすれば、市民的多数者から「公的自由」を制度的に剥奪する一党独裁的社会主義社会の実状ははたして民主主義的社会の現状と決定的に違うといえるのか。アーレントはアメリカの二党制を区別した上で、一党独裁と多党制との差はそれほど決定的であるとは思われないとして、「十九世紀のあいだに、国民が「絶対君主の靴をはいた」のちに、二十世紀になって、国民の靴をはく順番は政党にまわってきたのである。したがって、その独裁的、寡頭制的な構造、内部的な民主主義と自由の欠如、「全体主義的になる」傾向、無謬性の主張」といった近代的政党の特徴が、二つの政治体制間に共通していえるのではないかというのである。もちろんアーレントはこれをソ連のスターリン主義に対するヨーロッパにおけるナチズムやファシズムの台頭という二十世紀の歴史体験をふまえていっている。だがこの近代的政党政治の特徴を二十世紀前期に限定すべきだとは思わない。アーレントは一九六〇年にこれをいうのだし、われわれはいまグローバル資本主義時代がいわれる二十一世紀的アジアで各国政権が、ナショナリズムを強めながらそれぞれに「全体主義的になる」傾向を呈していることを知っている。

ここでアーレントが留保したアメリカの二党制とその現状についての彼女の見方を記しておきたい。アーレントは政権政党の専制化を制度的に抑制し、憲政上の自由を市民に保障するアメリカの二党制を高く評価する。だが二党制のアメリカにおける現状について彼女はきびしい言葉を記している。「しかし、それが達成したのはせいぜい被支配者による支配者にたいするある程度のコントロールであって、市民が公的問題の「参加者」になることができなかったというのもまた事実である。」市民をただ「代表される」だけの市民的多数者にしていったのは、二党制は多党制的政治体制におけると同様であった。そこから「民主主義」的統治についてのアーレントによる前に挙げた厳しい批判的言及がなされるのである。「この統治は人民の福祉と私的幸福を主たる目的にしているという意味で民主主義である。しかし同時に、公的幸福と公的自由がふたたび少数者の特権となっているという意味で寡頭制なのである。」

アーレントはこの『革命について』の書を閉じるに当たってこう書いた、いや、こう書き残したというべきだろう。「この革命精神がそれにふさわしい制度を発見するのに失敗したとき、このようなもの、あるいは多分それ以上のものが失われた。この失敗を償うことのできるもの、あるいはこの失敗が最終的なものとなるのを阻止できるものは、記憶と回想を除いては、ほかにない。」ここでアーレントが「この失敗が最終的なものとなるのを阻止できるもの」といっているのは、「あの「自由」のために生きた革命精神の喪失という失敗だけが最後に残されるのを阻止するものは」ということであろう。それを阻止するのは、「記憶と回想を除いては、ほかにない」と彼女はいうのである。『革命について』という書は、まさしく「失敗が最終的なものとなるのを阻止する」ところの「記憶」であり、「回想」であるだろう。『革命について』は革命精神の喪失という「自由の創設」の失敗を記しながら、「公的自由」に生きること、すなわち人間的活動の喜びと幸福の「記憶」をわれわれにつなげようとしているのである。

私はアーレントの遺書ともいうべきこの書を二〇一五年の夏に、安倍内閣の推進する集団的安保法制に反対する市民たちの政権中枢に容易に届かぬ怒りの声を聞きながら、そして中国における人権派活動家に対する抑圧とともに進められる抗日戦勝利七〇周年の行事を見つめながら、さらに私的レベルでいえば、この論集『現代中国のリベラリズム思潮』に寄せる言葉を求めながら読んでいった。この書『革命について』は、二〇一五年という日本と世界の二十一世紀的状況の中でもう一度理解し直され、この世界に向けての私の言葉を可能にした。

アーレントのこの書が私によって読まれ、もう一度理解し直されていったのは、二十世紀的近代へのアーレントの痛恨の思いを私は二十一世紀的現代アジアの中で再確認したからである。だが二十一世紀的アジアにおける「公的自由」の喪失という「失敗」の再確認は、私に絶望の嘆きをつぶやき出させるものではなかった。私は「失敗」の再確認とともに、「回復」の、あるいは新たな「獲得」の希望をもそこに見出したのである。日本国民を不完全にしか代表しない代議制民主主義の欠陥そのものが生み出したともいえる安倍政権によって、日本の軍事的再編成にかかわる〈集団的安保〉法案がいま成立しようとしている。この安倍政権による寡頭制的政治支配に反対する市民とは、市民的基盤から政治に参加しようとする活動者、まさしく「公的自由」の追求者としての自覚を強めた活動者である。政党的、組合的活動家とも、専従の〈革命〉家ともちがう、市民として参加することに生きる意味を見出した人びとがいま国会周辺を埋めようとしているのである。彼らは必ずや安倍とはちがう〈もう一つの日本〉を作り出すだろう。

だがここで言い落としてはならないことは、彼らは決して孤立してはいないということである。台湾の太陽花《ひまわり》を手にした学生・市民たち、香港の雨傘をもって座り込んだ学生たちは、日本の国会前の市民・学生と連帯するアジアの「自由」を求める先駆的活動者であるのだ。それだけではない。「公的自由」を体制的に排除し、剥奪する現代中国にも、「自由」と人間的であることの生きがいを求める者、われわれの連帯者は数多くいるのである。その忍耐強い人びとの言葉がいま石井知章氏の努力によって一冊の論集に編まれた。ここには中国の「自由」の活動者とともに、日本の活動者もまた言葉を添えている。これはまさしく「自由」のための連帯の著作である。アジアにおける「公的自由」と人間的幸福を求める活動者たちの連帯の確かな証しがここにあることを私は喜びたい。

二〇一五年九月四日

編者あとがき

　ようやく本書の出版にこぎつけ、心地よい開放感とそれをやや抑えようとする緊張感とに浸っている。このアンビバレントな思いは、ひとつには本書の出版をなしとげたことへの達成感から、もうひとつには、これからこれが日本でいかに受け入れられ、さらに中国へといかに反響していくのかがすんなりとは読めない、一抹の不安感からきている。共同作業とはいえ、その重い編集責任を担ったという意味では、筆者のこれまでの研究者としての経歴のなかでも、本書の出版が最大クラスの仕事になったことだけは間違いない。

　思えば、「文化大革命の現代中国政治に対する影響」というテーマで、北海道大学法学研究科付属高等法政教育研究センターで徐友漁氏を招いてワークショップを開いたのは、二〇一二年夏のことであった。徐氏とは、この札幌での会議だけでなく、東京でも、そしてその後北京でも何度もお目にかかり、現代中国と日本の思想界の動向をめぐり、お互いの意見交換を継続的に進めていった。われわれは、これらを踏まえた最初の仕事として、まず『文化大革命の遺制と闘う――徐友漁と中国リベラリズム』（社会評論社、二〇一三年）を上梓することとなる。本書では、この会議の内容を紹介し、さらに徐友漁をとりまく中国リベラリズムの状況、そしてそれに対立している新左派らの思想状況について紹介した。ここではさらに、日本国内ではじめて、日中間での保守と革新、停滞と進歩、左派と右派、新左派とリベラル派といった思想的二項対立（緊張関係）をめぐり、相互に深く連関しつつも、日本を含めた西側とはほぼ真逆の意味で、しかも大きくねじれた位相で成立している言説空間のあり方について問題提起した。じつは、これは予想を上回る反響を呼ぶことになったのだが、これをきっかけとして、われわれの関心は、さらに現代中国「リベラリズム」思想そのものの体系的紹介という新たな課題へと向かっていった。

この頃から、すでに研究会やシンポジウムなどで同席することの多かった及川淳子氏や王前氏らとともに、現代中国リベラリズムの思想状況をまとめて日本で紹介できないものか、とあれこれ話しあっていた。だが、なかなか具体的構想がまとまらないでいるうちに、『現代思想』「いまなぜ儒教か」特集号（二〇一四年三月）は、中国の新左派（＝新保守派）の言説体系を中心にして、リベラル派をいっさい排除するかたちで、しかもほとんど「閉鎖的」、かつ「孤立的」ともいえるような狭い言説空間として、中国の「現代思想」を描き出すにいたる。さらに、この出版とほぼ軌を一にして、柄谷行人『帝国の構造』（青土社、二〇一四年）も、同じ「進歩的」とされるメディアから出版されていった。しかも、これらの出版自体は、中国の習近平体制が市民社会に対する弾圧姿勢をますます強めるのに対して、「ひまわり運動」（台湾）と「雨傘（オキュパイ・セントラル）運動」（香港）とが大きなうねりとして展開されるという、まさにそのまっただなかで行われたのである。こうした倒錯した思想状況が、われわれの抱いていた大きな違和感をさらに大きく増幅させる結果に導いたことはいうまでもない。

徐友漁氏や人権派弁護士の浦志強氏ら五人は二〇一四年五月、天安門事件を振り返る内輪の集会に参加したのち、騒動惹起などの容疑で当局に拘束され、このうち徐友漁氏は数ヵ月後には釈放されたものの、浦弁護士は二〇一五年五月に起訴された。だが、徐友漁氏にしても、二〇一五年九月現在、いまだに事実上の自宅軟禁状態におかれ、出国が禁じられているだけでなく、外部の人々との連絡や、電話やメールでのやりとりもすべて当局によって監視され、社会的活動が大幅に制限されている。今回のこの出版に際しても、ご本人とは一切、コンタクトをとれなかったことが、すでにしてその状況を物語っているといえる。

だが、まさにそれと同じ頃、こうした中国での動きに対抗するものとして、学生・市民による中台服務貿易協定に反対する台湾での「ひまわり運動」（二〇一四年春）が、さらに行政長官選挙をめぐって中国側が設けた反民主的な規制に抗議する学生ら数万人による香港での「雨傘（オキュパイ・セントラル）運動」（二〇一四年秋）が、それぞれ同じ東アジアで繰り広げられていた。こうした動きは、中国の独裁政権との相似形をますます強めつつある安倍政権の下で、沖縄米軍基地問題をめぐって展開された日本での市民運動、あるいはその後、全国規模で盛り上がった反安全保障法制の市民運動とも通底していることはいうまでもない。つまり、柄谷行人ら一部の「進歩的」知識人（メディア）らは、こうした東アジアでの動きに背を向け、それら諸問題の根底にある中国の反民主的、かつ人権抑圧的独裁体制を容認する方向へと突き進んでいったことになる。

だが、その一方で、二〇一五年春に上梓された子安宣邦『帝国か民主か——中国と東アジア問題』（社会評論社、二〇一五年）は、政治的緊張をさらに増していく東アジアとそれに背馳しようとする日本の歪んだ思想的状況に対して、きわめて批判的、かつ実践的な問いを投げかけていった。この子安の著作は、なによりも東アジアの民主的市民運動の連帯こそが、もう一つの「東アジア」を作る本当の力であるとし、「自由」や「民主主義」という普遍的価値をもう一度、真に人類的価値として活かす可能性について真摯に問うていった。台湾の学生たちがやがて占拠していた立法院から撤退し、香港の学生たちも中心市街の占拠を解いていったものの、それらはけっして運動そのものの敗北を意味するわけではない。むしろ台湾市民の、そして香港市民の本当の自立的運動がここから始まり、「もう一つの東アジア」への可能性が開かれていったのである。

しかるに、柄谷行人らは「帝国主義」的国家から区別された「帝国」を伝統中国から呼び起こし、「帝国」概念の再構成という作業を「世界史」的に展開するのだとすら嘯く。その意味で、前掲『現代思想』特集号とは、いわば「儒教」という学問の名を借りた、中国の現執行体制を擁護するための言説の体系であった。このように歪められた思想状況は、たしかに「日本知識人のスキャンダラスな先駆性」（子安）と呼ぶにふさわしいものである。これに対して子安は、「柄谷らが『帝国主義』から区別して歴史から呼び出そうとする『帝国』概念が、現代中国における専制的党=国家権力の望むところではないか」と鋭く問いかける。すなわち、柄谷らの「帝国」

概念は、「チベット、ウイグル族に対する血なまぐさい暴力的な同一化、『帝国主義』的従属化、すなわち現代中国の『帝国』性を隠すものではないか」と根源的疑義を呈していったのである。

あるいは梶谷懐も、同じ頃出版された『日本と中国、「脱近代」の誘惑——アジア的なものを再考する』(太田出版、二〇一五年)で、一方で「ひまわり運動」を評価しつつも、他方、共産党政権の中国を「王朝」に見立て、「もし中国に自由民主主義的な体制ができるなら、少数民族が独立するだけでなく、漢族も地域的な諸勢力に分解してしまうでしょう」とする柄谷行人(前掲『帝国の構造』)も、あるいは台湾の学生運動での「反中・反共ナショナリズム」と新自由主義との結びつきを批判する丸川哲史(『社会運動』二〇一四年十一月)も、ただたんにその都度「語りえないもの」を神聖化し、かつて竹内好が批判した「アジア的なもの」を「実体化」しているにすぎない、と鋭く問題提起した。議会制デモクラシーに代表される西欧近代起源の「普遍的価値」に対抗する「実体としてのアジア」を評価する柄谷らの姿勢は、欧米的「普遍的価値」に対して「社会主義的核心的価値」をいう現代中国の党＝国家戦略を評価するのと、結局は同じことを意味してしまう。こうした事態の根底に横たわっているものこそ、近代日本から現代へと脈々と続いている「脱近代」への絶え間ない誘惑なのである。

子安や梶谷らによって示されたこうした対抗言説は、本書の出版に当たって、国内だけでなく、中国からの執筆者、そして翻訳に携わった訳者たちの間でも、多かれ少なかれ、共有されていたといえる。その意味で本書が、徐友漁氏とのシンポジウム以降、きわめて複雑に展開していった日中間の思想状況を踏まえた、実質的、かつ包括的な最初の現代中国思想論集になったことを編集責任者としてひそかに誇りに思う。この論集に集ったわれわれの強い思いは、今回の編集作業プロセスできわめて質の高い仕事を短時間のうちに次々に成し遂げるという、すこぶる高い生産性、機動力、瞬発力としていかんなく発揮されていった。このことに対して、まず誰よりもまっさきに、今回ご協力をいただいたすべての執筆者、翻訳者の方々、そしてアジアにおける「公的自由」の意味について問う跋文を最後に寄せてくださった子安宣邦氏に、心からの謝辞を申し述べたい。

しかしながら、それ以上に、われわれのこうした熱き思いを藤原書店社長、藤原良雄氏がストレートに受け止めてくださらなかったならば、この出版はあるいは最後まで日の目を見ることはなかったかもしれない。ただでさえ、出版事情が未曾有の厳しさを増すなかで、こうした学術性の高い思想・哲学関係の書籍を出版することには、大きなリスクをともないがちであろう。そうしたなか、これだけ重厚な研究書を出版できたのは、ひとえに本当の意味で「リベラルな」藤原社長の寛大なるご配慮の賜物である。さらに、社会思想史学会の『年報』の編集でも日ごろからお世話になっている小枝冬実氏には、本書の企画から編集、出版作業の最後にいたるまで、これまで以上に、丹念にお付き合いをいただいた。このお二人に対しても、この場をお借りして、深甚なる謝意を表したい。

最後に、今回の執筆者陣と翻訳者らによる全面的コラボレーションは、既述の北海道大学法学研究科付属高等法政教育研究センターで長年培われてきた中国リベラル派知識人たちとの知的交流、そして明治大学での「一九三〇年代の中国資本主義論争研究会」での人的ネットワークをともにフルに活用することによって実現可能となった。それらのすべてが現在、二〇一五年七月に設立された明治大学現代中国研究所にそのまま引き継がれている。その意味で本書は、同研究所最初の共同作業になったといってもけっして過言ではない。それゆえに、同研究所所長、鈴木賢（同大学法学部教授）氏以下、研究所の立ち上げにご尽力くださった多くの明治大学の同僚の方々にも、心からお礼の言葉を申し述べたい。

二〇一五年九月十二日

延辺大学（中国吉林省延吉市）にて

石井知章

中国現代史年表（一九一一―二〇一四）

西暦	中国の出来事	日本・世界の出来事
一九一一	武昌起義、辛亥革命勃発	
一九一二	中華民国成立、孫文臨時大総統就任（臨時首都南京） 宣統帝退位、袁世凱第二代臨時大総統就任、北京政府成立、清朝滅亡	
一九一四	第一次世界大戦勃発	
一九一五		対華（袁世凱政権）二一カ条要求
一九一七		ロシア革命、石井・ランシング協定締結
一九一八		シベリア出兵 米騒動
一九一九	五四運動、孫文中国国民党結成	パリ講和会議開催、朝鮮三・一独立運動、コミンテルン創立大会（モスクワ）
一九二一	中国共産党結成	
一九二二		ワシントン会議開催（四カ国条約、九カ国条約、ワシントン海軍軍縮条約）、日本共産党結成
一九二三	孫文・ヨッフェ共同宣言	関東大震災、甘粕事件
一九二四	第一次国共合作、孫文北上宣言	
一九二五	孫文死去、国民党広州政府成立	治安維持法制定、普通選挙法制定、日ソ基本条約締結、日本政府ソビエト連邦承認

西暦	中国の出来事	日本・世界の出来事
一九二六	蒋介石国民政府北伐開始、国民政府武漢移転	
一九二七	上海四・一二クーデタ、国共分離、南京国民政府成立、毛沢東井崗山根拠地建設	昭和金融恐慌、東方会議、山東出兵
一九二八	国民革命軍第二次北伐開始、済南事件、張作霖爆殺事件、国民政府軍北京入城	三・一五事件、済南事件、張作霖爆殺事件
一九二九		世界恐慌
一九三〇		昭和恐慌
一九三一	満州事変、中華ソビエト共和国臨時中央政府（瑞金）成立	
一九三二	上海事変、満州国成立	血盟団事件、五・一五事件、第一次上海事変
一九三三		国際連盟脱退
一九三四	毛沢東長征開始	
一九三五	中国共産党遵義会議	
一九三六	西安事変	二・二六事件、綏遠事件、西安事件
一九三七	盧溝橋事件、第二次国共合作、国民政府重慶遷都、日本軍南京攻略	盧溝橋事件、第二次上海事変（日中戦争）
一九三八		張鼓峰事件、国家総動員法、臨時通貨法制定
一九三九		第二次世界大戦開始、ノモンハン事件
一九四〇	汪兆銘政権成立	日独伊三国軍事同盟
一九四一	日本軍真珠湾攻撃、太平洋戦争（大東亜戦争）勃発	ゾルゲ事件、大政翼賛会、日ソ中立条約、太平洋戦争（大東亜戦争）開始

一九四二		ミッドウェー海戦、ガダルカナル島戦
一九四三	カイロ宣言（中、米、英）	
一九四四	民主政団同盟、中国民主同盟に改組	
一九四五		ポツダム宣言受諾、降伏文書調印
一九四六	国共内戦全面化	日本国憲法公布 農地改革
一九四七	二・二八事件（台湾）	コミンフォルム設置
一九四八		ベルリン封鎖、東京裁判
一九四九	人民解放軍の成都包囲、蒋介石台湾へ 中華人民共和国建国宣言	コメコン結成、NATO発足
一九五〇	人民義勇軍、朝鮮戦争参戦	朝鮮戦争勃発
一九五一	人民解放軍ラサ進駐、三反五反運動	サンフランシスコ講和条約・日米安全保障条約締結
一九五二		アメリカ水爆実験成功
一九五三	農業の協同化	スターリン死去、朝鮮戦争休戦協定調印
一九五四		インドシナ停戦協定
一九五五		バンドン会議
一九五六	「百家斉放、百家争鳴」運動	国際連合加入
一九五七	反右派闘争	
一九五八	大躍進政策	
一九五九	廬山会議、フルシチョフ訪中	
一九六〇		日米安全保障条約発効、安保反対闘争

西暦	中国の出来事	日本・世界の出来事
一九六一	中ソ対立	
一九六二	中印国境紛争	
一九六四	原爆実験成功	東京オリンピック開催、フルシチョフ首相失脚、ブレジネフ首相就任
一九六六	文化大革命、劉少奇主席・鄧小平失脚	
一九六七	上海コミューン	
一九六八	紅衛兵農村下放	
一九六九	中ソ国境紛争（ダマンスキー島事件）	
一九七〇		日本万国博覧会（大阪万博）開催
一九七一	林彪事件	
一九七二	ニクソン大統領中国訪問、日中国交正常化	札幌オリンピック、沖縄返還
一九七三	鄧小平副総理復職	
一九七四	批林批孔運動	
一九七五	蔣介石死去	
一九七六	周恩来死去、第一次天安門事件、鄧小平再失脚、唐山地震、毛沢東死去、華国鋒首相代行、四人組逮捕、文化大革命終結、華国鋒総理就任	
一九七八	中国共産党第十一期中央委員会第三回全体会議（改革開放路線決定）、鄧小平復活	
一九七九	米中国交正常化、中越戦争	

一九八〇	鄧小平「党と国家の指導制度の改革」講話	
一九八五	人民公社解体	
一九八六	民主化学生運動全国化	
一九八九	ゴルバチョフ訪中、六四（第二次）天安門事件、趙紫陽総書記失脚、江沢民中国共産党総書記選出	昭和天皇崩御、「平成」改元
一九九〇	アジア競技大会（北京）	
一九九二	鄧小平南巡講話	
一九九三	江沢民国家主席、国家中央軍事委員会主席に選出	
一九九五		阪神・淡路大震災、地下鉄サリン事件
一九九六	台湾総統選挙、人民解放軍軍事演習ミサイル発射	
一九九七	鄧小平死去、香港返還	
一九九八	朱鎔基国務院総理選出	長野オリンピック開催
一九九九	ＮＡＴＯ軍ベオグラード中国大使館誤爆、反米デモ、マカオ返還	東海村ＪＣＯ臨界事故
二〇〇一	上海協力機構成立、江沢民「三つの代表論」	
二〇〇二	胡錦濤中国共産党総書記選出	ワールドカップ日韓大会
二〇〇三	胡錦濤国家主席、温家宝国務院総理選出、ＳＡＲＳ発生	
二〇〇四	胡錦濤中央軍事委員会主席選出	
二〇〇五	反国家分裂法成立、反日デモ（北京）	
二〇〇六	日本との戦略的互恵関係構築で合意	
二〇〇七	温家宝総理訪日	第一次安倍政権成立

西暦	中国の出来事	日本・世界の出来事
二〇〇八	チベット族暴動（ラサ）、四川大地震、北京オリンピック、神舟七号打ち上げ成功	
二〇〇九		民主党鳩山政権成立
二〇一一		東日本大震災、福島第一原子力発電所事故
二〇一二	重慶（薄熙来事件）事件、習近平中国共産党総書記、中央軍事委員会主席選出	第二次安倍政権成立
二〇一三	大気汚染深刻化	
二〇一四	「改革全面的深化の元年」、「ひまわり運動」（台湾）、「雨傘（オキュパイ・セントラル）運動」（香港）	第三次安倍政権成立

わ　行

ま行

や行

ら行

た　行

な　行

は　行

さ 行

人名索引

や 行

ら 行

わ 行

ま行

な行

は行

た 行

さ　行

事項索引

あ 行

か 行

水羽信男（みずは・のぶお）
1960年広島県生。1990年広島大学大学院文学研究科単位取得につき退学。広島大学教授。中国近現代思想史。主著に『中国近代のリベラリズム』（東方書店）、『中国の愛国と民主』（汲古書院）等。

緒形康（おがた・やすし）
1959年大阪府生。1981年東京大学教養学部教養学科卒業。文学博士（東京大学）。神戸大学大学院人文学研究科教授。中国近現代史。主著に『危機のディスクール——中国革命1926～1929』（新評論）、編著に『アジア・ディアスポラと植民地近代　歴史・文学・思想を架橋する』（勉誠出版）等。

福本勝清（ふくもと・かつきよ）
1948年北海道生。1978年明治大学文学部卒業。明治大学商学部教授。主著に『中国革命への挽歌』（亜紀書房）、『中国革命を駆け抜けたアウトローたち』（中公新書）。

許紀霖（きょ・きりん）
1957年中国上海市生。1988年華東師範大学法学修士学位取得。華東師範大学教授。近現代中国政治思想史。最新の著作に『現代中国思想史論』（上海人民出版社）、主篇に『新天下主義』（上海人民出版社）等。

藤井嘉章（ふじい・よしあき）
1987年東京都生。東京外国語大学大学院総合国際学研究科博士後期課程在籍。論文に「『古今集遠鏡』と本居宣長の歌論」（『日本語・日本学研究』第五号、東京外国語大学国際日本研究センター）等。

王前（おう・ぜん）
1967年中国上海市生。1988年上海外国語大学卒業、2002年東京大学大学院博士課程満期退学。東京大学特任准教授。主著に『中国が読んだ現代思想』（講談社）等。

秦暉（しん・き）
1953年生。1981年蘭州大学歴史学修士。清華大学教授、歴史学者。研究分野は中国農民史、経済史。「東方」、「方法」、「開放時代」、「中国学術」、「中国社会科学季刊」などの編集委員を歴任。主著に『田園詩與狂想曲——関中模式與前近代社会的再認識』（共著、中央編訳出版社）等。

劉春暉（りゅう・しゅんき）
1986年中国山東省生。東京大学総合文化研究科国際社会科学専攻博士課程。日本政治外交史。

張千帆（ちょう・せんほ）
1964年中国上海市生。1999年テキサス大学オースティン校法学研究科博士課程修了（政府学博士）。北京大学法学院教授。憲法学。主著に『西方憲政体系』（中国政法大学出版社）、『憲政原理』（法律出版社）等。

徐行（じょ・こう）
1981年中国上海市生。2010年北海道大学法学研究科博士課程単位取得退学（法学博士）。北海道大学アイヌ・先住民研究センター博士研究員。比較法。

周保松（しゅう・ほしょう）
中国広東省の農村（化州）生。1980年代に移民として香港へ。香港中文大学哲学系卒。ヨーク大学修士、ロンドン・スクール・オブ・エコノミクス（LSE）大学院博士課程卒。香港中文大学政治・行政学系副教授。哲学博士。現代政治哲学（自由主義、社会正義、現代中国思想）。主著に『政治的道德——從自由主義的観点看哲学』（中文大学出版社）、『自由人的平等政治』（中文大学出版社）等。

及川淳子（おいかわ・じゅんこ）
東京都生。日本大学大学院総合社会情報研究科博士後期課程修了、博士（総合社会文化）。法政大学客員学術研究員。現代中国の社会。主著に『現代中国の言論空間と政治文化』（御茶の水書房）等。

梶谷懐（かじたに・かい）
1970年大阪府生。神戸大学大学院経済学研究科博士課程修了。神戸学院大学経済学部准教授などを経て、現在神戸大学経済学部教授。現代中国経済論。主書に『日本と中国、「脱近代」の誘惑——アジア的なものを再考する』（太田出版）、『「壁と卵」の現代中国論——リスク社会化する超大国とどう向き合うか』（人文書院）等。

執筆者紹介

子安宣邦（こやす・のぶくに）
1933 年神奈川県生。東京大学文学部卒業。東京大学大学院博士課程（倫理学専攻）修了。文学博士。横浜国立大学助教授、大阪大学教授、筑波女子大学教授を歴任。日本思想史学会元会長。大阪大学名誉教授。日本思想史。著書に『「アジア」はどう語られてきたか』、『昭和とは何であったか――反哲学的読書論』（藤原書店）『国家と祭祀』、『「近代の超克」とは何か』（青土社）等。

徐友漁（じょ・ゆうぎょ）
1947 年中国成都市生。1977 年四川師範大学数学科入学、1979 年中国社会科学院大学院入学（哲学修士）。1986 ～ 1988 年オックスフォード大学・訪問研究員（Michael Dummett に師事）。言語哲学、政治哲学、文化大革命研究。著書に『中国当代政治文化與西方政治哲学』（台湾・秀威資訊科技股份有限公司）、『與時代同行』（復旦大学出版社）等。

栄剣（えい・けん）
1957 年中国浙江省生。人民解放軍部隊を経て 1978 年山東省曲阜師範大学中国文学科に入学。1983 年、中国人民大学マルクス・レーニン主義発展史研究所修士課程入学、マルクス主義哲学史を専攻する。1986 年、博士課程に進学するが、89 年に「特殊事件」により研究を断念。1990 年、民間に転じ、評論・著作の傍ら 99 年から芸術品の収集や投資業に従事。著作に「民主論」、「馬克思晩年的創造性探索」、「社会批判的理論与方法――馬克思若干重要理論研究」等。

本田親史（ほんだ・ちかふみ）
1966 年鹿児島県生。2006 年法政大学社会学研究科博士課程修了。明治大学・神奈川大学・法政大学講師。東アジア社会研究。主要論文「メディア公共圏への中台当局の対応比較」（蒼々社発行『習近平政権の言論統制』所収）等。

張博樹（ちょう・はくじゅ）
1955 年中国北京市生。1991 年、中国社会科学院博士課程修了。哲学博士。2010 年まで中国社会科学院哲学研究所教授、現在コロンビア大学客員教授。政治学（中国政治）。主著に『中国憲政改革可行性研究』（香港・晨鐘書局）、『改変中国――六四以来的中国政治思想』（香港・溯源書店）等。

中村達雄（なかむら・たつお）
1954 年東京都生。横浜市立大学大学院国際文化研究科博士後期課程単位取得満期退学。比較文化、東アジア近現代史専攻。明治大学非常勤講師。主著に『「中国」の練習』（NHK 生活人新書）等。

劉擎（りゅう・けい）
1963 年中国青海省生。政治学博士。華東師範大学政治学系教授。政治哲学・西洋政治思想史専攻。主著に『紛争的年代――当代西方思想尋踪』（広西師範大学出版社）、『中国有多特殊』（中信出版社）、『懸而未決的時刻――現代性論域中的西方思想』（新星出版社）等。

李妍淑（り・けんしゅく）
1974 年中国吉林省生。博士（法学）。北海道大学大学院法学研究科助教。比較法専攻。主要論文に「中国のジェンダー法政策推進過程における婦女聯合会の役割（1）～（4）・（未完）」（北大法学論集）等。

編者紹介

石井知章（いしい・ともあき）

1960年栃木県生。早稲田大学大学院政治学研究科博士課程修了。明治大学商学部教授。政治学博士。主著に『中国社会主義国家と労働組合——中国型協商体制の形成過程』（御茶の水書房）、『中国革命論のパラダイム転換——K・A・ウィットフォーゲルの「アジア的復古」をめぐり』（社会評論社）等。

現代中国《げんだいちゅうごく》のリベラリズム思潮《しちょう》——1920年代《ねんだい》から2015年《ねん》まで

2015年10月30日　初版第1刷発行 ©

編　者　石井知章

発行者　藤原良雄

発行所　株式会社　藤原書店

〒162-0041　東京都新宿区早稲田鶴巻町523

電　話　03（5272）0301

FAX　03（5272）0450

振　替　00160 - 4 - 17013

info@fujiwara-shoten.co.jp

印刷・製本　中央精版印刷

落丁本・乱丁本はお取替えいたします　Printed in Japan

定価はカバーに表示してあります　ISBN978-4-86578-045-1

西洋・東洋関係五百年史の決定版

西洋の支配とアジア
〔1498–1945〕

K・M・パニッカル
左久梓訳

「アジア」という歴史的概念を夙に提出し、西洋植民地主義・帝国主義の歴史の大きなうねりを描き出すとともに微細な史実で織り上げられた世界史の基本文献。サイードも『オリエンタリズム』で称えた古典的名著の完訳。

Ａ５上製　五〇四頁　**五八〇〇円**
（二〇〇〇年一一月刊）
◇978-4-89434-205-7

ASIA AND WESTERN DOMINANCE
K. M. PANIKKAR

フィールドワークから活写する

アジアの内発的発展

西川潤編

長年アジアの開発と経済を問い続けてきた編者らが、鶴見和子の内発的発展論を踏まえ、今アジアの各地で取り組まれている「経済成長から人間開発型発展へ」の挑戦の現場を、宗教・文化・教育・ＮＧＯ・地域などの多様な切り口でフィールドワークする画期的初成果。

四六上製　三二八頁　**二五〇〇円**
（二〇〇一年四月刊）
◇978-4-89434-228-6

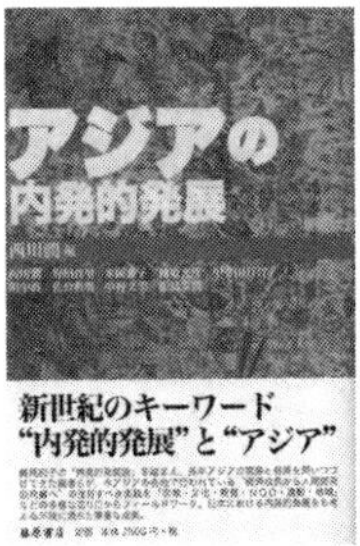

東アジアの農業に未来はあるか

グローバリゼーション下の東アジアの農業と農村
〔日・中・韓・台の比較〕

原剛・早稲田大学台湾研究所編
西川潤／黒川宣之／任燿廷／洪振義／金鍾杰／朴珍道／章政／佐方靖浩／向虎／劉鶴烈

ＷＴＯ、ＦＴＡなど国際的市場原理によって危機にさらされる東アジアの農業と農村。日・中・韓・台の農業問題の第一人者が一堂に会し、徹底討議した共同研究の最新成果！

四六上製　三七六頁　**三三〇〇円**
（二〇〇八年三月刊）
◇978-4-89434-617-8

陸のアジアから海のアジアへ

海のアジア史
〔諸文明の「世界＝経済」〕

小林多加士

ブローデルの提唱した「世界＝経済」概念によって、「陸のアジアから海のアジアへ」視点を移し、アジアの歴史の原動力を海上交易に見出すことで、古代オリエントから現代東アジアまで、地中海から日本海まで、広大なユーラシア大陸を舞台に躍動するアジア全体を一挙につかむ初の試み。

四六上製　二九六頁　**三六〇〇円**
（一九九七年一月刊）
◇978-4-89434-057-2

「食」からみた初の朝鮮半島通史

韓国食生活史
（原始から現代まで）

姜仁姫《カンインヒ》

玄順恵《ヒョンスンヒエ》訳

朝鮮半島の「食と生活」を第一人者が通史として描く記念碑的業績。キムチを初めとする厖大な品数の料理の変遷を紹介しつつ、食卓を囲む人々の活き活きとした風景を再現。中国・日本との食生活文化交流の記述も充実。

Ａ５上製　四八〇頁　五八〇〇円
（二〇〇〇年一二月刊）
品切◇978-4-89434-211-8

台湾人による初の日台交渉史

台湾の歴史
（日台交渉の三百年）

殷允芃編

丸山勝訳

オランダ、鄭氏、清朝、日本……外来政権に翻弄され続けてきた移民社会・台湾の歴史を、台湾人自らの手で初めて描き出す。「親日」と言われる台湾が、その歴史において日本といかなる関係を結んできたのか。知られざる台湾を知るための必携の一冊。

四六上製　四四〇頁　三二〇〇円
（一九九六年一一月刊）
◇978-4-89434-054-1

台湾・民進党指導者の素顔

陳水扁の時代
（台湾・民進党、誕生から政権獲得まで）

丸山　勝

二〇〇〇年三月の総統選において野党・民進党から劇的な当選を果たし、五〇年に及んだ国民党独裁に遂に終止符を打った陳水扁。台湾における戦後民主化運動の歴史を踏まえ、陳水扁登場の意味と、台湾と、日本・中国を含む東アジアの未来像に迫る。

四六上製　二三二頁　一八〇〇円
（二〇〇〇年四月刊）
◇978-4-89434-173-9

近代日本理解の死角

近代日本と台湾
（霧社事件・植民地統治政策の研究）

春山明哲

「近代国家」建設期の日本にとって、初の「植民地」台湾とは何だったのか。台湾先住民族の抗日武装蜂起「霧社事件」と、原敬・後藤新平らの統治思想との両面から、日台関係の近代史を見つめ直し、台湾を合わせ鏡とした日本像に迫る。

Ａ５上製　四一六頁　五六〇〇円
（二〇〇八年六月刊）
◇978-4-89434-635-2